Mario Crameri | Uwe Heck (Hrsg.)

Erfolgreiches IT-Management in der Praxis

Mario Crameri | Uwe Heck (Hrsg.)

Erfolgreiches IT-Management in der Praxis

Ein CIO-Leitfaden

Mit 81 Abbildungen und 11 Tabellen

PRAXIS

VIEWEG+
TEUBNER

Bibliografische Information der Deutschen Nationalbibliothek
Die Deutsche Nationalbibliothek verzeichnet diese Publikation in der Deutschen Nationalbibliografie; detaillierte bibliografische Daten sind im Internet über <http://dnb.d-nb.de> abrufbar.

1. Auflage 2010

Lektorat: Christel Roß | Maren Mithöfer

Vieweg+Teubner ist eine Marke von Springer Fachmedien.
Springer Fachmedien ist Teil der Fachverlagsgruppe Springer Science+Business Media.
www.viewegteubner.de

Umschlaggestaltung: KünkelLopka Medienentwicklung, Heidelberg

Gedruckt auf säurefreiem und chlorfrei gebleichtem Papier.

ISBN 978-3-8348-0845-5

Inhalt

Geleitwort

Die Anforderungen an die Informationstechnologie in modernen Unternehmen sind gestiegen. IT ist mittlerweile das Herzstück, wo die Lebensadern eines Unternehmens zusammenkommen: Immer öfter ermöglicht IT erst die Kernaktivitäten eines Geschäftes und verbindet interne Ansprechpartner und externe Kunden. Die Leistungen der IT werden so zu einem erfolgskritischen Faktor – ohne sie steht eine Organisation still!

Deshalb sind ein holistischer Blick und umfassendes Wissen entscheidend. Im Zentrum stehen ausgezeichnete Kenntnisse ganz unterschiedlicher Disziplinen: Basis für den Erfolg von IT ist die Notwendigkeit, die übergeordnete Strategie eines Unternehmens mitzugestalten und damit zusätzlich auch die zentralen Kundenbedürfnisse zu verstehen. Daraus ergeben sich jene Strukturen und Prozesse, welche es den IT-Bereichen erlauben, ihre Lösungen und Produkte fokussiert zu entwickeln und ihre Dienstleistungen effizient zu erbringen, die erforderliche Qualität sicherzustellen und bei Veränderungen mitzuwachsen.

Das heisst: die Partnerschaft auf Augenhöhe mit dem eigentlichen Business eines Unternehmens bildet die Grundlage für eine erfolgreiche IT. Dies erfordert neben einem umfassenden technischen Know-how einen breiten betriebswirtschaftlichen Horizont und interdisziplinäres Denken. IT wird so zu IT-Management. Dieser ganzheitlichen Sichtweise ist das vorliegende Buch gewidmet. Mit seinem spürbaren Praxisbezug gibt es wertvolle Anstösse, wie ein professionelles IT-Management nachhaltigen Unternehmenserfolg ermöglicht.

Zürich, im März 2010 — Karl Landert, CIO Credit Suisse

Vorwort

Aufgabenstellungen wie das Erarbeiten einer IT-Strategie, die zielführende Gestaltung der IT basierend auf den Anforderungen des Unternehmens, die notwendige Einbindung des Fachbereichs in IT-Entscheidungsprozesse, das Beherrschen der Komplexität von IT-Landschaften sowie die Auswahl und Umsetzung geeigneter Sourcing-Modelle sind allesamt Beispiele für aktuelle Themen des IT-Managements. Diese Themen spiegeln einen massiv erweiterten Aufgaben- und Verantwortungsbereich der IT und damit auch des IT-Managements wieder.

Es geht nicht mehr nur ausschließlich um das Gewährleisten von Effizienz der IT-Leistung und deren Erstellung, sondern auch um das Erbringen geschäftlicher bzw. wirtschaftlicher Effektivität. Ein erfolgreiches IT-Management muss sicherstellen, dass beide Erwartungen erfüllt werden. Um dies zu leisten, muss es seine Position klarer als bisher definieren, kommunizieren und sich in seinen Aufgaben fokussieren.

In diesem Buch leiten wir - aus unserer Sicht - wichtige Kernthemen und Aufgaben ab, zu welchen ein erfolgreiches IT-Management Lösungen aufzeigen muss. Ein solch inhaltlich ausgerichtetes IT-Management kann die aktuellen Erwartungen an den IT-Bereich erfolgreich anpacken. Die Betrachtung von Beiträgen aus der Praxis zeigt dabei auf, wie die einzelnen Kernaufgaben erfolgreich bearbeitet werden können. Dabei wurden bewusst Kollegen aus unterschiedlichen Branchen und Firmen ausgewählt, um ein breites Spektrum an verschiedenen Herausforderungen aufzuzeigen.

Durch diese Einblicke in die Praxis werden sehr wertvolle Erfahrungen und Wissen weitergegeben. Wir sind sicher, dass sowohl (angehende) IT-Führungskräfte als auch Studierende der (Wirtschafts-)Informatik oder Wirtschaftswissenschaften davon profitieren können.

Sämtlichen Autoren sei an dieser Stelle für ihre sehr engagierte Arbeit durch ihren jeweiligen Beitrag zum Buch herzlich gedankt. Ein herzliches Dankeschön auch an Dr. Christl Roß vom Vieweg+Teubner Verlag für ihren tollen Einsatz als Lektorin.

Wir wünschen Ihnen viel Spaß beim Lesen sowie Ideen zur Umsetzung des Gelesenen in Ihrer Praxis. Über Anregungen zur Verbesserung und Weiterentwicklung des Buches aus dem Kreis der Leserinnen und Leser würden wir uns freuen.

Zürich, im März 2010 Mario Crameri

Uwe Heck

Vorwort

1 Aktuelle Erwartungen an das IT-Management

Seit Jahren ist die Rolle des Chief Information Officer (CIO) im Unternehmen immer wieder Diskussionspunkt in verschiedenen Publikationen. Fast inflationär wurden und werden hier neue Rollen proklamiert, welche ein CIO annehmen muss. Die Rede ist beispielsweise vom CIO in der Rolle als „Innovator", „Change-Agent", „Technik-Guru" oder „Gestalter" um nur einige wenige zu nennen. Alle diese Aufrufe sind letztlich Ausdruck der zunehmenden Bedeutung eines erfolgreichen IT-Managements für das Unternehmen und der damit verbundenen Erwartungshaltung an den CIO.

Doch was genau wird denn derzeit oft von einem CIO erwartet?

Zunächst einmal ist die Erwartung an einen CIO häufig die, dass die IT-Systeme des Unternehmens reibungslos arbeiten. Das kann sich jedoch als eher undankbare Aufgabe erweisen, denn erfolgreiche Arbeit ist hier selten sichtbar bzw. wird als selbstverständlich angesehen. Entstehen aber bei den IT-Systemen im Unternehmen Probleme, wie beispielsweise Datenverluste oder gar ein Ausfall mit Systemstillstand, trägt dafür meist der CIO die Verantwortung. Außerdem erstreckt sich angesichts der Sparrunden vieler Firmen die Aufgabe so mancher IT-Leiter auf die reine Verwaltung der immer kleiner werdenden IT-Budgets. Der IT-Leiter findet sich oft in der Rolle des „Verwalters" von knapper werdenden IT-Ressourcen.

Die IT verbringt so den Großteil ihrer Zeit nicht damit, sich mit den fachlichen Geschäftsanforderungen auseinanderzusetzen (Demand Management), sondern mit Bereitstellungsaufgaben (Supply Management). Sie konzentriert sich in erster Linie auf das Kostenmanagement, obwohl sie eigentlich zur Wertschöpfung beitragen sollte. Sie vernachlässigt Innovationen, weil sie vollkommen vom Tagesgeschäft absorbiert wird. Sie strebt zwar nach horizontal integrierten und konsistenten Architekturen, pfropft aber doch wieder neue Funktionen auf das bestehende Flickwerk. Sie weiß, dass die eigenen Mitarbeiter geschult und weiterentwickelt werden müssen, sucht aber trotzdem nach Unterstützung und Fachleuten von außen. Die IT weiß auch, dass bestimmte Tätigkeiten ausgelagert werden sollten. Stattdessen schafft sie Wartungs- und Support-Strukturen und lagert dafür die Innovationen aus. IT-Mitarbeiter sollten stärker extern vernetzt sein, kommen aber kaum aus ihrer Tretmühle heraus.

Klagen über mangelhafte Zusammenarbeit und Schuldzuweisungen zwischen IT- und Fachseite sind oft die Folge. Zu nennen wären beispielsweise die nur zu gut bekannten Grabenkämpfe zwischen Fach- und IT-Bereichen, die regelmäßig in Management-Sitzungen ausgetragen werden: „IT liefert nicht" tritt an gegen „Business verlangt Unmögliches". Erschwerend gilt oft, dass die beteiligten Personen sehr unterschiedliche Sprachen sprechen (IT- und Fachsprache). Dadurch werden Äußerungen oft missverstanden. Weiter kommt hinzu, dass Überlegungen zur

Geschäftsstrategie und zur IT-Strategie oftmals noch immer auf unterschiedlichen Managementebenen – Top-Management- und Strategiebereiche auf der einen, IT-Management auf der anderen – stattfinden. Eine Rückkopplung, ob strategische Vorstellungen informationstechnisch überhaupt oder in der gewünschten Zeit umsetzbar sind oder ob die IT alternative Geschäftsstrategien erlauben würde, gibt es kaum. Somit sind Ansätze einer Abstimmung zwischen Unternehmensgeschäft und IT – wenn überhaupt – nur rudimentär erkennbar.

Unabhängig davon, ob die IT-Organisation als „Werttreiber" oder reiner „Kostentreiber" betrachtet wird, muss sie heute der Unternehmensleitung genau zeigen, welchen Wertbeitrag die IT im Unternehmen leistet. Orientierung an den Unternehmenszielen und an Geschäftsprozessen ist heute mindestens genauso wichtig wie die alleinige Bereitstellung von günstigen IT-Ressourcen. Dazu bedarf es aber strategischer Fähigkeiten.

Das drückt sich aktuell auch in diversen Studien und Analysen von IT-Marktforschungs- und Beratungsunternehmen aus (siehe z.B. Studie von Gartner: Meeting the challenge CIO Agenda 2009[1] oder IBM: The New Voice of the CIO 2009[2]). Diese schätzen die Position des CIO heute weniger vom Ansehen her, sondern vielmehr bezüglich der Aufgaben als wichtiger denn je ein und machen in diesem Zusammenhang neue Anforderungen an den CIO aus: so muss der CIO jetzt neben seiner herkömmlichen Rolle als Technik-Guru auch über betriebswirtschaftliches Know-how sowie Führungsqualitäten verfügen.

Im Grunde wird die IT zunehmend als eine Art Unternehmen im Unternehmen betrachtet, das einen angemessenen Wertbeitrag leisten, profitabel im Markt agieren, kostenbewusst arbeiten und zukunftsfähig handeln muss. Dies erfordert, dass die Ausrichtung im IT-Bereich stärker strategisch geplant und daran orientiert konsequent zu einer entsprechenden Umsetzung „geführt" wird.

Erfolgreiche CIOs in den Unternehmen sollten daher bereit und in der Lage sein die neuen Anforderungen und Erwartungen an ihre Position zu erfüllen. Hierzu erst einmal ein Blick auf die Frage:

Wie reagieren CIOs derzeit, diese Anforderungen und Erwartungen zu erfüllen?

Offensichtlich unternehmen CIOs derzeit noch zu wenig um die aktuellen Anforderungen zu erfüllen, wie ein Blick in eine aktuelle Studie[3] zu diesem Thema aufzeigt (Cap-Gemini Studie: IT-Trends 2009). Allerdings ist das bei chronischer Überlastung auch kein Wunder. Die Auseinandersetzung mit Managementparametern

---

1 die Studie ist verfügbar unter: http://www.gartner.com/DisplayDocument?doc_cd=165048

2 die Studie ist verfügbar unter: http://www-935.ibm.com/services/us/cio/ciostudy/

3 die Studie ist verfügbar unter: http://www.ch.capgemini.com/m/ch/tl/IT-Trends_2009.pdf

scheint aber nicht nur aufgrund von Zeitnot zu kurz zu kommen, sondern auch weil die IT-fachlichen Themen vielen Teilnehmern immer noch näher sind als die Führungsthemen: Den Beitrag der IT zur Wertschöpfung des Unternehmens können nur etwas mehr als die Hälfte der Befragten darlegen. Darüber hinaus sind knapp ein Drittel der Teilnehmer der Meinung, IT sei Commodity wie zum Beispiel Strom aus der Steckdose. Und nur jeweils gut ein Drittel findet, dass IT zur Kostensenkung beiträgt und Innovationen treibt.

Entsprechend dieses Selbstverständnisses als technische Abteilung – an dem sich laut dieser Studie in den vergangenen zwölf Monaten kaum etwas geändert hat – bezeichnen sich drei Viertel der Befragten selbst als Dienstleister, der für die reibungslose Lieferung der IT zuständig ist (Abbildung 1). Diese Rolle ist und bleibt zwar eine der Kernaufgaben, allerdings wollen nahezu alle Befragten in Zukunft außerdem als Business-Partner agieren, der geschäftliche Anforderungen in informationstechnische Lösungen umsetzt.

Demnach denken viele IT-Leiter bereits um und nähern sich der Rolle eines Partners des Managements immer mehr an. Das schließt die Fähigkeit mit ein, der Unternehmensleitung nicht nur mit Tat, sondern auch mit Rat und Ideen zur Seite zu stehen.

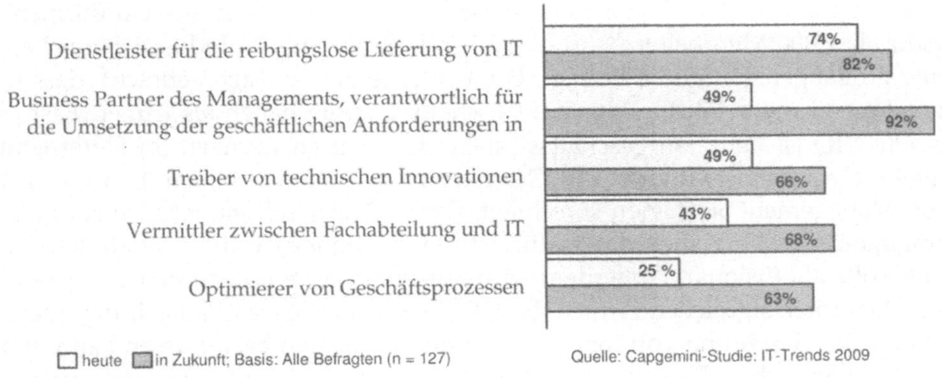

Abbildung 1: Eigenes Rollenverständnis von CIOs

IT und Unternehmensführung müssen und werden hierzu enger denn je zusammenarbeiten, um an der richtigen Stelle einzusparen, Wettbewerbsvorteile herauszuarbeiten, die Kundenbindung zu erhöhen, das Umsatzpotenzial auszuschöpfen und effizient zu produzieren.

Interessanterweise unterscheiden sich laut Studie jene Befragte, die diese Rolle eines Partners des Management bereits ausfüllen, von den anderen vor allem in ihrer Einstellung zur IT: Sie sehen sie – relativ bescheiden – als Mittel zum Zweck, um die geschäftlichen Anforderungen des Unternehmens zu erfüllen. Allerdings fällt es ihnen scheinbar schwer, entsprechend zu kommunizieren und die Managementaufgaben wie Steuerung, Schaffung von Transparenz und geschäftlichem Mehrwert genauso hoch zu priorisieren wie den fachlichen Erfolg. Dabei kann davon ausgegangen werden, dass die Auseinandersetzung mit den eigenen Leistungen und ihrem Wertbeitrag für die Fachabteilungen bzw. das Unternehmen häufig auch die Denkweise im IT-Bereich verändern kann.

Denn es geht hier meist nicht nur darum, die eigenen Leistungen zu hinterfragen und zu definieren, sondern sie so zu beschreiben, dass auch der Fachbereich versteht, was gemeint ist und welcher Beitrag (z.B. höhere Produktionskapazitäten, stärkere Kundenbindung oder mehr Umsatz) damit geleistet wird. Hierdurch wird die notwendige Akzeptanz der Leistungen in den Fachbereichen verbessert.

All diese Überlegungen führen Schritt für Schritt dazu, dass sich das eigene Rollenverständnis verändert und der IT-Bereich dem Ziel näher kommen kann, als gleichwertiger Partner des Managements wahrgenommen zu werden. Der Fokus der IT richtet sich daher zunehmend von der technologischen Ausrichtung auf das gesamte Wissen bzw. unternehmerisches Know-how, wie Geschäftsprozesse optimal umgesetzt und mit Hilfe von IT geschäftsorientiert ausgestaltet werden können.

Diese Entwicklung unterstreicht auch die bereits erwähnte IBM-Studie[4] „The New Voice of the CIO 2009". Hier wurden 2500 IT-Leiter – meist aus Großfirmen mit mehr als 1'000 Mitarbeitern – in ca. 80 Ländern und aus 20 Industriebereichen für eine großangelegte Studie befragt. Die Umfrage hat zu Tage gebracht, dass CIOs zunehmend mehr Einfluss auf die Geschäftsstrategie haben als früher. Fast jeder zweite CIO ist heute an geschäftsstrategischen Entscheidungen im Unternehmen beteiligt, sei es als Mitglied der Geschäftsleitung oder in einem Team, das dem Top-Management Strategien vorschlägt. Der CIO ist somit immer weniger bloß ein pragmatischer Verwalter der IT-Infrastruktur, sondern erfüllt zunehmend auch eine Rolle als Visionär. Außerdem wird aufgrund der Studienergebnisse geschlossen, dass in erfolgreichen Firmen der CIO bereits in die Geschäftsleitung integriert ist und die Gestaltung von Innovationen und Prozessen beeinflussen kann. In weniger erfolgreichen Firmen ist dies offenbar anders. Als Quintessenz der Studie wird auch hier zusammenfassend zum Ausdruck gebracht, dass die Rolle des CIO sich wandelt, weg von Technologien, hin zur strategischen Führungskraft.

Als Ergebnis dieser Entwicklungen haben viele CIOs (künftig) einen massiv erweiterten Arbeitsauftrag. Einerseits wird weiterhin verlangt, die technische Infrastruktur effizient bereitzustellen und gegenüber dem Markt konkurrenzfähig zu halten, andererseits wird erwartet, die Unternehmensstrategie durch Prozesse zu unterstützen, die ein intensives Verständnis des gesamten Geschäftsmodells und der (künftigen) Geschäftsstrategie voraussetzen.

4 die Studie ist verfügbar unter: http://www-935.ibm.com/services/us/cio/ciostudy/

Unverändert bleibt also der Anspruch an die Technik, dass sie zuverlässig, effektiv und effizient funktionieren soll. Der CIO wird diesen Bereich kaum vernachlässigen können und sich auf eine ausschließlich strategische Funktion zurückziehen, sondern ist hier gut beraten, sich bei der Bereitstellung technischer Systeme zunehmend auf eine konsequente Ausrichtung auf Projekte zur Effizienzsteigerung von IT, Partnermanagement, Bereitstellung entsprechender Dienstleistungen, Pflege von Service Level Agreements sowie auf eine kontinuierliche Anpassung der Technologie an neue Entwicklungen zu fokussieren.

Neben der Wahrnehmung dieser klassischen Funktion wird der CIO sich verstärkt als strategischer Business-Partner positionieren – was natürlich auch zu mehr Verantwortung des CIO über die Gestaltung des Kerngeschäfts führt. Legt die Unternehmensstrategie fest, was getan werden soll, muss die IT folgen und definieren, wie dieses Ziel erreicht bzw. eine Zielerreichung unterstützt werden soll. Die Implikationen reichen deutlich über die Technologie hinaus und umfassen Prozesse und organisatorische Entscheidungen. Durch die Abbildung und Unterstützung aller Geschäftsprozesse gewinnt die IT auch an strategischem Wert für das Unternehmen.

Der CIO muss daher seine eigene und die Position der IT dementsprechend definieren, kommunizieren und sich in seinen Aufgaben fokussieren. Diese Ausrichtung findet vor dem Hintergrund statt, welchen Stellenwert die IT in der Wertschöpfung des jeweiligen Unternehmens allgemein spielen kann. In Branchen mit einem traditionell starken Wertbeitrag der IT wie z. B. in der Telekommunikationsbranche, in Banken oder Versicherungen begegnet dem CIO – durch die Verknüpfung des Geschäftsmodells mit den technologischen Voraussetzungen – eine starke Erwartungshaltung als strategischer Business-Partner. Unabhängig von der Branche ist jedoch grundsätzlich zu bedenken, dass die Rolle der IT zwingend zu den Anforderungen des Unternehmens passen muss (Abbildung 2).

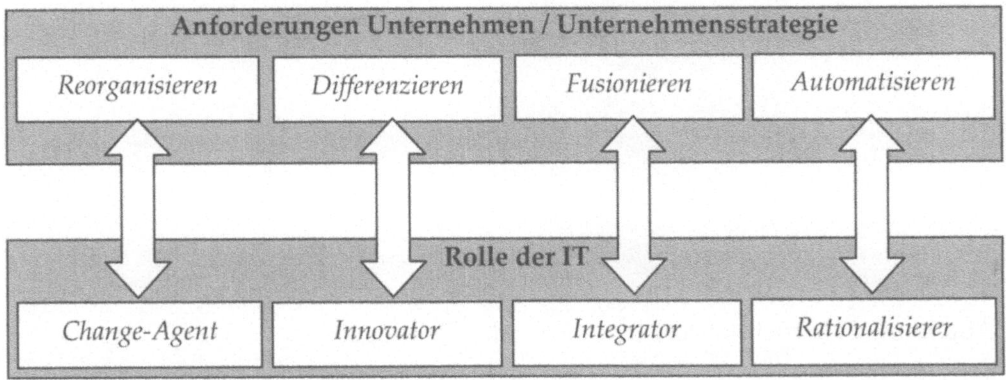

Abbildung 2: Rolle der IT muss zu den Anforderungen des Unternehmens passen

Hierbei gilt zunehmend, dass die Anforderungen dynamisch sind und sich z.B. aufgrund ökonomischer Rahmenbedingungen rasch ändern können – was wiederum ein (dynamisches) Anpassen der Rolle bzw. des Rollenverständnisses der IT im Unternehmen nach sich zieht.

Die oben zitierte IBM Studie kommt nach Tausenden von Befragungen zum Schluss, dass heute ein erfolgreicher CIO mehrere Rollen inne haben muss. Die Rede ist von „Visionär und Pragmatiker", „Generierer von Geschäftsnutzen und unnachgiebiger Kostenmanager", „kooperativer Business Leader und inspirierender IT-Manager" – was die eingangs erwähnte Vielfalt der Rollen um weitere ergänzt.

Auf den ersten Blick sehen diese Rollenpaare widersprüchlich aus, sie ergänzen sich jedoch, falls sie richtig gelebt werden. Je nach Situation und Geschäftsgang ist vermehrt die eine oder andere Rolle gefragt. Die Kunst liegt in der Auswahl der richtigen Rolle zur entsprechenden Zeit sowie in der Fähigkeit, schnell und flexibel umzuschalten. Generell stehen die CIOs nach wie vor unter dem Druck, immer mehr Aufgaben immer besser und in immer kürzerer Zeit zu erledigen – mit immer weniger Mitteln. Sie sollen IT-Innovationen schaffen, die den immer rascheren (Unternehmens-)Wandel unterstützen und das Unternehmen in die Lage versetzen, die von der Geschäftsleitung vorausgesehenen Chancen zu ergreifen.

Da jedoch in der Regel etwa 70 Prozent des IT-Budgets für den Betrieb der vorhandenen IT-Anwendungen und -Infrastruktur aufgewendet wird, bleiben nur 30 Prozent für solche Initiativen (Abbildung 3). Es ist daher eine wichtige Aufgabe des CIO, durch eine Senkung der Betriebskosten mehr Mittel zugunsten von Innovationen zu erreichen.

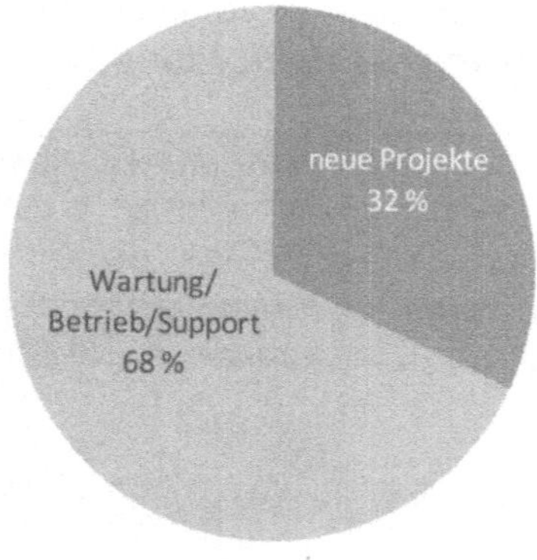

Abbildung 3: Betriebskosten dominieren das IT-Budget[5]

5 Quelle: Forrester 12/2008, IT spendings

Infolgedessen ist es für viele CIOs schwieriger als je zuvor, mit dem wachsenden Tempo des Wandels Schritt zu halten und neue Ideen in die Tat umzusetzen. Der (gestalterische) Bewegungsspielraum für den CIO ist klein. Da man nicht davon ausgehen kann, dass der Bedarf an IT-Lösungen geringer wird, nur weil wenig(-er) Ressourcen zur Verfügung stehen, ist der CIO stets gefordert, die Produktivität und Wendigkeit der IT durch geeignete Maßnahmen zu erhöhen. Die Erwartungen an die IT sind enorm: Innovationen sollen zur Steigerung des Unternehmenserfolges beitragen, während gleichzeitig ein kosteneffizienter Betrieb mit hoher Leistung sichergestellt wird.

2 Kernaufgaben des IT-Managements und deren Bearbeitung in der Praxis

Die Funktion und der Verantwortungsbereich des CIO entwickeln sich – wie gezeigt – zunehmend weiter. Es geht nicht mehr nur um Effizienz der IT-Leistung und deren Erstellung, sondern auch um geschäftliche bzw. wirtschaftliche Effektivität. Dazu benötigt er neben einem fundierten IT-Wissen auch ein Verständnis für das Geschäftsumfeld und die Unternehmensstrategie. In der Praxis steht der CIO so einem neuen, mitunter massiv erweiterten Verantwortungsbereich vor.

Worauf sollte der CIO sich nun fokussieren?

Im Zuge dieser aktuellen Entwicklung muss der CIO in der Praxis mehrere Rollen gleichzeitig unter einen Hut kriegen. Er muss „Business-Versteher", IT-Planer, Unternehmens-Architekt, Vendor-Manager, Change-Manager und Relationship-Manager sein und sich außerdem noch darum kümmern, dass alle Beteiligten im Unternehmen eine gemeinsame Vorstellung von IT haben und mitspielen.

Das daraus entstehende Spektrum an Aufgaben ist mannigfaltig und die Gefahr einer „Verzettelung" der Ressourcen immens groß. Um erfolgreich zu sein, muss der CIO sich daher entscheiden, welche Aufgabenstellungen fokussiert angegangen werden.

Aus unserer Sicht ist es wichtig, dass er Lösungen zu den im Folgenden beschriebenen Kernthemen bzw. Aufgaben (siehe Abbildung 4) erbringt, um dadurch seine Position und die seines ganzen Bereiches im Unternehmen klarer zu definieren. All diese Kernaufgaben erfordern typische Aktivitäten – welche für sich wiederum die verschiedenen Rollen (z.B. „Berater", „Planer") widerspiegeln, die ein erfolgreicher CIO derzeit einnimmt.

Ein solch inhaltlich ausgerichtetes IT-Management kann die neuen Erwartungen an den IT-Bereich anpacken und einen sichtbar hohen Wertbeitrag für das Unternehmen darstellen. Die IT gilt dann nicht lediglich als Unternehmensbestandteil, der eben notwendig ist, sondern wird als Vermögenswert des Unternehmens betrachtet – dem alle Management-Ebenen Sorge tragen.

Mit der Betrachtung von Praxisbeispielen, wie die einzelnen Kernthemen erfolgreich in der Praxis bearbeitet werden können (siehe Abbildung 4), wollen wir wertvolle Beiträge zur zielführenden Wahrnehmung dieser Kernaufgaben und damit zur inhaltlichen Ausrichtung eines erfolgreichen IT-Managements leisten.

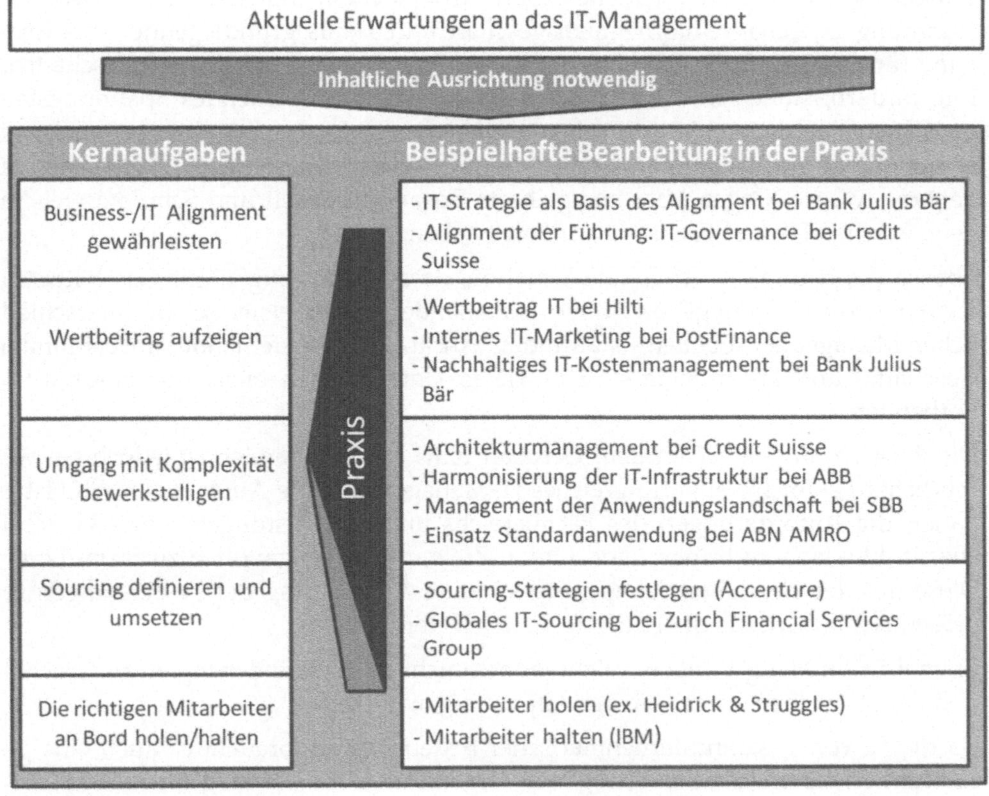

Abbildung 4: Kernaufgaben und entsprechende Beispiele aus der Praxis

2.1 Kernaufgabe: Business-/IT Alignment gewährleisten

Dass die IT-Strategie Teil der Geschäftsstrategie sein sollte, ist kaum umstritten. IT ist eine Ressource oder ein Erfolgsfaktor wie Produkte, Vertriebswege, Personal oder Finanzen. Dass die Wettbewerbsvorteile, sei es durch Kosten-, Produkt- oder Vertriebsvorteile, umso größer sein dürften, je besser die Teilstrategien für die Ressourcen aufeinander abgestimmt sind, ist auch keine neue, umwälzende Erkenntnis. Diese optimale Abstimmung zwischen IT und Geschäft wird als „Business-/IT Alignment" in den letzten Jahren viel diskutiert.[1]

1 siehe beispielsweise: Ross, J.W., Weill, P., Roberston, D.C. (2006): Enterprise Architecture as Strategy: Creating a Foundation for Business Execution. Harvard Business Press

Entsprechende und unbestrittene Lehrbuchweisheiten, welche im Kern diese Abstimmung zwischen Unternehmensgeschäft und IT als grundlegende Voraussetzung für das Gewährleisten eines optimalen Wertbeitrags der IT zum Geschäftserfolg fordern, stoßen in der Praxis jedoch oft auf ein bestehendes Spannungsfeld zwischen IT und Geschäft. Wie eingangs bereits erwähnt, wären hier beispielsweise nur die zu gut bekannten Grabenkämpfe zwischen Fach- und IT-Bereichen zu nennen, welche Klagen über mangelhafte Zusammenarbeit und Schuldzuweisungen zwischen IT- und Fachseite zur Folge haben.

Ebenso die häufig anzutreffende Situation, dass Überlegungen zur Geschäftsstrategie und zur IT-Strategie oft isoliert voneinander – beispielsweise auf unterschiedlichen Management-Ebenen – stattfinden. Ansätze einer aufeinander abgestimmten Geschäfts- und IT-Strategie sind in vielen Unternehmen meist nur ansatzweise vorhanden.

Die Ausrichtung der IT an dem Geschäft bzw. am Fachbereich ist jedoch ein wesentlicher Faktor für ein erfolgreiches IT-Management. Die Aufgabe des CIO ist es daher, die Anforderungen des Fachbereichs und die Leistungen seines IT-Bereiches in Einklang zu bringen und hierzu Ziele unmissverständlich zu formulieren. Diese mit der Geschäftsstrategie abgestimmte Ausrichtung der IT-Leistungen repräsentiert im Grunde die IT-Strategie des Unternehmens.

Einmal in Einklang bringen, reicht jedoch nicht aus. Veränderungen im Geschäft und der IT machen immer wieder Anpassungen nötig.

Da die IT von gesamtunternehmerischer Bedeutung ist, braucht es auch eine gesamtunternehmerische Steuerung und Organisation im Umgang mit dieser „Ressource“ – ein „Alignment“ der Führung. Diskussionen hierzu finden aktuell unter dem Begriff IT-Governance statt.[2]

Die Praxis-Beiträge in den folgenden beiden Unterkapiteln zeigen auf, wie ein Alignment zwischen Fachbereich und IT in der Praxis angegangen werden kann. Einerseits anhand der Erarbeitung einer IT-Strategie als Grundlage für das Business-/IT Alignment am Beispiel der Bank Julius Bär und anderseits als Festlegung eines umfassenden Führungsansatzes für die IT im Sinne einer IT-Governance bei der Credit Suisse, welche eine notwendige Voraussetzung für die Umsetzung einer IT-Strategie darstellt.

2 siehe beispielsweise: Weill, P., Ross, J.W.(2004): IT-Governance, How Top Performers manage IT. Harvard Business School Press, Boston, Massachusetts, ISBN 978-1591392538

2.1.1 Die IT-Strategie als Grundlage für das Business-/IT-Alignment. Praxis bei der Bank Julius Bär

Mario Crameri, Bank Julius Bär

In diesem Beitrag wird die IT-Strategie als das Fundament eines wirksamen „Business-/IT Alignment" behandelt. Zuerst werden die Fragen des Inhalts einer IT-Strategie sowie des Nutzens geklärt. Danach werden ein generisches Strategiemodell und ein -prozess dargestellt. Schließlich wird anhand des Balanced Scorecard-Ansatzes die IT-Strategie der Bank Julius Bär erläutert. Besonders geht der Autor auf die Herausforderungen und Erfahrungen bei der Bank in den letzten Jahren ein.

Einleitung in das Thema

Jedes Jahr werden gemäß Marktforschungsfirmen zwischen zwei und drei Trilliarden US-Dollar in Informationstechnologie investiert. Es gelingt jedoch nur wenigen Unternehmen, das volle Potential dieser Investitionen auszuschöpfen. Eine gute IT-Strategie ist eine wesentliche Voraussetzung, um die zweckmäßigen Investitionen zu tätigen. Wie man zu einer „guten" IT-Strategie gelangt, versuche ich im Folgenden zu erläutern. Eines jedoch vorweg – es gibt nicht die „richtige" IT-Strategie, welche für alle Unternehmen Gültigkeit hat. Dazu sind die Anforderungen der einzelnen Unternehmen einfach zu unterschiedlich, allein schon, weil jede Branche andere, ganz spezifische Rahmenbedingungen vorgibt.

IT-Strategien sind eigentlich eher eine neuere Erscheinung. Vor 15 Jahren hat man IT einfach betrieben und nicht lange über Strategien nachgedacht. Das Thema wurde erst Mitte der 90er Jahre aktuell. Nach einem Hype sind jedoch ganzheitliche IT-Strategien mit einem Zeithorizont von fünf oder mehr Jahren aus der Mode gekommen. Begründung oder Ausrede: Das Rad dreht zu schnell, die Produktzyklen werden immer kürzer und die Konkurrenz immer agiler. Da mache es keinen Sinn, sich darüber Gedanken zu machen, was in fünf Jahren sein wird. Diese Argumentation ist aus meiner Sicht falsch. Gerade weil sich das Rad der Zeit immer schneller dreht, brauchen Unternehmen und vor allem deren Mitarbeiter Fixpunkte am Horizont, wonach sie sich ausrichten können. Aufgrund der Volatilität des Umfeldes sollte man jedoch diesen Fixpunkt periodisch überprüfen, ob er noch der Realität entspricht. Eine interne IT-Einheit muss sich in der Regel am Gesamtunternehmen orientieren und hat keinen Selbstzweck. Die Geschäftsstrategie soll daher die Leitplanken für die IT-Strategie setzen. So einleuchtend dies klingt, so schwierig ist dieser Schritt. Oft existiert keine formulierte Geschäftsstrategie oder nur auf so grobem Niveau, dass man daraus alles ableiten kann. Eine zielführende IT-Strategie muss zwingend auf der Geschäftsstrategie aufbauen und die Investitionen in IT mit den Prioritäten des Fachbereichs in Einklang bringen. Nur so kann der bestmögliche Wertbeitrag generiert werden.

Was umfasst eine IT-Strategie?

Nachdem wir den Begriff „IT-Strategie" bereits mehrfach verwendet haben, stellt sich die Frage „was beinhaltet nun eigentlich eine IT-Strategie?" Eine IT-Strategie beschreibt den zukünftigen Einsatz von Informationstechnologie im Unternehmen. Die Strategie zeigt auf, wie IT die Vision und die Ziele der Gesamtorganisation unterstützt. Grob kann man eine IT-Strategie in zwei Bereiche unterteilen:

- Nachfrage-Seite (was will der Fachbereich?)
- Angebots-Seite (wie wird die IT bereitgestellt?)

Ein großes global tätiges Unternehmen kann über mehrere IT-Strategien verfügen. Oft findet man eine globale IT-Strategie und regionen- oder spartenspezifische IT-Strategien. Außerdem kann es noch detaillierte Strategien zu Themen geben, die in der IT-Strategie behandelt werden, wie etwa eine Sourcing-Strategie oder eine IT-Betriebsstrategie. Bei meinem früheren Arbeitgeber haben wir ein Strategie-Framework entwickelt, welches all diese Detailstrategien in einen Kontext gesetzt und die Abhängigkeiten transparent aufgezeichnet hat (vgl. Abbildung 5).

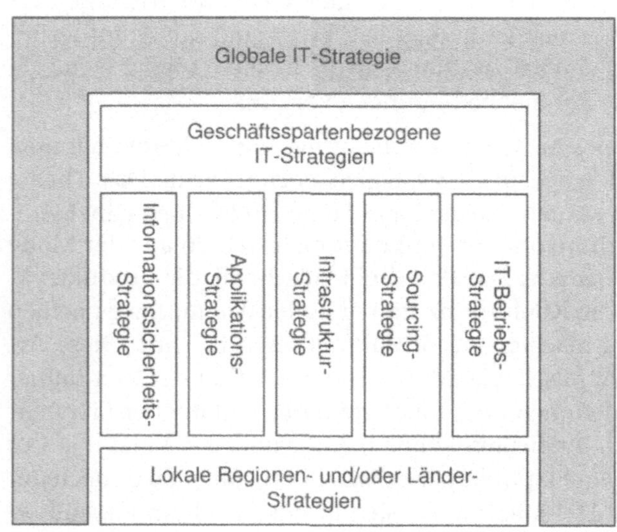

Abbildung 5: Zusammenhang verschiedener Detailstrategien

Die (globale) IT-Strategie ist das Kondensat aus den relevanten Kernaussagen der zugrundeliegenden Detailstrategien. Im folgenden Beitrag werde ich diese Unterscheidung nicht vornehmen, sondern immer nur von der IT-Strategie sprechen. Diese Strategien sollten jeweils eine sinnvolle Nähe zu den Geschäftsfeldern aufweisen oder in anderen Worten, die „Flughöhen" müssen aufeinander abgestimmt sein.

IT-Strategie wird auch gerne mit IT-Architektur verwechselt. Eine bestehende IT-Architektur kann das Fundament für die IT-Strategie bilden – jedoch leitet sich die Architektur im allgemeinen von der Strategie ab. Eine IT-Architektur setzt die strategischen Rahmenbedingungen aus der Strategie um und gibt somit wieder neue Vorgaben, welche für IT-Projekte Gültigkeit haben.

Obwohl Aussagen wie „wir setzen serviceorientierte Architekturen ein" gewiss strategischen Charakter haben, verzichte ich in diesem Beitrag auf eine Erwähnung von IT-Architekturen. Lesen Sie in Kapitel 2.3. mehr dazu.

Das bisher Gesagte scheint doch ziemlich intuitiv zu sein. Weshalb ist es trotzdem so schwierig, eine mit dem Gesamtunternehmen abgestimmte IT-Strategie zu verfassen? Ein wesentlicher Grund liegt in den unterschiedlichen Zyklen. Die Strategien einzelner Geschäftsbereiche können sich sehr schnell ändern, die unterliegenden Systeme und IT-Infrastrukturen sind in der Regel behäbiger. Daten haben eine durchschnittliche Lebensdauer von 20 Jahren, Systeme von zehn Jahren, Geschäftsideen können sich jedoch innerhalb von Monaten ändern. Der Umgang mit dieser Agilität macht vielen CIOs zu schaffen. Die IT-Strategie kann auch hier vermitteln – als Balance zwischen der Agilität des Fachbereichs und den eher langlebenden Infrastrukturen.

Wozu braucht es eine IT-Strategie?

Unternehmen mit zweckmäßigen IT-Strategien weisen unbestritten einige Vorteile auf. Eine IT-Strategie bildet die Grundlage für Investitionsentscheide. Der Ertrag aus IT-Investitionen liegt viel höher als bei Firmen ohne klare IT-Strategien. Schließlich geht es bei IT-Investitionen stets um die Balance zwischen taktischen, eher kurzfristigen Vorhaben und strategischen längerfristigen Initiativen. Dabei kann man in beide Richtungen zu extrem sein. Die große Kunst liegt in der Bestimmung des Optimums. Wenn ein Unternehmen nur kurzfristig in die IT investiert, explodieren mittel- bis langfristig die Komplexität und als Folge davon die Betriebskosten. Hingegen kann ein Unternehmen auch zu sehr auf die lange Frist investieren und nie einen Mehrwert für den Fachbereich erzielen, da sich das Geschäft in der Zwischenzeit bereits wieder verändert hat, bevor die neuen IT-Plattformen je einen Nutzen erbringen konnten. Die IT-Strategie soll helfen dieses Dilemma zwischen strategischem langfristigem Denken und dem kurzfristigen taktischen Handeln aufzulösen. Eine zielführende Strategie stellt die Flexibilität der IT sicher und trägt entscheidend zur Beherrschung der Komplexität bei. Dies ist keine leichte Aufgabe.

Eine gute IT-Strategie kann somit als Grundlage für einen nachhaltigen Wettbewerbsvorteil dienen, vor allem in Branchen, wo die IT einen maßgeblichen Beitrag an der Wertschöpfung aufweist.

IT-Strategie-Modell und -Vorgehen

Eine IT-Strategie unterscheidet sich nicht wesentlich von anderen Strategien. Es existieren unzählige Modelle zur Strategieentwicklung, welche alle ihre Vor- und Nachteile enthalten. Die meisten divergieren im Kern jedoch nur gering. In einem ersten Schritt wird die Ausgangslage analysiert. Dazu gehören Geschäftsstrategien, die Antizipation von Trends, der heutige Zustand der IT etc. Danach wird eine Vision für die Zukunft gezeichnet. Abbildung 6 zeigt ein generisches IT-Strategieframework.

Basierend auf einer Gap-Analyse können dann die Architektur sowie die Organisation, welche für das Erreichen der Vision notwendig sind, bestimmt werden. Es empfiehlt sich in Szenarien zu planen und gewisse Annahmen über die Zukunft durchzuspielen. In einem dritten Schritt werden die Programme zur Strategieumsetzung definiert. Dazu gehört eine umfassende Investitionsanalyse.

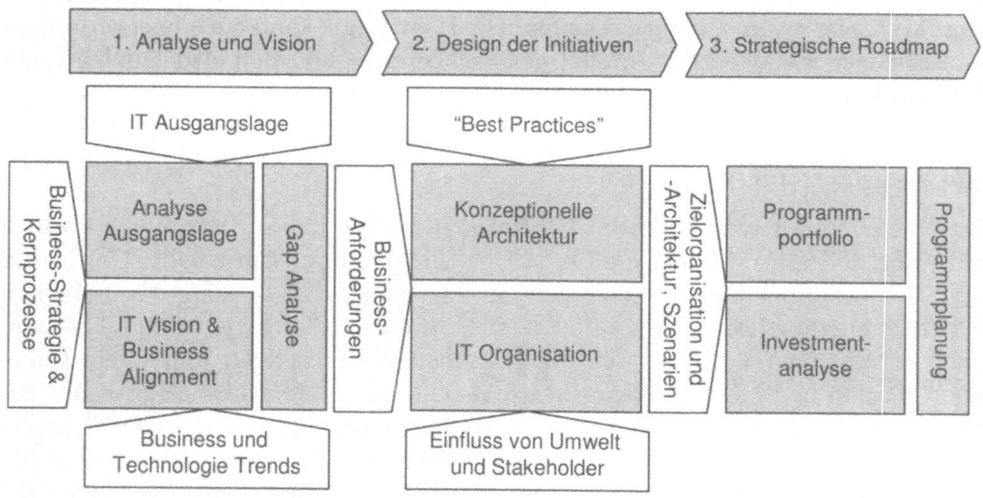

Abbildung 6: Generisches IT-Strategie-Modell

Eine IT-Strategie fällt nicht einfach so vom Himmel, sondern soll integraler Bestandteil des unternehmensweiten strategischen Planungsprozesses sein. Viele Unternehmen begehen den Fehler, dass sie eine Strategieformulierung als einmalige Übung ansehen und beispielweise einen externen Berater engagieren, der dies übernehmen soll. In den meisten Fällen mag daraus eine veritable IT-Strategie resultieren, die aber nicht gelebt wird bzw. spätestens nach einigen Monaten nicht mehr gepflegt und somit den veränderten Rahmenbedingungen nicht mehr gerecht wird.

Ich bin der Meinung, dass man die IT-Strategieerarbeitung nicht outsourcen kann. Man kann bestimmt einen Berater verpflichten, der den Prozess führt, moderiert, Ideen einbringt. Die Kernelemente aber müssen vom Unternehmen selbst beigesteuert werden. Ansonsten erhält man eine zu generische Strategie, die sowohl für die IT einer Schokoladenfabrik als auch einer Bank dienen kann. Die Formulierung der IT-Strategie ist Aufgabe des IT-Managements.

Beim Planungsprozess taucht oft die berühmte „Huhn-oder-Ei-Frage" auf. Muss zuerst die Geschäftsstrategie definiert sein oder stellt die IT-Strategie auch wesentliche Anforderungen an die Geschäftsstrategie? Ein iterativer Prozess kann hier auflösen. Zuerst sollte die Geschäftsstrategie in einem Entwurf definiert werden, parallel dazu die IT-Stoßrichtungen. Spätestens bei der Frage, wie viel will das Unternehmen in IT investieren, kommen beide Prozesse zusammen bzw. braucht es eine weitere Iteration. Deshalb ist es sinnvoll, zuerst die Geschäftsstrategie mit den entsprechenden Initiativen zu planen. Sehr viele der strategischen Maßnahmen werden mittels IT-Projekten umgesetzt. Diese strategischen Projekte sollten als wichtiger Einflussfaktor für die IT-Strategie genutzt werden. Der IT-Strategieprozess sollte als Teilprozess der unternehmensweiten strategischen Planung positioniert sein (siehe Abbildung 7). In der Regel planen und führen die Unternehmen einen jährlichen Strategie-Review durch. Es empfiehlt sich ein Planungshorizont von drei bis maximal fünf Jahren.

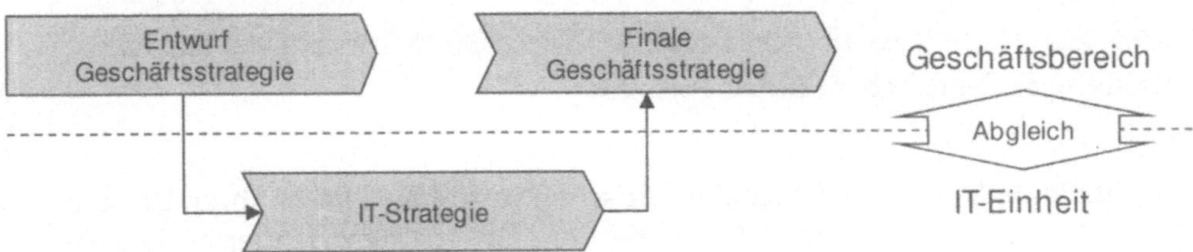

Abbildung 7: Zusammenspiel zwischen Geschäfts- und IT-Strategie

Wegen der engen Verzahnung von Geschäfts- und IT-Strategie darf die IT-Abteilung die Strategie nicht alleine erarbeiten, sondern muss zwingend den Fachbereich integrieren. Die Nachfrageseite sollte vom Fachbereich gestaltet werden. Die IT ist in diesem Teil in der Rolle des Moderators und aber auch Ideengebers. IT-Abteilungen haben sich in den letzten Jahren weg von der Rolle des Fixkostenblocks hin zu Innovatoren entwickelt. Oft aber wird das „Was" auch von der IT bestimmt, nicht selten als Folge von mangelndem Interesse in IT-Angelegenheiten auf Stufe Geschäftsleitung. Die IT muss seine Partner in den Fachbereichen ermuntern, aktiv bei der IT-Strategieformulierung mitzuwirken. Es existiert natürlich auch der Fall, wo der Fachbereich sich zu intensiv um IT-Fragen kümmert und selbst das „Wie" vorgeben will. Eine solide IT-Governance, welche genau die Zuständigkeiten bezüglich IT-Entscheidungen im Gesamtunternehmen verbindlich festhält, ist eine wichtige Voraussetzung für das Gelingen der IT-Strategie (vgl. dazu den Beitrag in Abschnitt 2.1.2).

Mit einer erfolgreichen Formulierung ist es jedoch noch nicht getan. Die konsequente und konstante Strategieumsetzung ist einer der wichtigsten Schritte. Bei vielen Unternehmen klafft ein großes Loch zwischen Strategieformulierung und deren Umsetzung. Klar, es gibt passendere und weniger passende Strategien – aber den wichtigsten Unterschied kann man bei einer konsequenten Umsetzung erzielen. Kontinuität ist dabei nicht zu unterschätzen. Unternehmen, die im Jahreszyklus ihre Marschrichtungen ändern und als Folge davon die IT-Strategien anpassen, werden die IT in einigen Jahren in einem desolaten Zustand wiederfinden. Abbildung 8 zeigt einen typischen Strategieprozess. Es empfiehlt sich, die Definition der Strategie als Projekt aufzuziehen. Die Umsetzung und Kontrolle ist dann eine laufende Tätigkeit, die über das gesamte Jahr zu erfolgen hat. Beispielsweise kann ein „Sponsor" für die IT-Strategie definiert werden. Als Kandidaten kommen neben dem CIO selbst auch andere IT-Bereichsleiter in Frage.

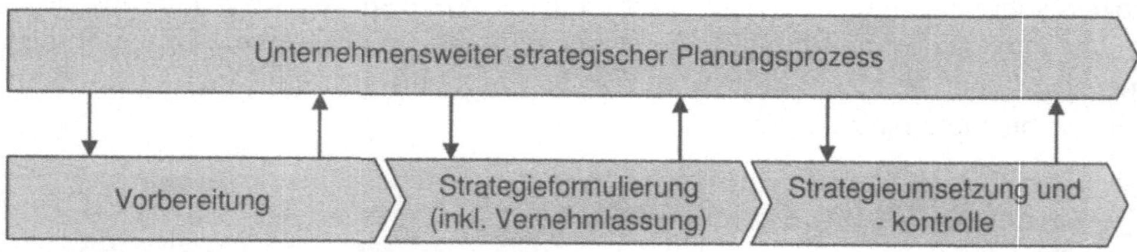

Abbildung 8: Generischer Strategieprozess

Viele geplante Strategien versanden oft schon in frühen Phasen ihrer Umsetzung. Mit der Balanced Scorecard (BSC) existiert ein umsetzungsorientierter Steuerungsansatz. Die BSC wurde als Mittel zur wertorientierten Unternehmensführung entwickelt. Sie eignet sich aber auch bestens als Modell, um die Strategieumsetzung konsequent zu verfolgen, indem Visionen und Strategien in klare messbare Aktionen übersetzt werden. Zudem kann der BSC-Ansatz helfen, die strategischen Ziele in Verbindung mit klaren Maßnahmen einfach zu kommunizieren. Eine klassische BSC besteht aus vier Perspektiven: Finanzen, Kunden, Prozess und Mitarbeiter/Lernen. Für eine IT-Organisation empfiehlt sich das Hinzufügen einer weiteren Dimension: Technologie (siehe Abbildung 9). Bei Technologie kann noch zwischen der Applikationslandschaft und der Infrastruktur unterschieden werden.

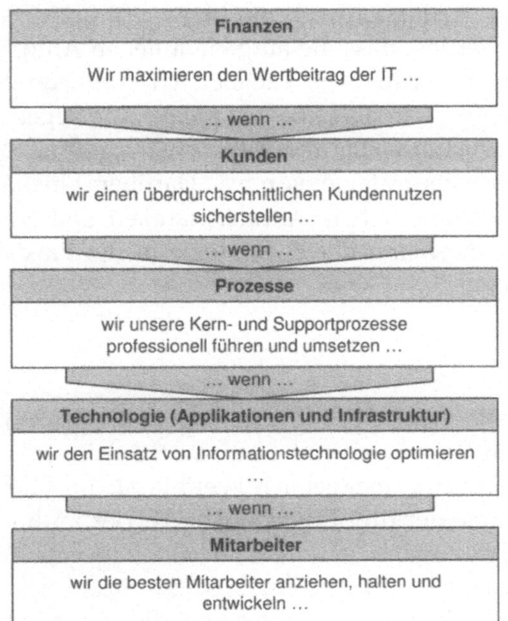

Abbildung 9: Dimensionen einer BSC für eine IT-Organisation

Damit die Strategie gelebt wird, bedarf es einer umfassenden Kommunikation. Jeder einzelne Mitarbeiter in der IT-Organisation muss sich mit der Strategie identifizieren können. Dazu ist es hilfreich, wenn man mit den Mitarbeitern Workshops durchführt und die Strategie diskutiert mit dem Fokus „was heißt dies in meiner täglichen Arbeit". Ein Fehler, den viele Unternehmen begehen, ist die Klassifizierung einer IT-Strategie als „vertraulich". Dies verhindert eine breite Kommunikation. Die Strategie kann aber nur erfolgreich umgesetzt werden, wenn die Mitarbeiter sie verstehen und sich damit in der täglichen Arbeit identifizieren können. Dies ist jedoch nicht immer ganz einfach. Gerade bei der Einführung neuer Konzepte wie etwa von serviceorientierten Architekturen (SOA) kann es zu Differenzen kommen. Es ist die Aufgabe des IT-Managements, diese Punkte mit der Belegschaft auszudiskutieren.

In der Regel liegt die Erstellung der IT-Strategie in der Verantwortung des CIO. Bei der Initialisierung ist die Fachseite meist noch beteiligt, im Zuge der weiteren Ausarbeitung wird ihre Einbindung aber stark reduziert. Das ist jedoch nicht zufriedenstellend, da zentrale Fragestellungen alle Bereiche des Unternehmens betreffen und diese nicht zuletzt hohen Investitionen aus Gesamtunternehmenssicht nach sich ziehen. Aus diesem Grund sollte gerade bei der Aufnahme von Anforderungen an die IT-Strategie eine möglichst intensive Beteiligung der Fachseite zum Beispiel durch Workshops oder Interviews erfolgen. Dadurch ist der Grundstein für den Erfolg der IT-Strategie gelegt. Bei der Einbindung von Managern und Experten der Fachseite muss sichergestellt werden, dass die aufgenommenen Anforderungen umgesetzt und Ziele eingehalten werden. Der Fachbereich muss somit längerfristig mitarbeiten und die IT-Strategie nicht als kurze einmalige Angelegenheit erachten. Durch die Nachhaltigkeit wird erreicht, dass es zu einer „gelebten" Integration der IT-Strategie in die Geschäftsstrategie kommt. Darüber hinaus kommen der IT-Strategie im Unternehmen eine höhere Aufmerksamkeit und ein höherer politischer Stellenwert zu. Die Umsetzung der IT-Strategie in die Praxis kann damit deutlich beschleunigt werden.

IT-Strategie bei der Bank Julius Bär

Die Bank Julius Bär hat in den letzten Jahren den Sprung von einer mittelgroßen Privatbank zum führenden unabhängigen Vermögensverwalter der Schweiz vollzogen. Dieser Wandel hat auch die IT-Strategie maßgeblich beeinflusst. Im Jahr 2005 hat die Bank Julius Bär die Übernahme der drei Privatbanken Ferrier Lullin, Ehinger & Armand von Ernst und Banco di Lugano von der UBS bekanntgegeben. Da sich Bank Julius Bär zur Zeit der Übernahme mitten in einem Migrationsprojekt des Kernbankensystems befand, stellte sich die Frage, ob man zuerst die Migration des bestehenden, mehrheitlich selbstentwickelten Systems auf ein Standardbankenpaket beenden und danach migrieren, oder das Migrationsprojekt einstellen und die neuen Banken auf das bestehende System integrieren sollte. Die Bank Julius Bär entschied sich für die zweite Option und stoppte die Einführung der Standard-Software. Die Begründung lag in der Wachstumsstrategie der Bank. In den letzten 18 Monaten hat die Bank die Volumina verdoppelt. Durch den Zukauf der drei Privatbanken war die Bank von einem Tag zum anderen in einer neuen Liga – auch was das Transaktionsvolumen betraf. Ob ein Standardpaket, das für kleinere und mittlere Banken entwickelt wurde, mit dem erhöhten Volumen überhaupt effizient betrieben werden könnte, war nicht gesichert.

Seit nun drei Jahren kann Julius Bär basierend auf derselben Strategie mit einer Konstanz gezielt in eine Richtung arbeiten. Julius Bär hatte schon sehr früh explizite IT-Strategien definiert, diese mussten aber aufgrund der dynamischen Entwicklung der Bank mehrmals an die veränderten Voraussetzungen angepasst werden. In einem ersten Schritt haben wir uns auf ein Strategie-Framework geeinigt. Dies ist zu empfehlen, da sonst die Gefahr besteht, die IT-Strategie auf reine Technologie zu beschränken und Themen wie Prozesse oder Mitarbeiter zu vernachlässigen. Wir haben uns für einen Balanced Scorecard-Ansatz (BSC) entschieden. Wie bereits oben beschrieben, eignet sich ein BSC-Ansatz auch bestens, um die Umsetzung konsequent zu überwachen. Die Perspektiven der Balanced Scorecard decken die strategischen Ziele umfassend ab und unterstützen die Kommunikation von Ursache-Wirkungs-Beziehungen.

Der IT-Strategieprozess

Der IT-Strategieprozess ist integriert in den bankweiten Planungsprozess. Die Strategie wird jährlich überprüft, z.B. ob sich die Rahmenbedingen verändert haben oder der Fortschritt nachgeführt wird. Einzelne Fachbereiche wie etwa der Bankbetrieb verfügen über eigene Detailstrategien, welche ebenfalls als Ausgangslage dienen. Der Strategieprozess besteht aus vier Phasen:

1. Vorbereitungsphase: Die eigentliche Vorbereitung beinhaltet die Detailplanung des jährlichen Prozesses. Wir planen das Erstellen der IT-Strategie wie ein Projekt, mit detailliertem Plan mit Aktivitäten und Meilensteinen. Die weiteren Tätigkeiten dieser Phase sind fortlaufend: Sammeln von externen Anforderungen, Trends, Informationen über Mitbewerber etc. Auch das Zusammentragen der Anforderungen aus den Fachbereichen geschieht laufend.
2. Strategiedefinition: Auf Stufe Bank werden die Geschäftsstrategie sowie Fachbereichsstrategien überprüft. Diese werden übersetzt in Anforderungen an die IT. Eine andere Input-Quelle stellen die konkreten Auswirkungen der Trends, die neuen regulatorischen Anforderungen, Konkurrenzinformationen etc. dar. Eine Analyse der Stärken und Schwächen entlang der BSC-Dimensionen rundet den Input ab. Der nächste Schritt ist die Definition des Zielzustandes in einem Drei-Jahreshorizont inklusive den dazugehörigen strategischen Stoßrichtungen.
3. Budgetierung: Diese Phase beginnt parallel zur Strategieformulierung, da es sich hier um iterative Abhängigkeiten handelt. Auf Stufe Bank werden die prognostizierten Erträge den zu erwartenden Kosten gegenüber gestellt. Das Zielband des Kosten-/Ertragsverhältnisses der Gesamtbank dient dabei als ein wesentlicher Bestimmungsfaktor, wie viel Geld die Bank in die Informationstechnologie investieren will bzw. kann. Der Prozess ist insofern iterativ, als die meisten Fachbereichs-Vorhaben auch IT-Mittel zur Umsetzung brauchen. Die IT sammelt parallel dazu die strategischen Initiativen. Dies sind IT-Vorhaben, welche dann auf Stufe Geschäftsleitung entschieden werden. In der Regel ist die Summe beim Zusammentragen signifikant grösser als die gesprochenen Mittel. Durch rigoroses Priorisieren entlang strategischer Kriterien findet man sich schließlich beim finalen Initiativportfolio.
4. Phase der Strategieimplementierung: Wir operationalisieren die IT-Strategie mittels Balanced Scorecard. Sämtlichen strategischen Zielen werden Messkriterien gegenüber gestellt und Zielwerte definiert. Die Initiativen werden in konkrete IT-Programme und -Projekte herunter gebrochen. Das resultierende Projektportfolio wird verwaltet. Ein wesentlicher Bestandteil der Strategieimplementierung ist die Kommunikation. Sämtliche Interessensgruppen – interne Kunden als auch IT-Mitarbeiter – werden mit zugeschnittenen Präsentationen besucht. Gerade bei den Mitarbeitern ist es wichtig, dass jeder Einzelne die Auswirkungen der IT-Strategie auf seine tägliche Arbeit versteht. Diese Phase erstreckt sich über das gesamte Jahr.

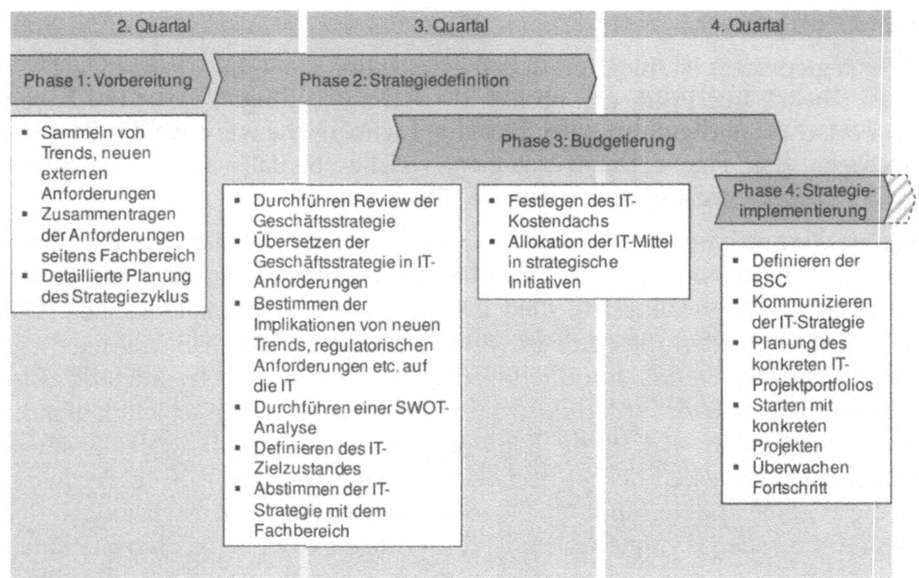

Abbildung 10: Strategieprozess der Bank Julius Bär

IT-Strategie-Modell

Wir verwenden in der Bank ein simples Strategiemodell, welches sich in der Vergangenheit bewährt hat. Aufgrund unserer Positionierung als „Follower" im Technologiezyklus können wir die Analyse der Technologietrends kurz und pragmatisch halten. Wir verzichten auch bewusst auf komplizierte Szenarienplanungen.

Julius Bär betreibt das Bankgeschäft auf zwei verschiedenen Plattformen: eine für das in der Schweiz gebuchte Geschäft, welches auf einer mehrheitlich eigenentwickelten Hostlösung basiert, sowie eine für das internationale Geschäft, für welches wir eine Standardbankenlösung einsetzen. Die IT-Strategie umfasst beide Plattformen. Da diese jedoch gerade in der Dimension „Technologie" sehr unterschiedlich sind, macht eine Untergliederung in Schweiz und International Sinn. Abbildung 11 stellt das Inhaltsverzeichnis der IT-Strategie schematisch dar.

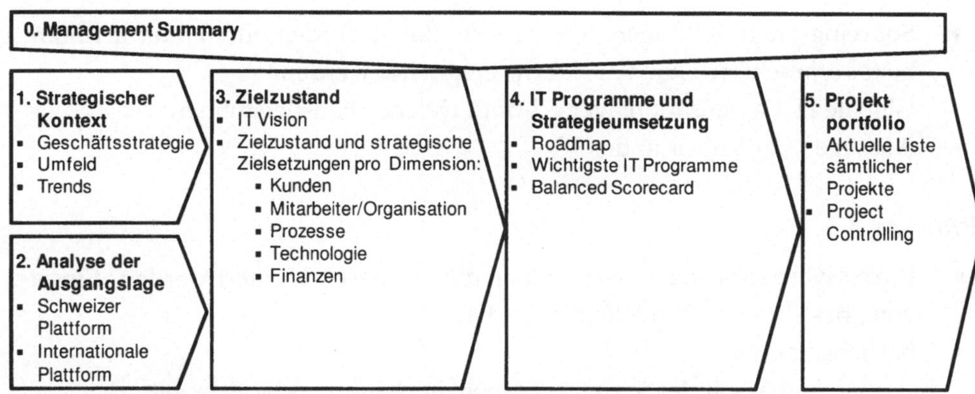

Abbildung 11: Schematisches Inhaltsverzeichnis der IT-Strategie

Eine Zusammenfassung der wesentlichen Leitaussagen der Strategie für Entscheidungsträger bildet den Einstieg ins Dokument. Falls die Strategie jedes Jahr kontinuierlich weiterentwickelt wird, empfiehlt sich zudem ein Abschnitt anzufügen, wo die Neuerungen im Vergleich zur bestehenden Strategie kurz zusammengefasst werden. Der strategische Kontext sowie die Analyse der Ausgangslage sind die Basis für die Definition des Zielzustandes, welcher pro BSC-Dimension erarbeitet wird. Die Vision beschreibt den gewünschten Zustand in fünf Jahren. Der Rest der Strategie ist auf einen Dreijahreshorizont ausgerichtet.

Der Zielzustand sowie die Stoßrichtungen pro Dimension umfassen den Hauptteil der Strategie. Im Folgenden wird kurz auf die einzelnen Themen pro Dimension eingegangen.

Kunden

- Umgang mit Themen aus der Geschäftsstrategie
- Positionierung der IT im Unternehmen: Dienstleister oder Innovator
- Aussagen zur Kundenpflege
- Grundausrichtung der IT-Governance

Mitarbeiter/Organisation

- Skills-Management: welche Fähigkeiten/Mitarbeiter brauchen wir, wie kommen wir dazu?
- Demographische Entwicklungen: Fragestellungen wie beispielweise „wann gehen die Host-Entwickler in Pension und wie sichern wir das Wissen über die bestehenden Anwendungen?"

- Sourcing-Fragestellungen: welche Aktivitäten werden durch interne Mitarbeiter erbracht, wo können externe eingesetzt werden?
- Globale IT-Organisation: wer erbringt welche Dienstleistungen
- Aussagen zur Kultur in der IT

Prozesse

- Prozessverbesserungen: wie können die Prozesse optimiert werden? Einsatz von „Best-Practice-Modellen" wie ITIL?
- Betriebsmodelle
  - Verfügbarkeit der Systeme: Stapelverarbeitung oder Echtzeit
  - Stabilität der Systeme: Definition von SLAs

Technologie

- Aussagen über das Technologieportfolio (welche Technologien werden eingesetzt?)
- Standardsoftware oder Eigenentwicklung
- Wie sieht das heutige Anwendungsportfolio aus und wohin soll sich die zukünftige Anwendungslandschaft entwickeln?
- Architekturstrategie: serviceorientierte Architektur
- Informationssicherheit

Finanzen

- Bestimmung der IT-Gesamtausgaben
- Mehrjährige Investitionsplanung
- Entwicklung der Betriebskosten
- Ableitung der „Change-the-Business"-Budgets als Residuum von den Gesamtausgaben minus Betriebskosten
- IT-Effizienzmaßnahmen
- Benchmarking

Der Inhalt einer IT-Strategie hängt in der Regel vom „Reifegrad" der IT-Organisation des Unternehmens ab. Wird eine völlig neue Richtung anvisiert, welche bestehende Elemente wie die IT-Governance, Operating-Modell oder die Organisation auf den Kopf stellt, ist es durchaus legitim, diese Themen in die Strategie mit aufzunehmen. Auch Aussagen über die grundsätzliche Positionierung der IT als Profit oder Cost Center können Bestandteil sein. Wir verzichten auf Themen wie IT-Governance oder Organisation, da dies bei uns Konstanten sind. Das Operating-Modell jedoch ist Teil der Strategie, da wir hier einen Wandel anstreben.

Oft wird die Frage gestellt, ob ein Projektportfolio in eine Strategie gehört oder nicht. Meine Antwort lautet klar „Jein". Die Strategie wird zwar großteils mittels Projekten umgesetzt, Projekte jedoch sind klar taktischer Natur. Wir lösen dies, indem wir Initiativen in die Strategie aufnehmen. Initiativen kann man als strategische Vorhaben sehen, die ein strategisches Ziel umsetzen. Initiativen werden dann später in Projekte aufgebrochen. Ein detailliertes Projektportfolio kann aufgrund seiner Volatilität nicht zu einer Strategie gehören. Das Portfolio lebt und ändert sich laufend. Wir sehen deshalb das Projektportfolio nicht als Bestandteil der Strategie, sondern als wichtigen Bestandteil in der Umsetzung.

Wir führen den Strategie-Review jedes Jahr als Projekt durch. Es braucht eine saubere Planung, vor allem für den Einbezug der vielen Interessensgruppen oder des Managements der vielen Abhängigkeiten zum gesamten bankweiten Planungsprozess. Jedes Jahr bestimme ich einen anderen Vertreter aus meinem Führungsteam als Projektleiter. Eine gute Strategie basiert auf Input von der Basis, die Entscheidungen jedoch sind Aufgabe der Führung.

Die Strategieerarbeitung weist noch einen interessanten Nebeneffekt auf. Durch die intensiven Diskussionen im Managementteam entwickelt sich eine bessere Gruppendynamik als bei jedem Team-Building-Event.

Herausforderungen

Eine große Herausforderung an eine Strategie stellt die Unterschiedlichkeit der verschiedenen Interessensgruppen dar. Es gilt zu entscheiden, ob man pro Interessensgruppe eine separate Version erstellt oder ob man eine Strategie für alle verfasst. IT-Mitarbeiter wünschen beispielsweise sehr konkrete Aussagen über den Einsatz von Technologien, womit aber ein Fachbereich in der Regel nichts anfangen kann. Das andere Spannungsfeld liegt zwischen dem Management, welches vielleicht eher auch die Quantifizierung der Strategieauswirkungen sehen will, und den Mitarbeitern, die dies wohl weniger interessiert. Wir haben uns entschieden, nur eine Version zu erstellen, welche aber individuell zusammengestellt werden kann. So sind beispielweise die sehr technischen Seiten speziell mit dem Vermerk „Nur für IT-internen Gebrauch" markiert.

Eine gute IT-Strategie kann auch das Dilemma zwischen kurzfristigem Geschäftsnutzen und langfristiger strategischen Vorhaben lindern. Die Kunst liegt im Finden der goldenen Mitte. Nur noch an strategischen Vorhaben zu arbeiten und den Kunden während Jahren keine neue Funktionalität liefern kann nicht sein. Auf der anderen Seite ständig die notwendigen Basisrenovationen zugunsten von dringenden Problemen im Fachbereich zu verschieben, bringt das Unternehmen in eine gefährliche Sackgasse. Die Balance zwischen dem Bau der Zielplattform und dem Liefern einer taktischen Lösung muss jedes Unternehmen selber finden. Wir setzen uns zum Ziel, dass mindestens 50% der Mittel für die Zielplattform eingesetzt werden. Dies sieht auf den ersten Blick nach wenig aus, ist aber in Anbetracht der vielen Zwänge von außen (z.B. neue regulatorische Anforderungen und andere Muss-Projekte) eine realistische Zielgrösse. Man muss jedoch beachten, dass taktische Lösungen keine finalen werden.

Die strategische Allokation der IT-Mittel ist theoretisch eine simple Aufgabenstellung: man rechne zu jedem Vorhaben einen „Business Case" (Net Present Value) und wähle die mit den besten Werten. Leider ist das Erstellen des Business Case nicht immer so einfach. Es gibt Vorhaben, da resultiert schlicht kein positiver NPV, beispielsweise bei Basisinfrastrukturvorhaben wie dem Ersatz des Netzwerks oder dem Aufbau eines neuen Rechenzentrums.

Schwierig ist auch das Abschätzen der monetären Auswirkungen von IT-Anwendungen. Wie viel mehr verdient die Bank pro Jahr, nur weil eine neue CRM-Anwendung installiert wird. Die Verwendung von Investitionskategorien kann helfen. Mögliche Kategorien sind: Externe Anforderung, Reduktion von Risiken, strategische Infrastruktur sowie Business Case. Einen wirklichen Business Case kann man wohl nur in der letzten Kategorie rechnen, die anderen Kategorien verlangen nach anderer Legitimationsargumentation.

Der Strategiewechsel vor drei Jahren implizierte eine massive Veränderung in der gesamten Organisation. Dies mussten wir mit einem professionellen Change Management unterstützen, ansonsten findet die Strategie keinen Nährboden, wo die Umsetzung gedeihen kann. Man sieht oft, dass dieser Punkt vergessen geht, da man ja nur „Papier" ändert. Will aber die Strategie umgesetzt werden, muss jeder einzelne Mitarbeiter die Strategie verstehen und schlussendlich dahinter stehen. Wenn die neue Strategie jedoch eine zu große Veränderung bedeutet, müssen die Mitarbeiter auf dem Weg begleitet werden.

Die Jahrhundertfinanzkrise der letzten Monate war auch ein Lackmustest für unsere IT-Strategie. Wie die meisten Unternehmen haben auch wir die Investitionen zurückgefahren und somit die Umsetzung der Strategie verzögert.

Ein Auszug aus der IT-Strategie-Landkarte wird in der Abbildung 12 dargestellt. Wir haben unsere strategischen Zielsetzungen entlang der BSC-Perspektiven gegliedert. Obwohl grundsätzlich eine Abhängigkeit von unten nach oben besteht, verzichten wir aus Gründen der Übersichtlichkeit auf das Einzeichnen der Pfeile. Das oberste strategische Ziel der IT-Strategie der Bank Julius Bär ist die Unterstützung der Wachstumsstrategie der Bank.

Die Bank will in den nächsten Jahren signifikant wachsen, zum einen organisch, zum anderen durch Übernahmen. Organisches Wachstum ist für eine IT-Organisation in der Regel kein Problem, eine größere Übernahme jedoch schon. Falls die IT effizient geführt ist, sind die neu notwendigen Kapazitäten nicht auf Vorrat vorhanden. Wir haben uns deshalb zum Ziel gesetzt, eine skalierbare IT-Plattform mit den entsprechenden Prozessen und der erforderlichen Organisation aufzubauen.

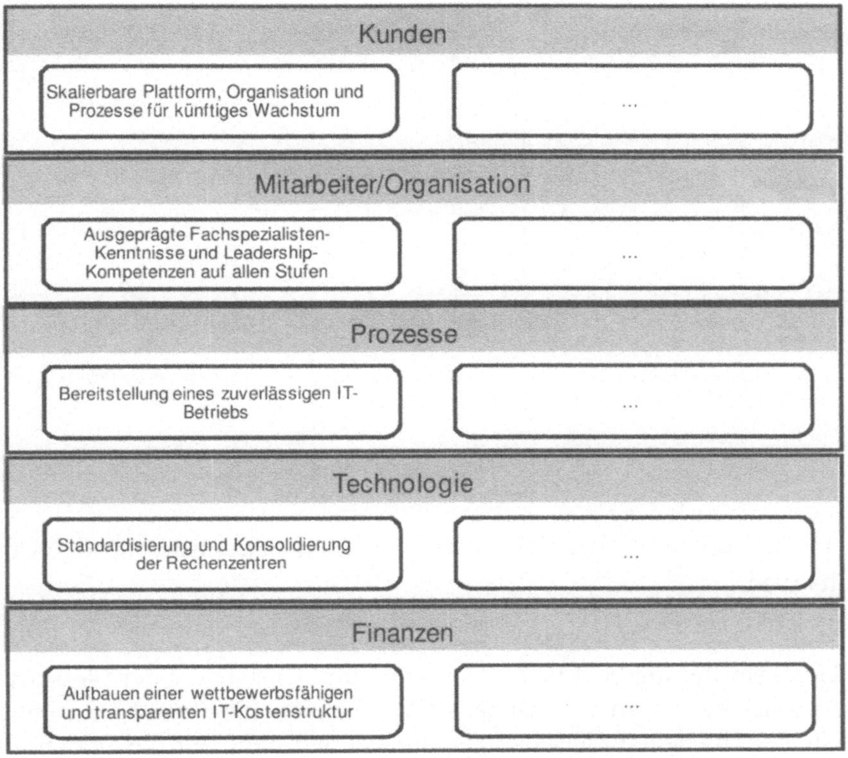

Abbildung 12: Ausschnitt aus der Strategie-Landkarte der IT-Organisation entlang der BSC-Dimensionen

Um dies zu erreichen, benötigen wir erstklassige Mitarbeiter auf allen Stufen. Um die Mittel und den Fokus auf dem Wachstum haben zu können, ist ein stabiler reibungsloser Betrieb unabdingbar.

Im Bereich Technologie müssen wir die erforderlichen Kapazitäten schaffen, indem wir zum einen unsere Infrastrukturen standardisieren und zum anderen konsolidieren. Schließlich dürfen wir die IT-Kosten nicht aus dem Blick verlieren und müssen daher ständig an einer Optimierung arbeiten.

Die vollständige Strategie-Landkarte enthält 17 strategische Ziele, welche mittels BSC-Ansatz operationalisiert und gemessen werden. Abbildung 13 zeigt einen Auszug. Wir haben eine klare Zuordnung von Zielsetzung, Messung und Initiative erzielt. Dadurch lässt sich jederzeit der Zustand der Strategieumsetzung einfach messen.

Strategische Zielsetzungen	Balanced Scorecard: Messkriterien	Balanced Scorecard: Zielwerte	Initiativen
Kunden ▪ Wir sind die Partner nach Wahl von unseren Kunden ▪ ...	▪ Bewertung Kundenumfrage	7.0	▪ Etablierung „Account Management"
Mitarbeiter/Organisation ▪ Ausgeprägte Fachspezialisten-Kenntnisse und Leadership-Kompetenzen auf allen Stufen ▪ ...	▪ Anzahl Ausbildungstage	5 pro MA	▪ Einführung Fachkarriere mit entsprechenden Ausbildungen ▪ Leadership Training
Prozesse ▪ Bereitstellung eines zuverlässigen IT Betriebs ▪ ...	▪ Service-Verfügbarkeit ▪ Laufzeit Tagesend-verarbeitung	>99.5% <5:00 am	▪ Prozessverbesserungsinitiative
Technologie ▪ Standardisierung und Konsolidierung der Rechenzentren ▪ ...	▪ Ausnutzung Ressourcen	>50%	▪ Plattform Standardisierung und Konsolidierung
Finanzen ▪ Aufbauen einer wettbewerbsfähigen und transparenten IT-Kostenstruktur ▪ ...	▪ Reduce unit cost	-5%	▪ IT Effizienzprogramm

Abbildung 13: Auszug der Balanced Scorecard, inklusive der entsprechenden Umsetzungsinitiativen

Die größte Herausforderung liegt in der Definition und Umsetzung der Messkriterien. Man muss sich ab und zu aus Mangel an Alternativen mit einem Kompromiss begnügen. Die verschiedenen Zielsetzungen brechen wir dann auf die Organisationseinheiten herunter und nehmen dieses in deren Jahreszielsetzungen auf. Ende des Jahres werden die Organisation und damit die Mitarbeiter konkret an der Zielerreichung gemessen.

Hier gilt es jedoch zu beachten, dass nicht alle Ziele sinnvollerweise auf die Mitarbeiter verteilt werden können, da einige zu einem unbeabsichtigten Verhalten führen können. Diese Problematik tritt jedoch bei Zielsetzungen immer auf.

Wir sind nun im dritten Strategiezyklus und konnten Konstanz in die Planung einbringen, was zentral ist. Es gibt etliche Studien, die darlegen, dass nicht die Strategien Unternehmen erfolgreich machen, sondern Konstanz im Management-Team. Dies heißt auch, Konstanz in der Strategieumsetzung.

Konklusion

Eine holistische IT-Strategie ist eine wesentliche Voraussetzung für den erfolgreichen IT-Einsatz in einem Unternehmen. Eine solide IT-Strategie soll dazu beitragen, die IT-Ausgaben an den Prioritäten des Fachbereichs auszurichten und somit den bestmöglichen Nutzen zu generieren. Die IT-Strategie muss daher zwingend von der Geschäftsstrategie abgeleitet sein, die IT erfüllt keinen Selbstzweck. Die Entscheidungskompetenzen zum Thema IT-Strategie sollten in der Governance verankert sein.

Vielfach liegt die Erstellung der IT-Strategie in der Verantwortung des CIO. Bei der Initialisierung ist der Fachbereich in der Regel noch beteiligt, im Laufe der weiteren Ausarbeitung wird ihre Einbindung aber stark reduziert. Aus diesem Grund sollte gerade bei der Aufnahme von Anforderungen an die IT-Strategie eine möglichst intensive Beteiligung der Fachseite zum Beispiel durch Workshops oder Interviews erfolgen. Dadurch ist der Grundstein für den Erfolg der IT-Strategie gelegt. Auch hat die Abnahme der IT-Strategie zwingend durch die Geschäftsleitung zu erfolgen.

Eine konsistente und über Jahre angewendetete IT-Strategiemethode sowie ein entsprechender institutionalisierter Prozess sind wichtig für die notwendige Konstanz. Die IT-Strategie sollte als wiederkehrender Prozess etabliert werden, ansonsten ist sie nur eine Eintagsfliege mit geringer Halbwertszeit. Zudem kann man so die Antizipation der Zukunft jedes Jahr neu überprüfen und abwägen, ob die Annahmen noch Gültigkeit aufweisen. Es empfiehlt sich, die Entwicklung als Projekt anzugehen. Eine gute IT-Strategie fokussiert sich nicht nur auf Aussagen zu Anwendungen und Technologien, sondern bezieht auch Dimensionen wie Prozesse und Mitarbeiter mit ein.

In meiner Karriere habe ich sehr viele Strategien verfasst. Aus meiner Sicht waren die meisten Strategien nicht schlecht. Den Unterschied, ob eine Strategie etwas zum Positiven verändert, macht vor allem die konsequente Überprüfung der Strategie-Umsetzung aus. Durch das Papier alleine ändert sich nichts, man muss die Inhalte auf allen Stufen im gesamten Unternehmen kommunizieren, die strategischen Stoßrichtungen in konkrete Projekte oder Maßnahmen aufteilen sowie deren Umsetzung messen. Eine Bemerkung zur Kommunikation sei an dieser Stelle noch angebracht. Machen Sie nicht den Fehler und klassifizieren die IT-Strategie als vertraulich. Jeder Mitarbeiter muss sie kennen, vertraulich gekennzeichnete Dokumente sind dabei nicht hilfreich. Die Kommunikation muss zielgruppenspezifisch erfolgen. Der Balanced Scorecard-Ansatz eignet sich aus meiner Sicht bestens. Zum einen erlauben die verschiedenen Perspektiven einen ganzheitlichen Blick auf das Thema, zum anderen ist die Durchgängigkeit von der Definition der strategischen Ziele bis hin zur konkreten Messung der Umsetzung gegeben.

Die größte Herausforderung bei der Umsetzung einer IT-Strategie liegt im Change Management, vor allem wenn die neue Strategie eher Revolution als Evolution ist. Die einzelnen Mitarbeiter müssen begleitet werden. Am Ende der Strategiearbeit sollte man immer einen Realitätscheck durchführen: ist die Strategie umsetzbar? Ist die Frage mit Ja beantwortbar, kann mit der Umsetzung begonnen werden, falls nicht, muss man nochmals über die Bücher.

2.1.2 IT-Governance – Entscheidungsstrukturen und -prozesse für ein erfolgreiches IT-Management. Praxis bei Credit Suisse

Ernst Sonderegger, Credit Suisse

In diesem Beitrag beschreibt der Autor, wie eine erfolgreiche IT-Governance in der Praxis aufgebaut werden kann. Nach der Definition, was denn IT-Governance überhaupt ist, umreißt er die Gebiete, welche von der IT-Governance abgedeckt werden sollten. Im Artikel postuliert er fünf allgemeingültige Prinzipien, welche die Voraussetzungen für den nachhaltigen Erfolg der IT-Governance in einem Unternehmen sind. Am Beispiel des Credit Suisse IT-Governance Models schildert er detailliert die Gremien und Rollen aus Fachbereich und IT mit ihren Aufgaben und Verantwortungen. Schließlich geht er auch kurz darauf ein, wie die IT-Governance in kleineren Unternehmen aussehen könnte.

Einleitung

Kaum vergeht ein Tag, an dem ein IT-Manager nicht ein neues Papier oder eine Einladung zu einem Seminar zum Thema IT-Governance erhält. Wenn wir dann aber in unseren Unternehmen nachfragen, was mit IT-Governance gemeint ist, bekommen wir eine Vielzahl von Antworten. Häufig ist die Antwort auch ein Schulterzucken, da sich viele Manager – insbesondere aus den Fachbereichen – wenig unter diesem Begriff vorstellen können.

IT-Governance muss wohl etwas mit der Führung der IT zu tun haben, aber was verstehen wir genau darunter?

Da dies ja ein konsequent praxisorientiertes Buch ist, wollen wir gar nicht erst den Versuch wagen, eine neue Definition von IT-Governance zu entwickeln. Vielmehr wollen wir uns an eine weitverbreitete, bestehende und aus unserer Sicht auch treffende und robuste Definition halten, die von den MIT-Professoren Peter A. Weill und Jeannie Ross stammt: IT-Governance ist ein festgelegter Rahmen von Entscheidungsbefugnissen und Verantwortlichkeiten, um den Gebrauch der IT in eine gewünschte Richtung zu lenken[3].

Diese Definition ist ziemlich abstrakt und weit. Letztendlich bedeutet dies aber, dass die IT-Governance ein sehr umfassendes Gebiet ist, welches die Steuerung der IT bis in die kleinste Verästelung erfasst und dass sie sich nicht nur mit großen

3 siehe Weill/Ross: IT-Governance: How Top Performers Manage IT Decision Rights for Superior Results, Harvard Business Press 2004, ISBN 978-1591392538

strategischen Würfen befasst, sondern auch viele kleinere Entscheidungen umfasst, welche den Gebrauch der IT betreffen.

IT-Governance betrifft also alle Entscheidungsprozesse und -strukturen in der IT. In diesem Beitrag wollen wir die wichtigsten dieser Prozesse und Strukturen ausleuchten und anhand des Beispiels Credit Suisse zeigen, was nötig ist, um die Governance einer großen IT-Organisation in der Praxis erfolgreich auf Kurs zu bringen und zu halten. Die diskutierten Prinzipien gelten auch für kleinere Organisationen, können und sollen aber der reduzierten Komplexität angepasst werden, damit nicht ein „administrativer Wasserkopf" eingeführt wird.

Die Führung einer jeden IT-Organisation besteht im Wesentlichen aus vier großen Themenbereichen:

- *Investitionen und Finanzführung:* Vielleicht etwas gegen die Intuition setzen wir diese Komponente an die erste Stelle für den CIO (Chief Information Officer, Informatikleiter). Denn hier wird entschieden, was in der IT gemacht wird. Das beschränkt verfügbare Kapital wird aufgeteilt auf die wichtigsten Vorhaben der Firma. Wenn hier nicht richtig im Sinne des Unternehmens entschieden wird, kann nachher auch eine technisch perfekte Implementierung die Fehlinvestition nicht mehr korrigieren. Deshalb braucht es in diesem Bereich klare, institutionalisierte IT-Governancemechanismen, um wirklich die für das Unternehmen besten Investitionsentscheide zu fällen.
- *Technische Führung:* Dieser Bereich umfasst das Vorgeben von architektonischen Standards (technische Strategie) sowie die Umsetzung von Projekten auf technischer Ebene. Hier wird das Wie entschieden. Die Tragweite technischer Entscheide wird oft unterschätzt. Wenn sich beispielsweise ein Unternehmen für eine bestimmte Technologie entschieden hat und diese plötzlich vom Hersteller nicht mehr unterstützt wird, können die Migrationsaufwände gewaltige Kosten verursachen. Auch hier ist eine sorgfältige IT-Governance unabdingbar.
- *IT-Risiko/IT-Sicherheit:* Die dritte Komponente, welche aktiv gemanaged werden muss, ist das IT-Risiko. Einerseits sind die in der IT laufenden Projekte einem Risiko ausgesetzt und müssen laufend überwacht werden. Kein Unternehmen sieht sich gerne in den Zeitungen wegen schiefgelaufener Mega-Projekte. Andererseits birgt auch der laufende IT-Betrieb substanzielle Risiken. Beispiele dafür sind Informatikausfälle, welche ganze Unternehmen zeitweise stilllegen, oder auch Pannen wie die unbeabsichtigte Veröffentlichung von vertraulichen Kundendaten.
- *Personalführung:* Die vierte Komponente schließlich umfasst die Personalprozesse. Obwohl die Informatik ein Geschäft mit hohen Sachkosten und Investitionen in Hard- und Software ist, ist sie doch im Grunde ein Dienstleistungsgeschäft, das auf gut qualifizierten und motivierten Mitarbeitern beruht. Wie in anderen Dienstleistungsbranchen ist es deshalb unabdingbar, dass in einer

IT-Organisation professionelle Personalprozesse sowie IT-spezifische Karrieremodelle zur Anwendung kommen.

Dieser Beitrag konzentriert sich vor allem auf die Investitions- und Finanzführung. Die anderen Komponenten werden teilweise in weiteren Kapiteln dieses Buches abgedeckt.

Nun haben wir kurz definiert, was wir unter IT-Governance verstehen. Aber was bringt das Ganze denn überhaupt?

Untersuchungen der letzten 20 Jahre haben immer wieder gezeigt, dass die Höhe der IT-Aufwendungen einer Firma nicht mit dem Geschäftserfolg korreliert. Matchentscheidend ist offensichtlich nicht, wie viel an Mitteln eingesetzt wird, sondern wie und wo die Mittel verwendet werden. Hier sind die richtigen Entscheidungsstrukturen und -prozesse gefragt. Insbesondere ist die richtige Balance zwischen Fachbereich und IT für Investitionsentscheide hochgradig wichtig. Die oben genannten Autoren Weill/Ross zeigen, dass Unternehmen mit guter IT-Governance eine um mindestens 20% höhere Profitabilität (3-Jahres ROA[4]) aufweisen als Unternehmen mit schlechter IT-Governance. Für den einzelnen IT-Chef ist der Zusammenhang zwischen Geschäftsprofitabilität und IT-Governance in der Realität allerdings praktisch nicht nachweisbar, da so viele andere Faktoren den Unternehmenserfolg ebenfalls mit beeinflussen.

Neben der Tatsache, dass heute je länger je mehr eine gut dokumentierte und auch gelebte IT-Governance obligatorisch wird, gibt es für das einzelne Unternehmen eine Reihe von guten Gründen für eine exzellente IT-Governance: Klare und effiziente Entscheidungsstrukturen und -prozesse machen die IT-Organisation leistungsfähiger und agiler. Vor allem helfen gut strukturierte und nachvollziehbare Entscheidungsprozesse, den oft noch vorhandenen Graben zwischen Fachbereich und IT zu schließen. Mit der Zeit und der Erfahrung gelebter IT-Governance bildet sich auch gegenseitiges Vertrauen. Dies ist eine zentrale Grundvoraussetzung für eine partnerschaftliche Beziehung zwischen Fachbereichen und IT.

Fünf Prinzipien für eine erfolgreiche IT-Governance

Wir beschränken uns in diesem Beitrag nicht darauf, Ausprägungen möglicher Governance-Modelle zu beschreiben, sondern versuchen auch zu formulieren, was sich in der Praxis bewährt hat. Diese Erfahrungswerte haben wir in fünf Prinzipien für eine erfolgreiche IT-Governance zusammengefasst. Abbildung 14 zeigt diese fünf Prinzipien in der Übersicht. Man kann sich dabei teilweise fragen, ob dies streng genommen alles noch zur IT-Governance gehört. Eher ist es so, dass die Prinzipien 4 und 5 allgemein zur guten Führung einer IT gehören. Zusammen

4 Return on Assets

bilden sie aber das notwendige Fundament, auf dem die eigentliche IT-Governance mit ihren Entscheidungsstrukturen und -prozessen aufgebaut ist. So sind diese fünf Prinzipien – unabhängig von der konkreten Form und der individuellen Ausprägung in verschiedenen Betrieben – aus unserer Sicht allgemein gültig, da wir sie über viele Jahre hinweg als praxistauglich im Einsatz gesehen haben.

Der Vollständigkeit halber sei erwähnt, dass in den folgenden Prinzipien eine Reihe von erfahrungsbasierten Positionen vertreten wird, ohne dass aber ein Anspruch auf Vollständigkeit bei der Beschreibung von Governance Modellen besteht oder dass die gemachten Aussagen systematisch wissenschaftlich abgesichert sind.

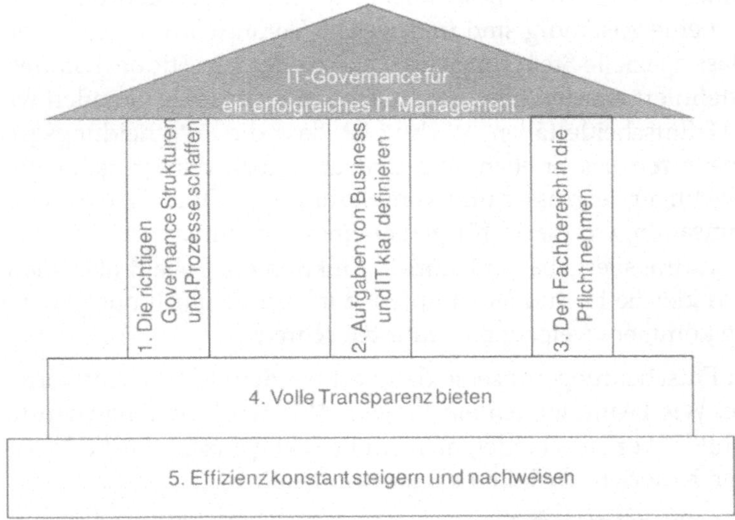

Abbildung 14: Fünf Prinzipien für eine erfolgreiche IT-Governance

Prinzip 1: Die richtigen Governance Strukturen und Prozesse schaffen

Aus unserer Definition, dass IT-Governance ein festgelegter Rahmen von Entscheidungsbefugnissen und Verantwortlichkeiten ist, um den Gebrauch der IT in eine gewünschte Richtung zu lenken, folgt direkt, dass die Entscheidungsbefugnisse und Verantwortlichkeiten explizit definiert werden müssen. Es muss klar festgelegt werden, wer Investitionsentscheide trifft und wer die Verantwortung für die eingesetzten Mittel trägt.

Dabei gibt es ganz unterschiedliche Modelle, die je nach Unternehmen zum Erfolg führen können. In einigen Firmen hat sich eine sehr zentralistische Steuerung der IT bewährt. Hier fallen die meisten Entscheide auf Ebene der Geschäftsleitung in der Unternehmenszentrale. Andere Firmen führen ihre IT erfolgreich in einem dezentralen Modell. Hier werden die IT-Entscheide in den Divisionen oder in geographischen Markteinheiten gefällt. Natürlich sind auch beliebig viele Zwischenvarianten zwischen einem rein zentralen und einem rein dezentralen Modell möglich.

Bei der Festlegung des IT-Governance-Modells hat es sich nach unserer Erfahrung bewährt, wenn die IT-Governance möglichst ähnlich aufgebaut ist wie die übergreifende Unternehmenssteuerung. Konkret heißt dies, dass in einem sehr dezentral geführten Unternehmen eine straff zentralisierte IT kaum Erfolg haben wird. Warum sollte denn ein Divisions- oder Länderchef ausgerechnet bei der IT Entscheidungskompetenzen abgeben, wenn er sonst in allen anderen Gebieten weitgehend selbständig entscheiden kann?

Ein gutes IT-Governance-Modell sollte beschreiben, welche Individuen und Gremien für welche Entscheide zuständig sind und welche Verantwortung sie haben. Dabei kann es sein, dass spezielle Steuerungsausschüsse oder Investitionskomitees für die IT-Aufgaben definiert werden oder aber auch das bestehende Gremien wie die Geschäftsleitung IT-Entscheide fällen. Wichtig ist, dass die Entscheidungsgremien und ihre Kompetenzen beschrieben sind und dass auch danach gehandelt wird. Dies ist umso wichtiger, je grösser und komplexer die IT-Organisation wird. In einer kleinen Organisation, wo die IT für genau einen Abnehmer arbeitet, mag es angehen, dass die Auftragsvergabe „auf Zuruf" funktioniert. Sobald aber mehrere Abnehmer um das gleiche IT-Budget kämpfen, darf nicht einfach nur derjenige zu seinen Projekten kommen, welcher am lautesten schreit.

Deshalb müssen auch Entscheidungsprozesse definiert werden, welche Antworten auf Fragen geben wie: Wie beantrage ich ein Projekt? Wie wird die Finanzierung gelöst, d.h. „wer bezahlt"? Wer entscheidet, ob mein Projekt gemacht wird oder ein anderes? Nach welchen Kriterien wird dieser Entscheid gefällt?

Solange diese Fragen nicht beantwortet sind, wird es die IT-Organisation schwer haben, bei den Geschäftsbereichen als gleichwertiger Partner akzeptiert zu werden. Zu Recht werden die Fachbereiche verlangen, dass bei wichtigen IT-Entscheiden keine Willkür herrscht, sondern dass nachvollziehbar und klar ist, durch wen und warum Entscheide gefällt wurden.

In stark regulierten Branchen wie dem Finanzwesen verlangt auch der Regulator, dass die Verantwortungen und Kompetenzen in der IT klar geregelt und dokumentiert sind.

Also noch mal zusammenfassend: die Entscheidungsstrukturen (Gremien und Individuen mit ihren Verantwortungen und Kompetenzen) sowie die wichtigsten Entscheidungsprozesse der IT müssen in einem IT-Governance-Modell beschrieben sein. Das Governance-Modell dient sowohl der IT als auch dem Fachbereich und bildet den verbindlichen Rahmen für die Führung der Informatik.

Prinzip 2: Aufgaben von Fachbereich und IT klar definieren

So wie es zentrale und dezentrale Governance-Modelle gibt, sind in verschiedenen Unternehmen auch unterschiedliche Verteilungen der Kompetenzen zwischen IT und Fachbereich zu finden. Auch hier ist es wichtig, dass die Aufgaben- und Kompetenzverteilung zwischen IT und Fachbereich genau definiert und dokumentiert ist.

Das eine Extrem könnte man als „Diktatur der IT" bezeichnen. In einem solchen Modell bestimmt die IT praktisch im Alleingang im Rahmen ihres Budgets über das Projektportfolio, aber auch über sämtliche Maßnahmen im Bereich des Betriebs (z.B. Rechenzentren, Netzwerke, PCs, Benutzersupport). Aufgrund der ihr zustehenden Kompetenzen bezüglich Ressourceneinsatz setzt die IT auch Prioritäten im Bereich der Anwendungsprojekte. Sie hat somit einen direkten und bestimmenden Einfluss, welche Geschäftsprojekte in welcher Reihenfolge gemacht werden. In der Hochblüte des Mainframe-Computings (den 60er bis 80er Jahren des letzten Jahrhunderts) war dieses Modell weit verbreitet. Die Fachbereiche hatten nur sehr wenig Einfluss auf die schwerfälligen zentralen IT-Abteilungen.

Sobald Midrange-Systeme und PCs auf den Markt kamen, begannen die Fachbereiche deshalb eigene Systeme aufzubauen. So schufen sie eine eigene Parallelinformatik außerhalb der Kontrolle der zentralen IT. Dieses Modell könnte man als „Anarchie der Fachbereiche" bezeichnen. Dabei bestimmen die Fachbereiche vollständig über den Einsatz der IT. Dies hat den unbestreitbaren Vorteil, dass die Mittel dort eingesetzt werden, wo sie aus Sicht der Fachbereiche am meisten Mehrwert für das Geschäft bringen. Allerdings hat dieses Modell auch gewichtige Nachteile: Wegen der fehlenden Koordination durch die Zentrale entstehen Doppelspurigkeiten und Ineffizienzen.

Dies nicht nur im Bereich von Infrastrukturen, sondern auch auf der Anwendungsseite: Es ist nicht ungewöhnlich, dass in großen Firmen mit mehreren Geschäftsbereichen ein Kunde nicht in seiner Gesamtheit erkannt wird, da er in verschiedenen Divisionen mit unterschiedlichen Kundennummern in untereinander inkompatiblen Datenbanken gespeichert wird. Erfahrungsgemäß kommt in diesem Modell ein weiterer Nachteil hinzu: Da alle Investitionsentscheide durch den Fachbereich gefällt werden, fließen die gesamten Mittel in den Bau neuer Funktionalität für den Fachbereich. Die nötigen Aufwände für den Unterhalt und die kontinuierliche Verbesserung der Infrastruktur kommen somit chronisch zu kurz und müssen dann häufig auf einen Schlag mit riesigem Aufwand korrigiert werden. Solche Befreiungsschläge wie die Ablösung einer ganzen Systemplattform in einem „Big- Bang-Ansatz" sind außerordentlich risikoreich und kostspielig.

In diesem Spannungsfeld schlägt unser Herz eindeutig für ein gemischtes Modell mit klarer Aufgabenteilung: Die Bestellerseite definiert „was" gemacht wird und die Erstellerseite entscheidet darüber, „wie" es gemacht wird. Die Erstellerseite ist die IT-Organisation. Sie definiert die eingesetzten Technologien, die Systemarchitektur, und entscheidet über Make or Buy. Sie trägt deshalb auch die Verantwortung für die Effizienz der IT-Systeme. Die Bestellerseite besteht hauptsächlich aus den Fachbereichen, welche definieren, welche Projekte für das Geschäft die richtigen sind. Aber auch die IT selbst ist ein wichtiger Besteller bei sich selbst. Die IT soll ihre Projekte nach den gleichen Regeln definieren und auswählen wie der Fachbereich.

Prinzip 3: Den Fachbereich in die Pflicht nehmen

Wie oben erwähnt, bestimmt der Besteller, „was" in der IT gemacht werden soll. Konkret bedeutet dies, dass die Fachbereiche für den Nutzen der Systeme in ihrem Bereich verantwortlich sind. Das heißt auch, dass jedes Projekt aus dem Fachbereich einen klar bezeichneten Sponsor hat, welcher die Gesamtverantwortung für das Projekt trägt. Wie ein Bauherr definiert der Sponsor die Funktionalität des Systems („Ausbaustandard") und wägt die dabei entstehenden Kosten gegenüber dem Nutzen ab. Wie beim Hausbau muss die IT dabei natürlich Kostenvoranschläge und Lösungsvarianten präsentieren, so dass der Sponsor die richtigen Kompromisse zwischen Funktionalität und Kosten machen kann.

Konsequenterweise bedeutet das auch, dass jeder Fachbereich sein Projektportfolio priorisiert. Nur der Fachbereich kann letztlich bestimmen, was die richtigen Projekte für den Geschäftserfolg sind und wie viel IT-Kosten sich die Firma überhaupt leisten möchte.

Oftmals haben Führungskräfte aus dem Fachbereich keinen starken Bezug zur IT und möchten sich nicht groß mit dieser Materie auseinandersetzen. Da die Wünsche erfahrungsgemäß immer ein Mehrfaches von dem kosten, was als Budget zur Verfügung steht, bedeutet eine Priorisierung zudem immer auch unangenehme Entscheidungen für die Sponsoren. So kann die Situation eintreten, dass der Fachbereich nur zu gerne auf den „mühsamen" Priorisierungsprozess verzichtet und seine Verantwortung an die IT übergeben möchte. Wenn die IT dann in Ermangelung klarer Aufträge des Fachbereiches das Heft selbst in die Hand nimmt, geht das in den meisten Fällen schief: Projekte haben nicht die volle Unterstützung des Fachbereiches, die Spezifikationen gehen an den Benutzerbedürfnissen vorbei, und wenn das Projekt dann endgültig scheitert, ist dann die IT zudem noch an allem schuld.

Deshalb ist es aus unserer Sicht nicht nur ein Recht, sondern eine Pflicht der Fachbereiche, dass sie das eigene Projektportfolio steuern und verantworten, so wie sie auch andere Investitionen aus ihrem Bereich managen. Dies gilt natürlich auch für die IT, dort wo sie als Sponsor von eigenen Projekten auftritt.

Prinzip 4: Volle Transparenz bieten

Wenn die Fachbereiche so in die Pflicht genommen werden, muss die IT natürlich auch die entsprechenden Entscheidungsgrundlagen liefern, damit die Fachbereiche auch rationale und informierte Entscheidungen treffen können. Für die Besteller- und Nutzerseite bedeutet dies volle Transparenz in mindestens vier Bereichen:

- *IT-Projektportfolio („Change-the-Business"):* Die IT hat gegenüber den Sponsoren eine umfassende Auskunftspflicht über das Projektportfolio. Dies umfasst insbesondere aktuelle Soll-Ist-Vergleiche über die einzelnen Projekte bezogen auf Kosten und Funktionalität. Damit kann dann auf Stufe Projektportfolio auch entschieden werden, ob die Mittel insgesamt reichen oder ob Repriorisierung oder Nachtragskredite nötig sind.

  Noch ein Wort zur Darstellung der Projektkosten eines Portfolios: Grundsätzlich ist anzustreben, die IT-Projektkosten so darzustellen, wie sie in der Erfolgsrechnung des Unternehmens auftauchen. Damit wird ein Abgleich zwischen der Kostenstellenrechnung (Ist-Kosten) und der Projektportfoliorechnung (Plankosten) möglich. Wenn die Projektkosten als laufende Geschäftsaufwände verbucht werden, ist dies problemlos machbar. In den heute gültigen Rechnungslegungs-Standards ist es jedoch üblich, selbst entwickelte Anwendungssoftware in der Bilanz zu aktivieren. Das heißt, die entsprechenden Aufwände für Projektentwicklung tauchen in der Erfolgsrechnung vorerst nicht auf. Erst vom Tage der Inbetriebnahme (wenn alle Kosten schon angefallen sind) werden die Investitionen in die Bilanz genommen und tauchen dann als wiederkehrende Abschreibungen über die Nutzungsdauer des Projektes in der Erfolgsrechnung auf.

  Diese zeitversetzte Darstellung der IT-Kosten ist ein Fallstrick, dessen sich viele Manager aus IT und Fachbereich nicht bewusst sind: Bei einem Wachstum im Projektportfolio ist kurzfristig in der Erfolgsrechnung wenig bis nichts sichtbar, aber es bauen sich Abschreibungen auf, die man wie eine nicht beeinflussbare Bugwelle für die kommenden Jahre vor sich her schiebt. Das kann dann zur paradoxen Situation führen, dass in der IT in zukünftigen Jahren die Kosten ansteigen, obwohl unter Umständen sogar weniger für die IT ausgegeben wird. Dies hat dann dramatische Folgen, wenn z.B. wegen eines schwächeren wirtschaftlichen Umfeldes kurzfristig gespart werden soll. Die IT verliert so die Agilität, kurzfristig auf Geschäftsschwankungen reagieren zu können. (vgl. dazu auch den Beitrag in Abschnitt 2.2.2). Aufgrund dieses Effektes sind wir der Ansicht, dass Kosten für selbst entwickelte Software gar nicht in der Bilanz aktiviert werden sollten. Wo dies nicht möglich ist, sollte auf jeden Fall die Projektportfolioplanung und -steuerung vor Berücksichtigung von Abschreibungseffekten erfolgen, da nur so ein vollkommen transparentes Bild über die Projektkosten geliefert werden kann.

- *IT-Betriebskosten („Run-the-Business"):* Der wesentlich größere Teil als die Projektkosten einer jeden Firma sind die IT-Betriebskosten (Rechenzentren, Support, Netzwerk, Desktopsysteme, etc.). In der Finanzbranche mit ihrem hohen Anteil von Projektkosten beträgt der Anteil der IT -Betriebskosten an den Gesamtkosten etwa zwei Drittel. Häufig werden die Betriebskosten nach irgendwelchen Methoden oder Schlüsseln von der IT an die Fachbereiche weiterverrechnet.
  Deshalb muss die IT auch hier volle Transparenz bieten und insbesondere begründen, wenn es Abweichungen gegenüber dem Budget gibt. Ebenso ist es Pflicht der IT, im Falle von Budgetüberschreitungen frühzeitig Gegenmaßnahmen zu treffen, so dass die Betriebskosten wieder unter Kontrolle kommen.
- *Produktionsqualität:* Noch wichtiger als die IT-Kosten ist die Produktionsqualität. Nichts ist für den Benutzer frustrierender als IT-Systeme, welche nicht verfügbar sind. Dies bedeutet nicht nur einen Effizienzverlust, weil die Mitarbeiter nicht arbeiten können. In informatikintensiven Branchen wie zum Beispiel der Finanzbranche sind bei Systemausfällen sofort Geschäftsverluste und Reputationsschäden zu verzeichnen: Börsenhändler können Positionen nicht anpassen, Firmenkunden mit e-Banking-Anschluss sind in ihrem Zahlungsverkehr behindert, und Privatkunden haben keinen Zugriff mehr auf ihre Konti. Reputationsschäden sind die Folge.
  Deshalb muss die IT ihren Abnehmern jederzeit eine Übersicht geben können, wie die Verfügbarkeit der Systeme ist, und ob allenfalls die mit den Fachbereichen abgeschlossenen Service Level Agreements verletzt worden sind. Zudem geben graduelle Verschlechterungen der Produktionsqualität auch Hinweise, wo Maßnahmen zur Erneuerung der Architektur oder Prozessverbesserungen an den Systemen angezeigt sind.
- *Risiken/IT-Sicherheit:* Schließlich soll die IT die Fachbereiche auch transparent informieren über die Risikosituation. Einerseits heißt dies, im Rahmen des Projektportfoliomanagements zumindest bei den wichtigsten Projekten laufend eine Risikobeurteilung abzugeben. Im Sinne eines Frühwarnsystems können so Abweichungen vom Plan frühzeitig erkannt werden. Andererseits ist auch periodisch über Risiken und Gegenmaßnahmen im laufenden Betrieb zu informieren. Konkret umfasst dies so weit gefächerte Themen wie: Virenschutz, Attacken von Hackern, Datenschutz, Pandemievorbereitungen, Notfallübungen in Rechenzentren, etc.

Prinzip 5: Effizienz konstant steigern und nachweisen

Wie im Prinzip 4 geht es auch hier nicht im eigentlichen Sinne um Entscheidungsstrukturen und -mechanismen, und man kann sich fragen, was denn Effizienzsteigerung mit IT-Governance zu tun habe. Um eine echte Akzeptanz der IT bei den Fachbereichen zu erreichen, reicht es eben nicht, dass alle Entscheidungsgremien und -prozesse klar definiert sind.

Das Unternehmen darf und soll von den IT-Führungskräften auch erwarten, dass sie die Effizienz der IT laufend verbessern. Deshalb ist die laufende Effizienzsteigerung zwar nicht IT-Governance im engeren Sinne, sondern eher eine unabdingbare Voraussetzung für eine erfolgreiche Governance.

Grundsätzlich gilt dies sowohl für Effizienzsteigerung in der Entwicklung als auch im laufenden Betrieb. Im Bereich der Entwicklung hat sich die Effizienz in den letzten Jahren nachweislich gesteigert: Einerseits ist der Software-Entwicklungsprozess wesentlich integrierter geworden und wird durch immer bessere Entwicklungstools unterstützt. Andererseits konnten mit Offshore-Entwicklung bedeutende Kostensenkungspotenziale realisiert werden. Interessanterweise sind diese Effizienzgewinne den Fachbereichen schwierig zu erklären, und die Effizienzgewinne werden praktisch unbemerkt an die Sponsoren weitergegeben. Konkret: Wenn ein Sponsor im Jahr x eine Million Franken für IT-Projekte zur Verfügung hat, ist es sehr schwierig, ihn davon zu überzeugen, dass er im Jahr x+1 mit 950'000 Franken auskommen soll, obschon er wegen eines Effizienzgewinns von 5% damit gleich viel an Projekten machen kann wie im Jahr x.

Im Gegensatz zu den Effizienzsteigerungen der Entwicklung, welche häufig an die Sponsoren weitergegeben werden, sind Effizienzsteigerungen im IT-Betrieb besser mess- und kommunizierbar. Dies insbesondere, wo eine gut verständliche Stückkostenrechnung vorhanden ist. Wenn die IT nachweisen kann, dass die Kosten pro PC oder pro LAN-Anschluss jedes Jahr sinken, dann ist der Beweis für die höhere Effizienz erbracht. Leider ist es dann oft so, dass die Effizienzgewinne durch Volumenwachstum aufgefressen werden, so dass im Total dann wieder höhere Betriebskosten resultieren.

Die Fachbereiche können die IT-Betriebskosten nur in einem recht engen Spielraum beeinflussen. Hier ist die IT gefordert, zusammen mit den Fachbereichen die Kosten aktiv zu gestalten. Durch die Definition von Service Levels können die Fachbereiche Einfluss auf die Betriebskosten nehmen. So macht es kostenmäßig einen großen Unterschied, ob ein System 7x24h in einem Dreischichtbetrieb verfügbar sein soll oder ob es nur zu Bürozeiten von der IT betreut werden muss. Andere Beispiele sind Richtlinien für die Ausrüstung von Arbeitsplätzen mit PCs oder Mobiltelefonen.

Die Möglichkeit, die IT-Betriebskosten aktiv zu beeinflussen, ist für die IT aber wesentlich größer als für die Fachbereiche. Dies beginnt mit betriebsfreundlichem und ressourceneffizientem Anwendungsdesign, umfasst aber auch Bereiche wie Nutzung von neueren, effizienteren Technologien, Automation der IT-Betriebsprozesse sowie Optimierung des Einkaufs von Hardware, Software und Dienstleistungen. Um diese IT-Effizienzverbesserungen zu erreichen, sind laufend Investitionen und Projekte in der IT notwendig. Deshalb ist es wichtig, dass die IT gleich wie die Fachbereiche als Sponsorin für Projekte auftreten kann, die denselben Kriterien entsprechen wie die Fachprojekte. Es reicht nicht, alle diese Effizienzsteigerungen in der IT einfach durchzuführen. Die dabei erzielten Resultate müssen auch regelmäßig und glaubhaft den Geschäftsbereichen erklärt werden.

An dieser Stelle sei noch auf eine Fußangel hingewiesen, die unbedingt vermieden werden sollte: In vielen Firmen werden die Kosten der IT mit teilweise recht großem Aufwand und sophistisierten Modellen möglichst verursachergerecht den Benutzern zugewiesen. Der größte Teil der IT-Betriebskosten ist aber fix. Für die Verrechnung wird dieser Fixkostenblock anhand von gemessenen Verbrauchszahlen wie z.B. MIPS oder Speicherplatz oder anhand von Schlüsseln wie z.B. Anzahl Benutzer den verschiedenen Fachbereichen zugeteilt.

Wenn nun ein Fachbereich IT-Kosten sparen will, besteht die Gefahr, dass dafür die verrechneten Kosten im Detail analysiert und daraus Kostensenkungspotenziale abgeleitet werden. De facto sind dies dann aber vielfach keine echten Kostensenkungspotenziale, sondern nur Diskussionen um Verrechnungskonzepte und -schlüssel. Wenn dann ein Schlüssel geändert wird, bezahlt der eine Fachbereich zwar weniger, da es sich aber um Fixkosten handelt, steigen für die anderen Bereiche die Kosten. Für das Unternehmen ist gar nichts gewonnen.

Deshalb gilt: Betriebskosten immer am Entstehungsort managen, nicht Allokationen managen! Nur so können Kosten tatsächlich gesenkt und Effizienzpotenziale gehoben werden.

IT-Governance bei der Credit Suisse

In diesem Abschnitt soll das IT-Governance Modell der Credit Suisse beschrieben werden. Die Anfänge reichen mehr als zehn Jahre zurück, und seither wurde und wird das IT-Governance-Modell laufend weiterentwickelt und den organisatorischen Veränderungen der Gesamtbank angepasst. Abbildung 15 zeigt die verschiedenen IT-Governance-Gremien in der Übersicht. Im IT-Governance-Modell sind für jedes dieser Gremien die Verantwortlichkeiten sowie die personelle Besetzung definiert. So ist zu jeder Zeit klar, wer welche Entscheidungen fällt. Mindestens zweimal pro Jahr oder auch bei größeren organisatorischen Änderungen wird das IT-Governance-Modell nachgeführt und à jour gehalten.

Vielleicht erscheint das Credit Suisse IT-Governance-Modell auf den ersten Blick etwas komplex. Man darf aber auch nicht vergessen, dass es hier um eine Informatik geht mit einem Budget in der Größenordnung von 3 Mrd. Schweizer Franken, über 10'000 Mitarbeitern (interne und externe), sowie Lokationen auf fast allen Kontinenten. Grundsätzlich orientiert sich das IT-Governance-Modell an der Struktur der Gesamtbank (siehe oberste Zeile der Übersicht).

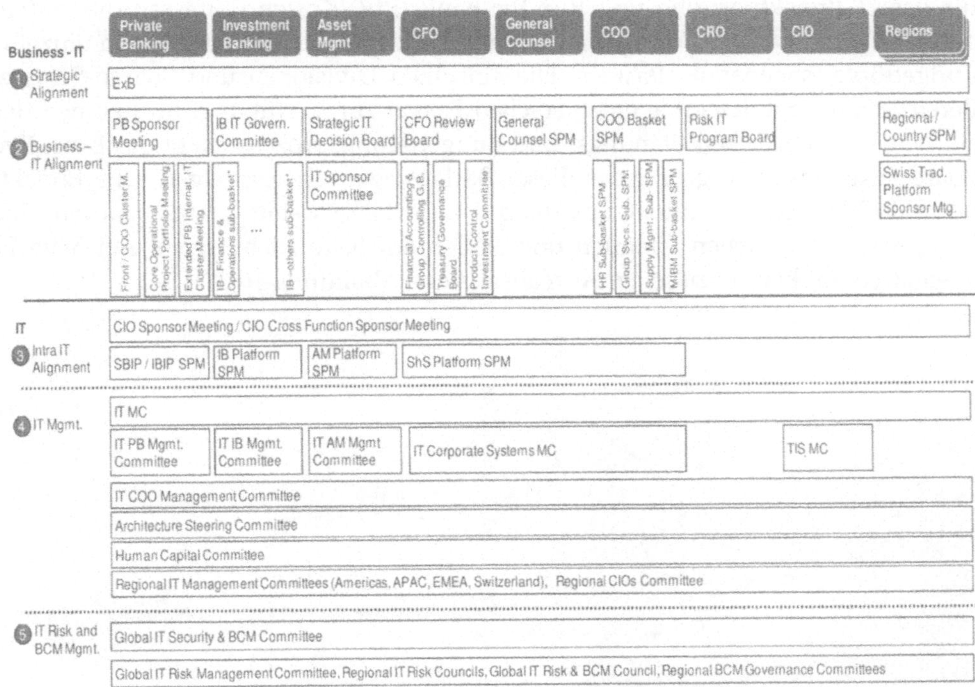

Abbildung 15: Übersicht Credit Suisse IT-Governance-Gremien (Stand Q1/2009)

Jedes der mit 1 bis 5 bezeichneten Gremien hat bestimmte Aufgaben, die im Folgenden kurz erklärt werden:

1 „*Strategisches Alignment*“: Unter strategischem Alignment verstehen wir die Festlegung des strategischen Mitteleinsatzes für die IT, also insbesondere den Entscheid, wie viel Informatik sich die Credit Suisse leisten möchte und welche Division wie viele der Mittel zugesprochen erhält. Ebenso gehört dazu die Abnahme der jährlich überarbeiteten IT-Strategie. Dies sind Aufgaben, welche von der Geschäftsleitung der Credit Suisse, dem Executive Board, wahrgenommen werden. Aufgrund der Wichtigkeit der Informatik für eine global agierende Großbank ist bei der Credit Suisse der Chief Information Officer (CIO) als Mitglied des Executive Boards direkt dem CEO der Bank unterstellt.

2 „*Business-IT Alignment*“: Dieser Teil ist wohl der wichtigste, aber auch der komplexeste des gesamten IT-Governance Modells. Er regelt die Steuerung der IT in den Bereichen, wo es die Zusammenarbeit mit den Fachbereichen braucht. Hier wird festgelegt, wer Projekte vorschlagen kann, wo sie ausgewählt werden und wie das Projektportfolio geführt wird.

Bei der Credit Suisse ist dies folgendermaßen gelöst: Die gesamten IT-Kosten gliedern sich in zwei Kategorien: Change-the-Bank (CtB)-Kosten umfassen die Kosten für das IT-Projektportfolio und Run-the-Bank (RtB)-Kosten umfassen die laufenden IT-Betriebskosten. Die Gesamtheit aller CtB-Budgets ist unterteilt in einzelne Budgettöpfe, sogenannte Baskets. Die einzelnen Divisionen und Shared-Service-Bereiche der Bank haben je einen solchen Basket zur Verfügung. Im Rahmen des jährlichen Strategischen Planungs- und Budgetierungsprozesses legt das Executive Board (ExB) fest, wie groß jeder dieser Baskets sein soll. Das eigentliche Projektportfolio-Management findet innerhalb dieser Baskets statt. Dabei wurden eine Reihe von einheitlichen Gremien und Rollen auf Seite Fachbereich und Seite IT geschaffen mit klar umrissenen Aufgaben (siehe Abbildung 16).

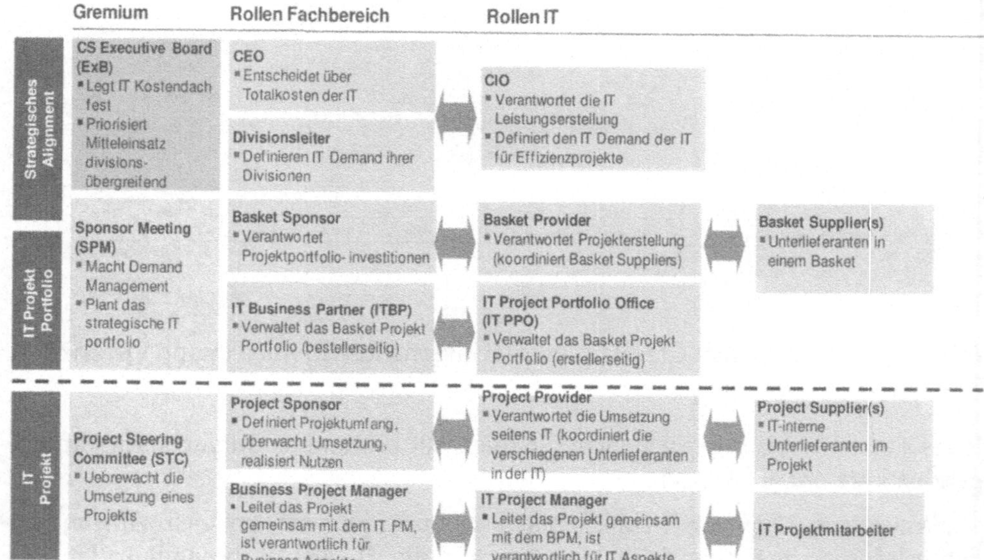

Abbildung 16: Rollen und Aufgabenverteilungen zwischen Fachbereich und IT

Wie man aus der Übersicht leicht erkennen kann, zieht sich die gemeinsame Verantwortung von Fachbereich und IT mit je klar umrissenen Aufgaben vom Strategischen Alignment über das Business-/IT Alignment (Projektportfolio-Management) herunter bis auf Stufe Einzelprojektmanagement durch.

Die wichtigsten Gremien und Rollen für das Business-/IT Alignment (IT-Projektportfolio-Management) im Credit Suisse IT-Governance-Modell sind die folgenden:

- *Sponsor Meeting (SPM):* Das Sponsormeeting ist der Dreh- und Angelpunkt für das Projektportfolio-Management. Pro Basket gibt es ein SPM; in einzelnen, großen Baskets finden auch Sub-SPM statt. Ein SPM wird vom Basket Sponsor geleitet, Teilnehmer sind Vertreter aus dem Fachbereich, der IT-

Business Partner, der Basket Provider und allenfalls weitere Vertreter aus der IT. Am Sponsormeeting werden Projektanfragen der Fachbereiche priorisiert, neue Projekte werden bewilligt, der Status der laufenden Projekte sowie der Ausschöpfungsgrad des Baskets werden laufend überwacht. Bei sich abzeichnenden Budgetüberschreitungen werden Gegenmaßnahmen entschieden wie Repriorisierung oder aber auch Anträge an das ExB für zusätzliche Mittel. SPM finden typischerweise einmal pro Quartal statt.

- *Basket Sponsor:* Der Basket Sponsor ist der Vorsitzende des Sponsor Meetings. Er stammt immer aus dem Fachbereich. Typischerweise ist er ein Mitglied des ExB oder ein Vertreter der nächst tieferen Führungsstufe. Der Basket Sponsor trägt die Verantwortung für die in seinem Basket eingesetzten Mittel. Er entscheidet über die Lancierung und Umsetzung von Projekten und Programmen in seinem Bereich. Falls sein Basket weiter in Sub-Baskets unterteilt ist, sorgt er dafür, dass die Sub-Baskets untereinander koordiniert werden (z.B. Budgetausgleich zwischen Sub-Baskets).
- *IT-Business Partner:* Eine sehr wichtige operative Rolle auf Seite des Fachbereiches spielt der IT-Business Partner (ITBP). Er ist der Ansprechpartner für die verschiedenen Vertreter der Fachbereiche, wenn es um Anforderungen an die IT geht. Er sammelt, kanalisiert und bündelt die Anfragen und stellt sicher, dass die Projektanträge in einheitlicher Form vorbereitet werden, damit sie auch systematisch priorisiert und entschieden werden können. Der ITBP ist verantwortlich für das Demand Management seines Baskets, er leitet den Planungs- und Priorisierungsprozess und koordiniert mit Fachbereichen und IT. Er organisiert die Sponsor Meetings. Im Rahmen dieser Vorbereitungen beurteilt der ITBP auch, ob irgendwelche Eskalationen oder Sonderthemen am SPM behandelt werden sollen. Da die SPM normalerweise etwa quartalsweise stattfinden, kann der ITBP zwischenzeitlich kleinere Projektanträge bewilligen, solange diese den Budgetrahmen des Baskets nicht sprengen.
- *Basket Provider:* Der Basket Provider ist in jedem Basket der höchste Repräsentant der IT. Er ist der ultimative Lieferverantwortliche für alle Projekte im Basket und ist in diesem Sinne der Partner des Basket Sponsors. Normalerweise ist der Basket Provider ein direkt dem Globalen CIO unterstelltes Mitglied des IT-Management-Teams, also beispielsweise der CIO Private Banking oder der CIO Investment Banking. Der Basket Provider berät den Basket Sponsor und die Fachbereiche über IT-Dienstleistungen, diskutiert Möglichkeiten, wie die Informatik zur Nutzung von Geschäftsopportunitäten eingesetzt werden kann und identifiziert Synergien zwischen Sub-Baskets oder mit anderen Baskets. Als Generalunternehmer der IT koordiniert er ebenfalls die Aktivitäten der verschiedenen Unterakkordanten in der IT (Suppliers). Als IT-Verantwortlicher für die Systeme in seinem Basket identifiziert er auch die aus IT-Sicht nötigen Unterhalts- und Rearchitekturprojekte, die es braucht, um eine langfristig stabile und kosteneffiziente Anwendungslandschaft aufrechtzuerhalten. Schließlich ist der Basket Provider auch verantwortlich dafür,

dass der Fachbereich jederzeit transparente Statusinformationen und Entscheidungsgrundlagen zu Projekten, Finanzen, Produktionsqualität und Risiken zur Verfügung hat.

- *Basket Supplier:* Dass die Credit Suisse eine Unterscheidung zwischen Provider und Supplier macht, bedarf vermutlich einer Erklärung. In frühen Versionen des Governance-Modells gab es diese Unterscheidung noch nicht. Zu jener Zeit waren die unterliegenden Geschäftsmodelle, -abläufe sowie die unterstützenden Systeme noch vergleichsweise einfach. So gab es auf der Geschäftsseite beispielsweise einen Verantwortlichen für den Zahlungsverkehr, und auf der IT-Seite waren alle Zahlungsverkehrssysteme unter einem IT-Manager zusammengefasst. Mit der Zeit wurde die Welt immer komplexer: Produkte umfassten Funktionen aus mehreren unterliegenden Systemen, die vorher stark voneinander unabhängigen Geschäftsbereiche wurden im Rahmen einer „One Bank" Strategie stärker zusammengeführt, und neue Entwicklungsmodelle wie Offshoring wurden in der IT eingeführt. Deshalb war es angezeigt, ähnlich wie in der Baubranche, in der IT ein Generalunternehmermodell einzuführen. Der oben erwähnte Basket Provider nimmt diese Generalunternehmerrolle wahr. Der Basket Supplier ist verantwortlich für die Lieferung von Teilen eines Baskets. Er rapportiert den Projektfortschritt nicht direkt an den Fachbereich, sondern an den Basket Provider, welcher gegenüber dem Abnehmer ein vollständiges Bild über den Status aller IT-Aktivitäten geben soll. Insbesondere im Bereich der Ressourcenplanung kommt dem Basket Supplier eine wichtige Rolle zu: der Supplier muss in seine Pläne die Anforderungen aller Baskets mit einbeziehen, wo er Unterlieferant ist, damit keine Ressourcenkonflikte oder Budgetengpässe entstehen. Konkret: wenn der CIO Private Banking seine Jahresplanung macht, muss er sich nicht nur überlegen, was sein Sponsor im Private Banking Basket plant (wo IT Private Banking Basket Provider ist), sondern er muss auch Ressourcen für Projekte anderer Baskets einplanen (z.B. wenn die IT Private Banking als Supplier Systeme für das Asset Management baut).
- *IT-Project Portfolio Office:* Das IT-Project Portfolio Office sorgt für die korrekte Administration des Projektportfolios. Hier werden Projekte eröffnet, mit einheitlichen Projektnummern versehen, über den Lebenszyklus laufend ausgewertet mit Soll-Ist-Vergleichen, wenn nötig angepasst und schließlich abgeschlossen. Hier laufen alle administrativen Informationen über das Projektportfolio zusammen. Das IT-Project Portfolio Office ist auch die Schnittstelle zwischen Kostenstellenbuchhaltung und Projektbuchhaltung bei der Planung und Budgetierung.

3 *„Intra-IT Alignment":* So wie die Fachbereiche Anforderungen an die IT haben, ist auch die IT selbst ein wichtiger Sponsor von IT-Projekten. Dies sind neben Infrastrukturprojekten auch Projekte zur Automatisierung von IT-Betriebsabläufen oder zur Unterstützung des Anwendungsentwicklungsprozesses. Genau gleich wie für die Fachbereiche gibt es einen Basket für die Projekte der IT. Der CIO ist der Basket

Sponsor, und genau wie in den anderen Sponsor Meetings wird im CIO Sponsor Meeting das Projektportfolio der IT gesteuert. Im Sinne eines föderativen Modells existieren Sub-Baskets, welche nach den applikatorischen Hauptplattformen der Credit Suisse strukturiert sind.

4 *„IT-Management“:* Diese Kategorie umfasst die Linienorganisation der IT mit den divisional aufgestellten Anwendungsentwicklungseinheiten, der Infrastrukturorganisation sowie den drei zentralen Stabseinheiten IT COO (IT-Strategie, Finanzen, IT-Risk), IT-Architektur und IT-HR. Dazu kommen noch die vier regionalen IT-Organisationen.

5 *„IT-Risk & BCM“:* Die hohe Wichtigkeit von Informationssicherheit und IT-Risk haben dazu geführt, dass für dieses Thema eigene Governance-Strukturen geschaffen wurden. Zudem hat die IT der Credit Suisse die Verantwortung für das Business Continuity Management der gesamten Bank. Das oberste Gremium ist das Global IT-Security & BCM Committee, welches vom Chief Risk Officer präsidiert wird. Mitglieder sind neben dem CIO die regionalen COOs, der Leiter Corporate Real Estate, sowie die Verantwortlichen für IT-Risk und die Verantwortlichen für BCM. Daneben gibt es eine ganze Reihe weiterer Komitees, welche in den Regionen für die Steuerung der Aktivitäten im Bereich IT-Risk und BCM zuständig sind.

Zusammenfassung und Konklusion

Wir haben in den vorhergehenden Ausführungen dargelegt, dass eine wichtige Voraussetzung für eine erfolgreiche Informatik eine IT-Governance ist, in der sämtliche Verantwortungen, Entscheidungsträger und -prozesse klar definiert sind. Je größer und komplexer ein Unternehmen und damit seine Informatik ist, desto präziser muss das IT-Governance Modell formuliert sein. Aus heutiger Sicht gibt es keine Wahlfreiheit mehr, ob es eine IT-Governance braucht, die Frage ist nur noch, welche Grundkonzepte, Gremien und Prozesse im jeweiligen Modell zum Tragen kommen.

Der genaue Aufbau der Gremien und die Detailregeln können von Unternehmen zu Unternehmen stark variieren. Es gibt in diesem Bereich keine Einheitslösung für alle Firmen. Wichtig ist aber, dass das IT-Governance-Modell gut in die übergreifende Unternehmenssteuerung passt und vor allem, dass es innerhalb des Unternehmens konsequent und konsistent angewendet wird.

Wie bereits gesagt, ist das IT-Governance-Modell der Credit Suisse auf eine große, komplexe, globale Organisation ausgerichtet.

Für ein KMU wäre ein Governance-Modell in dieser Ausprägung zu schwerfällig und wohl auch zu personalintensiv. Insbesondere das Business-/IT Alignment könnte man dort wohl wesentlich einfacher aufsetzen. Man könnte sich zum Beispiel ein Modell vorstellen, in dem die Geschäftsleitung direkt einmal pro Quartal die Projektportfoliopriorisierung machen würde. So gäbe es quasi nur ein Sponsormeeting (die Geschäftsleitung) und wenn das Projektportfolio übersichtlich genug ist, könnte man auch alle Projekte nur in einem Basket führen. Ebenso würde man wahrscheinlich die Funktionen IT-Business Partner und IT-Project Portfolio Office in einer kleinen Organisation zusammenlegen und das Projektportfolio nur an einer Stelle administrieren. Aber sinngemäß gelten die oben vorgestellten fünf Prinzipien für eine erfolgreiche IT-Governance auch für kleine Unternehmen.

Bei der Gestaltung und Einführung eines Governance-Modells sollten deshalb auf jeden Fall die fünf Prinzipien für eine erfolgreiche IT-Governance beachtet werden:

Die richtigen Governance-Strukturen und Prozesse schaffen

1. Aufgaben von Fachbereich und IT klar definieren
2. Den Fachbereich in die Pflicht nehmen
3. Volle Transparenz bieten
4. Effizienz konstant steigern und nachweisen

Wenn das Modell einmal festgelegt ist, muss es laufend in der Organisation kommuniziert werden. Vor allem am Anfang braucht es eine große Disziplin, um dem papiernen Konzept in den verschiedenen Steuerungsausschüssen Leben einzuhauchen. Mit der Zeit schleifen sich die IT-Governance-Prozesse ein und werden immer effizienter. Schließlich verschmilzt die IT-Governance mit den übrigen Führungsprozessen des Unternehmens.

Wir sind überzeugt, dass ein IT-Governance-Modell dann am meisten Aussicht auf Erfolg hat, wenn darin sowohl Fachbereiche als auch IT je die auf sie zugeschnittenen Aufgaben abdecken. Wichtig ist, dass diese Aufgaben und Verantwortungen klar definiert sind und vor allem, dass sie dann auch gelebt werden. Dieser für Geschäftsbereich und IT geltende einheitliche Satz von Regeln hat das gemeinsame Ziel, die IT zum besten Wohle des Unternehmens einzusetzen.

Wenn es einer Organisation gelungen ist, eine gut funktionierende IT-Governance aufzusetzen, bildet sich rasch eine gemeinsame Vertrauensbasis zwischen Fachbereich und IT. Das ist die wichtigste Grundlage, um langfristig eine erfolgreiche Partnerschaft zwischen Fachbereichen und IT aufzubauen und somit die IT auf die höchste Wertschöpfung im Unternehmen auszurichten.

Dass Sie, liebe Leserin, lieber Leser, diesen Zustand in Ihrer Organisation erreichen, das wünschen wir Ihnen von Herzen!

2.2 Kernaufgabe: Wertbeitrag der IT aufzeigen und Kosten nachhaltig managen

Wie im vorgehenden Kapitel 2.1 aufgezeigt, ist die gezielte Wahrnehmung der Kernaufgabe „Business-/IT Alignment gewährleisten" eine wesentliche Voraussetzung für ein erfolgreiches IT-Management. IT-Strategie und IT-Governance bilden die Zielrichtung und das Steuerungsinstrument, um entsprechend erfolgreich agieren zu können.

Zu agieren bedeutet aber auch, „Legitimation zu haben", etwas bewegen zu dürfen und die Kosten hierzu nachhaltig im Griff zu haben. Hierzu muss das IT-Management einiges an „Basisarbeit" leisten, auf welche in diesem Kapitel eingegangen wird.

„Die IT ist zu teuer und bringt nichts." Mit solchen oder ähnlichen Aussagen sind wohl die meisten CIOs bereits konfrontiert worden. Auch wenn jedem klar ist, dass heutzutage kaum ein Unternehmen ohne IT noch lebensfähig wäre, bleibt die zugrunde liegende Fragestellung bestehen: Welchen Wert stiftet die IT für das Unternehmen, der diesen Kosten gegenübersteht?

Die IT bezieht ihre eigentliche Daseinsberechtigung aus diesem Wertbeitrag zum Unternehmenserfolg. Diesen Wertbeitrag aufzuzeigen, ist daher eine der Kernaufgaben des CIO – denn nur, wer den Wert der IT für die eigene Organisation kennt, weiß auch, welche Stellhebel für eine optimale Gestaltung zu bedienen sind. Alle weiteren wahrgenommenen Aufgaben in der IT dienen dann im eigentlichen Sinne primär der Maximierung des Wertbeitrages.

Dass die IT einen nachweislichen Wertbeitrag für das Unternehmen leisten kann, lässt sich an zahlreichen Unternehmen aus unterschiedlichen Branchen lernen, die erfolgreich IT einsetzen, um ihre Geschäftsprozesse zu optimieren, ihren Umsatz zu sichern oder zu steigern – oder die durch IT als Bestandteil des Leistungsangebotes neues Umsatzpotential erschließen. Die Leitung einer solchen IT im Unternehmen, welche den Geschäftserfolg direkt beeinflusst, ist daher auch eine Managementaufgabe, welche meist auf Geschäftsführungs- bzw. auf Vorstandsebene wahrgenommen wird. Diese Managementaufgabe ist in der Regel der Rolle des CIO zugeordnet, welcher auch die Ergebnisverantwortung für den Wertbeitrag der IT zum Unternehmenserfolg tragen soll.

Diese Ergebnisverantwortung verlangt auch eine Zuweisung von Entscheidungsbefugnissen an die IT – welche ein Vorhandensein bzw. die Erarbeitung von Akzeptanz und Anerkennung der IT auf Seiten des Fachbereichs voraussetzt. Mit dieser Zuweisung wächst die Bedeutung der IT im Unternehmen, aber auch die Herausforderungen an deren Leitung. So ist beispielsweise ein IT-Bereich – dessen Aufgabe bislang vorwiegend darin bestand, für eine reibungslose Unterstützung des Fachbereichs zu sorgen und dessen Existenz nur dann „aufgefallen“ ist, wenn es entweder bei der Hard- bzw. Software zu Ausfällen kam – zunehmend gefordert, Beiträge zur (strategischen) Unternehmensentwicklung aufzuzeigen und auch zu leisten.

Während die Wahrnehmung der Unterstützungsaufgabe als grundlegende Leistung der IT-Organisation erwartet wird, muss der IT-Bereich zunehmend seine Leistungsfähigkeit hinsichtlich Wertbeitrag zum Unternehmenserfolg „aufzeigen“, „vermarkten“ und die entsprechenden IT-Kosten verantwortungsvoll managen. Nicht zuletzt, um sich als unternehmerisch denkender und agierender Bereich zu positionieren und damit die Akzeptanz und Anerkennung der IT beim Fachbereich zu gewährleisten.

Die gezielte Wahrnehmung der Aufgabe „Wertbeitrag der IT für das Unternehmen aufzeigen und Kosten verantwortungsvoll managen“ ist daher wesentlich für ein erfolgreiches IT-Management.

Die Beiträge aus der Praxis in folgenden drei Abschnitten geben einen Einblick und wertvolle Hinweise, wie diese Aufgaben in der Praxis angegangen werden. Der Beitrag von Hilti gibt Anleitungen zu „Wertbeitrag der IT aufzeigen“; „Wege zu einem nachhaltigen Kostenmanagement“ werden aus der Praxis der Bank Julius Bär erläutert, und abschließend wird „Vermarktung der IT“ vor den Hintergrund der PostFinance dargestellt.

2.2.1 Bestimmung des Wertbeitrags der IT. Praxis bei der Hilti AG

Martin Petry, Martin Nemetz, Tobias Roelz, Hilti AG

In diesem Beitrag werden wir uns mit dem Wertbeitrag der IT für ein Unternehmen – am Beispiel der Hilti AG – näher beschäftigen. Dazu werden wir das Geschäftsmodell der Hilti AG beschreiben, die Strategie des Unternehmens und die IT-Strategie als integralen Bestandteil derselben. Den Wertbeitrag werden wir zunächst an einigen Beispielen aufzeigen und daraus unsere Thesen zum Wertbeitrag der IT ableiten.

Die Kernaussagen möchten wir schon hier kurz vorstellen:

- *Eine vollumfänglich in die Geschäftsstrategie integrierte IT-Strategie ist Voraussetzung für eine wertschaffende IT.*
- *Der Wertbeitrag der IT wird in enger Partnerschaft mit den Geschäftsbereichen des Unternehmens erzielt und zeigt sich in verbesserter Kundenzufriedenheit (bei Hilti sprechen wir hier von begeisterten Kunden) einerseits und internen Produktivitätsverbesserungen andererseits.*
- *Wir lassen damit das Paradigma des „internen Kunden" hinter uns und fokussieren auf den (externen) Kunden des Unternehmens selbst.*

Dies hat Auswirkungen auf das IT-Controlling (Fokus auf Kosteneffizienz statt Fokus auf interne Weiterverrechnungen), reduziert die Bedeutung der internen SLAs und reduziert das „Problem" der Wertbeitragsmessung auf die Erfolgsbilanz des Unternehmens: Kundenzufriedenheit und profitables Wachstum.

Abschließen werden wir diesen Beitrag mit einigen praktischen Ratschlägen, die sich bei der Umsetzung im gelebten Unternehmensalltag als wesentlich erwiesen haben.

Die Hilti AG als Produzent und Direktvertriebsorganisation

Die HILTI AG wurde 1941 in Schaan (Liechtenstein) gegründet und ist der weltweite Marktführer im Bereich der Befestigungstechnologie mit einem Umsatz von circa 4,7 Milliarden Schweizer Franken (Geschäftsjahr 2008). Hilti ist in mehr als 120 Staaten präsent und vertreibt seine Produkte, Systemlösungen und Services direkt. Die Produkte werden in insgesamt acht Werken hergestellt. Die Fertigungstiefe ist beachtlich: von der Grundlagenforschung über Produktentwicklung, Fertigung bis hin zur Distribution zum einzelnen Kunden. Weltweit werden täglich 50'000 Kundenaufträge abgewickelt mit insgesamt 150'000 Auftragspositionen. Typischerweise erfolgt die Lieferung beim Kunden innerhalb von 24 Stunden nach Auftragseingang. Kunden sind professionelle Anwender von Befestigungstechniklösungen, also vor allem Bauunternehmen und Handwerksbetriebe. Die Hilti Vertriebsmannschaft realisiert täglich 200'000 Kundenkontakte, die Kundendatenbank umfasst zwölf Millionen tatsächliche und potentielle Kundensätze. Inhaltlich und kapazitätsseitig ist so der Rahmen für die Hilti IT definiert. Der Erfolg der Hilti AG in ihrem Markt hat zwei Quellen: Kompetenz und Kundenmehrwert. Kompetenz im Bereich von Produkten, Systemlösungen und Dienstleistungen im Bereich Befestigungstechnik wurden in den mehr als 60 Jahren des Bestehens der Hilti AG erworben - durch Konzentration auf dieses eine Betätigungsfeld. Diese Kompetenz - verbunden mit der oben beschriebenen Fertigungstiefe, führt immer wieder zu innovativen Lösungen, die Hilti zum Marktführer machen. Die Innovationen haben immer ein Ziel; der Kundenmehrwert - sei dies die Leistungsfähigkeit und Zuverlässigkeit einzelner Geräte, sei dies die effiziente Verwendbarkeit von ganzen Befestigungssystemen oder sei dies die umfassende Servicedienstleistung, die Hilti ihren Kunden anbietet. Immer steht der Kundenmehrwert in Form von Produktivität, Qualität der Lösung, Anwendungssicherheit und Umweltverträglichkeit im Mittelpunkt.

Entsprechend ist die Geschäftsstrategie der Hilti AG aufgebaut, die wir im folgenden Abschnitt beschreiben werden:

Die Geschäftsstrategie der Hilti AG

Wir strukturieren die Beschreibung der Geschäftsstrategie in fünf Bereiche:

1. Leitbild
2. Definition der Geschäftsstrategie
3. Fokussierung auf drei operative Zielsetzungen zur Realisierung der Geschäftsstrategie
4. Kommunikation der Geschäftsstrategie durch die Vision 2015
5. Integration der Geschäftsstrategie in das Hilti Geschäftsmodell

Das Leitbild setzt sich aus dem Unternehmensziel und den Definitionen der Zielbestandteile zusammen. Unternehmensziel: Wir begeistern unsere Kunden und bauen eine bessere Zukunft!

Definition 1 - begeisterte Kunden: Wir schaffen Erfolg für unsere Kunden. Wir identifizieren ihre Bedürfnisse und bieten ihnen innovative Lösungen mit überlegenem Mehrwert.

Definition 2 – bessere Zukunft bauen: Wir fördern ein Klima, in dem jedes Teammitglied geschätzt wird und persönlich wachsen kann. Wir entwickeln Beziehungen zu unseren Lieferanten und Partnern, die allen Gewinn bringen. Wir handeln verantwortlich gegenüber Gesellschaft und Umwelt. Wir liefern qualitativ hochwertige Lösungen und höchste Anwendungssicherheit. Wir streben nachhaltiges, profitables Wachstum an und sichern damit unsere Handlungsfreiheit langfristig.

Definition 3 – Wir leben unsere Werte: Integrität, Mut zur Veränderung, Teamarbeit und hohes Engagement bilden das Fundament unserer Unternehmenskultur.

Auf Basis dieses Leitbildes setzt die eigentliche Geschäftsstrategie der Hilti AG – die Strategie Champion 3C – auf. Die drei C stehen dabei für Kunden (Customers), Kompetenz (Competence) und Konzentration (Concentration):

Kunden: Wir wollen der beste Partner unserer Kunden sein. Ihre Bedürfnisse bestimmen unser Handeln.

Kompetenz: Wir zeichnen uns aus durch wegweisende Innovation, umfassende Qualität, direkte Kundenbeziehungen und ein wirksames Marketing.

Konzentration: Wir konzentrieren uns auf Produkte und Märkte, in denen wir Führungspositionen erlangen und halten können.

Dabei fokussieren wir auf drei operative Zielsetzungen: Produktführerschaft, Marktreichweite und Operative Exzellenz (Abbildung 17):

Abbildung 17: Die drei Zielsetzungen der Strategie Champion 3C

Stärkung der Produktführerschaft: Konzentration auf Produktlinien und Anwendungen mit Potenzial für Innovations- und Marktführerschaft wie auch mit klar erkennbarem Kundenmehrwert, wobei Erkenntnisse aus der Praxis umgesetzt und schließlich durch eine wirksame Vermarktung präsentiert werden.

Ausbau der Marktreichweite: Gezielte Bearbeitung nach Marktsegmenten und effizienter Einsatz aller direkten Vertriebskanäle wie auch Integration neuer Verkaufsansätze.

Verbesserung der operativen Exzellenz: Weltweite Standardisierung von Geschäftsprozessen auf höchstem Niveau zur Steigerung der Kundenzufriedenheit und Effizienz durch kontinuierliche Verbesserung der Prozesse.

Abgeleitet aus dieser Geschäftsstrategie, die bereits Mitte der 90er Jahre entwickelt worden ist, wurde 2006 die Vision 2015 definiert und kommuniziert. Diese Vision beschreibt dazu die drei globalen Unternehmensziele unter dem Aspekt einer neunjährigen Planung (siehe dazu auch Abbildung 18).

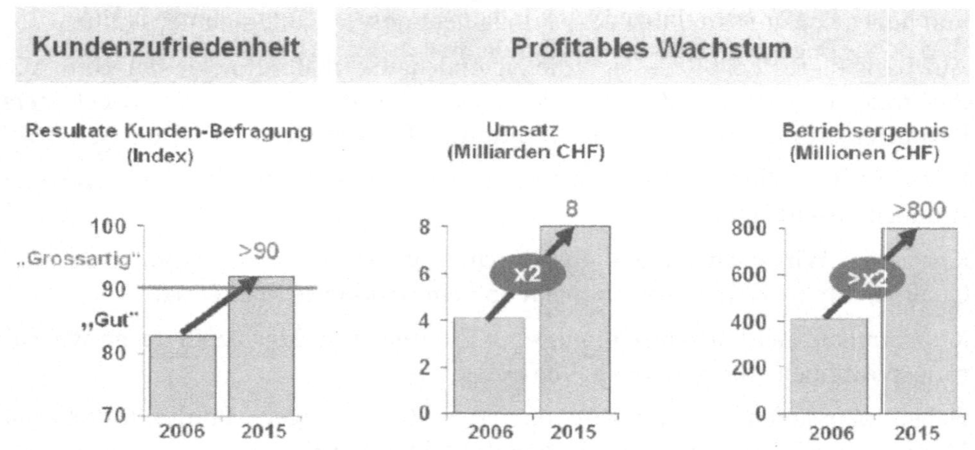

Abbildung 18: Die Vision 2015 und ihre Zielsetzungen

Als elementares Ziel der Vision 2015 wurden dabei folgende Kennzahlen definiert: Herausragende Kundenzufriedenheit, profitables Wachstum und Hilti als ein großartiger Arbeitsplatz. Alle Elemente der Geschäftsstrategie samt Leitbild und Vision 2015 wurden schließlich in das Geschäftsmodell (Abbildung 19) integriert und bilden somit das Fundament für erfolgreiches Handeln innerhalb der Hilti AG.

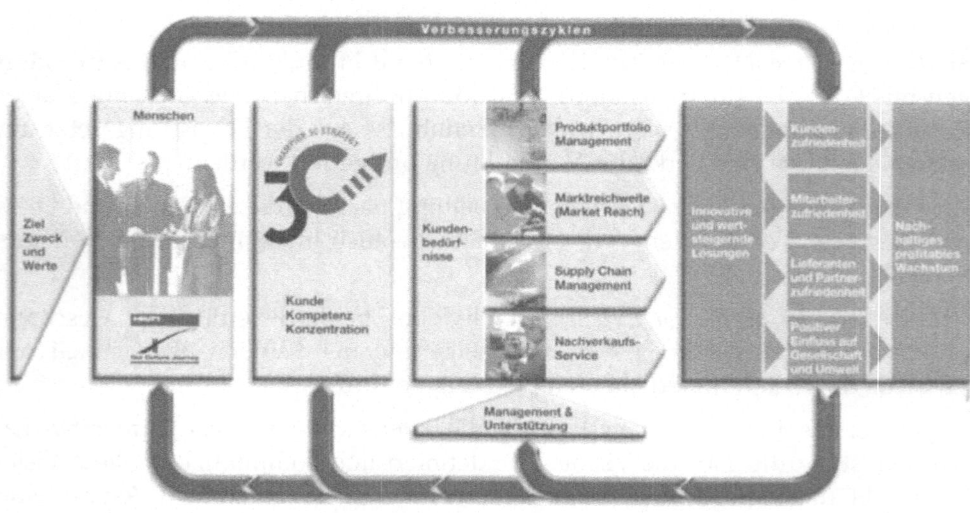

Abbildung 19: Das Hilti Geschäftsmodell

Die IT-Strategie ist in die Geschäftsstrategie der Hilti AG integriert, wobei der größte Ansatzpunkt der IT-Strategie vor allem im Bereich der operativen Exzellenz (Abbildung 20) der Strategie Champion 3C zu finden ist.

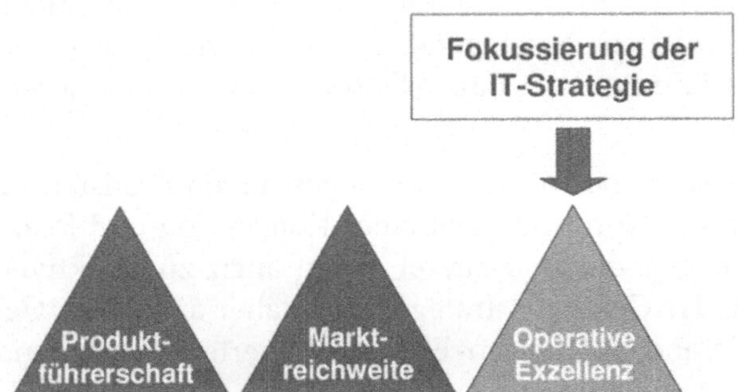

Abbildung 20: Fokussierung der IT-Strategie innerhalb der Geschäftsstrategie

Die Fokussierung auf eine weltweite Standardisierung von Geschäftsprozessen auf höchstem Niveau, um eine Steigerung der Kundenzufriedenheit und Effizienz und eine einheitliche Basis für weitergehende kontinuierliche Verbesserung der Prozesse zu erreichen, stellt dabei das zentrale Ziel der weltweit gültigen IT-Strategie dar. Die Notwendigkeit einer weltweiten Strategie ergibt sich vor allem – wie weiter oben bereits dargestellt – aufgrund des weltumspannenden Einsatzes der Hilti Geschäftsstrategie. Dabei ist die IT-Strategie stets in Abstimmung mit der Geschäftsstrategie adaptiert worden. Der folgende kurze historische Abriss der Evolution der Geschäftsstrategie soll dies verdeutlichen:

Bis in die 1980er Jahre stand bei Hilti vor allem das Produkt an sich im Vordergrund. Dabei wurde primär auf hohe Produktqualität und -lebensdauer Wert gelegt, um so den Premiumanspruch der Marke Hilti zuerst zu begründen und ihm anschließend gerecht zu werden. Ab den frühen 1990er Jahren wurde neben den Aspekten der Produktqualität und -lebensdauer auch die Dimension der Systemlösungen realisiert.

Diese Adaption der Geschäftsstrategie offerierte die Möglichkeit, dem Kunden nicht nur ein bestimmtes Produkt anzubieten, sondern vielmehr auch den Prozess zur Lösung einer Problemstellung eines Kunden aktiv zu unterstützen und so noch mehr Ansatzpunkte für die Mehrwertgenerierung der Hilti-Lösungen zu finden. Die Systemlösungskompetenz und die in diesem neuen Konzept integrierten Produkte reichen dabei von Messgeräten zur Bestimmung von Bohrlöchern, über die Verfügbarkeit von Hochleistungsgeräten zur Bohrung von Löchern bis hin zu Brandschutzsystemen, die Löcher im Brandfalle abdichten. Gegen Ende der 1990er Jahre wurde die Geschäftsstrategie der Hilti AG noch um eine weitere Facette erweitert. Dabei wurden vor allem Konzepte entwickelt und realisiert, deren Hauptaugenmerk auf der Verfügbarkeit von Hilti-Geräten auf Baustellen liegt. Eine grundlegende Realisierung des Konzepts ist etwa jene des Flottenmanagements, wo – ähnlich dem Konzept des Kfz-Flottenmanagements – Kunden Hilti-Geräte mieten/leasen können. Vorteile dieses Konzepts liegen aus Kundensicht vor allem auf der Absicherung im Falle eines Ausfalls von Geräten, da der Kunde innerhalb eines zuvor vereinbarten Zeitraumes ein Ersatzgerät auf die Baustelle geliefert bekommt, um so die unproduktive Zeit auf der Baustelle (d.h. ohne funktionierendes Gerät) zu minimieren.

Auf Basis der Stufen der Geschäftsstrategie wie auch der angestrebten Realisierung der Ziele der Vision 2015 bestand die Notwendigkeit einer Konzeption und Realisierung einer weltweiten IT-Strategie, die in weiterer Folge auch zu effektiven Möglichkeiten der Unterstützung der Geschäftsstrategie und daher auch zum Geschäftserfolg beitragen soll. Basierend auf diesen Erfahrungswerten wurde und wird auch der Leitsatz der IT-Strategie definiert:

„We passionately enable business excellence through global IT-solutions"
(Umsetzung der Geschäftsstrategie durch eine global realisierte IT-Strategie)

Wie in der Beschreibung der Strategie Champion 3C dargestellt wurde, betreibt Hilti die Pflege seiner Kundenkontakte über ein Direktvertriebsmodell, welches verschiedene Verkaufs- und Distributionskanäle zwischen Kunden und Hilti ermöglicht. Diese Kanäle sind: Verkaufsberater, telefonischer Kundenservice, Hilti Centers (von Hilti betriebene Ladengeschäfte, die ausschließlich Hilti Produkte anbieten), ProShops (Hilti-Shop in einem bestehenden Baumarkt), Hilti Online (Internetshop) und B2B-Schnittstellen mit Großkunden.

Die je nach Verkaufskanal definierten Prozesse haben stets eine enge Verwebung mit IT-Services und IT-Anwendungen aufzuweisen, wobei diese Verwebung modular aufgebaut ist, so dass vor allem eines erreicht werden kann: Multi Channel System (MCS). MCS in diesem Sinne bedeutet, dass Kunden etwa über den Verkaufskanal Kundenservice eine Angebotslegung erhalten können und dass diese Informationen in weiterer Folge automatisch in den Kundenstammdaten gespeichert werden.

Diese Informationen sind dann in allen Verkaufskanälen ersichtlich, so dass etwa der Verkaufsberater eine Demonstration des spezifischen Werkzeuges direkt beim Kunden (auf der Baustelle) durchführen kann, um so einerseits dem Kunden die Handhabung des Werkzeuges und das Wissen über dessen Einsatzbereich zu vermitteln wie auch andererseits die Kundenbeziehung zu vertiefen. Auf Seiten der IT wird hier bei Hilti zwischen universellen IT-Services und Applikationen und spezifischen IT-Services und Applikationen unterschieden.

Die universellen IT-Services und Applikationen sichern dabei die nahtlose Realisierung bzw. Unterstützung der globalen end-to-end Geschäftsprozesse innerhalb der Hilti ab. Als Beispiel hierfür können etwa die in Abbildung 21 dargestellten universellen Prozesse dienen, so etwa der Billing-Prozess, welcher als universell definierter Prozessbestandteil abgewickelt wird. Auf Basis der universellen Prozessdefinition leitet sich das Konzept des MCS ab, welches eine Aufteilung in die bereits zuvor erwähnten Distributions- und Verkaufskanäle erlaubt, wobei diese Kanäle in Bezug auf Stammdaten jeweils auf die universellen IT-Services indirekt über den MCS und die globale Prozessdefinition zugreifen. Für die jeweiligen Distributions- und Verkaufskanäle ist die IT mit den zuvor erwähnten spezifischen IT-Services und Applikationen direkt zur Stelle.

Als Beispiele hierfür könnten etwa „TS-mobile"[5] - d.h. die naht- und drahtlose Unterstützung der rund 10'000 Verkaufsberater für die Vor- und Nachbereitung wie auch die Durchführung der entsprechenden Kundenbesuche – oder auch Global Contact Center – die Standardisierung des Setups und der Prozesse innerhalb der telefonischen Kundendienstabteilungen in den jeweiligen Marktorganisationen – dienen.

Abbildung 21 illustriert dazu die Zusammenhänge aus der Sicht des aus der IT-Strategie vorhandenen Aufbaus einerseits und der globalen Prozessdefinitionen samt den entsprechenden Verkaufskanälen andererseits.

Zudem enthält die Abbildung auch Hinweise auf Beispiele, die im Folgenden näher erläutert werden. Es handelt sich dabei um Beispiele, die die erfolgreiche Realisierung und Umsetzung der IT-Strategie in den jeweiligen Bereichen (Beispiel 1 im Bereich der universellen IT-Services, Beispiel 2 im Bereich der spezifischen IT-Services im Kanal „Verkaufsberater", Beispiel 3 im Bereich der spezifischen IT-Services im Kanal „Telefonischer Kundendienst" sowie ein weiteres Beispiel im Bereich Supply Chain) aufzeigen.

5 TS-mobile steht für: TS ist die englische Abkürzung für Territory Salesperson (zu Deutsch VB für Verkaufsberater), mobile hingegen soll auf den Aspekt des mobilen, draht- wie auch nahtlosen Einsatzes des PDA für die Durchführung von Kundenbesuchen vor Ort hinweisen.

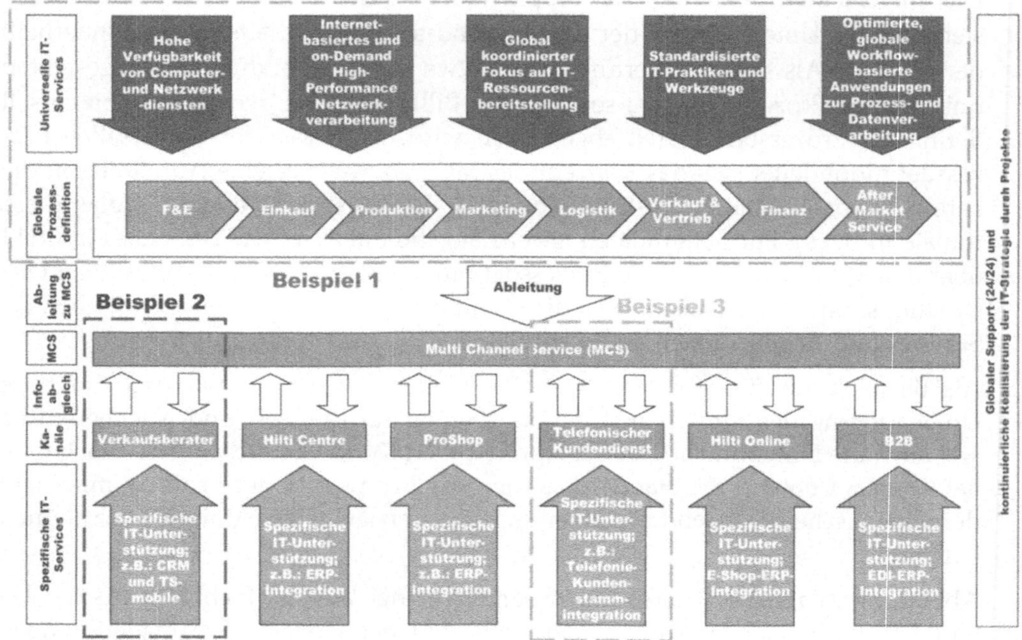

Abbildung 21: Realisierung der IT-Strategie auf Basis von globalen Prozess- und Datendefinitionen und des Multi-Channel-Systems (MCS).

Hiltis IT-Strategie: Vom Assessment bis zur Realisierung

Basierend auf den oben beschriebenen Herausforderungen entwickelte das IT-Leadership-Team im Jahre 1999/2000 eine neue IT-Strategie. Im Folgenden werden die Vorgehensweise sowie die Ergebnisse – über das Assessment, die Formulierungsphase bis hin zur taktischen Planung und Umsetzung – beschrieben und daran anschließend einige Beispiele für die erfolgreiche Implementierung der IT-Strategie aufgezeigt.

Geprägt von einer hohen Diversifizierung der Marktorganisationen stand dabei eine Vereinheitlichung der Geschäftsprozesse sowie IT-Services im Vordergrund. Ein Abriss der Vorgehensweise ist zusammenfassend in Abbildung 22 dargestellt:

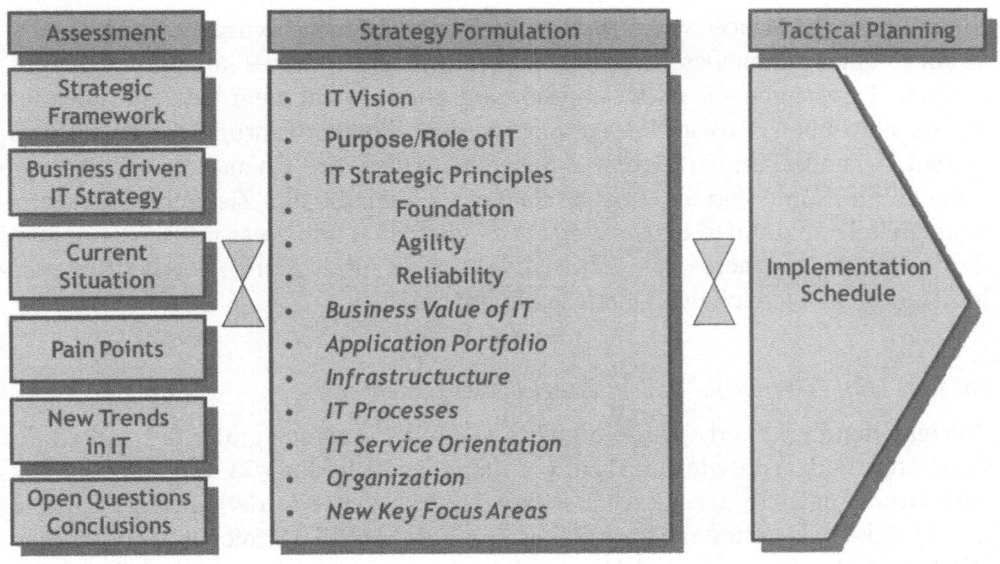

Abbildung 22: Vorgehensweise bei der IT-Strategie Entwicklung

Das Assessment der IT im Jahre 1999 – verteilt und (im Detail) agil

Das IT-Leadership-Team analysierte als Vorbereitung einer neuen IT-Strategie im Jahre 1999 die IT-Landschaft. Dabei ergab sich ein durchaus diversifiziertes Bild: In den Marktorganisationen hatten sich neben der bestehenden IT-Abteilung in der Hilti-Zentrale in Schaan auch eigenständige IT-Abteilungen entwickelt – mit eigener Infrastruktur und eigenen Systemen, die optimiert auf die individuellen Bedürfnisse der einzelnen Marktorganisationen operierten. Modifizierte der Fachbereich lokale Prozesse oder führte lokal neue Produkte/Services ein, so konnten die dafür notwendigen Änderungen in den lokalen IT-Systemen dann recht schnell durchgeführt werden, wenn der Änderungsumfang überschaubar war. Bei größeren Änderungen bildete die Größe der lokalen IT-Teams eine gewissermaßen natürliche Schranke, die in der Regel nicht überschritten werden konnte (wenig Zusammenarbeit mit Externen). Individuelle Anpassungen und lokale Ausprägungen waren problemlos möglich, ohne Rücksicht auf einen globalen Fokus.

Bedingt durch die kurz zuvor eingeführte – und bereits dargestellte – Geschäftsstrategie „Champion 3C" genügten die individuell eingeführten Systeme nicht mehr den Anforderungen. Die „Champion 3C"-Strategie forderte ein klares Bekenntnis zu „Business Excellence" und „Execution to the end". Globale Prozesse,

Initiativen und Services wie z.B. das Flottenmanagement[6], wurden durch das Geschäft in einer hohen Geschwindigkeit vorangetrieben. Dieses konnte mit den bisherigen IT-Systemen – je nach Landesorganisation – nicht mehr bzw. nur noch mit einem sehr hohen Aufwand umgesetzt werden. Eine Fortführung dieser diversifizierten IT-Landschaft hätte unter keinen Umständen die „Champion 3C"-Strategie unterstützt. Es mussten Systeme geschaffen werden, die den Zielen der Geschäftsstrategie folgen konnten bzw. sie erst ermöglichten – und zwar mit weltweit standardisierten Systemen, die schlanke Prozesse und klare Key-Performance-Indikatoren in allen lokalen Organisation ermöglichen.

Die neue Hilti IT-Strategie – integriert, globalisiert, innovativ

Wie einleitend erläutert, wurde die Hilti IT-Strategie als integraler Bestandteil der Geschäftsstrategie entwickelt. Dazu wurde der in Abbildung 23 dargestellte Kreislauf zum Abgleich der Geschäftsstrategie und der erforderlichen IT-Umsetzungsfähigkeit als Fundament zur Realisierung der Hilti IT-Strategie herangezogen. Hierbei spielen Kenntnis und Verständnis der Geschäftsstrategie und ihre Übertragung in Geschäfts- und IT-Anforderungen eine wesentliche Rolle.

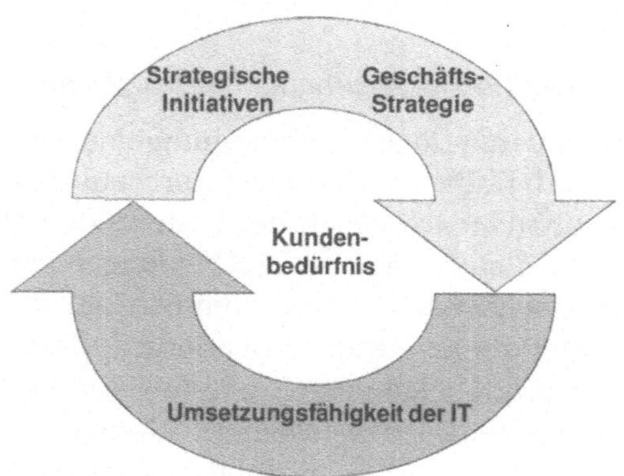

Abbildung 23: Kreislauf zur Etablierung einer IT-Strategie

Für die IT-Strategie war und ist es essentiell von Bedeutung, die Geschäftsstrategien – in diesem Fall die „Champion 3C"-Strategie – zu verstehen und dann in eine integrierte IT-Strategie zu transferieren. So wurde basierend auf der Champion 3C-Strategie Schritt für Schritt eine IT-Strategie erarbeitet, diese in einem iterativen

6 Hierbei stellt Hilti dem Kunden gegen einen monatlichen Betrag eine komplette Hilti-Werkzeugflotte zur Verfügung. Das bedeutet, dass der Kunde immer auf funktionierende Tools zugreifen kann und sich dabei weder um Wartung noch um z.B. den Austausch von Akkus kümmern muss.

Prozess weiter in die IT-Teams herunter gebrochen und anschließend wieder mit der Champion 3C-Strategie abgeglichen. Dabei wurde damals das folgende Ziel aus der „Champion 3C"-Strategie abgeleitet: „Ensure Hilti Customer Success through Integrated Information Systems Services". Im Detail wurde die IT-Strategie in die folgenden fünf Teilbereiche herunter gebrochen (siehe auch Abbildung 24):

- Hohe Verfügbarkeit der IT-Infrastruktur: Eine weltweit standardisierte Infrastruktur sichert die hohe Verfügbarkeit – die Systeme sind zentral gehostet und weltweit erreichbar
- Hohe Performance der eingesetzten, vollständig vernetzten IT-Infrastruktur: Hilti wird weltweit hochverfügbar vernetzt – jede Marktorganisation besitzt Zugriff auf die hochperformante Infrastruktur und Applikationslandschaft
- Ein weltweites IT-Team: Es gibt keine lokalen Teams mehr. 3 strategische Standorte (Rheintal(FL/CH), Tulsa (USA) und Kuala Lumpur (Asien) sichern den Betrieb und den Support rund um die Uhr)
- Standardisierte IT-Praktiken und Tools: Die gesamte IT bedient sich sowohl in der Infrastruktur wie auch den Anwendungen einheitlicher Praktiken und Standard-Tools
- Eine optimierte, globale Applikationslandschaft für gemeinsame Prozesse und Core-Daten: Es existiert in der Zukunft nur noch ein globales, integriertes Applikations-System – als strategische Partner werden SAP und Microsoft festgelegt

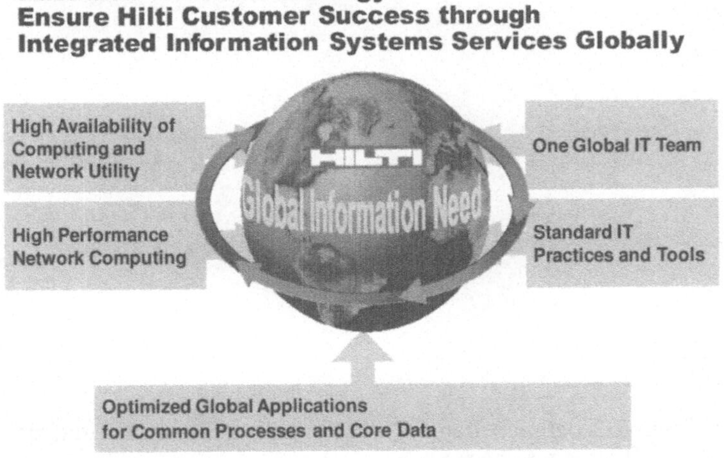

Abbildung 24: Fünf Teilbereiche der IT-Strategie

Basierend auf dieser Strategie wurden in allen Teilbereichen verschiedenste Projekte gestartet, wozu beispielhaft einige im Folgenden vorgestellt werden.

Erfolgreiche Beispiele der Realisierung der Verknüpfung und Verzahnung der IT-Strategie mit der Geschäftsstrategie

Der folgende Abschnitt beschreibt Beispiele der Realisierung der Verknüpfung und Verzahnung der IT-Strategie mit der Geschäftsstrategie. Hierzu wird auf die Realisierung der Projektreihe GPD/H2 im Bereich der universellen IT-Services eingegangen. Es wird die Umsetzung des Projektes „TS-mobile" im Bereich der spezifischen IT-Services im Kanal „Verkaufsberater" vorgestellt sowie die erfolgreiche Realisierung des Projektes „Global Contact Center" im Bereich der spezifischen IT-Services im Kanal „Telefonischer Kundendienst". Abschließend wird noch ein Projekt-Beispiel aus dem Bereich Supply Chain Management vorgestellt.

Beispiel 1: Realisierung der IT-Strategie „GPD/H2"

Basierend auf der bereits beschriebenen IT-Strategie wurde die Projektreihe GPD/H2 erarbeitet. Dabei steht GPD/H2 für „Globale Prozesse und Daten", unterstützt vom System H2[7]. Hierbei wurden Datenstrukturen und Geschäftsprozesse weltweit einheitlich definiert und beschrieben. Anschließend wurde ein konsequentes Master-Data-Management (Kunden, Material, Mitarbeiter, etc.) vorangetrieben, u.a. um die erwähnten Besonderheiten des Hilti-Geschäftsmodells wie auch der Geschäftsstrategie optimal zu unterstützen. Abbildung 25 liefert dazu einen groben Überblick über die betroffenen Geschäftsbereiche, die im Zuge der GPD/H2-Initiative sowohl prozessual wie auch technisch standardisiert wurden.

7 Das Akronym H2 definiert dabei die technische Implementierung der SAP Business Suite, welche ab dem Jahr 2002 bis dato realisiert wird. H2 umfasst SAP R/3 (bzw. jetzt: ERP), BW, APO/SCM, CRM, EP und PI und wurde zum jetzigen Zeitpunkt in mehr als 50 Hilti Organisationen eingeführt.

Scope of GPD/H2

Market Reach
- *Marketing*
- *Sales*
- *Complaint Handling*

Professional Services
- *Repair*
- *Fleet Management*

Product Portfolio Management

Supply Chain Management
- *Supply Chain Planning*
- *Supply Chain Execution*
- *Purchasing / Sourcing*
- *Manufacturing*

Finance / Controlling
- *Finance*
- *Controlling*

Human Resource Management

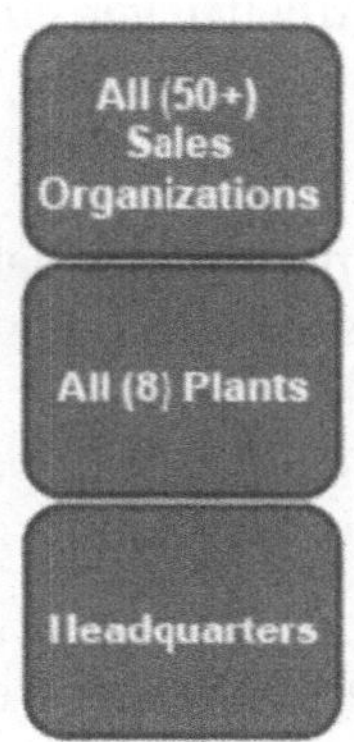

Abbildung 25: Grober Überblick über die Geschäftsbereiche, welche im Rahmen der GPD/H2-Projektreihe standardisiert wurden

Um die eingeführte Prozessorganisation gemeinsam mit der IT zu einer funktionierenden Einheit zu verschmelzen, wurde eine intensive Zusammenarbeit zwischen der globalen sowie lokalen Prozessorganisation und der IT auf verschiedenen Hierarchieebenen etabliert.

Beispiel 2: Realisierung der IT-Strategie „TS-Mobile“

Die folgende Beschreibung der erfolgreichen Realisierung eines Kernbestandteils der IT-Strategie fokussiert auf den Distributions- und Verkaufskanal „Verkaufsberater“. Im Jahre 2004 hat Hilti entschieden, ein CRM-System einzuführen, welches den Verkaufsberatern erlauben soll, einerseits Erst- und Stammkunden durch effektiven Wissenstransfer zu gewinnen bzw. andererseits auch die Tätigkeit des Verkaufsberaters im Sinne einer Produktivitätssteigerung zu optimieren. Diese Steigerung kann vor allem auch durch die Berücksichtigung der folgenden drei Kriterien erreicht werden:

- Festlegung des Kundenpotentials: die Verkaufsberater bei Hilti klassifizieren Kunden in verschiedene Kategorien basierend auf Faktoren, wie etwa Branche und Betriebsgröße.
- Determinierung der Besuchsfrequenz des Kunden: Basierend auf den Kundenpotentialen definieren die Verkaufsberater die richtige Anzahl der Besuche bei einem Kunden pro Jahr.

- Festlegung der Route der Kundenbesuche: Im Sinne einer Produktivitätssteigerung ist es essentiell, die Routenplanung vorab vorzunehmen, um möglichst viel Zeit des Arbeitstages effektiv bei Kunden und deren Projekten zu verbringen.

Die technische Realisierung erfolgte dabei auf der Basis der Anforderungen der globalen Geschäftsprozesse. Der direkte Kundenkontakt stellt das Bindeglied zwischen Hilti und den Kunden dar. Daher ist es von erheblicher Bedeutung, dass der Verkaufsberater als direkter Ansprechpartner des Kunden folgende drei Kompetenzen bzw. Wissenstypen besitzt und gegebenenfalls auch dem Kunden vermitteln kann:

- *Wer?* Welche Kunden sollte der Verkaufsberater aufsuchen? Wie wählt der Verkaufsberater aus seiner Kundenbasis jene Kunden aus, denen er Produkte, Systemlösungen, und/oder Services vorstellt?
- *Was?* Welche Produkte, Systemlösungen oder Services könnte der Kunde für seine aktuellen Projekte und Problemstellungen benötigen?
- *Wie?* Wie kann Hilti für den Kunden Mehrwert generieren? Ist dem Kunden eher mit einem Flottenvertrag geholfen oder aber ist es aus Kundensicht sinnvolle einzelne Gerät zu kaufen?

Diese Kompetenzen/Wissenstypen stellen das zentrale Element für erfolgreiche und loyale (und vor allem direkte) Kundenbeziehungen dar.[8] Denn nur wenn es dem Verkaufsberater gelingt, den Mehrwert der Systemlösung bzw. des Service zu vermitteln, wird der Kunde bereit sein, eine Geschäftsbeziehung mit der Hilti AG einzugehen.

Um somit den direkten Kundenkontakt noch weiter zu verbessern, wie auch Produktivitätssteigerungen im Bereich des Direktvertriebes zu erreichen, hat sich Hilti dazu entschlossen, die Verkaufsberater durch Einführung eines CRM-Systems mit mobilen Endgeräten zu unterstützen. Hilti hat sich dabei für das CRM-System des Herstellers SAP entschieden. Durch Customizing konnte das bestehende Standardprodukt auf die spezifischen Anforderungen seitens Hilti angepasst werden. Die primären Benutzer, d.h. die Verkaufsberater können dabei auf zwei komplementär einzusetzende Endgeräte zurückgreifen, um während der Planungs- wie auch der Kundenbesuchsphasen stets mit dem System verbunden zu sein:

- Einen Laptop zur Routenplanung, wie auch zur Besuchsvorbereitung

8 Ein vor kurzem erschienener Artikel in der Financial Times Deutschland berichtet ebenso über diesen Aspekt. Details dazu können direkt dem Artikel entnommen werden (Financial Times Deutschland 04.08.2009, Beilage „enable").

- Einen PDA (Personal Digital Assistant) zur Unterstützung direkt beim Kunden, wie etwa zum Abrufen von Preisen, aktuellen Kundeninformationen und historischen Kundenverkaufszahlen

Die mobilen Endgeräte sind mittels einer Kommunikationsstation mit dem CRM und dem ERP-System verbunden, so dass ein reibungsloser Datenaustausch zwischen dem ERP-System einerseits und dem CRM-System in Kombination mit den Laptops und PDAs andererseits erreicht wird (vgl. auch Abbildung 26).

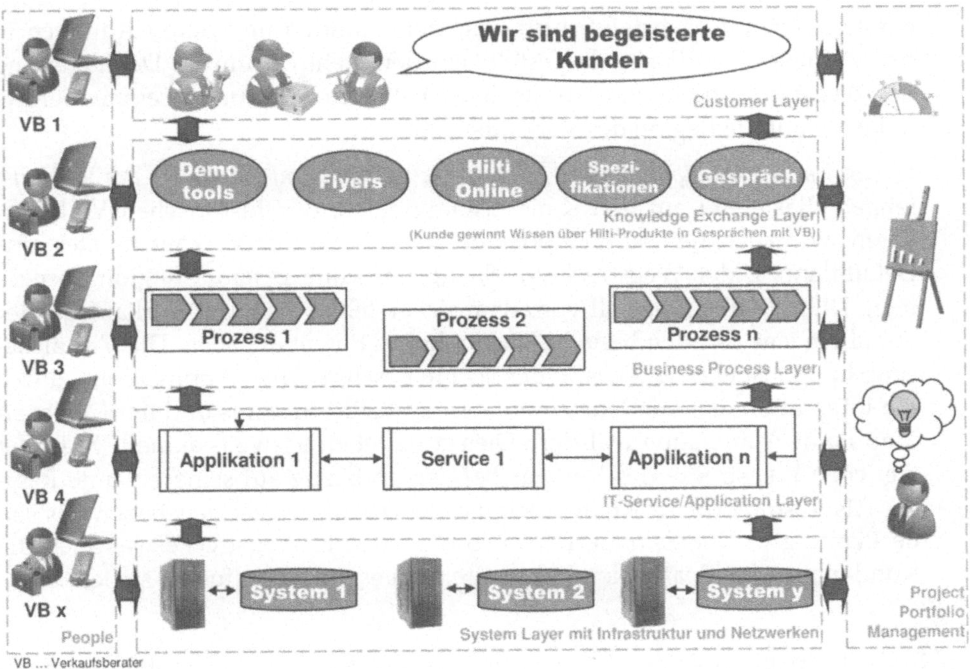

Abbildung 26: Etablierung der Verzahnung der IT-Strategie mit dem Organisationskonzept und der globalen end-to-end Prozessdefinition durch die Realisierung des Projektes „TS-mobile"

Im Folgenden werden beispielhaft zwei ineinandergreifende IT-Services und Applikationen des Hilti CRM-Systems präsentiert, die Verkaufsberater für die Planung eines Arbeitstages und demnach auch der Kundenbesuche nutzen und weiter auch während des Tages verwenden, um aktuelle Informationen abzurufen. Es handelt sich dabei um die Adresssuche wie auch die Detailplanung der Wegstrecke und Kundenbesuche in Bezug auf die gesamte Region des Verkaufsberaters, um eine optimale Wahl der täglichen Tour in Relation zur Region treffen zu können:

- *IT-Service zur Adresssuche:* Durch die Integration der Kundenstammdaten innerhalb des zuvor erwähnten CRM-Systems können sich Verkaufsberater die Ergebnisse der Adresssuche eines (potentiellen) Kunden auf einer digitalen Landkarte anzeigen lassen. Dies wurde mittels der Integration von Microsoft Map Point realisiert. Durch diese Visualisierung und die Integration der Kundenstammdaten wird es dem Verkaufsberater erleichtert, wichtige bzw. potentielle Kunden innerhalb einer Region darzustellen. Die Adresssuche stellt dabei den ersten Schritt in der täglichen Routenplanung des Verkaufsberaters dar. Im nächsten Schritt, nachdem Kunden und deren Adressen in der virtuellen Landkarte dargestellt wurden, geht es um die Detailplanung der Wegstrecke basierend auf gewissen Faktoren der Kundensegmentierung in Bezug auf die Region des Verkaufsberaters.
- *IT-Service zur Detailplanung der Wegstrecke in Bezug auf die Region des Verkaufsberaters:* Basierend auf den Kundenstammdaten, den historischen Verkaufsdaten, wie auch den Kundenpotentialdaten kann der Verkaufsberater eine Detailplanung der Wegstrecke in Bezug auf seine gesamte Region vornehmen. Diese Maßnahme soll vor allem sicherstellen, dass der Verkaufsberater vor allem jene Kunden besucht, die ein hohes Potential haben. Die Visualisierung hierzu ist ebenso – wie in der vorhin beschriebenen Applikation – durch die Integration der Kundenstammdaten des CRM-Systems und der Microsoft Map Point-Applikation realisiert. Dies gestattet eine jeweils aktuelle Sicht der täglichen Wegstrecke des Verkaufsberaters in Bezug auf seine gesamte Region. Als Resultat dieser Analyse kann der Verkaufsberater gegebenenfalls seine Planung in Details ändern, um so die aktuelle Wegstrecke wie auch die Kundenbesuche ideal in den Kontext seiner gesamten Region zu stellen.

Auf Basis der realisierten Implementierungen des Projektes „TS-mobile" werden periodisch Erfolgskriterien innerhalb vorab definierter Zielbereiche analysiert, um eine laufende Weiterentwicklung unter Berücksichtigung der aktuellen technologischen Entwicklungen – soweit ökonomisch und zweckmäßig – weiter voranzutreiben. Abbildung 27 zeigt einige Zielbereiche inklusive deren Kennzahlendefinitionen.

Zielbereich	Erfolgskriterium	Zielerreichung
Vor- und Nachbereitung der Kundenstammdaten	**Datenqualität** Datenqualität auf Ebene der Kontaktpersonen und Kundenstammdaten	Kundenzufriedenheit Produktivitätssteigerung Kundenloyalität
	Faktenbasis Territory, Kundenpotential, Industrie-Codes	
	Unterstützung mittels/durch andere/r Hilti-Kanäle Anzahl Einträge von Projekten, Kundeninteressen	
Aktivität der Verkaufsberater (VB)	**TS Mobile-Nutzung** Anzahl geplanter Kundenbesuche pro VB und Tag Anzahl durchgeführter Kundenbesuche pro VB und Tag Anzahl vereinbarter Werkzeug-Demonstrationen pro VB und Tag	

Abbildung 27: Zielbereiche und Erfolgskriterien zur stetigen Weiterentwicklung in Bezug auf „TS-mobile"

Beispiel 3: Erfolgreiche Realisierung der IT-Strategie „Global Contact Center"

Die im Folgenden dargestellte Beschreibung einer erfolgreichen Realisierung im Rahmen der IT-Strategie bezieht sich auf den Verkaufskanal „telefonischer Kundendienst". Im Jahr 2007 hat sich Hilti entschieden, ein einheitliches prozessuales, organisatorisches und technisches Setup für die Kundendienstabteilungen der jeweiligen Landesorganisationen der Hilti AG einzuführen. Die primären Ziele der Einführung dieses globalen Projektes können wie folgt aufgelistet werden:

- Eine Vision eines einheitliches Setups in Bezug auf die Organisation und Arbeitsweise des telefonischen Kundendienstes, welches einen direkten Bezug zu Hiltis Unternehmensziel erzielt: Wir begeistern unsere Kunden und bauen eine bessere Zukunft!
- Möglichkeit einer weiteren Standardisierung im Bereich der Marktreichweite, um auch das Customer Relationship Management in die nächste Stufe zu heben. Dies soll auch zu einer erhöhten Kundenzufriedenheit wie auch einer höheren Produktivität im Bereich der Marktreichweite führen. Dies kann vor allem durch die Implementierung der „First Contact Solution (FCS)" erreicht werden. Jene besagt, dass die Anliegen des Kunden im Großteil aller Fälle sofort beim ersten Telefonat mit einem Kundendienstmitarbeiter erledigt werden.
- Einführung eines konsistenten Routingkonzeptes hin zu jenem Mitarbeiter mit den relevanten Fachkenntnissen, welches es erlaubt, den Kunden mit ihren spezifischen Fragen schnellst- und bestmögliche Antworten zu geben.

Die technische Realisierung des Projektes „Global Contact Center“ folgte den Anforderungen der globalen Geschäftsprozesse und basiert auf drei großen Bereichen (siehe dazu auch in der Abbildung 28 die entsprechenden Teile A, B, und C):

- *Teil A - CTI-Integration in SAP ERP:* Der Kunde ruft die lokale Hilti-Telefonnummer (in der Regel eine kostenlose 0800-Nummer) an. Über das in Teil B präsentierte Telefonsystem wird der Kundenanruf in weiterer Folge zu einem freien und in der Branche des Kunden trainierten Kundendienstmitarbeiter weitergeleitet. Der Mitarbeiter bekommt dabei in seiner geöffneten ERP-Applikation (SAP ERP) – in der Eingabemaske „Customer Interaction Center“ – Kundendetails, offene Dokumente, letzte Kundenkontakte automatisch dargestellt. Dabei entfällt in der Regel die manuelle Kundensuche durch den Mitarbeiter, was dazu führt, dass sich der Mitarbeiter sofort um die Anfragen des Kunden kümmern kann.
- *Teil B - Telefonsystem:* Dieses System wurde global implementiert und befindet sich physisch in Schaan (Liechtenstein). Als Lösung wurde dazu ein von CISCO angebotenes Telefonsystem implementiert, welches eine direkte Integration mit SAP ERP ermöglicht. Das Telefonsystem basiert auf IP(Internet-Protocol)-Technologie und benötigt somit keine klassischen Telefonleitungen, sondern kann direkt über einen Internetanschluss betrieben werden. Dies erleichtert eine zukünftige (personelle wie auch räumliche) Erweiterung der jeweiligen Kundendienstabteilungen, welche vor allem in Bezug auf die Champion 3C-Strategie wie auch die Vision 2015 ein wichtiges Argument für diesen Technologiewechsel darstellt.
- *Teil C - Reporting und Systemintegration mit SAP ERP und Telefonsystem:* Neben dem Aspekt der Suchvereinfachung (siehe Teil A) wie auch dem Setup des Telefonsystems (Teil B) wurde im Projekt „Global Contact Center“ auch eine dritte Komponente – ein operatives und strategisches Reporting-werkzeug – eingeführt. Das operative Reporting liefert dabei aktuelle – auf so genannten „Global Contact Center Wallboards“ dargestellte – „Real time“-basierte Werte zu u.a. den folgenden Fragestellungen: Wie viele Kunden warten momentan in der Warteschleife? Wie viele Kundenanrufe wurden wegen zu langer Wartezeit (innerhalb eines bestimmten Intervalls) verloren? Wie viele Kundenservicemitarbeiter sind im Status „Bereit“, um einen Kundenanruf anzunehmen? Neben dem operativen Reporting liefert das strategische Reporting auf Basis größerer Perioden (Wochen, Monate oder auch Quartale) Kennzahlen über die Effizienz und Effektivität (d.h. letztendlich auch Produktivität) des telefonischen Kundenservice. Das strategische Reporting wird vor allem für Coaching- und Trainingszwecke eingesetzt, so dass Kundendienstmitarbeiter jederzeit aktuelle Problemstellungen im Bereich des Kundenservice meistern können.

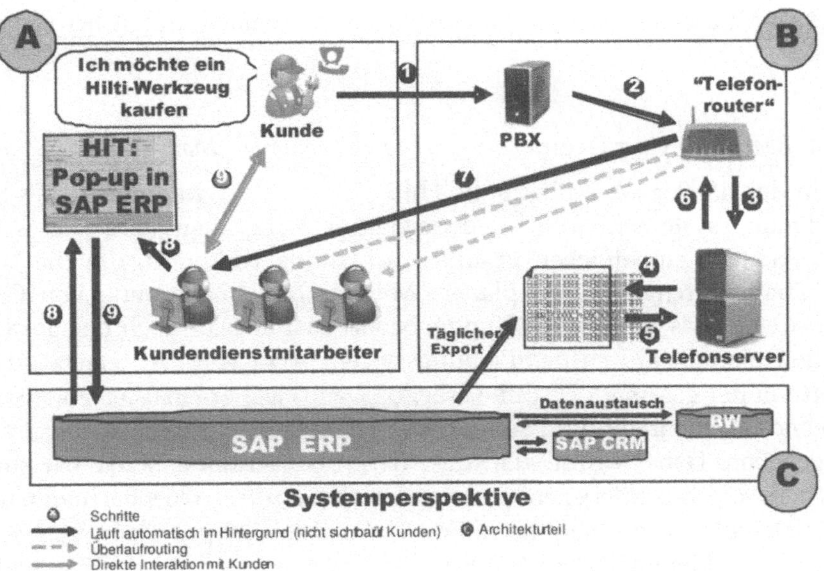

Abbildung 28: Drei ineinander verschränkte Teile zur Realisierung des Projektes „Global Contact Center"

Durch die Implementierung des „Global Contact Center"-Projektes wurde erstmals auch Transparenz in den Abläufen der Geschäftsprozesse innerhalb der lokalen Kundendienstabteilungen erreicht, was – in Abstimmung mit der Champion 3C-Geschäftsstrategie wie auch der IT-Strategie – einen wertvollen Beitrag zum Thema „Operative Exzellenz" darstellt. Somit ist es erstmalig möglich, Best Practices in allen relevanten lokalen Marktorganisationen einzuführen, was wiederum zu erhöhter Produktivität oder auch einer allgemeinen Verbesserung in der prozessualen, organisatorischen und technischen Perspektive führt.

Bis dato wurde das „Global Contact Center"-Projekt in dreizehn lokalen Marktorganisationen eingeführt, wobei ab dem Jahr 2009 ein etappenweiser Ansatz genutzt wurde. Dies bedeutet, dass aufgrund der weitestgehenden Standardisierung des Projektablaufes und der Projektimplementierung bis zu sechs lokale Marktorganisationen synchron als eine Etappe produktiv gesetzt werden. Nach einem Probelauf 2008 in Nordamerika wurde dieser etappenweise Ansatz 2009 erstmalig umgesetzt, wobei bereits weitere Etappen in Realisierung und in Planung sind.

Auf Basis der realisierten Implementierungen des Projektes „Global Contact Center" werden periodisch Erfolgskriterien innerhalb vorab definierter Zielbereiche analysiert, um eine laufende Weiterentwicklung unter Berücksichtigung der aktuellen technologischen Entwicklungen – soweit ökonomisch und zweckmäßig – zu forcieren. Indikatoren für Erreichung einer Produktivitätssteigerung durch ein „Global Contact Center" sind beispielsweise Kennzahlen wie: Kundenabrufe/

Tag/Service-Mitarbeiter oder durchschnittliche Anrufannahmezeit bei Kundenanrufen.

Beispiel 4: Realisierung der IT-Strategie „End-to-end Materials Management"

Bereits in den 1990er Jahren hatte die Hilti AG ein weltweit einheitliches Supply Chain-Planungssystem für die Kundenbedarfsplanung eingeführt. Dieses wurde mit der ebenfalls einheitlichen Produktionsplanung verknüpft, um die gesamte Supply Chain durchgängig zu planen. Mit der Implementierung von GPD/H2 wurden sowohl das System zur Kundenbedarfsplanung als auch das System zur Produktionsplanung durch das Planungssystem APO von SAP ersetzt, das voll integriert mit der gesamten H2 Suite arbeitet. Damit war erstmals eine vollständige „end-to-end"-Sichtbarkeit der Planung vom Kunden bis hin zum Werk und Lieferanten gegeben. Dabei wurde klar, dass der volatile Kundenbedarf zu einem in Lehrbüchern oft beschriebenen und in der Praxis oft zu beobachtenden „bull whip"-Effekt führt: die Volatilität nimmt entlang der Supply Chain vom Kunden zum Werk und Lieferanten zu (statt ab, wie man ja aufgrund der Aggregierung erwarten dürfte). Erst die Nutzung der vollständigen Transparenz entlang der gesamten Supply Chain hat dazu geführt, dass geeignete prozess-technische und organisatorischen Maßnahmen vorgenommen werden konnten, die mit Hilfe von zentraler Lagerbewirtschaftung zur Reduzierung des Gesamtlagerbestands bei gleichzeitiger Erhöhung der Produktverfügbarkeit geführt haben. Durch Reduzierung der Planungsvolatilität konnte die gesamte Supply Chain und insbesondere die Produktion optimiert und damit die Leistungsfähigkeit der Supply Chain gegenüber dem Kunden drastisch verbessert werden. Gleichzeitig konnte der personelle Aufwand für die Bedarfsplanung deutlich reduziert werden.

Die Verfügbarkeit aller Informationen entlang der Supply-Kette war der Ausgangspunkt dieser Optimierung, und die volle Integration der Planung in die gesamte GPD/H2 Applikationslandschaft ist Kernbestandteil der Umsetzung.

Was macht die IT erfolgreich und wie geht es weiter?

Die vorangegangenen Ausführungen haben deutlich gemacht, in welchem Umfang die Hilti IT-Strategie in die Hilti-Geschäftsstrategie und damit die Hilti IT-Projekte in die Hilti-Geschäftsprojekte integriert sind. Damit wird die Grenze zwischen Wertbeitrag der IT und Erfolg des Unternehmens insgesamt vollständig aufgehoben, woraus sich die bereits eingangs erwähnten Kernaussagen ergeben:

- Eine vollumfänglich in die Geschäftsstrategie integrierte IT-Strategie ist Voraussetzung für eine wertschaffende IT – ohne diese Integration ist ein systematischer Wertbeitrag der IT nicht möglich.
- Der Wertbeitrag der IT wird in enger Partnerschaft mit den Geschäftsbereichen des Unternehmens erzielt. Dieser zeigt sich in verbesserter Kundenzu-

friedenheit einerseits und internen Produktivitätsverbesserungen andererseits – die erwähnten Beispiele zeigen, dass die Grenze zwischen IT-Projekt und Geschäftsprojekt bei Hilti de facto aufgehoben wurde. Die Projekte werden gemeinsam geplant und durchgeführt – und das Ende des Projektes ist dann erreicht, wenn der zu Beginn des Projektes definierte Geschäftsnutzen erreicht worden ist.

- Wir lassen damit das Paradigma des „internen Kunden" hinter uns und fokussieren auf den (externen) Kunden des Unternehmens selbst – dieser Paradigmenwechsel ergibt sich gewissermaßen automatisch aus dem zuvor Gesagten: da IT und Fachbereiche gemeinsam den Geschäftserfolg anstreben, wird der früher oft bemühte „interne Kunde" zum Partner – und der Vorteil des externen Kunden zum Ziel. Diese scheinbar kleine Änderung in der Terminologie hat im gelebten Alltag deutliche (und positive) Auswirkungen: der Wegfall des „internen Kunden" schärft den Blick auf die Ziele des Unternehmens selbst und auf den Kundenmehrwert. Außerdem ergibt sich hieraus die vierte Kernaussage:
- Fokus auf Kosteneffizienz statt Fokus auf interne Weiterverrechnungen, reduzierte Bedeutung der internen SLAs, Eliminierung des „Problems" der Wertbeitragsmessung: Kundenzufriedenheit und profitables Wachstum anstelle von IT-Kennzahlen.

Wie kann man diesen Level an IT- und Geschäftsintegration und damit IT-Wertbeitrag erreichen? Wie schon gesagt, ist die entsprechende IT-Strategie eine Grundvoraussetzung – und die langfristige Implementierung und kontinuierliche Weiterentwicklung der IT-Strategie ebenso. Für die beschriebene Partnerschaft zwischen IT und dem Geschäft sind Aufbau und Weiterentwicklung von Kompetenz erforderlich. Daraus ergibt sich sofort, dass Kernbereiche der IT intern betrieben werden müssen, sonst kann der langfristige Kompetenzaufbau nicht sichergestellt werden.

Die gezielte Nutzung der „Consumerization" der IT stellt heute und in Zukunft ein wichtiges Element sowohl der IT-Kostenoptimierung als auch der internen und externen IT-Wahrnehmung dar – nur die aktive Auseinandersetzung mit und Nutzung von neuesten Technologien wird von den internen Partnern und externen Kunden als professionell wahrgenommen. Die Agilität in dieser Frage mit der für den Geschäftsablauf unumgänglichen IT-Zuverlässigkeit zu verbinden, ist für die Hilti IT die Kernaufgabe der nächsten Jahre.

2.2.2 IT-Kosten nachhaltig managen. Praxis bei der Bank Julius Bär

Mario Crameri, Bank Julius Bär

In diesem Beitrag beschreibt der Autor die verschiedenen Facetten eines umfassenden IT-Kostenmanagements entlang folgender vier Dimensionen: Aufzeigen der Kostentransparenz, Kennen der Kostentreiber, Flexibilisierung der Kosten sowie Kostensenkung. Anhand der Bank Julius Bär werden dann konkrete Maßnahmen aufgezeigt, wie sie in der Praxis umgesetzt werden.

Einleitung

Die Erzielung einer höheren Rendite aus IT-Investitionen ist ein Ziel, welches wohl sämtliche Unternehmen verfolgen. Ein CIO hat nun zwei Stellhebel: entweder er maximiert den Nutzen aus den IT-Investitionen oder aber er minimiert die Kosten (vgl. dazu die in Kapitel 2.1 erwähnten Rollen eines typischen CIO). Die Rollen „unnachgiebiger Kostensenker" ist dabei wohl eine der am stärksten geforderten Rolle in der heutigen Zeit. Das Trimmen einer Organisation auf Effizienz gehört dabei immer zum Grundauftrag eines jeden CIO – gleichgültig welche Rolle die IT im Unternehmen einnimmt. Die kurzfristige Optimierung von Unternehmensresultaten auf Quartale schwappt aus dem angelsächsischen Raum unaufhaltsam Richtung Europa über. Börsenkotierte Unternehmen können sich dem nicht entziehen und müssen Quartal für Quartal den Analystenkonsens mindestens treffen, wenn nicht übertreffen, um nicht massiv an der Börse abgestraft zu werden. Da die IT-Kosten in den meisten Unternehmen einen bedeutsamen Anteil ausmachen, ist es logisch, dass der CFO relativ schnell bei den IT-Kosten den Rotstift ansetzen will. Leider aber weist der Großteil der IT-Kosten auf kurze Frist den Charakter von Fixkosten auf, sofern kein ganzheitliches Kostenmanagement betrieben wird. Eine erfolgreiche IT-Organisation verfügt über eine Balance zwischen IT-Kosten und IT-Wertbeitrag.

Eine aktuelle IT-Trends-Studie 2009, die Umfrageergebnisse von 96 Entscheidungsträgern deutscher Unternehmen sowie Führungskräften aus Österreich und der Schweiz berücksichtigt, verdeutlicht die derzeit vorherrschende Situation in den IT-Fachbereichen.[9] Nahezu sämtliche Befragten rechnen mit Einschnitten im IT-Budget.

---

9 die Studie ist verfügbar unter: http://www.ch.capgemini.com/m/ch/tl/IT-Trends_2009.pdf

IT-Kosten verlangen ein rigoroses Management. Auf der einen Seite steigen die IT-Kosten unaufhaltsam, falls man diese nicht konsequent steuert. Neuinvestitionen führen in der Regel zu Betriebskosten von rund 15 bis 25% der Projektkosten in den Folgejahren. Die Konsequenz daraus sind immer höhere Betriebskosten. Auf der anderen Seite hat sich gerade in den Köpfen der CFOs das Bild der stetig günstiger werdenden IT-Infrastruktur festgesetzt. Es stimmt durchaus, dass die Stückkosten der IT-Infrastruktur abnehmen (beispielsweise erhält man in Anlehnung an das Mooresche Gesetz alle 18 Monate das Doppelte an Rechenleistung zum gleichen Preis). Die Nachfrage nach beispielsweise Speicherplatz und Rechenleistung steigt allerdings schneller, als dass die Kosten dafür fallen.

Es geht also zunehmend (dringlicher) um die Beantwortung der Frage: Wie lassen sich die Kosten der IT in meinem Unternehmen aktiv und relativ kurzfristig beeinflussen und gestalten? Implizit stehen dabei die Rahmenbedingungen im Raum, das Geschäft, die Geschäftsprozessunterstützung sowie die Kundenzufriedenheit dabei nicht negativ zu beeinträchtigen. Unter diesen Prämissen lautet daher die genauere Fragestellung: „Wie können IT-Kosten gesenkt werden, ohne die Leistungsfähigkeit der IT zu stark einzuschränken und dadurch die Flexibilität bei wieder anziehender Nachfrage zu zerstören?"

Auf diese Frage muss ein erfolgreiches Unternehmen mit einem professionellen IT-Kostenmanagement antworten können. Ein solches Kostenmanagement sollte auf Transparenz in der Kostenentstehung, Flexibilisierung der Kosten und einer nachhaltigen Senkung der Kosten abzielen.

Jeder verantwortliche Manager kennt ein gewisses Portfolio an kurzfristigen Maßnahmen zur Kostensenkung, welches die Vorgaben der Unternehmensleitung erreichbar machen soll. Hierzu gehört z.B. der Abbau des Personals, Reduktion von externen Mitarbeitern und Beratern, Investitionsstopp u.ä. – diese Maßnahmen zielen auf eine kurzfristige Wirkung und sind in der Regel nicht nachhaltig. Sie können im Falle einer kurzen Abschwungsphase gar das Gegenteil bewirken, nämlich höhere Kosten hervorrufen. Die Mitarbeiter beziehen nach Kündigung noch einige Monate Salär. Oft ist die wirtschaftliche Erholung bereits vor Austritt der Mitarbeiter wieder sichtbar, was zur Folge hat, dass man wieder mit dem Rekrutieren beginnen muss, bevor die Kosteneinsparung gegriffen hätte. Noch deutlicher wird die Rechnung, wenn der Wissensverlust mit einbezogen wird.

Bei einem solchen (klassischen) Kostenmanagement wird daher meist auch ausschließlich eine radikale Kostenreduktion ohne Adressierung der langfristigen Wirkungszusammenhänge vollzogen. Zudem werden häufig Kostensenkungsmaßnahmen ohne fundierte Kostenanalysen und deren Auswirkungen durchgeführt. Doch der kurzfristig günstigere und in vielen Fällen einfachere Weg kann sich oft als langfristig schlechtere Wahl mit unkalkulierbaren Folgen herausstellen.

In der Literatur wird IT-Kostenmanagement sehr unterschiedlich definiert. Wir wollen den Begriff in diesem Beitrag auf folgende Bereiche fokussieren:

- *Transparenz der Kosten:* Man kann die IT-Kosten nur erfolgreich steuern, wenn man sie im Detail versteht. Transparenz der Kosten bedeutet Zurechenbarkeit und Auswertbarkeit hinsichtlich der Bezugsgrößen wie verursachende Ressource, Kostenart, Kostenstelle etc.
- *Aufzeigen der Kostentreiber:* Um die Kosten beeinflussen zu können, muss man die wirksamsten Kostenhebel und deren Potenziale in Bezug auf Kostenreduktion kennen.
- *Flexibilisierung der Kosten:* Flexibilität verfügt über zwei Dimensionen. Zum einen geht es um die Frage, ob die Kosten mit dem Volumen variieren (fixe oder variable Kosten). Zum anderen spielt die zeitliche Dimension eine Rolle, d.h. wie schnell und zu welchen Bedingungen IT-Anlagen desinvestiert oder IT-bezogene Serviceverträge gekündigt werden können. Auf eine lange Frist sind die meisten Kosten variabel.
- *Kostenvermeidung sowie nachhaltige Kostensenkung:* Unter diesen Punkt fallen die konkreten Maßnahmen zur Kostenreduktion. Dabei muss man unterscheiden, ob die Kosten nur vermieden werden (z.B. indem man künftige Folgeinvestitionen günstiger tätigen kann) oder ob sie tatsächlich nachhaltig gesenkt werden (d.h. die bestehende Kostenbasis tiefer wird).

Aspekte wie beispielsweise Budgetierung, Kostenkontrolle oder Leistungsverrechnung wollen wir explizit ausklammern und uns auf Maßnahmen und Aufgaben mit größeren Gestaltungsmöglichkeiten zur Optimierung konzentrieren.

Ingredienzen eines effektiven und nachhaltigen IT-Kostenmanagements

Reine auf IT-Effizienz und absolute Kostenhöhe abzielende Maßnahmen des Kostenmanagements lassen häufig die längerfristigen Folgen außer Acht: Teilweise drastische Einbrüche bei der Effektivität der Arbeit in den Geschäftsbereichen oder mittelfristig wiederkehrende Kosten auf deutlich höherem Niveau können die Folge sein. Es muss daher darauf geachtet werden, dass (geforderte) Schnellschuss-Maßnahmen über kurz oder lang nicht zu kontraproduktiven Ergebnissen führen. Es stellt sich daher die Frage: Welche Möglichkeiten stehen für ein nachhaltiges Management der Kosten zur Verfügung? Es werden im Folgenden Ansätze vorgestellt deren Umsetzung in der Praxis der Bank Bär anschließend dargestellt werden.

IT-Kostenmanagement sollte man stetig betreiben, gerade auch in guten Zeiten. Versucht man die Kosten erst in einer Krisensituation zu reduzieren, ist es oft zu spät, beziehungsweise die Maßnahmen zeigen ihre Wirkung erst mit einer gewissen Verzögerung. Geht man zudem davon aus, dass der Betrieb bereits effizient läuft (Betriebskosten sind „optimiert"), so kann man bei gleichbleibendem Dienstleistungsangebot und Geschäftsmodell nur bei den Projekten bzw. Investitionen sparen. Deshalb ist es unentbehrlich, in Zeiten des Aufschwungs die IT-Kostenstruktur für die nächste Krise zu optimieren. Wird dies verpasst, steht man bei der nächsten Sparrunde mit dem Rücken zur Wand.

Transparenz der Kosten

Bei der Transparenz der Kosten geht es nicht primär um sophistizierte Systeme, welche die Kosten bis ins letzte Detail herunterbrechen und dadurch vor lauter Zahlen das Wesentliche verborgen bleibt. Es geht vielmehr um das Gesamtbild und einen Überblick, um mögliche Einstiegspunkte für weitere Maßnahmen zu erhalten. Kosten muss man immer bei der Entstehung steuern und nicht etwa via interne Umlagen von Fixkosten.

Aus dem klassischen Accounting kennt man die Modelle der Kostenarten und Kostenträgerrechnungen. Typische Kostenarten sind Personal- (wobei hier in der Regel zwischen intern und extern unterschieden wird), Hardware-, Software- und Kommunikations- (z.B. Kosten mit Telekomanbieter) und andere Kosten (z.B. Outsourcing-Verträge). Daneben ist eine Unterteilung in Betriebs- und Projektkosten sinnvoll (siehe Abbildung 29).

	Personal		Hardware	Software	Kommunikation	Andere Kosten
	Intern	Extern				
Betriebskosten						
Projektkosten						

Abbildung 29: Typische IT-Kostenarten

Investitionen werden in der Regel aktiviert und über mehrere Jahre abgeschrieben. Abschreibungen bilden einen nicht zu vernachlässigenden fixen Anteil an den IT-Kosten. Abbildung 30 stellt die größten Blöcke der Projekt- und Betriebskosten schematisch dar.

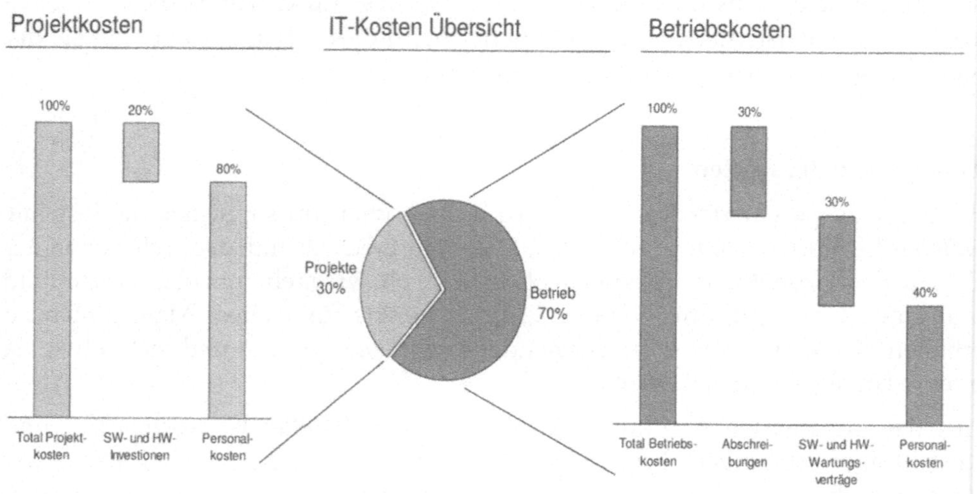

Abbildung 30: Typische Kostenstruktur einer Bank-IT mit Eigenentwicklung.

Für ein Kostenmanagement müssen die Kostenarten nun detaillierter auf den verschiedenen Kostenträgern analysiert werden. Im Falle der Projektkosten sind zum einen die verschiedenen Projekte per se die Kostenträger, zum anderen kann man die verschiedenen Projektphasen wie Analyse, Design, Implementierung, Test und Einführung aufgliedern.

Für die Betriebskosten empfiehlt sich die Anlehnung an „Standard-Kontenpläne", wie sie von den renommierten Benchmarking-Anbietern verwendet werden. So ist man vergleichbar mit Mitbewerbern. Benchmarking mit passenden Konkurrenten hilft der Organisation, den Fokus auf die richtigen Stellen zu legen. Abbildung 31 stellt schematisch eine gängige Einteilung dar.

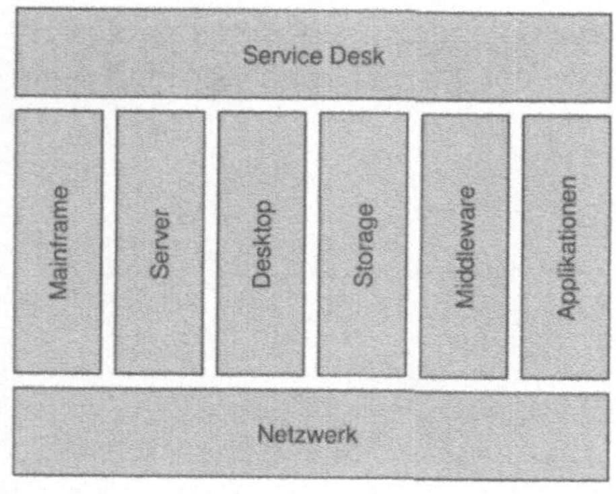

Abbildung 31: Mögliche Gruppen von IT-Kostenträgern

Anwendungen sind sehr schwierig extern zu vergleichen, da in der Regel jede Anwendung anders ist. Hier geht es eher um die Messung der Produktivität, d.h. Kennzahlen wie „Use cases pro Zeiteinheit pro Entwickler". Bei Infrastukturkomponenten wie etwa Desktops ist es relativ einfach, sich mit Mitbewerbern zu vergleichen. Am aussagekräftigsten sind Vergleiche auf einer Stückkostenbasis: was kostet das Aufsetzen eines Desktops, was kostet der Betrieb eines Unix-Servers etc. Wenn man nur die Gesamtkosten pro Komponente vergleicht, ist es sehr schwierig, Effekte wie Zusatzkosten durch erhöhte Nachfrage als Folge von Geschäftswachstum von der Effizienz auseinander zu halten. Die Berechnung der Produktivität pro Mitarbeiter ist eine weitere wichtige Kennzahl.

Ein Benchmarking über die gesamten IT-Kosten, welches einfache Kennzahlen wie IT-Kosten in Prozent der gesamten Unternehmenskosten oder IT-Kosten pro Mitarbeiter ausdrücken, ist noch wenig aussagekräftig bzw. hilft nicht viel weiter. Selektive, auf einzelne Produkte bezogene Benchmarks hingegen sind äußerst zweckmäßig, um einen Startpunkt für eine nachhaltige Kostenreduktion zu erhalten. Benchmarking kann man selbstverständlich auch nur intern durchführen und die Entwicklung über die Zeit festhalten.

Aufzeigen der Kostentreiber

Das Kennen der Kostentreiber ist notwendig, um die passenden Maßnahmen zur nachhaltigen Kostensenkung zu ergreifen. Die Hauptursache für hohe IT-Kosten sind wohl uneinheitliche Geschäftsprozesse, welche ähnliche Funktionen und Daten des Unternehmens replizieren und somit unnötig die Komplexität der IT-Systeme erhöhen. Eine starke IT-Architektur, welche Vorgaben gibt und die Anforderungen und Geschäftsprozesse harmonisiert, trägt signifikant zu tieferen Kosten bei. In diesem Beitrag wollen wir eine Stufe konkreter werden und exemplarisch einige Kostentreiber pro Kostenträger erläutern.

Bei Projekten ist das ständige Ändern des Umfangs der bedeutendste Kostentreiber. Professionelles „Scope Management" schafft hier Abhilfe. Ein weitverbreiteter Mythos ist, dass die Vorgehensmethode (z.B. „Wasserfall" oder „agiles Entwickeln") und auch die verwendeten Technologien (z.B. Cobol oder Java) einen massiven Einfluss auf die Produktivität der Mitarbeiter aufweisen. Aus meiner eigenen Erfahrung sowie aus diversen Gesprächen mit Benchmarking-Experten kann ich nur sagen, dass dies nicht der Realität entspricht. Es geht viel mehr um den richtigen Einsatz von Methoden und Technologien und nicht darum, dass eine bestimmte Technologie oder Methode per se Effizienz fördert.

Im Falle der Infrastrukturkomponenten sind die Kostentreiber nicht immer so einfach zu identifizieren. Für Server existieren beispielsweise folgende Ansatzpunkte: Standardisierung der verwendeten Betriebssysteme, Standardisierung der eingesetzten Plattform, Automatisierung von Prozessen wie SW-Verteilung, Kapazitätsauslastung der einzelnen Maschinen, Qualifikation des Personals, Phase im Life-

Cycle (es gibt ein Optimum: man kann zu viel und zu wenig Life-Cycle-Aktivitäten durchführen) etc.

Flexibilisierung der IT-Kosten

Will man die Kosten aktiv beeinflussen und gestalten, braucht man zunächst ein ausreichendes Verständnis über die IT-Kostenstruktur. Viele Kosten in der IT sind Fixkosten oder werden zu diesen gezählt. Zum Beispiel verursacht ein Server Kosten, sobald er vorhanden ist, unabhängig ob er von zwei oder 1'000 Mitarbeitern genutzt wird. Variable Kosten fallen hingegen nur an, sofern Leistungen bezogen werden. In der IT wären dies zum Beispiel benutzerbezogene Softwarelizenzen, sofern man diese je nach Bedarf anfordern und zurückgeben kann.

Die Umsatzrückgänge, die viele Unternehmen aktuell verzeichnen, liegen nicht selten im zweistelligen Prozentbereich. Möchte man unter diesen Bedingungen beispielsweise die Relation „IT-Kosten zu Umsatz" bei einem häufigen Kostenverhältnis in der IT von 2/3 Fixkosten zu 1/3 variablen Kosten (kurzfristig) beeinflussen, sind rasch Grenzen erreicht. Die meisten Kosten sind auf sehr kurze Frist fix – gleichbleibende Serviceleistungen vorausgesetzt. Selbst wenn man die inhaltliche Verknüpfung zu konkreten Leistungen außer Acht lässt, sind die meisten Kosten sehr träge. In Abbildung 32 werden gängige Kostenarten für den Betrieb entlang von zwei Kriterien dargestellt: die typische Veränderungsdauer sowie der Anteil pro Kostenart an den gesamten Betriebskosten. Ich bin mir bewusst, dass gerade die Aufteilung der Kostenarten sehr stark von Unternehmen zu Unternehmen variieren kann. Die Wahl der Sourcing-Strategie ist beispielweise ein gewichtiger Einflussfaktor. Im Falle eines eigenen Betriebs fällt logischerweise ein größerer Anteil an Personalkosten an, als wenn der Betrieb ausgelagert wurde.

	Personal		Hardware-wartung	Software-wartung	Kommunikation	Andere Kosten
	Intern	Extern				
Typische "Vertragsdauer"	3-6 Monate	1-2 Monate	12-36 Monate	12 Monate	12 Monate	>12 Monate
Üblicher Anteil an Betriebskosten im Fall von Inhouse	20-30%	10-20%	10-15%	10-15%	5-10%	20-30%
Üblicher Anteil an Betriebskosten im Fall von Outsourcing	10-15%	5-10%	0%	0%	5-10%	65-80%

Abbildung 32: Typischer Variabilisierungsgrad einzelner Kostenarten

Selbst wenn man die hypothetische Annahme trifft, man könne ohne Rücksicht auf Serviceeinbuße an den Kosten schrauben, zeigt sich, dass man innerhalb eines Quartals nur einen kleinen Teil beeinflussen kann. In der Realität verbergen sich hinter den Kosten natürlich Dienstleistungen, die nicht einfach abgestellt werden können. Der Handlungsspielraum engt sich somit noch weiter ein. Eine Maßnahme bzw. Möglichkeit, diese Grenzen aufzuweichen, könnte sein, den Grad der Variabilisierung der Kosten zu erhöhen. Hierdurch lässt sich ein schnelleres (re-) agieren auf geänderte IT-Budgets einfacher gestalten. Dieser Ansatz der Variabilisierung der IT-Kosten zieht sich wie ein roter Faden durch die Diskussionen der letzten Monate. Die Maßzahl „Variabilität" ist dabei kein akademischer Ansatz, sondern pragmatischer Natur: Wenn die Kostenwirksamkeit unmittelbar sichtbar wird (z.B. innerhalb eines Quartals eintritt), gelten die Kosten (die Kostenart) als variabel.

Aktuell lässt sich diese Tendenz weg vom Ownership hin zur Nutzung – oder betriebswirtschaftlich ausgedrückt: ein Trend weg von der Kosten- hin zur Ausgabenorientierung in verschiedenen Bereichen der IT feststellen. Die Kopplung von Kosten und Nachfrage gilt beispielsweise für IT-Anwendungen (Trend „Software as a Service") und IT-Infrastruktur basierend auf reellem Verbrauch (Trend „Infrastructure on demand"). Tendenziell wird zunehmend versucht, die der IT-Leistungserstellung zugrundeliegende Kostenstruktur aufzubrechen und zu variabilisieren. Das Modell der Reduzierung der Fertigungs- oder auch Leistungstiefe, welches aus der produzierenden Industrie längst bekannt ist, kommt so immer stärker auch im IT-Bereich zum Tragen. Hinzu kommt, dass Unternehmen sich vermehrt auf die strategischen und unternehmenskritischen Bereiche fokussieren und Anforderungen, die diesen Bereichen nicht zuzuordnen sind, extern vergeben. Damit kommt dem Sourcing in diesem Bereich eine bedeutende Rolle zu (vgl. Kapitel 2.4) – wobei Risiken bei Sourcing wie beispielsweise Abhängigkeiten unter Umständen gewichtiger sind als die damit erreichte Flexibilisierung der Kosten. Die Vertragsgestaltung muss jedoch so ausgelegt werden, dass die Kosten auch sinken, wenn die nachgefragten Volumen abnehmen. Ansonsten hat man das Gegenteil erreicht und sich für Jahre einen weiteren Fixkostenblock aufgebürdet.

Solche Maßnahmen, welche sich direkt in der Kostenstruktur bemerkbar machen (Verschiebung von Fix-Kosten in Richtung variable Kosten), entfalten ihre Wirkung nachhaltig und helfen im Vergleich zu den allseits bekannten Hau-Ruck-Methoden – die in Krisensituationen gerne genutzt werden – einiges mehr. Allerdings zahlt man für diese Variabilisierung auch eine Prämie. Deshalb ist eine Kosten-/Nutzen-Analyse mit verschiedenen Szenarien im Einzelfall zwingend nötig.

Ein erfolgreiches IT-Management muss sich daher mit dem gezielten Beeinflussen der gegebenen Kostenstruktur in der IT auseinandersetzten, sowie die Fähigkeit zur Vorbereitung, zur offenen Kommunikation gegenüber den Beteiligten (interner Nachfrager, Mitarbeiter, externe Lieferanten) und zur Umsetzung entsprechender Maßnahmen mitbringen.

Kostenvermeidung und nachhaltige Kostensenkung

Aufgrund der oben genannten Fakten ist es für einen unvorbereiteten CIO relativ schwierig, kurzfristig die Kostenbasis deutlich zu senken. Eine der ersten Maßnahmen ist meistens das kritische Durchleuchten des Projektportfolios. Welche Projekte kann man verschieben, verzögern oder gar stoppen. Gegenüber der Geschäftsleitung kann man dadurch tiefere Kosten ausweisen – gespart hat man trotzdem nichts, sondern nur aufgeschoben. In der Regel befinden sich hinter den Projekten reelle Anforderungen seitens der Fachbereiche, die sich so aufstauen und einfach im Folgejahr wieder beantragt werden. Die nachhaltige Maßnahme ist die Einführung eines ganzheitlichen Projektportfolio-Managements zur Steuerung und Konsolidierung der Anforderungen. Auch eine starke Architektur, welche bereits bei der Harmonisierung der Geschäftsprozesse ansetzt, ist zentral, um die IT-Kosten möglichst tief zu halten.

CIOs sind oft auf der Suche nach sogenannten „selbstfinanzierenden" Projekten. Dies sind Projekte, welche die Einsparungen bereits im gleichen Finanzjahr einfahren. Sie sind zwar schwierig zu finden, aber es gibt sie trotzdem. Diese Maßnahme wird vor lauter Kostendruck oft vergessen.

Als nächstes folgt das Neuverhandeln der Tagessätze mit den externen Mitarbeitern. In ernsthaften Krisensituationen ist dies eine legitime Vorgehensweise. Wird dies jedoch zu oft und v.a. zu rigoros durchgezogen, besteht die Gefahr, dass man die externen Fachspezialisten relativ rasch verliert, sobald der Markt wieder dreht. Aus diesem Grund empfiehlt es sich hier, „gesunden Menschenverstand" walten zu lassen.

Bestehende Wartungsverträge zu ändern ist eine weitere Maßnahme. Dies ist kein einfaches Unterfangen, denn rein juristisch sitzt man am kürzeren Hebel. Nichtsdestotrotz ist es einen Versuch wert, da die Lieferanten in der Regel an längerfristigen Partnerschaften interessiert sind.

Outsourcing ist eine weitere gängige Überlegung. Ich persönlich bin sehr skeptisch gegenüber Outsourcing als nachhaltiger Kostensenkungsmaßnahme. Es gibt viele Gründe für eine Auslagerung, Kosten sollten nie das alleinige Kriterium sein. Auf eine sehr kurze Frist kann man bestimmt einige Kosten auf den Lieferanten verlagern, diese werden aber im Rahmen der Vertragslaufzeit wieder auf einen zurückverrechnet. Es gibt viele Beispiele am Markt, wo sich Unternehmen mit solchen Geschäften kurzfristig Luft verschafft haben, dies später aber bitter bereuten. Abbildung 33 zeigt die Ökonomie hinter Outsourcing anhand einer konservativen Rechnung. Damit Outsourcing nachhaltig für beide Vertragspartner günstigere Kosten ergibt, muss der Dienstleister mindestens 40% tiefere Kosten ausweisen als das Unternehmen heute. Mehrwertsteuer, Koordinationsaufwand sowie eine Gewinnmarge müssen damit abgegolten werden. Selbst im Falle der Auslagerung in ein Niedriglohnland sind diese mindestens 40% tieferen Kosten schwierig nachhaltig zu gewährleisten.

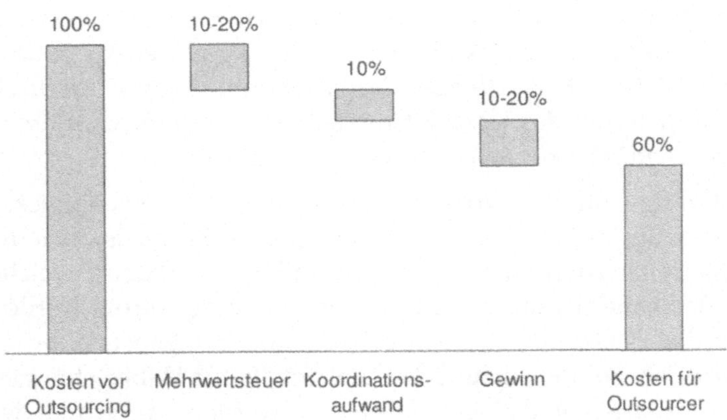

Abbildung 33: Ökonomische Betrachtung von Outsourcing

Kreative CIOs kommen auch auf die Idee, die bestehenden Aktiva (z.B. Server, Netzwerke) zu verkaufen und gleichzeitig wieder zurück zu leasen („sell and lease back"). Auch damit kann man kurzfristig Druck von den Kosten wegnehmen, auf die Dauer wird die Rechnung in der Regel jedoch teurer.

Standardisierung und Konsolidierung der Anwendungslandschaft und der Infrastruktur bieten großes Potential. Die IT-Landschaft besteht aus einer über Jahre hinweg gewachsenen Vielfalt von Eigenentwicklungen und Standardlösungen. Im Laufe der Zeit hat sich das Unternehmen gewandelt (Bereiche wurden hinzugekauft, Prozesse umstrukturiert, u.ä.). Die bestehende IT-Landschaft schränkt den Nutzen der IT für das Unternehmen ein, so dass mit Blick auf die hohen IT-Aufwendungen mehr oder weniger rasch eine Kostensenkung gefordert wird. Viele Unternehmen versuchen dann die Anzahl der Lösungsvarianten zu reduzieren sowie Standardisierungs-/ Konsolidierungsmöglichkeiten im Bereich der IT-Anwendungen und der IT-Infrastruktur wahrzunehmen.

Der Nutzen von solchen Standardisierungsprojekten wird jedoch selten im selben Jahr realisiert, da in der Regel zuerst hohe Investitionen getätigt werden müssen. Deshalb ist die stetige Pflege und das Life-Cycle-Management eine laufende Aufgabe. Die „unvermeidlichen" IT-Betriebskosten müssen in ihrer Höhe jedoch nicht als gegeben hingenommen werden.

Beispielsweise kann ein konsequentes und fortlaufendes Hinterfragen des über die Jahre gewachsenen Dienstleistungsangebots erhebliche Einsparungen aufzeigen. Ein entsprechendes Demand Management stimmt dieses Angebot auf die Anforderungen des Fachbereichs wirtschaftlich ab.

Ein großer Anteil der korrespondierenden IT-Betriebsleistungen können „Commodities" sein und tragen in der Regel nicht unmittelbar zur Wertsteigerung im Unternehmen bei. Überlegungen zur Minimierung der Kosten erfolgen über Klärung von Fragen wie: Welcher Kompetenzen, Kapazitäten und infrastrukturellen Anteile bedarf es wirklich, um das Geschäftsmodell erfolgreich auszuführen? Was kann zentralisiert werden? Wo können Synergien genutzt werden?

Die Umsetzung der Antworten auf diese Fragen umfasst jedoch zum einen Investitionen, um gewisse Kosten aus dem System zu nehmen und so beispielsweise die IT-Effizienz und IT-Effektivität zu erhöhen, und zum anderen Vorhaben, welche die Flexibilität/Agilität des Unternehmens vorantreiben. Nichtsdestotrotz werden in einem ersten Schritt die IT-Gesamtausgaben oft von kurzfristigen und unbedachten Kürzungen getroffen, bei denen zunächst die Anteile für IT-Investitionen bzw. IT-Projekte als Erstes meist vollständig gestrichen werden. Aufgrund der fehlenden Investitionen für Neugestaltung überaltern in der Folge die vorhandenen IT-Anwendungen, wodurch die Kosten für den IT-Betrieb im Gegenzug weiter ansteigen. So führen in der Konsequenz eine Reihe von hauptsächlich (kurzfristig motivierten) kostengetriebenen Entscheidungen (z.B. komplettes Streichen von Projekten aus dem Portfolio) mittelfristig zu einer drastischen Erhöhung der IT-Ausgaben – bei einer gleichzeitig zunehmend unbefriedigenden IT-Unterstützung für das Unternehmen. Werden die IT-Investitionen sogar längerfristig verzögert, so verzehren die IT-Betriebskosten die für IT-Investitionen benötigten Mittel vollständig. Insgesamt führt diese Wirkungskette zu einem kaum mehr kontrollierbaren Ansteigen der IT-Ausgaben und einer unbefriedigenden IT-Unterstützung der Geschäftsprozesse im Unternehmen. Nach wenigen Jahren hilft dann erfahrungsgemäß nur noch ein umfassendes Erneuerungsprogramm für die IT, um eine adäquate IT-Unterstützung der Geschäftsprozesse sowie einen effizienten IT-Betrieb zu gewährleisten.

Die Herausforderung besteht also darin, finanzielle Mittel, Mitarbeiter und die zeitliche Dimension derart zu disponieren, dass Vorhaben entsprechend der umfassenden Bedeutung für das Unternehmen priorisiert werden. Hierzu ist eine mehrdimensionale Bewertung der Vorhaben vorzunehmen. Geeignete Dimensionen sind dabei beispielsweise: strategischer Nutzen des Vorhabens, wirtschaftlicher Nutzen des Vorhabens, absolute Kosten des Vorhabens, mit dem Vorhaben verbundene Unternehmensrisiken. Damit entsteht ein Vorhabenportfolio, dem unmittelbar die umfassende Bedeutung der entsprechenden Vorhaben für den Unternehmenserfolg entnommen werden kann – welches jedoch auch in Anbetracht gekürzter Mittel für die Umsetzung dieser Vorhaben hinsichtlich möglicher Einsparpotentiale beleuchtet wird.

Dabei greifen einfache – aber durchaus übliche – Schnellschuss-Aktionen, wie z.B. das Streichen von Projekten aus dem Portfolio, viel zu kurz. Eine solche Streichung hat ja zur Folge, dass man einen ursprünglich identifizierten IT-Bedarf nicht mehr angeht. Ein professionelles IT-Kostenmanagement sollte das IT-Projektportfolio eher dadurch optimieren, dass es den Umfang von Projekten überdenkt oder zusammen mit dem Fachbereich Einsparpotentiale auf Nachfrageseite (z.B. Anforderungen an die Verfügbarkeit einer Lösung) diskutiert und aushandelt.

Beispiele zum IT-Kostenmanagement der Bank Julius Bär

Die Bank Julius Bär verfügt über ein umfassendes IT-Kostenmanagement. Wir haben in den letzten Jahren die Kostenposition signifikant verbessert. Obwohl in den letzten drei Jahren drei Banken übernommen und auf die bestehende IT-Plattform integriert wurden, betreiben wir die Bank noch auf derselben Kostenbasis. Dies war nur möglich Dank eines effektiven Kostenmanagements.

Wir verfügen über transparente IT-Kosten

Wir haben in den letzten Jahren das bestehende IT-Controlling massiv verbessert mit dem Ziel, eine transparente Kostenstruktur zu erhalten. Dieses Vorhaben wurde selbst in der IT-Strategie verankert. Die Betriebskosten haben wir im letzten Jahr auf einen neuen „Kontenplan" umgestellt im Zusammenhang mit einem Benchmarking, welches die IT-Infrastruktur-Services mit unseren Konkurrenten verglichen hat. Wir haben uns sehr selektiv auf die Bereiche Server, Desktop, Netzwerk und Service Desk beschränkt. Zudem haben wir Stückkosten eingeführt. Auf monatlicher Basis werden die Kosten auf Stufe „Service" verglichen. So erkennen wir frühzeitig mögliche Problemfelder und können rasch gegensteuern. Wir unterscheiden außerdem zwischen folgenden Subkostenträgern pro Service: Management Funktionen, Life-Cycle, Engineering, Support sowie Wachstum. Auf diese werden dann die Kostenarten Personal intern, Personal extern, Hardwarebeschaffungen, Hardwarewartungen, Softwarebeschaffungen, Softwarewartungen sowie andere Kosten zugeteilt. Dazu mussten wir außerdem die Zeiterfassung der einzelnen Mitarbeiter adjustieren, da ein wesentlicher Teil der Kosten Personalkosten sind.

Wir kennen und steuern die Kostentreiber

In der Vergangenheit bekundeten wir auch Mühe mit einem sauberen „Scope Management". Im letzten Jahr haben wir ein neues Projektvorgehen eingeführt, welches unter anderem dieses Problem gelöst hat. Heute steuern wir den Umfang von Projekten professionell. Es gibt keine Änderungen am Projektumfang ohne seriöse Analyse der Auswirkungen und Konsequenzen sowie Entscheid der relevanten Stakeholder. Im Bereich Infrastruktur haben wir pro Service die Kostentreiber erhoben und dokumentiert. Die echte Herausforderung liegt vor allem im Steuern von Kostentreibern, die nicht im direkten Verantwortungsbereich liegen. So kann beispielsweise der Zuständige im Bereich Server die Nachfrage nach neuen Maschinen nur schwer direkt beeinflussen. Dies geschieht vor allem über neue Projekte. Wir versuchen dies heute noch mit einem Ansatz basierend auf Argumenten. In letzter Konsequenz muss man sämtliche Kosten direkt auf den Verursacher umlegen. Nur wenn er daran auch gemessen wird, hat er einen Anreiz zu sparen.

Wir halten unsere IT-Kosten variabel

Wir kennen den Flexibilitätsgrad unserer Kostenstruktur sehr gut. Wir halten beispielweise den Anteil an externen Mitarbeitern bewusst relativ hoch im Branchenvergleich, damit wir rasch auf veränderte Budgets reagieren können. Normalerweise werden die externen Mitarbeiter vorzugsweise in Projekten eingesetzt. Wir platzieren jedoch sehr selektiv auch im Betrieb externe Mitarbeiter, um Spitzen besser und rascher ausgleichen zu können. Die oben aufgeführte Abbildung zur typischen Kostenstruktur suggeriert, dass die Kosten aus Hardware- und Softwarewartung fix sind. Wenn es gelingt, die Verträge so zu gestalten, dass bei Volumenschwankungen nach unten die Kosten angepasst werden, dann erreicht man auch hier eine gewisse Flexibilisierung – auch wenn sich die Vertragsdauer über ein Jahr oder mehr erstreckt. Die beschriebenen Maßnahmen zur Kostenflexibilisierung haben jedoch alle ihren Preis. Es gilt, kritisch die Vor- und Nachteile abzuwägen. Gerade externe Mitarbeiter sind in der Regel im Durchschnitt einiges teurer als interne. Auch beim Wechsel zu einem „Pay-per-Use-Modell" kann man sich Mehrkosten einhandeln, falls man ungeschickt verhandelt.

Wir optimieren unsere Kostenbasis

In den letzten Jahren haben wir einiges unternommen, um die Kostenposition zu verbessern. Selbstverständlich haben wir auch die weiter oben erwähnten „klassischen Maßnahmen" wie Verhandlungen mit den Lieferanten über Software-Wartungsverträge oder Tagessätze oder die Verzögerung von Neuinvestitionen ergriffen. All diese Maßnahmen weisen in der Regel Risiken und Nachteile auf. Beispielsweise besteht die Gefahr, dass man die besten externen Spezialisten verliert, wenn man zu sehr an den Tagessätzen dreht. Zu harte Verhandlungen bei bestehenden Verträgen bergen etwa die Gefahr, dass die Partnerschaft leidet und der Lieferant in Zukunft nicht mehr die besten Leute aufbietet. Schließlich entsteht beim Verschieben von neuen Projekten ohne korrekte Priorisierung ein Nachfrageüberhang, den man lediglich auf das nächste Jahr verschiebt. Da gerade in Krisen in der Regel neue Regulatorien geschaffen werden, welche auch wieder zur Umsetzung IT-Investitionen benötigen, kann dies eine sehr doppelschneidige Maßnahme sein.

Deshalb packen wir das Kostenmanagement ganzheitlich an und arbeiten an sehr vielen Maßnahmen, welche auf den ersten Blick nicht direkt damit assoziiert werden. Verbindliche IT-Architekturrichtlinien tragen dazu bei, unser Anwendungs- und Technologieportfolio so kostengünstig wie möglich zu gestalten. Beispielsweise sind wir dabei, sehr pragmatisch eine serviceorientierte Architektur einzuführen. Diese Maßnahme brauchen eine gewisse Anfangsinvestition, da der Nutzen einer sauberen Architektur in der Regel mit einer Verzögerung eintritt. Zuerst muss eine gewisse Basis an Funktionen geschaffen werden.

Auf der Infrastrukturseite setzen wir auf konsequente Standardisierung und Konsolidierung. Wir pflegen ein sehr enges Technologieportfolio und verwenden konsequent Virtualisierungstechnologien. Stetiges „Life-Cycle-Management" hilft ebenfalls, die Kosten tiefer zu halten. Beim „Life-Cycle-Management" gibt es ein Optimum, will heißen, man kann zu viel oder zu wenig davon tun. Ein großes, jedoch oft verkanntes Potential liegt in der Reduktion der „Fehlerkosten". Je später man die Fehler in der Projektphase findet, desto teurer ist deren Behebung. Diese allgemein bekannte Weisheit wird aus meiner Sicht in der Praxis aber noch viel zu wenig ausgeschöpft. Ein wesentlicher Grund dafür liegt wohl darin, dass man zuerst hohe Investitionen tätigen muss und danach die Ursachen-Wirkungs-Zusammenhänge schwierig zu beweisen sind. Wir haben in den letzten zwei Jahren sehr viele Prozesse optimiert, um die Qualität der Anwendungen und Services signifikant zu erhöhen. So wurde beispielsweise ein neues Projektvorgehen eingeführt und selektive Betriebsprozesse in Anlehnung an ITIL optimiert.

Solche Maßnahmen hätten wir nie im Jahr 2009 starten und durchführen können. Wir haben diese Vorhaben in den „guten Zeiten" getrieben, um für schlechtere Zeiten fit zu sein. Obwohl es nicht trivial ist, die Fehlerkosten direkt zu messen, sehen wir eine erste Reduktion bei gewissen Kostenträgern infolge erhöhter Qualität. In der IT spielen Skaleneffekte. Durch die drei Bankenzukäufe in den letzten drei Jahren konnten wir unsere Geschäftsvolumen signifikant steigern – bei vergleichsweise gleichbleibender IT-Größe. In früheren Jahren waren wir stets im hinteren Mittelfeld bei Benchmarkingvergleichen, nun gehören wir in der Regel ins erste Quartil.

Fazit

Das Kostenmanagement ist eine wichtige Aufgabe eines jeden CIO – egal welche Rolle die IT im jeweiligen Unternehmen spielt. IT-Kostenmanagement hilft bei der Beantwortung der Frage, ob die Kosten und Leistungen im richtigen Verhältnis zueinander stehen. Gerade in Zeiten des wirtschaftlichen Abschwungs ist das Thema en vogue. Da die meisten CIOs in den letzten Jahren stetig die Kostenbasis verbessert haben, existieren heute in der Regel nicht mehr allzu viele einfach erreichbare Ziele oder zu Neudeutsch: „low hanging fruits".

CIOs müssen konstant an der Kostenbasis und - struktur arbeiten, um im Ernstfall überhaupt Handlungsoptionen zu haben. Kurzfristige unkoordinierte Maßnahmen wie das Streichen von Projekten, welche die Existenz des Unternehmens nicht gefährden, führen in der Regel dazu, dass die IT-Effizienz über die Zeit abnimmt. Kostensenkungen sind schließlich immer in Relation zu tatsächlich benötigten IT-Serviceleistungen und Infrastruktur-Ressourcen zu sehen. Nicht Kostensenkung um jeden Preis, sondern eine nachhaltige Effizienzsteigerung sollte das eigentliche Ziel von Kostenmanagement-Maßnahmen sein.

Ein passives Kostenmanagement ist keine Option. IT-Kosten steigen unaufhaltsam, falls Sie nichts dagegen unternehmen. Sie müssen die Kostenstruktur kennen, die Hebel verstehen sowie einen Katalog von griffigen Maßnahmen stetig vorantreiben. Das größte Kosteneinsparpotential liegt jedoch außerhalb der IT: es befindet sich in der Harmonisierung der Geschäftsanforderungen und der -prozesse. Die meisten Unternehmen verfügen über redundante IT-Systeme, weil auf der Fachbereichsseite keine harmonisierten Prozesse verwendet werden. Innerhalb der IT gibt es auch genügend Standardisierungspotential. Eine Zentralisierung der IT-Einheiten hilft, um die Kosten im Griff zu haben. Es besteht jedoch die Gefahr, dass die „Innovationskraft“ durch die fehlende Nähe zu den Fachbereichen verloren geht. Das Senken der Betriebskosten durch Qualitätsmanagement ist vielversprechend, aber zeitaufwändig.

Zusammenfassend ist zu sagen, dass es kein Patentrezept gibt, denn jedes Unternehmen ist anders. Ich hoffe aber in diesem Beitrag einige Ansatzpunkte dargelegt zu haben, wie man die IT-Kosten professionell steuern kann. Falls Sie noch kein ganzheitliches IT-Kostenmanagement betreiben, sollten Sie nun damit beginnen, um in der nächsten Krise aus der Stärke handeln zu können.

2.2.3 Internes IT-Marketing. Praxis bei der PostFinance

Jörg Baumann. PostFinance

Verglichen mit einem Auto, kann die Informatik im Unternehmen als Motor angesehen werden. Die Anforderungen an einen Motor sind naheliegend: Zuverlässig, umweltfreundlich, leistungsfähig und wirtschaftlich muss er sein. Dieselben Anforderungen stellen die Fachbereiche auch an ihren internen IT-Dienstleister. Die Erfüllung dieser Anforderungen in Relation zu den anfallenden Kosten ergibt – plakativ ausgedrückt – die Zufriedenheit des internen Auftraggebers. Beim Auto, um bei der Metapher zu bleiben, heben die Fahrer oft den Mehrwert hervor, der ihnen dank der Nutzung des Fahrzeugs widerfährt: Zeitersparnis und Flexibilität zum Beispiel. Nicht so bei der Informatik. In der Diskussion mit dem Auftraggeber dominiert das gewichtige Thema „Kosten". Selten stehen Nutzenbetrachtungen im Vordergrund.

Dieser Beitrag zeigt auf, weshalb und wie die Informatik von PostFinance ein internes IT-Marketing betreibt und damit auf der einen Seite einen Beitrag zu Stärkung der Partnerschaft zwischen Fachbereich und IT leistet und auf der anderen Seite die kulturelle Entwicklung der Informatik-Abteilung aktiv unterstützt.

Einleitung ins Thema

Der Stellenwert der Informatik innerhalb eines Unternehmens veränderte sich in den letzten Jahren erheblich. Von der zahlenverarbeitenden Unterstützungsfunktion in der Buchhaltungsabteilung („EDV"), hin zur Mehrwert schaffenden und damit Wettbewerb beeinflussenden Disziplin. In alle Branchen, über den gesamten Wertschöpfungsprozess hinweg, sind mittlerweile informationsverarbeitende Technologien im Einsatz, um die Wettbewerbsfähigkeit der Unternehmen sicher zu stellen.

Fremd- und Eigenbild der Informatik

Stellen Sie sich vor, Sie erhalten den Auftrag, ein kurzes, in Worte gefasstes Bild Ihrer Informatik Abteilung zu erstellen. Was würden Sie festhalten? Den Willen (und das Können) im Projektgeschäft stets Qualität, Termine und Kosten einzuhalten? Im Betrieb auf Ausfallsicherheit und Stabilität zu achten? Keine Gelegenheit zu versäumen, Kosten einzusparen? Würden Sie die Motivation und Veränderungsbereitschaft Ihrer Mitarbeitenden erwähnen? Den Einsatz moderner und doch bewährter Technologien propagieren? Die kontinuierliche Pflege der Informatiklandschaft und die Umsetzung von Sicherheitsanforderungen unterstreichen? Oder gar auf den „Green-IT"-Ansatz zu sprechen kommen, mit dem Sie die

Umwelt nachhaltig schonen wollen? Ich bin sicher, dass Sie aus vorangehender Aufzählung einige Aspekte erwähnen würden – zu Recht wie ich meine.

Wir wissen aber, dass Eigen- und Fremdbild häufig divergieren. Woran liegt es, dass die Informatik oft unter ihrem Wert geschlagen wird? Auf vier zentrale Beobachtungen zusammengefasst, begründe ich aus meiner Sicht den oft deutlichen Unterschied zwischen Eigen- und Fremdbild und wie die Informatik positive Akzente setzt:

- Das atemberaubende Tempo, mit dem sich die Informationstechnologie entwickelt, beeinflusst die Schnittstelle zwischen den Fachbereichen und der Informatik. Von außen betrachtet erscheint die Informatik für Auftraggeber und Anwender in erster Linie komplex, teuer und intransparent. Die Informatik läuft deshalb Gefahr, auf die Themenbereiche „Verfügbarkeit der Services" und „Kosten" reduziert zu werden. Dass die Informatik Projekte abwickelt, für einen stabilen Betrieb zu sorgen und die dazu notwenige Technologie zu beherrschen hat, ist für die Kunden selbstverständlich und wird schlicht erwartet. Obwohl die Informatik viele tolle Dinge tut – den Kunden interessiert dies nur bedingt! Für die Informatik lohnt es sich deshalb, die Diskussion vermehrt auf den Nutzen ihrer Arbeiten zu lenken. Eine Kostendebatte ist letzten Endes zielführender zu bewerkstelligen, wenn sich die Parteien über den Mehrwert (oder Minderwert) des Diskussionsobjekts einig sind.
- Die Voraussetzung, sich inhaltlich zu verstehen, ist, eine gemeinsame Sprache zu sprechen. Jeder Berufsstand bedient sich spezieller Ausdrücke und Phrasen. Über die Zeit entwickelt sich so eine Fachsprache, die für Außenstehende nur schwer zu verstehen ist. Nicht nur die Fachsprache differenziert. Auch sprechen Berufsbilder unterschiedliche Charaktere an. Während ein Verkäufer aufgeschlossen und kommunikativ in Erscheinung tritt, wird der Informatiker eher als verschlossen und strukturiert wahrgenommen. Kurz: Eher extrovertierte, weniger technikaffine Fachbereiche treffen auf introvertierte „Kollegen", die sich einer hochspezialisierten Fachsprache bedienen. Gemeinsam haben sie den Auftrag, das Unternehmen in eine erfolgreiche Zukunft zu führen, verstehen einander inhaltlich aber nur bedingt. Der Einsatz dezidierter Ansprechpersonen als Brücken- respektive Übersetzungsfunktion zwischen Fach und Informatik trägt diesem Umstand Rechnung.
- Unternehmen richten sich auf die Bedürfnisse ihrer Kunden aus. Der Aufbau und die Pflege von Kundenbeziehungen ist das A und O. Im Dialog zwischen Kunden und Lieferanten entsteht Transparenz. Transparenz fördert das Vertrauen. Diese einleuchtenden Prinzipien sind auch auf die Beziehungsebene zwischen Fachbereich und Informatik anwendbar. Mit den richtigen Skills lassen sich interne Kundenbeziehungen etablieren und Vertrauensverhältnisse zur Festigung langfristiger Partnerschaften aufbauen.

- Die Informationstechnologie ist aus dem Alltag nicht mehr wegzudenken. Computerunterstützte oder computeroptimierte Dienstleistungen sind allgegenwärtig. Der im Privatleben selbstverständliche Umgang mit Technologien weckt die nachvollziehbare Erwartungshaltung, die Technik im geschäftlichen Umfeld ähnlich einfach einsetzen und nutzen zu können. Entsprechend anspruchsvoll erweist sich die Kommunikation, dass der Technologieeinsatz im Unternehmen weit komplexeren Anforderungen gerecht werden muss, als eine einfache Heiminstallation und damit auch um Faktoren teurer ist. Die Informatik muss Wege finden, ihre Zielgruppen verständlich, zeitgerecht und in einem sinnvollen Umfang zu erreichen. Nicht nur der Inhalt, auch die Auswahl der Kommunikationsmedien- und kanäle (E-Mail, Intranet, Newsletter etc.) spielen dabei eine nicht unwesentliche Rolle.

Entscheid für den Aufbau eines internen IT-Marketings

Mit der oben skizzierten Ausgangslage (kostenfokussierte Diskussionen, keine gemeinsame Sprache, ad hoc Kundenkontakte und Mankos in der Kommunikation) sah sich die Informatik PostFinance konfrontiert, als sie im Frühjahr 2006 das Reorganisationsprojekt „IT goes Business" startete. Die strukturierte Befragung ausgewählter Schlüsselpersonen bezüglich ihrer Wunschvorstellungen an die neue Informatikorganisation ergab, dass sich die Fachbereiche eine verständlichere und zugänglichere IT wünschten. Dieses Bedürfnis war der Ausgangspunkt einer auf den Auftraggeber ausgerichteten Organisationsstruktur und damit der erste Schritt zur bewussten Annäherung der IT-Organisation ans Geschäft bzw. an die Fachbereiche.

Um den Willen zum Aufbau einer marktorientierten IT zu unterstreichen, entschied sich das Leitungsgremium, der internen Vermarktung der Informatik einen hohen Stellenwert beizumessen. So entstand die Idee, eine neue Disziplin ins Leben zu rufen: Das interne IT-Marketing. In Anlehnung an das Aufgabenspektrum bekannter Marketingdisziplinen, hat das interne IT-Marketing für die positive Positionierung der gesamten Informatik im Unternehmen zu sorgen. Die Gründung einer, mit diesem Auftrag ausgestatteten Abteilung unterstrich die Wichtigkeit dieses Anliegens.

Die neu geschaffene Abteilung „Informatik Marketing und Verkauf" nahm sich schließlich folgender drei Handlungsfelder an: Der „Kundenbetreuung", der „Kommunikation" und dem „Service Level Management". Im Vordergrund stand ein pragmatisches Vorgehen, um möglichst rasch operativ Fuß fassen zu können: Pro Handlungsfeld eine konkrete Zielsetzung (vgl. Abbildung 34).

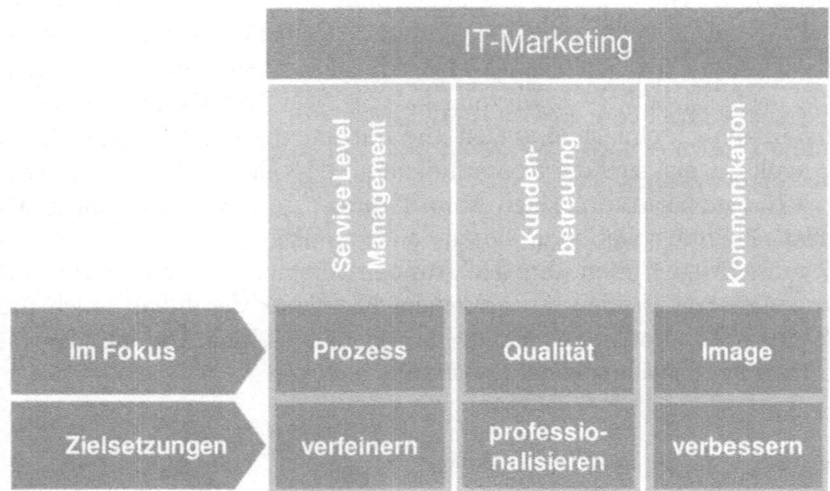

Abbildung 34: Aufgabengebiete des internen IT-Marketings

Die Disziplinen Kundenbetreuung und Kommunikation waren vor der Gründung der IT-Marketing-Abteilung innerhalb der Informatik nicht existent. Natürlich pflegte die IT ihre internen Kontakte. Doch geschah dies sehr individuell und unkoordiniert. Nur wenige IT-Bereiche unterhielten bereits einen regelmäßigen Kontakt mit ihren Kunden. Meist steuerten Exceptions im Projektmanagement oder im Betrieb die Kontaktaufnahme.

Mit einer Professionalisierung der Kundenbetreuung verspricht sich die Informatik, ihre Kunden besser kennen zu lernen, ihre Bedürfnisse zu verstehen und damit die Akzeptanz der Informatik zu erhöhen.

Die Zielsetzung des Handlungsfelds Kommunikation lautete, das Image der Informatik zu verbessern. Hierbei geht es aber nicht darum, schlechte Leistungen durch Kommunikationsmaßnahmen schön zu färben. Vielmehr soll durch den professionellen Einsatz von Kommunikationsmittel und -maßnahmen die Mitarbeiterbindung erhöht, das Vertrauen in die Informatik gestärkt und gewünschte Verhaltens- und Richtungsänderungen gestützt werden.

Im Bereich Service Level Management stand initial der Prozess im Vordergrund. Die Anforderungen der Fachbereiche bezüglich Transparenz und Nachvollziehbarkeit der Service Level Agreements galt es umzusetzen. Der bestehende Prozess genügte den Bedürfnissen der Auftraggeber nicht und erfuhr eine komplette Überarbeitung. Künftig wird der Service Level Management-Prozess Bestandteil der unternehmensweiten Finanz- und Leistungsführung sein. Dem Produktmanager auf Fachbereichsseite wird dadurch ermöglicht, die von ihm benötigten Leistungen in Form von transparenten End-to-End-Services bei der IT einzukaufen.

Theoretische Grundlagen, die für den Aufbau des internen IT-Marketings zu Rate gezogen werden konnten, gab es nur spärlich. Wir beschlossen deshalb, uns das notwendige Wissen in Form zweier Diplomarbeiten anzueignen. Die eine Arbeit thematisierte die Fragestellungen des internen Marketings bezogen auf die Anwendbarkeit innerhalb der IT. Der Autor setzte sich eingehend mit bekannten marketing-theoretischen Aspekten auseinander. Schlussfolgernd unterstreicht das Werk die Richtigkeit der Disziplinenwahl (Kundenbetreuung, Kommunikation und Service Level Management) im Kontext des IT-Marketings und dass die Verwendung des Begriffs IT-Marketing als korrekt bezeichnet werden darf. Die zweite Arbeit fokussierte die praktische Umsetzung des IT-Marketings und kam zum Schluss, dass IT-Marketing für eine Informatik-Abteilung nur dann Sinn stiftet, wenn die Informatik Strategie eine konsequente Ausrichtung auf die interne Kundschaft propagiert und die Informatik als Fachbereichs-Partner und nicht als reiner Leistungserbringer angesehen werden soll. Außerdem rechtfertige die Größe der Informatik bei PostFinance den Aufbau einer dedizierten IT-Marketing Abteilung. Der Autor kam aber auch zum Schluss, dass kleinere IT-Einheiten ebenso von diesen Ideen profitieren können, indem sie rollenbasiert Marketing-Aktivitäten lancieren, sei es in der Kommunikation oder in der Kundenbetreuung.

IT-Marketing – Vision, Mission und Zielgruppen

Die Gründung einer Marketing Abteilung innerhalb der Informatik stieß bei den Fachabteilungen anfänglich auf Unverständnis. „Wozu braucht eine Informatik-Abteilung ein eigenes Marketing? Im Unternehmen existieren ja bereits solche Einheiten!" Mit einer klaren Definition gelang es, die Missverständnisse auszuräumen:

Die Abteilung „Informatik Marketing und Verkauf" verantwortet/betreut die Schnittstelle zwischen den internen Kunden und der Informatik. Im Wesentlichen beruht das Leistungsportfolio auf drei Säulen: „Kundenbetreuung", „Kommunikation" und „Service Level Management". Fachlich führt die Abteilung die Disziplinen Kundenbetreuung und Service Level Management (Prozessverantwortung). Die Umsetzung erfolgt über die Linienorganisation (Matrix). Die Kommunikation richtet sich sowohl an Zielgruppen außerhalb wie innerhalb der Informatik und versteht sich als Kompetenzzentrum.

Die Vision und ein Mission-Statement geben dabei die Richtung vor.

Vision: Die Abteilung IT-Marketing entwickelt und etabliert IT-Marketing-Disziplinen in der Informatik PostFinance.

Mission: Die Abteilung IT-Marketing,

- professionalisiert das Kundenbeziehungs-Management der Informatik PostFinance, misst, pflegt und entwickelt dieses weiter und

- verstärkt und professionalisiert die interne Kommunikation der Informatik zu ihren Mitarbeitenden und Kunden, prägt und gestaltet die Informatik-Kultur mit und beeinflusst gezielt die Arbeitgeberattraktivität im Bereich Informatik sowie
- verantwortet den Weiteraufbau, die Pflege und die weitere Festlegung des Service Level Management-Prozesses.

Aus der Vision geht hervor, dass sich das IT-Marketing nach wie vor in einer Pionierphase befindet und kontinuierlich an der Ausgestaltung des Leistungsportfolios arbeitet. Zur Fokussierung schließlich dient das letzte strukturgebende Element: Die Definition der Zielgruppen. Zuerst muss die Frage beantworten werden, für wen die Marketing Leistungen – welche später in diesem Beitrag noch genauer erläutert werden – zu erbringen sind, bevor sich Überlegungen über die Ausgestaltung des Leistungsangebots anstellen lassen (vgl. Abbildung 35).

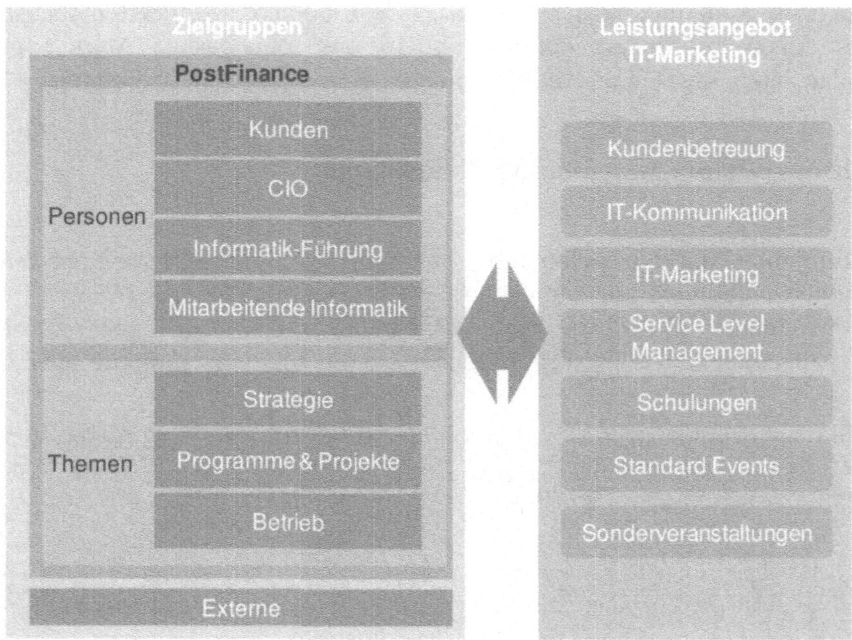

Abbildung 35: Leistungsangebot IT-Marketing

Ein solch positioniertes internes IT-Marketing verfolgt

- die Förderung des Business-/IT Alignment,
- die Förderung der Akzeptanz und die Verbesserung des Images der Informatik,
- die Steigerung der Arbeitgeberattraktivität sowie

- die Sicherstellung der Transparenz für die Auftraggeber in kommunikativer und finanzieller Hinsicht.

Organisatorische Maßnahmen in Richtung internes IT-Marketing

Der Absichtserklärung, die Informatik konsequenter auf ihre Kunden auszurichten und somit einem expliziten Kundenbedürfnis Folge zu leisten, folgte die inhaltliche Verankerung dieses Entscheids in der Informatik Strategie. Mit deren Freigabe begannen die organisatorischen Umsetzungsarbeiten, welche im Folgenden beschrieben werden:

a) Verankerung des IT-Marketings in der IT-Strategie

Im Zuge der Projektarbeit „IT goes Business" ist die Informatik-Strategie um den Aspekt IT-Marketing erweitert worden. Dabei wurden für das IT-Marketing folgende Zielsetzung und daraus abgeleitete Stoßrichtungen festgelegt

Zielsetzung „IT-Marketing":

Die PostFinance-Informatik wird sowohl bei den internen Kundinnen und Kunden, wie auch bei den Mitarbeiterinnen und Mitarbeitern positiv wahrgenommen. Sie schätzen den Mehrwert, den die PostFinance-Informatik erarbeitet, als wertvoll und angemessen ein.

Stoßrichtungen des „IT-Marketings":

Die PostFinance-Informatik betreut ihre Kundinnen und Kunden aktiv.

Die PostFinance-Informatik versorgt ihre Kundinnen und Kunden regelmäßig mit gezielten, verständlichen und ansprechenden Informationen über Aktivitäten und Arbeitsresultate.

Sämtliche von der PostFinance-Informatik angebotenen Leistungen sind in einem einfach zugänglichen, aus der Kundenperspektive geschriebenen Katalog abgebildet.

Beruhend auf dieser strategischen Zielsetzung begannen die konzeptionellen Aufbauarbeiten.

Exkurs: Von der Unternehmensstrategie zur IT-Strategie

Aus der Unternehmensstrategie leitet die Informatik ihren Auftrag ab. Dieser besteht aus einer einstelligen Anzahl, nach der Balanced Scorecard-Methodik strukturierten Maßnahmen (in Abbildung 36 mit Auftrag 1 bis 6 dargestellt).

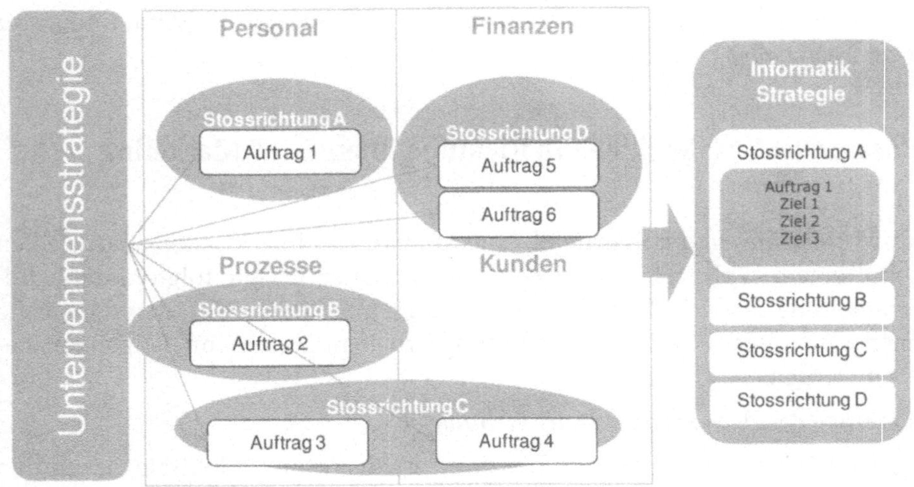

Abbildung 36: Von der Unternehmensstrategie zur Informatik-Strategie

Eine erfolgreiche Strategie ist einfach zu kommunizieren und wird von allen Mitarbeitenden verstanden. Die zentralen Elemente für die Kommunikation der Informatik-Strategie sind die priorisierten strategischen Stoßrichtungen (vgl. Abbildung 36, Stoßrichtung A). Innerhalb der einzelnen Stoßrichtungen erfolgen die konkreten Zieldefinitionen (Ziel 1-3) sowie die Steuerung der Zielerreichung. Die Summe aller strategischen Stoßrichtungen ergibt die Informatik-Strategie von PostFinance.

Im aktuellen Auftragsverständnis sind unter anderem folgende, für das IT-Marketing grundlegende Aussagen zu finden:

- Wert und Nutzen der IT erkennen und kommunizieren
- Vollständiger IT-Service den internen Kunden anbieten
- Den flexiblen Ressourceneinsatz strukturiert fördern

Die ersten beiden Aussagen sind selbstsprechend. Der Auftrag an das IT-Marketing lässt sich einfach ableiten. Unter anderem sind Maßnahmen in der Kommunikation, im Bereich der Service Dekomposition und der Kundenbetreuung zu leisten.

Bei der dritten Aussage geht es um die Abdeckung von internen Ressourcenengpässen durch flexibel, über Organisationseinheitsgrenzen hinweg einsetzbare Mitarbeitende. Während die Linien für technische und organisatorische Voraussetzungen zu sorgen haben, unterstützt das IT-Marketing beim Entstehen einer neuen Abteilungskultur. Durch Kommunikationsmaßnahmen gefördert, soll über die Zeit ein neues Arbeitsverständnis entstehen.

Außerdem ist die Kommunikation der Informatik-Strategie als Ganzes ebenfalls Aufgabe des IT-Marketings. Gemeinsam mit dem IT-Strategen werden entsprechende Maßnahmen zur inhaltlichen Vermittlung konzipiert und umgesetzt.

b) Verankerung des IT-Marketings in der Organisation

Die Leitung der Informatik entschied sich, basierend auf der zentralen Bedeutung der identifizierten Handlungsfelder des IT-Marketings diese in einer dedizierten Organisationseinheit zusammen zu fassen und dem Leiter der Informatik direkt zu unterstellen. Der Leiter des IT-Marketings ist gleichberechtigtes Mitglied der Informatik-Führung und damit Mitglied der erweiterten Geschäftsleitung von PostFinance.

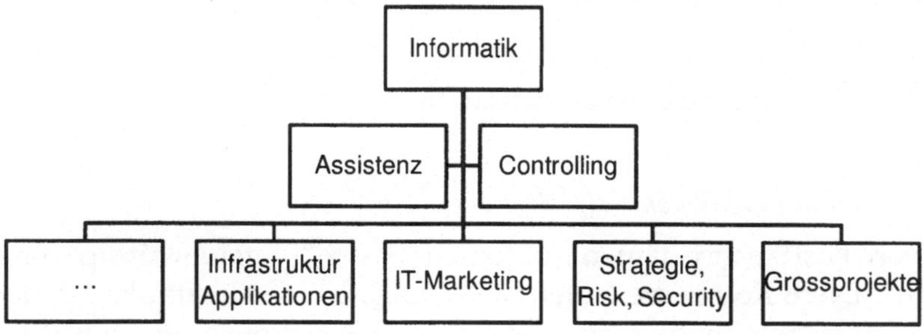

Abbildung 37: Organigramm PostFinance-Informatik

Die Abteilung IT-Marketing besteht seit ihrer Gründung aus einem Team ohne Unterstrukturen. Die drei Aufgabenbereiche werden zurzeit von Leadpersonen fachlich geführt. Die personelle Leitung obliegt dem Leiter IT-Marketing.

Die Teamgrösse variiert je nach Anzahl Praktikanten, Lernenden oder externen Kräften zwischen sechs und elf Personen, abhängig vom Arbeitsvolumen. Bei der Disziplin „Kommunikation" versteht sich die Abteilung IT-Marketing als Kompetenzzentrum für die ganze Informatik, fachlich der Unternehmenskommunikation von PostFinance unterstellt. Die Leitung der Unternehmenskommunikation von PostFinance und der Leiter IT-Marketing pflegen einen regelmäßigen Austausch.

Bei den Disziplinen „Kundenbetreuung" und „Service Level Management" obliegt dem IT-Marketing die Prozessverantwortung. Die Koordination, die Kontrolle und die Messung des Aufgabenportfolios erfolgt demnach zentral. Die auf Kunden fokussierten Abteilungen unterstützen dezentral mit zugewiesenen Rollen oder Funktionen (vgl. Abbildung 38). So erfolgt die eigentliche Kundenbetreuung also in den Linienorganisationen, während die IT-Marketing-Abteilung zentral für den organisatorischen Rahmen und dessen Pflege zuständig ist.

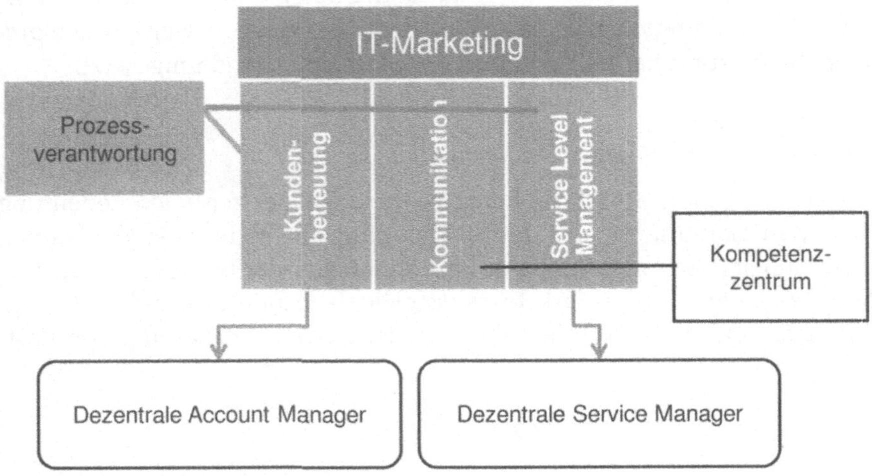

Abbildung 38: Zentrale und dezentrale Organisation

c) Festlegen von Rollen und Funktionen

Die Kernwerte von PostFinance lauten „unternehmerisch", „glaubwürdig" und „partnerschaftlich". Diese Kernwerte halfen maßgeblich bei der Identifikation der für ein internes IT-Marketing notwendigen Rollen und Funktionen, sowie bei der Rekrutierung des geeigneten Personals.

Die Informatik PostFinance beschäftigte zum Zeitpunkt der Gründung der IT-Marketing-Abteilung rund 550 interne und 150 externe Mitarbeitende. Anfänglich formierte sich das Team aus lauter internen Mitarbeitenden, die sich entweder für das Thema interessierten oder aber sich aufgrund ihrer bisherigen Tätigkeit nach der Reorganisation thematisch im Marketing wieder fanden.

Die detaillierte Ausarbeitung der Rollen- und Funktionsbeschreibungen zeigte auf, dass der Auftrag des IT-Marketings längerfristig nur mit spezialisierten Fachkräften umzusetzen ist. Um dem Kernwert „glaubwürdig" gerecht zu werden, galt es also entweder bestehende Mitarbeitende weiter zu entwickeln oder aber Fachpersonal anzustellen. Gerade in einer IT-fremden Disziplin wie der Kommunikation ist es wichtig, mit Profis zu arbeiten. Umgeschulte Informatiker werden intern immer einen schwereren Stand haben, neue Disziplinen zu vertreten. Da haben es neue Kräfte von außen zumindest fachlich einfacher.

Die Disziplin internes IT-Marketing setzt heute auf verschiedene Rollen und Funktionen, die sowohl zentral wie auch dezentral für das Thema arbeiten.

- *Leiter Kundenbetreuung*
  Die Funktion Leiter Kundenbetreuung sorgt für die Umsetzung des Kundenbetreuungskonzepts der Informatik. Fachlich führt er die dezentralen Account Manager, Service Manager und den SLA-Koordinator.
- *Account Manager*
  Die Rolle des Account Managers wird aktuell durch Mitglieder der Informatikführung wahrgenommen. Nach dem Prinzip „Peers betreuen Peers" pflegt der CIO im Kontext der Kundenbetreuung den regelmäßigen Austausch mit seinen Kolleginnen und Kollegen der Geschäftsleitung von PostFinance. Die dem CIO unterstellten Abteilungsleiter wiederum betreuen auf Stufe der erweiterten Geschäftsleitung ihnen thematisch zugewiesene Abteilungsleiter der Fach- und Geschäftsbereiche.
- *IT-Kommunikator*
  Der IT-Kommunikator leitet das Kompetenzcenter IT-Kommunikation. Der Funktion obliegt die fachliche Führung aller Kommunikationsvorhaben innerhalb der Informatik in Absprache mit den Kommunikationsverantwortlichen des Unternehmens.
- *Event Manager*
  Anlässe sind beliebte Möglichkeiten, Informationen zu verbreiten und Networking zu fördern. Die Größe des Informatikbereichs der PostFinance sowie die Vielzahl jährlich durchgeführter Anlässe rechtfertigten die Schaffung einer dedizierten Stelle und damit der Konzentration des Know-how. Der Event Manager verantwortet die Organisation und Durchführung unterschiedlichster Anlässe, von Schulungsveranstaltungen bis hin zu Großanlässen der gesamten Belegschaft der Informatik.
- *Mediamatiker*
  Die IT-Marketing-Abteilung verfolgt das Ziel, das noch junge Berufsbild des Mediamatikers[10] zu fördern. Als Pool organisiert, verantworten die Lernenden die Pflege und den Betrieb des Intranets der Informatik. Außerdem unterstützen sie mit ihren speziellen Fähigkeiten bei der Erstellung von grafischen Erzeugnissen, Audio- und Video-Produktionen. Außerdem beraten sie die Anwendung neuer Technologien (mobil, WEB2.0 etc.)
- *Service Manager*
  Die Funktion Service Manager ist das Bindeglied zwischen Produktmanagement und Informatik. Der Service Manager kennt die von der IT für seine Kundengruppe erbrachten Leistungen im Detail, über die ganze Wertschöpfungskette hinweg. Er berät den Produktmanager des Fachbereichs in finanzieller und fachlicher Hinsicht. IT-intern sorgt er für die SLA-konforme Leistungserbringung und ist verantwortlich für die Service-Gestaltung.

10 http://de.wikipedia.org/wiki/Mediamatiker

- *SLA-Koordinator*
  Die Funktion SLA-Koordinator ist als Prozessverantwortliche zuständig für die Erstellung der Service Level Agreements. Sie unterstützt die Linienorganisationen in der Ausarbeitung der Vertragswerke und steht den Service und Account Managern beratend zur Verfügung. Der SLA-Koordinator ist außerdem das Bindeglied zum Finanz- und Leistungsführungsprozess.

d) Einbettung in die IT-Governance

Als typische Querschnittsfunktion ist das IT-Marketing innerhalb der Organisation breit abzustützen. Mit der Visibilität im Organigramm ist ein wichtiger Schritt gemacht. Durch die Erweiterung der IT-Governance erreicht die Informatik eine weitere Verankerung des Marketing-Denkens.

Die Informatik PostFinance kennt die üblichen drei Führungsebenen: Die strategische, die taktische und die operative. Innerhalb dieser Ebenen positionieren sich die Führungsgremien. Auf oberster strategischer Ebene befindet sich der Geschäftsleitungsausschuss Informatik, der sich zu gleichen Teilen aus Mitgliedern der Geschäftsleitung PostFinance und Führungsmitgliedern der Informatik zusammensetzt. Ebenfalls dieser Ebene zugeordnet sind die Führungs- und Steuerungsgefässe der Informatik-Leitung.

Zur Entlastung der strategischen Ebene setzt die IT-Governance von PostFinance auf der taktischen Ebene sogenannte Gremien ein. Diese vorwiegend aus Führungskräften aller Informatik-Abteilungen zusammengestellten Kommissionen werden durch Führungspersonen der Informatik geleitet und adressieren alle für die Lenkung der Informatik wichtigen Themen.

Wie aus Abbildung 39 ersichtlich, besitzt auch die Disziplin IT-Marketing ein dediziertes Führungsgefäss auf dieser Stufe (IT-K Marketing). So wird die breite Abstützung des Themas innerhalb der Organisation sichergestellt und verhindert die Entstehung des Elfenbeinturm-Effekts.

Die Kommissionen ihrerseits werden unterstützt durch sogenannte Operative Prozess-Führungsgremien. Geführt vom Prozess Manager konstituieren sich diese selbst und sorgen für die Umsetzung der taktischen Vorgaben.

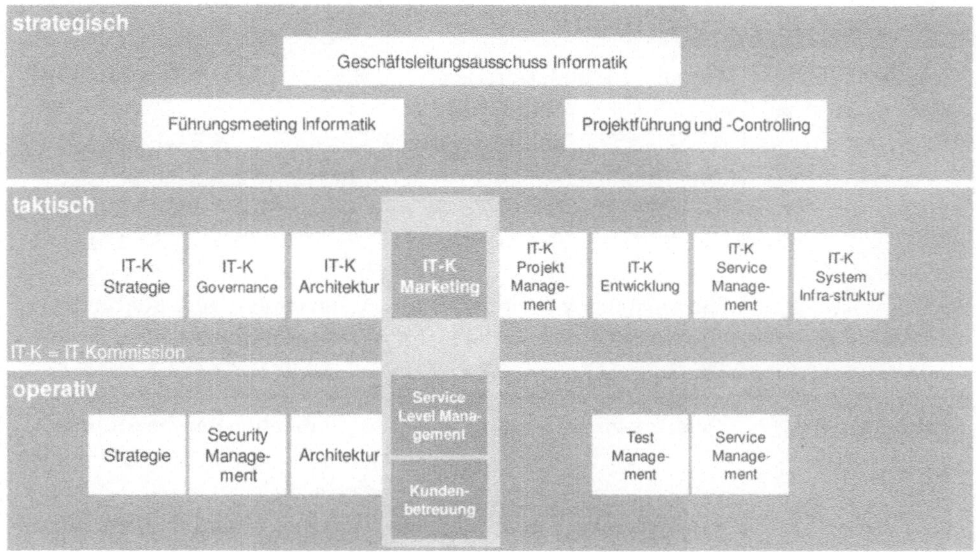

Abbildung 39: Verankerung des Themas IT-Marketing in der IT-Governance

e) Schaffung einer Kommission IT-Marketing

Die IT-Kommission IT-Marketing tagt jeden zweiten Monat. Zur Strukturierung ihres Aufgabengebiets konzentriert sich die Kommission, neben aktuellen Themen aus dem Tagesgeschäft, auf die Führung eines Sets von Arbeitsresultaten.

Die meisten Mitglieder der Kommission verantworten gemäß ihrem Aufgabenbereich ein oder mehrere der nachfolgenden Tabelle gelisteten Arbeitsresultate. Typischerweise fällt die Mehrzahl der Aufgaben auf die Prozess-Owner und Prozess-Manager der drei Handlungsfelder, die organisatorisch der Abteilung IT-Marketing zugehören. Aber auch Vertreter anderer Organisationseinheiten übernehmen die Verantwortung für einzelne Arbeitsresultate. So liegt die Führung der Themen „Accountpläne" und „Projektmarketing" bewusst bei Vertretern operativer Abteilungen, um möglichst praxisnahe Resultate entstehen zu lassen.

In einem Rahmen gebenden, von der Informatik-Führung verabschiedeten Dokument, sind die Aufgaben, die Verantwortungen und die Kompetenzen der Kommission geregelt. Innerhalb dieser Vorgaben entscheidet die Kommission selbständig. Bei Aufgabenstellungen mit strategischer Relevanz oder weitreichenden Auswirkungen fungiert die Kommission als Entscheid vorbereitendes Gremium und erarbeitet Empfehlungen für die Informatik-Führung.

Handlungsfeld	Arbeitsresultat	Inhalt
Kundenbetreuung	Kundenbetreuungskonzept	Jährliche Überarbeitung und Freigabe
	Kundenbetreuungsprozess	Jährliche Überarbeitung und Freigabe
	Accountpläne	Jährliche Überarbeitung und Freigabe
	Eigenmarketing Informatik PostFinance	Maßnahmen, Durchführung, Erfolgskontrollen
	Kundenkommunikation	Inhalte
Kommunikation	Zielgruppen	Identifikation der Zielgruppen und Zuordnung von Kommunikationskanälen
	Kommunikationsplan	Laufende Planung der Kommunikation (Termine, Inhalte, Medien)
	Kommunikation IT-Führung	Regelmäßige Ausbildung der IT-Führungskräfte (fachlich, methodisch, sozial)
	Projektmarketing	Entwicklung der Methode und Begleitung der Anwendung
Service Level Management	SLA Koordination	Jährliche Überarbeitung und Freigabe der Funktionsbeschreibung
	Service Manager	Jährliche Überarbeitung und Freigabe der Funktionsbeschreibung
	Prozessdokumentation	Jährliche Überarbeitung und Freigabe der Service Level Definitionen, des Master SLA's sowie SLA-Templates
	Leistungskatalog Informatik PostFinance	Laufende Aktualisierung und Freigabe

Tabelle 1: Lieferergebnisse der ITK IT-Marketing

Jede Sitzung der Kommission wird protokolliert. Das Protokoll wird der Informatik-Führung als schriftliches Traktandum vorgelegt.

Leistungsangebot IT-Marketing

In der Aufbauphase einer neuen Abteilung ist Pragmatismus angesagt. Das Vorgehen ist oft unstrukturiert und pionierhaft. Nach Start und Steigflug lohnt es sich, über ein Ordnungssystem nachzudenken und dem evolutionär gewachsenen Leistungsportfolio eine Struktur zu verleihen.

Es wurde der Ansatz gewählt, als primäres Strukturierungsmerkmal nicht die Leistungen zu betrachten, sondern die Zielgruppen zu fokussieren und das Leistungsportfolio auf diese auszurichten. Aus der Abbildung 40 wird deutlich, dass die Zielgruppe „Kunden“, mit einer Ausnahme (Schulungen), vom gesamten Leistungsangebot des IT-Marketings profitieren kann. Auffallend ist außerdem, dass Kommunikations- und Marketingleistungen für alle Zielgruppen und –Themen angeboten werden, während sich die Leistungen im Umfeld der „Kundenbetreuung“ lediglich auf drei Zielgruppen konzentrieren (Kunden, CIO und IT-Führungskräfte [MDK]).

PostFinance

	Personen				Themen			
	Partner	CIO	MDK	MA	Strategie	Programme & Projekte	Betrieb	Extern
Standard Events	C		C	C	C	C		C
Schulungen			C	C	C			
Sonderveranstaltungen	C	C				C	C	C
Kommunikation	C	C	C	C	C	C	C	C
Marketing	C	C	C	C	C	C	C	C
Account Mgmnt	K	K	K					
SLM	S	S	S				S	

C = Kommunikation IT-Bereich gesamt | S = Service Level Management | K = Kommunikation IT-Betrieb

Abbildung 40: Leistungsangebot orientiert nach Zielgruppen – was für wen?

Eine Querschnittsfunktion wie das IT-Marketing muss besonders darauf achten, dass ihre Leistungen nachgefragt werden und somit (zahlende) Abnehmer haben. Die Nachfrage alleine sagt natürlich noch nichts über den erbrachten Mehrwert aus. Zumindest stehen hinter jeder erbrachten Leistung aber ein Auftraggeber sowie eine Zielgruppe. Diskussionen über Sinn und Zweck von IT-Marketing-Leistungen lassen sich so zielführend gestalten. In den folgenden Ausführungen finden Sie eine Auswahl von Leistungen des IT-Marketings nach Zielgruppen strukturiert.

Leistungsangebot für die internen Kunden als wichtigste Zielgruppe

Die Kundenbetreuung

Zielsetzung der Kundenbetreuungsaktivitäten ist die verstärkte Kundenbindung und die Förderung der gegenseitigen Akzeptanz. Die Ansprüche der internen Kunden steigen. Sie erwarten eine höhere Servicequalität zu tieferen Kosten. Sie wollen individuell behandelt werden und legen Wert auf eine schnelle und flexible Umsetzung ihrer Anforderungen und Wünsche.

Das Ziel der Informatik PostFinance ist, ihre Kunden bestmöglich zu betreuen, eine gute persönliche Beziehung aufzubauen und damit den besten Service zu erbringen. Durch eine strukturierte und professionelle Betreuung sollen insbesondere die Bedürfnisse der Kunden frühzeitig erkannt und entsprechende Maßnahmen abgeleitet werden. Zeitgerechte, offene und transparente Informationen fördern zudem die Vertrauensbildung.

Das Kundenbetreuungskonzept der Informatik, welches durch das IT-Marketing entwickelt wurde, sieht einen marktorientierten Aufbau basierend auf dem Account Management-Ansatz vor. Die Abteilung IT-Marketing ist verantwortlich für den gesamten Kundenbetreuungsprozess und hat für die konsequente Umsetzung zu sorgen, welche dezentral durch die Account und Service Manager erfolgt.

Die Informatik unterscheidet folgende Kundensegmente: „Key Accounts" (die wichtigste Kundengruppe mit Leistungsvereinbarungen), „Accounts" (Leistungsempfänger ohne direkte Leistungsvereinbarungen) sowie „potenzielle Acounts" (Kunden, die zurzeit wenige oder gar keine Leistungen von der Informatik beziehen). Ein besonderes Augenmerk fällt außerdem auf die Gruppe der Entscheidungsträger, insbesondere auf die Geschäftsleitung.

Die Kundenwertigkeit bestimmt die Besuchskadenz sowie den Inhalt der Gespräche. Die Kundenbesuche im Kontext der Kundenbetreuung sehen sich als Ergänzung zu den nach wie vor ad hoc oder regelmäßig durchgeführten Fachmeetings, motiviert durch Projektarbeit oder betriebliche Belange.

Während in Fachmeetings meist die Informatik oder Informatik-nahe Themen im Zentrum stehen, fokussiert das Account Meeting den Kunden und sein Umfeld gemäß Abbildung 41.

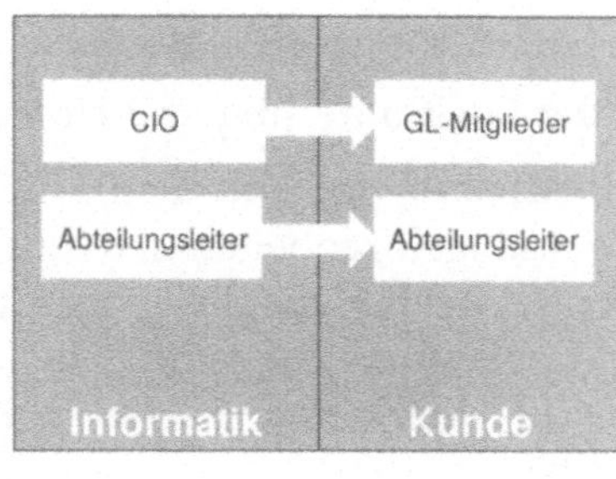

Abbildung 41: Grundsätze der Partnerbetreuung der Informatik PostFinance

In diesen Meetings macht sich die Informatik also ein Bild der aktuellen Situation ihres Partners aus dem Fachbereich. Dieser muss sich mit unterschiedlichsten externen Einflüssen auseinandersetzen: Veränderung der Märkte, Zielvorgaben des Unternehmens, Kundenreaktionen, Kostendruck und vieles mehr. Ziel muss sein, dass die Informatik in diesem Kontext als stützend und nicht als ver- oder behindernd wahrgenommen wird. Das Account Meeting dient also dazu, den Kunden in seinem Umfeld zu verstehen und die Informatik als Lösungsanbieter zu positionieren.

Die konsequente Kundenausrichtung der Informatik und der systematische Ansatz zur Gestaltung der Kundenbeziehungen verlangen bald den Einsatz unterstützender Tools. Sogenannte CRM-Plattformen gibt es einige. Auch PostFinance setzt auf diese mächtigen, aber auch kostspieligen Werkzeuge. Doch der Einsatz einer solchen Lösung macht für das IT-Marketing weder funktional noch aus finanzieller Sicht Sinn. Mit einem kleinen Budget wurde eine handliche und einfache Lösung, maßgeschneidert auf unser Kundenbetreuungskonzept entwickelt. So lassen sich in diesem Werkzeug die Meetings vorbereiten, das Protokoll der Sitzungen erstellen und die Pendenzen verwalten. Außerdem lässt sich der segmentierte Kundenstamm pflegen sowie Reports generieren.

Die Kundenzufriedenheitsumfrage

Jährlich wird die Kundenzufriedenheit mittels elektronischem Fragebogen erhoben. Repräsentanten möglichst aller Anspruchsgruppen (Entscheidungsträger, Produktmanager, Projektleiter, Fachdienste und Anwender) werden hierzu befragt. Der angeschriebenen Person wird überlassen, ob sie die Umfrage anonym ausfüllen will oder nicht. Die ausgewerteten Daten geben den Account und Service Managern wertvolle Hinweise für ihre bilateralen Kundengespräche. Ein an alle Teilnehmenden gerichteter elektronischer Newsletter mit den wichtigsten Erkenntnissen und Maßnahmen schließt die Umfrage ab.

Leistungsangebot der Positionierung und Unterstützung des CIO

Der CIO ist der Botschafter der Informatik. Ihn gilt es seitens IT-Marketings in allen Kommunikationsangelegenheiten aktiv zu unterstützen. Die interne Positionierung ist hier ebenso wichtig, wie die Unterstützung bei externen Auftritten. Die Positionierung des Chefs muss auf seine Persönlichkeit abgestimmt sein und authentisch wirken. Das IT-Marketing unterstützt bei der Erarbeitung von Vorträgen (Ghostwriting) und bei der inhaltlichen Beratung von internen und externen Auftritten.

Die Informatik-Abteilung von PostFinance ist relativ groß. Umso wichtiger ist es, dass der CIO die Nähe zu seinen Mitarbeitenden sucht. Möglichkeiten, wie dies umgesetzt werden kann, sind vielfältig und müssen dem Naturell des Chefs entsprechen. Beispiele solcher Aktionen können sein: Monatliches Sternzeichen-Frühstück, eine jährliche Tour durch alle Teams, regelmäßige CIO-Letters, einen CIO-Blog, die CIO-Webseite. Das IT-Marketing berät auch hier den CIO und setzt die gewünschten Konzepte um.

Leistungsangebote für die IT-Führungskräfte

Kommunikation der Führung

Jeden Dienstag finden in der Informatik Führungsmeetings statt. Gleich im Anschluss werden die IT-Führungskräfte durch den CIO über den Inhalt und die gefällten Entscheide ins Bild gesetzt. Die hierzu notwendige Präsentation wird während des Meetings durch den Leiter IT-Marketing aufbereitet. Jeder Vortragende gibt zu diesem Zweck als Vorausunterlage eine standardisierte Präsentation ab. Nebst den inhaltlichen Folien erstellt der Referent eine dreiseitige Zusammenfassung seines Themas. Dies fördert die Sensibilisierung der Vortragenden, ihre Inhalte auch einem breiteren Zielpublikum zugänglich zu machen und somit Marketing für ihre Anliegen zu betreiben. Das so entstandene Folienset wird im Anschluss an das Führungskräfte-Meeting auf dem Intranet für alle Mitarbeitenden der Informatik veröffentlicht.

Führungskräfteausbildung

Die IT-Führungskräfte verbringen zwei bis drei Mal pro Jahr einen gemeinsamen Tag, um sich weiter zu bilden. Hierbei geht es neben dem Networking um soziale, methodische und kulturelle Themen. Das IT-Marketing unterstützt inhaltlich, organisatorisch und bei der Durchführung der Anlässe.

Verkaufsausbildung

Zur Sensibilisierung des Verkaufsdenkens organisiert das IT-Marketing regelmäßig Verkaufsschulungen für Mitarbeitende mit Kundenkontakt. Die Kurse finden außer Haus statt, moderiert von ausgewiesenen Fachspezialisten. In kleinen Gruppen diskutieren und trainieren die Teilnehmenden Alltagssituationen. So festigen sie ihr Wissen und Können für einen professionellen Auftritt bei ihren Kunden.

Leistungsangebot für die IT-Mitarbeitenden

Anlässe

Das IT-Marketing organisiert eine Vielzahl von Anlässen wie Informations- und Unterhaltungsanlässe, Schulungsveranstaltungen und Feste. Primär richten sich die Veranstaltungen an die internen und externen IT-Mitarbeitenden. Oft nehmen aber auch Vertreter anderer Organisationseinheiten teil. Für jede Veranstaltung wird ein Konzept erstellt, ausgerichtet auf das jeweilige Zielpublikum. Neben der gesamten Rahmenorganisation (Ausschreibung, Anmeldung, Lokation, Referenten, Technik, Verpflegung, Transport, Giveaways etc.) sorgt das IT-Marketing auch für die inhaltliche Beratung und die Moderation.

Die Abteilung IT-Marketing verfolgt die Zielsetzung, dass für die Planung, Organisation und Abwicklung sämtlicher Informatikveranstaltungen keine externe Eventagentur beigezogen werden muss (ausgenommen Outdoor-Anlässe und Zumietung von Spezialmaterial).

Ein besonderes Augenmerk wird, als verlängerter Arm der Unternehmenskommunikation, auf den Einsatz von CI/CD stützenden Materialien und Dekorationselement sowie auf die Nutzung und Einhaltung von CI/CD Vorgaben gerichtet. Im Endeffekt sollen die Anlässe den Mitarbeitenden als professionell, lehrreich und kurzweilig in Erinnerung bleiben.

Die Pflege und Weiterentwicklung des Intranets der Informatik

Das Intranet der Informatik PostFinance ist über die letzten Jahre zu einem wichtigen Informationskanal gewachsen. Eine professionelle Pflege der Inhalte ist deshalb unerlässlich. Der bereits erwähnte Lehrlingspool der Mediamatiker pflegt im Kontext einer definierten Betriebsorganisation das Intranet der Informatik. Im Auftragsverhältnis entwickeln die Lernenden neue Funktionalitäten. Das Veröffentlichen von News im Auftrag der IT-Kommunikation gehört ebenso zu ihren Aufgaben wie die Beratung der Mitarbeitenden in der Nutzung des Intranets.

Leistungsangebot der Strategiekommunikation der Informatik

Die Kommunikation der Strategie ist eine wichtige Aufgabe. Eine Strategie ist nur dann erfolgreich, wenn sie von den Mitarbeitenden verstanden wird. Die Aufgabe der IT-Kommunikation ist es, die Essenz der Strategie in verständlichen Portionen zu vermitteln. Hierzu entwickelt das IT-Marketing in Zusammenarbeit mit dem IT-Strategen geeignete Methoden und Dokumentationen. Die besten Resultate bei der Vermittlung der Strategie werden erzielt, indem die zentralen Aussagen der Strategie für die Mitarbeitenden im wahrsten Sinn greifbar gemacht werden. Eine aktive Auseinandersetzung mit „hands-on" Möglichkeiten fördert das Verständnis. Spezielle Plakate, Flyer und/oder Merkkarten unterstützen flankierend die Vermittlung der wichtigsten Botschaften.

Leistungsangebot der Kommunikationskonzepte für Programme und Projekte

Jedes Programm respektive Projekt verdient es, dass gezielt darüber berichtet wird. Besonders Informatiker tun sich schwer mit der Projektkommunikation. Das IT-Marketing unterstützt hier vor allem bei größeren Vorhaben. Die Erstellung und Umsetzung von Kommunikationskonzepten steht dabei im Vordergrund. Kern jedes Kommunikationskonzepts sind die Botschaften. Diese gilt es gemeinsam mit dem Projekt zu erarbeiten. Das Konzept und der Projektablauf bestimmen schließlich die Form und die Kadenz der Kommunikation.

Besonders bei Change-Projekten ist die Kommunikation einer der zentralen Erfolgsfaktoren. Diese gilt es mit der Unternehmenskommunikation, der Personalabteilung und dem CIO abzustimmen und auf die Betroffenen auszurichten. Diese Arbeit darf nicht von Laien durchgeführt werden. Zu groß ist das Risiko, durch ungenügende oder gar falsche Kommunikation das Projekt zu verzögern oder gar zum Scheitern zu bringen.

Leistungsangebot für den IT-Betrieb

PostFinance pflegt im Informatik-Betrieb seit Jahren eine sehr transparente Informationspolitik. Basierend auf einem Abonnementsservice können alle Mitarbeitenden des Unternehmens die für ihre Arbeitsbereiche relevanten Störungsmeldungen abonnieren. Der Kanal (E-Mail, SMS, Fax) kann frei gewählt werden. Innerhalb Minuten nach Auftreten einer Störung erhalten die Abonnenten die gewünschten Informationen. So können die internen Kunden gegebenenfalls Notfallkonzepte aktivieren und sind gegenüber externer Kundschaft auskunftsbereit.

Offen und transparent mit Fehlern umgehen zu können, ist eine Kulturfrage. Bei PostFinance entwickelte sich diese Kultur über Jahre hinweg und hat sich heute etabliert.

Leistungsangebot für externe Zielgruppen

Zu den externen Zielgruppen gehören zurzeit vor allem die Medien und ehemalige Mitarbeitende. Das IT-Marketing bearbeitet technische Anfragen von Journalisten und arbeitet hierbei eng mit der Unternehmenskommunikation zusammen.

Für ehemalige Mitarbeitende wird zweimal jährlich ein Alumni-Treffen organisiert um den Kontakt mit den Kolleginnen und Kollegen aufrecht zu halten. Auch mit Messeauftritten konnten erste Erfahrungen gesammelt werden.

Konklusion

Zielerreichung und Learnings

Der Plan für den Aufbau des IT-Marketings gliederte sich in die Phasen Gründung, Aufbau, Positionierung, Etablierung und Professionalisierung. Aktuell befinden wir uns in der Phase der Etablierung (vgl. Abbildung 42).

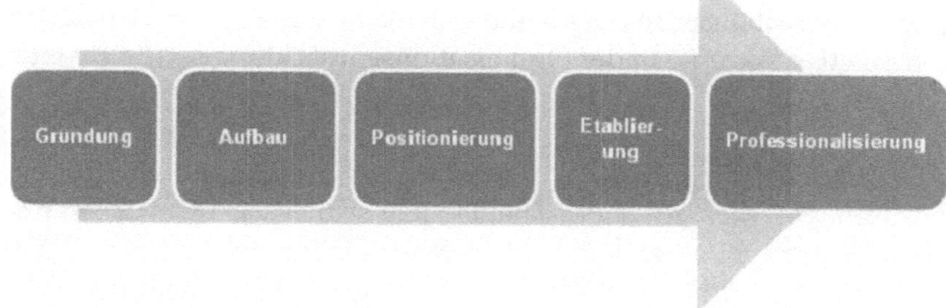

Abbildung 42: Aufbauphasen IT-Marketing bei PostFinance

Dies ist eine subjektive Einschätzung über alle dem Themenkreis IT-Marketing zugeordneten Disziplinen. Im Eventmanagement haben wir sicherlich den Schritt in die Phase Professionalisierung längst vollzogen, während in anderen Disziplinen weitere Positionierungsarbeiten zu leisten sind.

Was bringt nun die Disziplin IT-Marketing dem Unternehmen?

Um diese Frage beantworten zu können, blende ich zurück auf den strategischen Entscheid, die Informatik konsequent auf die Bedürfnisse ihrer Kunden auszurichten. Dieser Entscheid bewirkte die Lancierung eines ganzes Change-Sets: Organisatorische Anpassungen, Veränderungen von Geisteshaltungen, Nährboden für neue Konzepte und Ideen. So war es selbstverständlich, dass die Betreuung der Kunden intensiviert und der Kommunikation einen hohen Stellenwert beigemessen werden sollte. Schlussendlich orientiert sich die Informatik also an allgemein gültigen Prinzipien von im Markt operierenden Firmen und bediente sich deren Erfolgsrezepten.

Die Disziplin IT-Marketing setzt primär strategische Zielsetzungen um und ist für mich deshalb ein Thema der IT-Governance. Die Erhöhung der Kundenorientierung, der Ausbau der Beratungskompetenz, das Aneignen von Verkaufsfertigkeiten sowie der Wille zur offenen und ehrlichen Kommunikation dienen in erster Linie der Zufriedenstellung unserer internen Kundschaft.

Doch wie lässt sich das messen? In reinen Zahlen wohl kaum. Auf der Hand liegt, dass durch eine bessere Kommunikation Leerläufe vermieden und die Nutzung von Synergien angestoßen wird. Das IT-Marketing, wie es PostFinance betreibt, soll schlussendlich einen Beitrag zur Steigerung von Effizienz und Effektivität der Informatik leisten. Ob uns dies gelingt, entscheidet letzten Endes der Kunde.

Wichtig ist, dass das IT-Marketing bei PostFinance nicht einfach auf die Leistungen der gleichnamigen Abteilung zu reduzieren ist. IT-Marketing ist meines Erachtens eine Geisteshaltung und keine exakte Wissenschaft. Mein subjektives Empfinden ist, dass die Kerndisziplinen des IT-Marketings im Bereich der Finanz- und Leistungsführung, in der Sensibilisierung des Kundendenkens wie auch im Bereich der Kommunikation positive Akzente in der Organisationsentwicklung setzen konnten.

Welche Fehler gilt es zu vermeiden?

Um sich zu beweisen, will man ein neues Thema allzu schnell visibel machen und läuft deshalb Gefahr, sich zu verzetteln und in Kleinigkeiten zu verirren. Heute würde ich mir für die Aufbauphase etwas mehr Zeit zum Denken nehmen. Pragmatismus ist in einer Pionierphase unumgänglich. Doch tut man gut daran, sich die notwendige Zeit für konzeptionelles Arbeiten zu nehmen. Die operative Hektik bricht unmittelbar vom Zaun, wenn man signalisiert, loslegen zu wollen. Grobe Denkfehler lassen sich ab diesem Zeitpunkt nur noch mit viel Energie und Zeit korrigieren.

Welches sind die entscheidenden Erfolgsfaktoren für den Aufbau eines IT-Marketings?

Um nur einige wesentliche zu nennen:

- Die Verankerung der Stoßrichtung in der Informatik-Strategie als Basis
- Das Commitment des Managements – insbesondere der CIO muss hinter der Idee des IT-Marketings stehen
- Motivierte, selbständige und begeisterungsfähige Mitarbeitende, die bereit sind, Neues zu schaffen, quer zu denken und pragmatische Umsetzungen suchen
- Technisches Flair, aber keine reinen Techniker – dies hilft, die Informatik aus Kundensicht zu betrachten
- Fähigkeit zur Übersetzertätigkeit: Informatik <-> Deutsch – damit die Informatik verständlicher kommuniziert
- Ein kreatives Teamklima, keine starren Strukturen – dies verkürzt die Entscheidungswege und hilft Synergien zu entdecken und zu nutzen

- Für Informatik fremde Disziplinen: Profis anstellen – schafft Vertrauen und stärkt die Glaubwürdigkeit
- Lobbying bei Meinungsbildnern und Entscheidungsträgern – damit das Thema positioniert ist und verstanden wird
- Der Aufbau eines externen Partnernetzwerks – man kann und soll nicht alles selber machen
- Durchhaltewille, Mut und natürlich viel Humor – denn es läuft oft nicht so, wie man dies gerne hätte

Schlusswort

Seit gut drei Jahren pflegen wir bei PostFinance das Pflänzchen IT-Marketing. Einiges haben wir bereits erreicht und vieles haben wir noch vor. Dem entsprechend beschreibt dieser Beitrag lediglich eine Momentaufnahme.

Ich bin überzeugt, dass es sich lohnt, in die Positionierung der Informatik zu investieren. Ein professioneller Auftritt zeichnet sich langfristig in jedem Fall aus – auch intern.

2.3 Kernaufgabe: Umgang mit Komplexität bewerkstelligen

Die optimale Unterstützung der Geschäftsprozesse sowie kürzere Produktlebenszyklen verlangen immer flexiblere IT-Systeme. CIOs stoßen jedoch oft an Grenzen, wenn sie die Anforderungen der Fachbereiche erfüllen müssen. Komplexe (gewachsene) kaum transparente IT-Landschaften, multiple Datenhaltung sowie redundante Anwendungen mit vielen Schnittstellen zur Konsistenzsicherung sind oft die Regel und erlauben dem CIO kaum noch zu steuern. Einige der Folgen sind beispielweise: Anstieg der gesamten IT-Kosten; Abnehmende IT-Flexibilität und IT-Effektivität; neue IT-Anforderungen der Geschäftsbereiche können nur sehr aufwändig oder unvollkommen umgesetzt werden. Diese Schwierigkeiten haben inzwischen viele CIOs erkannt. Erfolgreiches IT-Management schenkt daher der Aufgabe „Umgang mit Komplexität bewerkstelligen" entsprechende Bedeutung. Aktivitäten wie das IT-Architekturmanagement oder Maßnahmen zur Konsolidierungen und Standardisierungen von IT-Landschaften kommen gezielt zum Tragen.

Unternehmen sind komplexe Systeme, welche in einem komplexen Umfeld agieren. Allzu oft wird der Anschein erweckt, der Umgang mit Komplexität ließe sich nur durch eine Reduktion derselben erreichen. Dieser Freiheitsgrad existiert aber in der Praxis kaum. So ist beispielsweise ein Behaupten in komplexen Märkten für das Unternehmen als Notwendigkeit gesetzt. Sich aus diesen Märkten zurückzuziehen (Komplexitätsreduktion) ist kaum eine Option. Gerade erfolgreiche Unternehmen zeichnen sich u.a. dadurch aus, den Umgang mit Komplexität (besser als die anderen) zu bewerkstelligen. Selbiges gilt für die IT bzw. für das IT-Management. Will die IT einen Wertbeitrag für ein komplexes System „Unternehmen" leisten – so wird dies nicht allein durch Komplexitätsreduktion, sondern primär durch einen gezielten Umgang mit (einer systembedingten) Komplexität zu erreichen sein. Dieser Umstand wird häufig übersehen. Aus Praxissicht greifen daher „Keep-it-simple"-Ratschläge, die ausschließlich auf die Reduktion der Komplexität fokussieren, mitunter zu kurz.

Erfolgreiches IT-Management zeichnet sich durch den gezielten Umgang mit Komplexität aus. Die Bewältigung der Komplexität erlaubt es, Systeme in eine erwünschte Richtung zu steuern und so zu beeinflussen, dass bestimmte Ziele erreicht werden – wir werden dies anhand einiger Beiträge aus der Praxis verdeutlichen. Dieser Umgang mit Komplexität wird in der Zukunft an Bedeutung gewinnen. Durch Geschäftsanforderungen wie beispielsweise schnelleres Time-to-Market oder einen höheren Automatisierungsgrad in der Back-Office-Verarbeitung werden die Anforderungen steigen.

Tendenziell wird es künftig für viele Unternehmen nicht leicht sein, mit ihren vorhandenen IT-Infrastrukturen den Anforderungen einer agilen Geschäftswelt gerecht zu werden. Immer noch verhindern beispielsweise häufig Datensilos und abgeschlossene Anwendungen die hierfür notwendigen Anpassungen. Als Anbieter von IT-Services müssen CIOs daher ihre IT-Anwendungen, Services und Infrastrukturen in flexible, automatisierte Umgebungen umwandeln, die das Unternehmen in Zukunft unterstützen können. Das IT-Management sorgt auf diese Weise für eine hohe Effektivität durch eine enge Verzahnung von Geschäft, IT-Anwendungen und IT-Infrastruktur einerseits und gewährleistet andererseits die Effizienz der IT beispielsweise durch Maßnahmen wie Homogenisierung/Standardisierung von Entwicklungslinien und Infrastruktur.

Wie der Umgang mit Komplexität bewerkstelligt wird, bestimmt daher die – gegenwärtige und künftige – IT-Leistungsfähigkeit und Wirtschaftlichkeit und hat dementsprechend eine sehr hohe Bedeutung für die Wahrnehmung eines erfolgreichen IT-Managements.

Beginnend mit dem Aufbau und der Bedeutung eines Architekturmanagements als transparentes Planungs- und Steuerungsinstrument der IT-Leitung bei der Credit Suisse; einem Praxisbeitrag zum Umgang mit Komplexität am Beispiel der Standardisierung/Konsolidierung einer konzernweiten IT-Infrastruktur in der ABB; dem Aufzeigen des Managements von komplexen Anwendungslandschaften bei der SBB sowie einem Beitrag über den Einsatz von Standard-Anwendungen bei der ABN AMRO geben die nachfolgenden Beiträge aus der Praxis wertvolle Einblicke, wie der Umgang mit Komplexität erfolgreich angegangen werden kann.

2.3.1. Architekturmanagement. Praxis bei der Credit Suisse

Stephan Murer, Credit Suisse

In diesem Beitrag zeigen wir das Thema Architektur-Management von verschiedenen Seiten. Zuerst wird Unternehmens-Architektur als Prozess dargestellt. Dann wird die Bedeutung von Strukturen bei der Beherrschung von Komplexität in großen Systemen gezeigt. Einzelne dieser Strukturen und die damit verbundenen Architektur-Werkzeuge werden detailliert eingeführt. Zuletzt werden organisatorische Einbettung und kulturelle Voraussetzungen für erfolgreiches Architektur-Management diskutiert.

Einleitung

In diesem Beitrag geht es um das Management der Architektur grosser, integrierter Informationssysteme. Architektur hat in diesem Zusammenhang zwei Bedeutungen. Auf der einen Seite bezeichnet sie ein Resultat: "Die Architektur des Systems". Es handelt sich dabei um die Beschreibung einer Ist- bzw. einer Ziel-Architektur auf verschiedenen Ebenen. Die Ziel-Architektur ist dabei häufig als ein Satz von Standards und Richtlinien beschrieben, die der Organisation dabei helfen, das System in Richtung der Ziel-Architektur weiterzuentwickeln.

Die andere Bedeutung des Worts Architektur beschreibt die Tätigkeit der Architekten. Dabei geht es um einen Prozess, in welchem eine Ziel-Architektur entwickelt bzw. weiterentwickelt wird und in welchem die Entwicklung der Realität in Richtung Ziel-Architektur sichergestellt wird. In grossen IT-Organisationen wird diese Tätigkeit in verschiedenen Formen abgebildet.

Oft gibt es eine definierte Architektur-Governance und einen Architektur-Prozess, die die Regeln für Entscheidungsfindung und Durchsetzung in Architektur-Fragen festhalten. In vielen Organisationen gibt es eine oder mehrere Organisationseinheiten, deren Hauptverantwortung bei der Durchführung dieses Architektur-Prozesses liegt. Letztlich gibt es in allen grösseren IT-Organisationen die Rolle des Architekten auf der System- bzw. Unternehmensebene oder zumindest auf der Projektebene. Das heisst, es gibt Leute, die sich als Architekten bezeichnen. In diesem Beitrag soll es nun darum gehen, die verschiedenen Ebenen von IT-Architektur zu erklären, einen Vorschlag zu Prozess, Organisation und Governance der Architektur zu machen, verschiedene Modelle als Hilfsmittel für die Architektur-Arbeit zu zeigen und letztlich Leute und Kultur als wichtigste Voraussetzung für erfolgreiche Architektur-Arbeit zu diskutieren.

Unternehmensarchitektur ist Städtebau

Oft wird für die Arbeit der IT-Architekten die Analogie zum Baugewerbe verwendet. Diese ist für den *Lösungs-Architekten*, der für den Entwurf der Lösung in einem einzelnen Projekt verantwortlich zeichnet, korrekt. Für die *Unternehmensarchitektur* (Enterprise-Architecture) stimmt dieser Vergleich nicht. Die richtige Analogie hier ist jene der Stadtplanung, der Baupolizei und – je nach Ausgestaltung – des Tiefbauamts.

Grosse Informatiksysteme müssen dabei als Städte gesehen werden, die sich über eine kontinuierliche Reihe von parallelen Bauprojekten weiterentwickeln. Die Unternehmensarchitektur legt dabei in einem Zonenplan fest, wo was gebaut werden kann. In ihrer Rolle als Baupolizei begutachtet und bewilligt sie die Bauprojekte. Dabei kann man sich leicht die verschiedenen Geschäftseinheiten in der Rolle der privaten Bauherren vorstellen. Oft übernimmt die Unternehmensarchitektur auch die Rolle des Tiefbauamts und bestellt die notwendigen Infrastruktur-Erneuerungen und -Erweiterungen, um die Entwicklung der Stadt entlang dem Plan zu unterstützen.

Es ist dabei wichtig zu verstehen, dass Unternehmensarchitektur eine kontinuierliche strategische Tätigkeit ist, während Lösungs-Architektur sich immer auf bestimmte, zeitlich begrenzte Projekte bezieht. Die Unternehmensarchitektur setzt den Rahmen, innerhalb welchem die Lösungs-Architektur die konkreten Lösungen umsetzt. Zur Architektur einzelner Lösungen gibt es eine reiche Literatur. Darum liegt der Hauptfokus im Rest dieses Beitrags auf dem Thema Unternehmensarchitektur.

Architektur für ein großes Informatiksystem

Ab einer gewissen Größe lassen sich Informatiksysteme nicht mehr als Ganzes ersetzen, da der Aufwand und die Risiken eines solchen Vorhabens zu groß werden. Man kann darüber streiten, wann diese Größe erreicht ist. In der Erfahrung des Autors ist es für eine Organisation äußerst schwierig, ein umfassendes Ersatzprojekt im Umfang mehrerer jährlicher Informatikbudgets zu stemmen.

Je grösser die Organisation wird, desto schwieriger wird dieses Vorhaben. Ersatzprojekte im Umfang mehrerer hundert Millionen Franken sind äußerst riskant. Der Grund dafür ist, dass zu diesem Zweck die Organisation über mehrere Jahre hinweg die Priorität auf diesem Projekt haben muss.

In der Zwischenzeit werden sämtliche neuen Anforderungen zurückgestellt, was von den Geschäftseinheiten nicht geschätzt wird. Das bestehende System muss unter hohem Kostendruck bis zur Ablösung gewartet werden, was die Motivation der Entwicklungsorganisation nicht steigert. Zudem sind die IT-Investitionen über mehrere Jahre hinweg deutlich erhöht, was in Zeiten schlechten Geschäftsgangs nur schwierig aufrechtzuerhalten ist. Das neue System muss auf einer Technologie gebaut werden, die nach Abschluss des Projekts aktuell ist, und Geschäftsanforderungen erfüllen, die sich am Anfang des Projekts nur schwierig vorhersagen lassen. Wir gehen deshalb in diesem Beitrag davon aus, dass die Unternehmens-Architektur eine evolutionäre Weiterentwicklung des Systems ermöglichen muss. Dies ist durchaus analog zur Situation des Städtebaus, wo in den seltensten Fällen eine neue Stadt auf der grünen Wiese entsteht.

Große Systeme haben auf jeden Fall eine Architektur, sonst würden sie nicht funktionieren. Die Frage ist, ob diese Architektur gut ist und den Entwicklungszielen des Systems dient. Zu diesem Zweck müssen zuerst übergeordnete Entwicklungsziele festgelegt werden. Typische systemweite Ziele sind zuverlässiger und kostengünstiger Betrieb, Erfüllen der Geschäftsanforderungen, sowie Beherrschen der technischen, betrieblichen und rechtlichen Risiken.

Da sich die Anforderungen an große Systeme kontinuierlich verändern, wird häufig auch Agilität als Ziel genannt. Agilität kann viele Formen annehmen. Aus Sicht der Architektur ist die wesentlichste Anforderung Agilität in Bezug auf die Erfüllung neuer Geschäftsanforderungen. Ohne steuernde Eingriffe nimmt die Komplexität großer Informatiksysteme über die Zeit in einem Ausmaß zu, dass sich neue Anforderungen nur noch schwierig umsetzen lassen.

Die verwendeten Technologien und Methoden veralten zusehends und werden vom Markt nicht mehr unterstützt. Man spricht dann davon, dass sich ein System am Ende seines Lebenszyklus befindet. Für Systeme mit sich stark verändernden Geschäftsanforderungen, ist die Aufrechterhaltung bzw. die Verbesserung der Entwicklungsagilität unter Berücksichtigung der übergeordneten Entwicklungsziele das Kernziel der Unternehmensarchitektur.

Dieses Ziel wird erreicht durch die kontinuierliche Anpassung veralteter Strukturen, den Abbau überflüssiger Komplexität und Redundanz, sowie die Modernisierung der technologischen Basis. Es liegt in der Verantwortung der *Unternehmensarchitektur*, diesen Evolutionsprozess inhaltlich so zu steuern, dass diese Ziele erreicht werden. Im Rest dieses Abschnittes werden die Mittel dargestellt, die dafür benötigt werden.

Architektur als Prozess

Eine Sicht auf Architektur ist jene von Architektur als Tätigkeit. Strukturieren wir diese Architektur-Tätigkeit in einer Weise, wie das für große Organisationen notwendig ist, kommen wir zu einem Architektur-Prozess. Der *Architektur-Prozess* besteht im Wesentlichen aus vier Unterprozessen, wie Abbildung 43 zeigt.

Abbildung 43: Architektur-Prozesse

Bei der *Architekturentwicklung* wird die Ziel-Architektur ständig den Anforderungen angepasst und in der Form von Prinzipien, Standards, Richtlinien und ähnlichen Dokumenten festgehalten. In grossen Organisationen braucht es eine formelle Governance rund um die Ziel-Architektur. Es ist zweckmässig, diese in Form eines oder mehrerer föderierter Steuerungsausschüsse mit allen wesentlichen Beteiligten aufzubauen, wo die Ziel-Architektur in der Form verbindlicher Dokumente beschlossen und dokumentiert wird. Die Vorbereitung von Architektur-Entscheiden erfolgt in der Regel in Fachgremien, wobei die Vor- und Nachteile verschiedener Ansätze so aufbereitet werden, dass entsprechende Entscheide gefällt werden können.

Der nächste Prozess ist die *Architektur-Kommunikation*. Architektur kann nur dann erfolgreich unternehmensweit umgesetzt werden, wenn die entsprechenden Konzepte von den Entwicklern verstanden und grösstenteils akzeptiert werden. Letztlich entsteht die Gesamtarchitektur aus einer Summe von kleinen und grösseren Entscheidungen durch die Entwickler des Systems. Die Erfahrung lehrt, dass man nicht genug kommunizieren kann. Die Kommunikation von Strategien, Konzepten und Standards in der Architektur ist nicht einfach, da die Materie vielschichtig und komplex ist. Dies ist insbesondere dann der Fall, wenn ein System durch eine globale Organisation gebaut wird. Da stossen die klassischen Kommunikationskonzepte des persönlichen Kontakts an Grenzen. Architektur-Kommunikation erfolgt mit verschiedenen Schwerpunkten an viele Zielgruppen: Die Entwickler müssen die Ziel-Architektur soweit verstehen, dass sie in ihrem Umfeld die richtigen Entscheide treffen können.

Die Projektleiter müssen den notwendigen Kontext haben, damit sie mit den Auftraggebern zusammen architektur-konforme Lösungen finden können. Die Manager letztlich müssen die notwendigen Grundlagen für Investitionsentscheide unter Berücksichtigung des Gesamtkontexts haben.

Der dritte Teilprozess ist die *Architektur-Implementation*. In vielen Organisationen hört der Architektur-Prozess mit der Definition der Ziel-Architektur und deren Kommunikation auf. Entscheidend ist aber, dass die definierten Architektur-Konzepte auch umgesetzt werden. Architektur-Implementation erfolgt in verschiedenen Formen.

Die erste Form ist die Einflussnahme auf Investitions-Entscheidungen. Dies geschieht im Rahmen der strategischen Planung durch Setzen von Investitions-Schwerpunkten. In modernen IT-Organisationen gibt es sogenannte Architektur-Programme. Sie dienen, im Gegensatz zu den durch die Geschäftsbereiche gesteuerten Investitions-Programmen, der Steigerung der IT-Effizienz. Beispiele für Projekte in diesem Programm sind die Restrukturierung von Applikationen, die Erneuerung von Infrastrukturen, die Bereinigung von Portfolios durch aktives Entfernen nicht strategischer oder veralteter Lösungen und letztlich der Aufbau von Werkzeugen und Infrastruktur zur Umsetzung von Ziel-Architekturen. Im Rahmen der Architektur werden Architektur-Programme gestaltet und letztlich umgesetzt.

Die Erfahrung zeigt, dass das Architektur-Programm idealerweise ungefähr einen Fünftel der Gesamtinvestitionen umfasst, um die nachhaltige Effizienz eines Systems sicherzustellen. Eine andere Form der Architektur-Implementation ist die Beteiligung von Unternehmens-Architekten in strategischen Projekten. Sie besetzen in ausgewählten Projekten die Rolle von Lösungs-Architekten. Dies hat zwei positive Effekte: Auf der einen Seite stellt man so sicher, dass strategische Projekte sauber an der Ziel-Architektur ausgerichtet sind.

Auf der anderen Seite stellt man sicher, dass diejenigen, die die Ziel-Architektur massgeblich gestalten, den Bezug zur Realität nicht verlieren. In der Erfahrung des Autors ist es sinnvoll, Unternehmens-Architekten zu einem Drittel ihrer Kapazität als Lösungs-Architekten für Projekte einzusetzen. Die dritte Form von Architektur-Implementation ist das "Baubewilligungsverfahren". Alle Projekte werden in regelmässigen Abständen reviewed. Eine Implementation dieser architektonischen Qualitätssicherung ist ein "Project Review Board", welches sich in regelmässigen Abständen trifft und Zwischenresultate von Projekten reviewed. Praktisch funktioniert das so, dass ein Reviewer das entsprechende Zwischenresultat anhand einer Checkliste analysiert und seine Befunde notiert. Die Befunde werden im "Project Review Board" zusammengetragen. Gibt es keine materiellen Probleme, so ist das Projekt "ok". Es kann weiterfahren wie geplant und erhält allenfalls eine Reihe von

Empfehlungen mit auf den Weg. Gibt es materielle Probleme mit dem Projekt, so werden diese in Form von bindenden Auflagen schriftlich mit einem Termin zur Erledigung festgehalten. Das Projekt kriegt dann den Status "ok mit Auflagen".

Die Erledigung der Auflagen wird im Rahmen des Architektur-Prozesses verfolgt. Kommen zu viele Probleme zusammen, so entscheidet das "Project Review Board", dass das Projekt den Status "nicht ok" bekommt. Konkret bedeutet das, dass das Projekt nicht wie geplant weiterfahren kann, sondern dass das Zwischenergebnis in einer neuen Version erstellt und dem "Project Review Board" noch einmal vorgelegt werden muss. In der Praxis muss dieser Fall ein Ausnahmefall bleiben.

Durch geeignete Kommunikation und Zusammenarbeit mit den Projekten, sollten Probleme frühzeitig entdeckt und korrigiert werden. In der Credit Suisse Private Banking IT werden pro Jahr ungefähr 400 Projektresultate reviewed. Das "Project Review Board" trifft sich alle zwei Wochen und macht im Schnitt etwa eine Auflage pro Projektresultat. Zum Resultat "not ok" kommt es bei einer Handvoll Fälle jedes Jahr. Gute Architektur wird von guten Leuten gemacht.

Die letzte wichtige Komponente der Architektur-Implementation ist die Einflussnahme auf Personal- und insbesondere Beförderungsentscheide. In Organisationen mit einer starken Fachkarriere kann dies die Form annehmen, dass erfahrene Architekten bei Beförderungsentscheide in den Bereichen Software Engineering und Systems Engineering mitbeteiligt sind. Dies ist erfahrungsgemäss ein starkes Mittel, um die notwendige Kultur umzusetzen.

Der letzte Prozessbereich ist das *Architektur-Controlling*. Es besteht darin, dass Zahlen zum Zustand der Systeme und der Qualität des Prozesses erhoben werden. Die Zahlen werden in regelmässigen Abständen ausgewertet und an die anderen Prozesse zur Zielkorrektur zurückgespielt. Wir unterschieden dabei drei Gruppen von Zahlen. Auf der einen Seite wird permanent der architektonische Fortschritt im System gemessen. Indikatoren dafür sind der Standardisierungsgrad, Angaben zur Verwendung und zur Wiederverwendung strategischer Services sowie Portfolio-Messgrössen.

Bei wesentlichen Veränderungen an der Ziel-Architektur wird der Fortschritt hin zur neuen Ziel-Architektur über Migrations-Messgrössen gemessen. Diese Messgrössen haben im Gegensatz zu den permanenten Architektur-Indikatoren einen temporären Charakter. Nach Abschluss der Migration müssen sie nicht weiter gemessen werden.

Die letzte Gruppe von Indikatoren sagt etwas über die Qualität des Prozesses aus. Ein Beispiel ist die regelmässige Befragung der Zielgruppen für die Architektur-Kommunikation. Sind wesentliche Elemente der Ziel-Architektur entweder unbekannt, nicht verstanden oder nicht akzeptiert, so muss die Kommunikation verbessert werden. Ein anderes Beispiel ist die Anzahl der Ausnahmen von Standards, welche im Rahmen der Projekt-Reviews erteilt werden. Gibt es zu viele Ausnahmen, so sind die Standards zu eng. Gibt es zu wenige, so ist zu vermuten, dass die Standards zu weit sind.

Im Verlauf des Beitrages werden wir immer wieder auf Elemente des Architektur-Prozesses und seiner Messung hinweisen.

Architektur als strukturierte Abbildung der Ziel-Architektur

Architektur besteht zu einem großen Teil darin, die Wirklichkeit auf verschiedenen Abstraktionsstufen zu modellieren. Für große Informatiksysteme geht es darum, das System in mehreren Stufen so zu zerlegen, dass die Komplexität beherrschbar wird und eine sinnvolle Ziel-Architektur formuliert werden kann. In der Erfahrung des Autors stellt man die Architektur eines großen Systems auf der obersten Stufe am besten in drei Schichten dar:

- Die oberste Schicht ist die Geschäfts-Architektur. Sie lässt sich in der Regel in funktionale Komponenten, sogenannte Geschäftskomponenten („Business Components") zerlegen. Andere Modelle auf dieser Stufe modellieren Prozesse, Produkte, und Organisationen. Im Gegensatz zur Applikations-Architektur umfasst die Geschäfts-Architektur sämtliche Funktionen, Prozesse und Objekte des Unternehmens, auch jene, die nicht auf Informationssystemen abgebildet sind.
- Die mittlere Schicht ist die Applikations-Architektur. Strukturmodell auf dieser Stufe ist ein Domänen-Modell, welches die Applikationslandschaft in beherrschbare Stücke aufteilt. Je nach Größe des Systems kann das Domänen-Modell in mehreren Schichten mit Unterdomänen angelegt werden. Das Domänen-Modell ist nicht zwingend hierarchisch. Applikationen können logisch zu mehreren Domänen gehören. Ein Beispiel dafür sind integrierte Banksysteme, welche für kleine Filialen das ganze Spektrum innerhalb einer einzigen Applikation abdecken.
- Die unterste Schicht ist die Technische Architektur. Das Herz der Technischen Architektur ist das technische Domänen-Modell zur Strukturierung sämtlicher Infrastruktur-Komponenten wie Hardware, Datenbanken, Betriebssysteme, Netzwerke. Ebenfalls von großer Bedeutung auf dieser Stufe ist ein mehrschichtiges Plattform-Modell, welches die Infrastruktur-Services auf verschiedenen Ebenen in integrierter Form gegenüber den Applikationen als Nutzer präsentiert.

Als Beispiel für ein Domänen-Modell soll hier das Modell für eine globale integrierte Universalbank dienen.

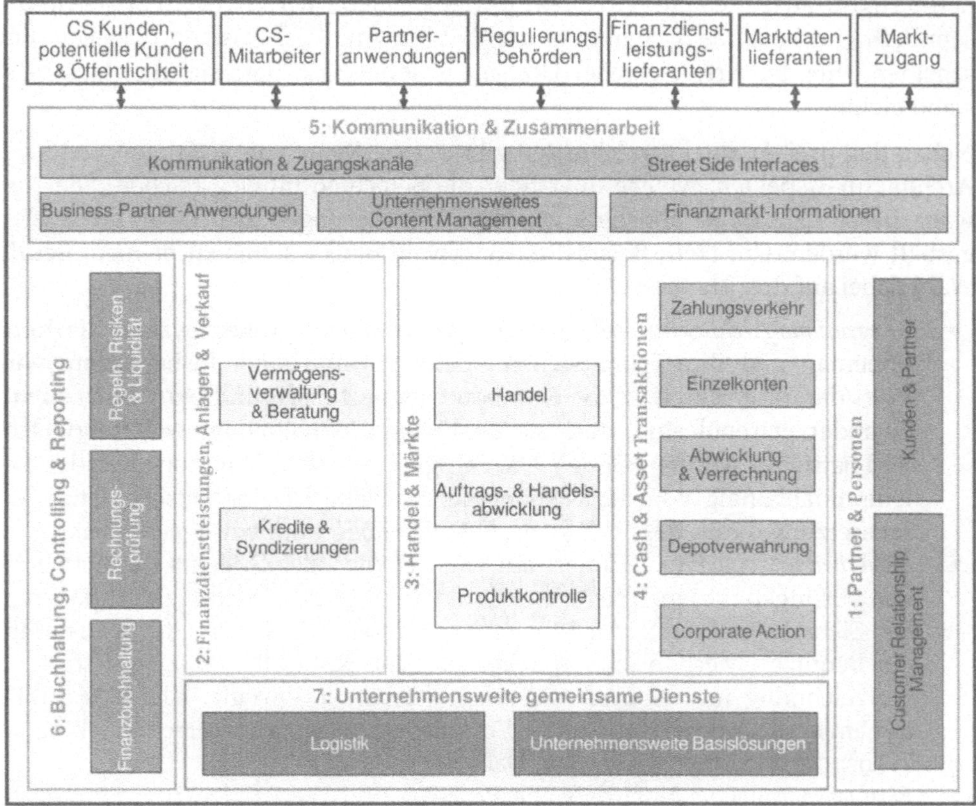

Abbildung 44: Credit Suisse Combined Domain Model

Domänen-Modelle werden so gewählt, dass im Ziel-Zustand Daten und Funktionen innerhalb derselben Domäne enger zusammenhängen, als über die Domänen-Grenze hinweg. Mit dem Domänen-Modell wird immer auch eine bestimmte Geschäftsstrategie unterstützt. Sieht man sich das CS Combined Domain Model etwas genauer an, so sieht man, dass weder Regionen, noch Kundensegmente eine Rolle spielen. Auch die verschiedenen Produkte werden auf der obersten Stufe auf den gleichen Prozess abgebildet. Klar hervorgehoben werden gemeinsame Geschäftsfunktionen wie Risiko-Management oder gemeinsame Referenzdaten. Ebenfalls zentral ist der Zugang des Kunden über verschiedene Kanäle auf die gleichen Produkte und Services. Dies ist klar ein Domänen-Modell, welches eine integrierte Bank basierend auf gemeinsamen Services unterstützt. Andere Bankstrategien würden mit großer Wahrscheinlichkeit auch zu anderen Schwerpunkten im Domänen-Modell führen. Das Domänen-Modell bringt hier klar eine Ziel-Architektur zum Ausdruck. Im Ist-Zustand sind in vielen Fällen die Applikationen und Daten noch nicht an den Domänen-Grenzen ausgerichtet. Ein konsequent an der Domänen-Struktur ausgerichtetes Architektur-Management, wird, wie wir später in diesem Beitrag sehen, das System über die Zeit hin zum Ziel-Zustand bewegen. Entscheidend für den Erfolg solcher Domänen-Modelle ist, dass sie über lange Zeit stabil bleiben.

Neben den drei Architektur-Schichten gibt es eine Reihe von wichtigen vertikalen Architektur-Aspekten, welche quer über die Schichten hinweg reichen. Die Auswahl dieser Aspekte ist abhängig von den Anforderungen, welche an das System gestellt werden. Um beim Beispiel eines großen Banksystems zu bleiben, fiel die Wahl dabei auf drei Themen:

- *Integrations-Architektur* stellt sicher, dass in einem großen System die Komponenten und ihre Schnittstellen richtig gewählt sind. Insbesondere wird Wert darauf gelegt, dass die Komponenten technisch und betrieblich so voneinander getrennt sind, dass sie unabhängig voneinander weiterentwickelt und betrieben werden können. Die Fähigkeit, einzelne Komponenten des Systems unabhängig vom Rest weiterzuentwickeln, ist eine entscheidende Voraussetzung dafür, dass sich große Systeme überhaupt bewegen lassen.
- *Sicherheits-Architektur* definiert auf allen Ebenen des Systems die notwendigen Lösungen für einen sicheren Betrieb des Systems. Wichtige Komponenten der Sicherheits-Architektur sind unter anderem die sichere Authentisierung der Benutzer, Mechanismen zur Vergabe und Kontrolle von Zugriffsrechten, Aufzeichnung und Analyse sicherheitsrelevanter Vorfälle, allenfalls direkte dynamische Reaktion auf solche Vorfälle, Vorgaben zur Verschlüsselung bei Transport und Speicherung von Daten.
- *Betriebs-Architektur* beschreibt die Prozesse und Werkzeuge zum Betrieb der Informationssysteme. Sie macht auch Vorgaben an die Applikations-entwicklung, um die zuverlässige Betreibbarkeit aller Lösungen sicherzustellen.

So besteht nun die Architektur eines großen Systems aus drei Schichten und einer Reihe von Aspekten, wie in Abbildung 45 dargestellt.

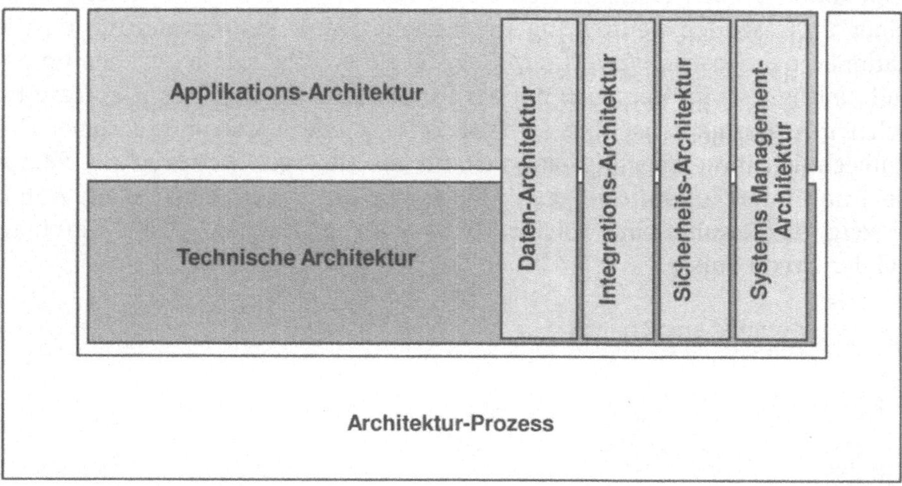

Abbildung 45: Strukturmodell Architektur auf der obersten Stufe

Natürlich können abhängig von den Anforderungen an das System auch andere vertikale Aspekte gewählt werden. So steht vermutlich für einen Anbieter eines globalen Web-Services die Performance-Architektur im Vordergrund. Für ein Flugleitsystem würde wohl eine Zuverlässigkeits-Architektur speziell hervorgehoben.

Wie wir später sehen werden, dienen die Strukturmodelle nicht nur einer hierarchischen Darstellung der Ziel-Architektur. Ebenso wichtig sind sie als Grundstruktur einer föderierten Architektur-Organisation.

In den nachfolgenden Ausführungen beleuchten wir die Teile Applikations-Architektur, Integrations-Architektur und Technische Architektur und ihre Instrumente etwas genauer. Auf das Thema Organisation kommen wir am Schluss des Beitrags zurück.

Applikations-Architektur

Das oben beschriebene Domänen-Modell steht im Zentrum der Applikations-Architektur. Alle Applikationen mit ihren Daten und Funktionen werden den entsprechenden Domänen zugeordnet. Ziel der Applikations-Architektur ist es, ein Portfolio von Applikationen aufzubauen, die den Geschäftszweck optimal unterstützen, ohne unnötige Redundanzen oder funktionale Lücken.

Wichtigstes Arbeitsinstrument der Applikations-Architekten ist eine Datenbank, in der alle Applikationen mit ihren wichtigsten Eigenschaften und Abhängigkeiten verzeichnet sind. Bei der Credit Suisse sind dies mehrere Tausend Applikationen und technische Komponenten, welche von Hunderten von Applikationsverantwortlichen bewirtschaftet werden.

Alle Applikationen einer Domäne werden einmal jährlich mit Hilfe dieser Datenbank einer umfassenden Beurteilung unterzogen. Dabei geht es darum, ob die Applikationen den Geschäftszweck erfüllen, ob sie architektonisch nachhaltig gebaut sind, und wie sie im Vergleich mit der Konkurrenz abschneiden. Das Resultat eines solchen Assessments ist eine Analyse, bei der jede Applikation in einer Domäne hinsichtlich ihrer Leistungsfähigkeit für die heutigen Ansprüche („Fit for Purpose") und ihrer Zukunftsfähigkeit („Fit for Future") positioniert wird. Abbildung 46 zeigt das Resultat einer solchen Analyse für die Domäne „Data Warehousing" bei der Credit Suisse.

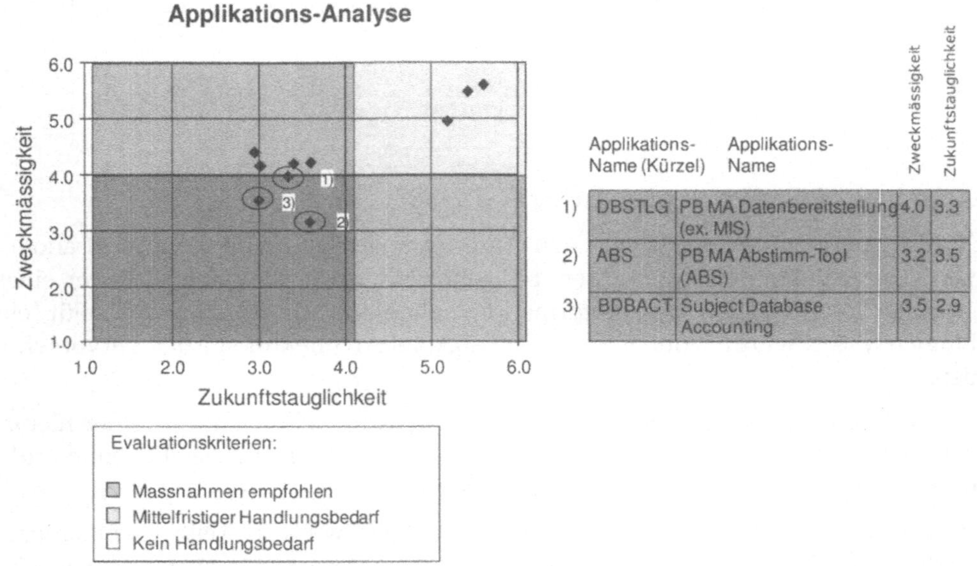

	Applikations-Name (Kürzel)	Applikations-Name	Zweckmässigkeit	Zukunftstauglichkeit
1)	DBSTLG	PB MA Datenbereitstellung (ex. MIS)	4.0	3.3
2)	ABS	PB MA Abstimm-Tool (ABS)	3.2	3.5
3)	BDBACT	Subject Database Accounting	3.5	2.9

Abbildung 46: Resultat Domänen-Assessment der Domäne Data Warehousing

Das Analyse-Resultat weist auf vorhandene Mängel im Applikations-Portfolio und den entsprechenden Investitionsbedarf hin. Die Resultate fließen in die strategische Investitionsplanung für die Applikationsentwicklung ein. Von besonderer Bedeutung in diesem Bereich ist die Suche nach Redundanzen im Applikations-Portfolio, treibt doch die Anzahl der Applikationen im Wesentlichen die Betriebskosten.

Ein weiteres Instrument der Applikations-Architektur sind übergreifende Design-Prinzipien, die für alle Applikationen des ganzen Systems gelten. Diese Prinzipien dürfen nicht trivial sein. Das heißt, dass es zu den im Prinzip gemachten Vorgaben auch realistische Alternativen gibt. Sie müssen auch auf dem richtigen Abstraktionsniveau formuliert sein. Das heißt, dass sie auf der einen Seite die notwendige Freiheit bei der Umsetzung lassen und auf der anderen Seite genügend konkret formuliert sind, dass ihre Einhaltung durch die einzelnen Applikationen messbar ist. Ein Beispiel für ein solches Prinzip bei der Credit Suisse ist die Multi-X-Fähigkeit aller Applikationen.

Das heißt, dass alle Applikationen in der Lage sein müssen, in verschiedenen Ländern, mit verschiedenen Währungen, verschiedenen Sprachen und verschiedenen rechtlichen Vorgaben auf einer Instanz betrieben zu werden. Das bedeutet, dass die Daten der verschiedenen Einheiten innerhalb der Applikation adäquat getrennt werden müssen. Dies kann soweit gehen, dass eine Applikation zentral betrieben wird, kritische lokale Daten aber erst vor Ort beigemischt werden. Es bedeutet auch, dass alle Beträge explizit mit einer Währung versehen werden müssen. Alle Benutzerschnittstellen und Reports müssen mit verschiedenen Sprachen umgehen können. Ein anderes Prinzip bestimmt, welche Angaben von allen Applikationen in welcher Form für Risiko-Management und Finanzbuchhaltung zur Verfügung gestellt werden müssen. Ein weiteres Beispiel ist der Umgang mit Datenredundanz in der gesamten Applikationslandschaft. Ein vernünftiges Prinzip hier ist die Redundanz zu minimieren und, wo sie trotzdem essentiell ist, sicherzustellen, dass Daten nur in einer Instanz verändert werden können.

Das Domänen-Modell dient dazu, den gesamten Funktionsumfang eines großen Informationssystems zu partitionieren. Neben dem Domänen-Modell spielt auch das „Business Object Model (BOM)" eine große Rolle. Es dient dazu, die Semantik von Informations-Objekten festzulegen. Dieses Modell ist ebenfalls hierarchisch aufgebaut. Auf der obersten Stufe gibt es eine Reihe von abstrakten Business-Objekten. Abbildung 47 zeigt das BOM der Credit Suisse Private Banking auf der obersten Abstraktionsstufe.

Auf der Unternehmensebene erscheinen nur ganz abstrakte Konzepte wie Finanzinstrument, Produkt oder Geschäftspartner. Das BOM ist wiederum hierarchisch nach Domänen aufgebaut. Jede Domäne definiert ausgehend vom unternehmensweiten Modell weitere Objekte. Diese sind entweder Spezialisierungen der abstrakten Unternehmens-Objekte oder zusätzliche Objekte.

Normalerweise sind die Objekte auf der Ebene der Domäne noch immer abstrakt. Eine weitere Spezialisierung und Ergänzung erfolgt auf der Ebene der einzelnen Applikationen. Die Verwendung von Objekten bei der Modellierung unterscheidet sich von der vielerorts verwendeten Datenmodellierung darin, dass durch den Mechanismus der Vererbung die hierarchische Spezialisierung des Modells möglich ist. Erst dies behebt einen der wesentlichen Nachteile von Datenmodellen und macht die Methode tauglich für die Nutzung in sehr großen Informationssystemen.

Besonders mächtig wird die Methode, wenn man nach den Prinzipien der „Model Driven Architecture (MDA)" die Implementation direkt aus den Modellen generiert. Aus dem BOM lassen sich so Datenbank-Definitionen und der entsprechende Code zum Zugriff aus der objekt-orientierten Programmiersprache auf die Datenbank generieren. Von besonderem Interesse ist aber die Generierung von Schnittstellen, welche auf einer gemeinsamen Semantik beruhen. Dies ist das Hauptthema im nächsten Teil über Integrations-Architektur.

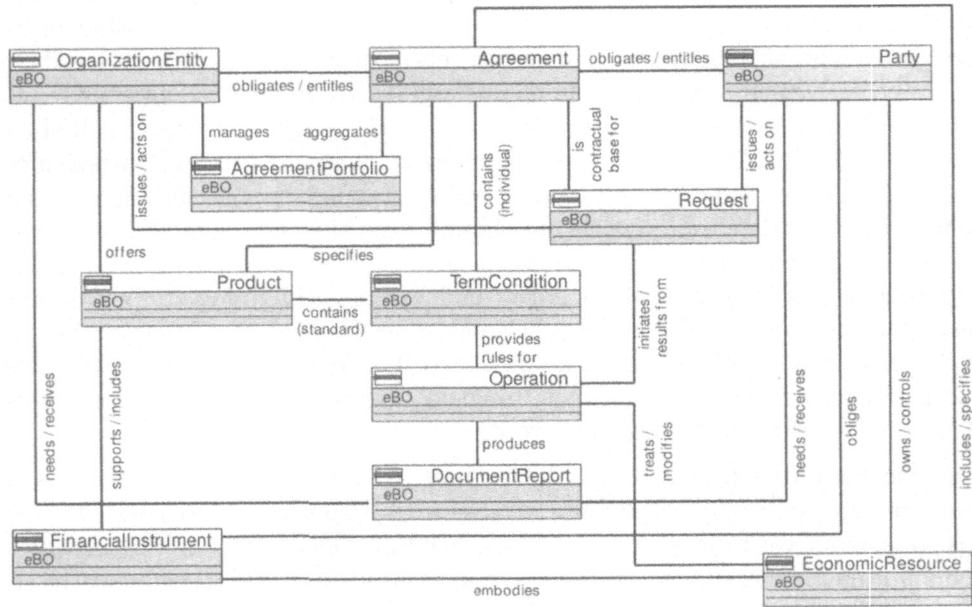

Abbildung 47: Enterprise Business Object Model

Integrations-Architektur

Wie oben beschrieben, erreichen über längere Zeit erfolgreiche Informationssysteme in der Regel eine Größe und Komplexität, die dazu führt, dass sie nicht mehr mit vernünftigem Risiko in einem Stück ersetzt werden können. Damit dies nicht zur vollständigen Lähmung jeglicher Entwicklungsaktivität führt, ist es notwendig, große Systeme so in Komponenten zu zerlegen, dass die einzelnen Komponenten ersetzt werden können. Voraussetzung für den Erfolg einer solchen Strategie ist die richtige Wahl der Komponenten und der Schnittstellen zwischen den Komponenten. Dabei geht es nicht nur um Schnittstellen im engeren technischen Sinne, wo Datenformate und Übermittlungsprotokolle festgelegt werden. Viel wichtiger ist dabei eine umfassende Schnittstellen-Definition. Schnittstellen in diesem umfassenderen Sinne werden als *Services* bezeichnet. Man hört dann auch oft den Begriff *Service-Architektur* (SOA), welcher von vielen austauschbar mit Integrations-Architektur verwendet wird. Die breite Verwendung des Begriffs hat aber zu derart vielen Interpretationen geführt, dass wir hier beim engeren Begriff Integrations-Architektur bleiben.

Zu einer Service-Definition gehören neben der engeren, technischen Schnittstellen-Definition die folgenden Komponenten:

- Betriebliche Angaben zur Service-Qualität wie Betriebszeiten, zu erwartende Verfügbarkeit innerhalb der Betriebszeiten, Skalierbarkeit, Verfügbarkeit in Notsituationen, und Ähnliches.
- Betriebswirtschaftliche Angaben über den Preis der Service-Nutzung, Verrechnungs-Modalitäten und mehr.
- Angaben zum Lebenszyklus des Services, Versionsangaben, Pläne für weitere Versionen in der Zukunft, und Auswirkungen auf die Service-Nutzer.
- Weitere Angaben zur architektonischen Einordnung von Services. Dazu gehört die Zuordnung von Services zu Domänen und die Verwendung von übergeordneten Semantik-Modellen (vergleiche „Business Object Model") zur semantischen Definition der Datenobjekte in der Schnittstelle.

Die Aufgabe der Integrations-Architektur ist, einen *Service-Katalog* mit all diesen Angaben zu sämtlichen öffentlichen Services im ganzen System zur Verfügung zu stellen. In großen Systemen, die typischerweise einige Tausend Services anbieten, muss dieser Katalog über ein geeignetes Werkzeug angeboten werden. Das Werkzeug unterstützt einen föderierten Prozess, bei dem die Service-Anbieter ihre Services und die entsprechenden Release-Pläne registrieren können. Bevor Services implementiert und letztlich für den Gebrauch freigegeben werden, durchlaufen sie einen Qualitätssicherungs-Prozess. Dabei wird sichergestellt, dass keine redundanten Services angeboten werden, dass die Service-Qualität den Erwartungen entspricht, und dass gewisse Architektur-Standards, wie die Verwendung gemeinsamer Semantik-Modelle, eingehalten werden. Das Werkzeug unterstützt diesen Prozess mit geeigneten Workflows. Wird der Service für die Nutzung freigegeben, so erfolgt die entsprechende Publikation im Service-Katalog. Dabei ist entscheidend, dass das Werkzeug sicherstellt, dass die Angaben im Service-Katalog mit der Realität im Produktionssystem übereinstimmen.

Für die Service-Nutzer ist nun entscheidend, dass sie die für sie relevanten Services im Katalog leicht finden und anwenden können. Das Werkzeug unterstützt sie dabei durch geeignete Suchfunktionen und Code-Generatoren, welche direkt aus der Service-Definition den geeigneten Code für eine Service-Nutzung generieren. Letztlich unterstützt das Werkzeug die Integrations-Architekten dabei, geeignete Daten über die Nutzung von Services zu sammeln und auszuwerten.

Die zweite Aufgabe der Integrations-Architektur besteht darin, eine geeignete Integrations-Infrastruktur zu entwerfen und bauen zu lassen. Zur Integrations-Infrastruktur gehören dabei auch die entsprechenden Nutzungsvorgaben an die Applikations-Entwicklung sowie der „Glue"-Code, der die einfache Einbindung von Schnittstellen in den Applikations-Code ermöglicht.

Die Integrations-Infrastruktur besteht neben dem Werkzeug für den Service-Katalog in einer Reihe von Middleware-Angeboten für verschiedene Zwecke. Typisch ist hier die Unterstützung verschiedener Integrations-Muster wie Prozess-

Integration, Benutzerschnittstellen-Integration, Meldungsaustausch, Service-Aufruf und Austausch von großen Datenmengen in der Form von Dateien.

Die Middleware sorgt neben dem Transport der Daten auch für die notwendigen Format-Wandlungen beim Übergang zwischen verschiedenen Plattformen. Der Credit Suisse Exchange Bus in Abbildung 48 zeigt den Umfang einer typischen Integrations-Infrastruktur.

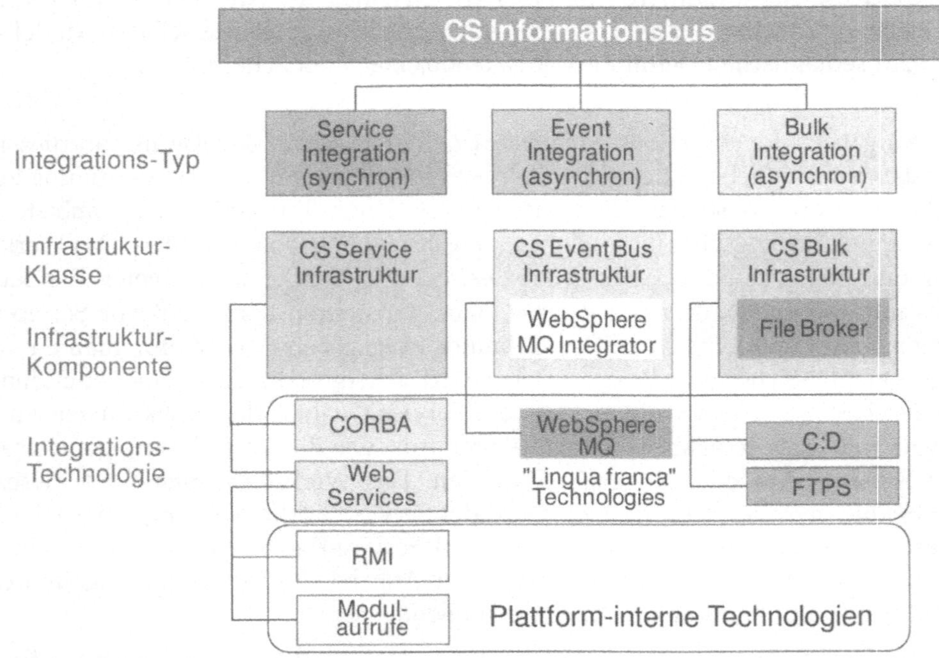

Abbildung 48: Credit Suisse Exchange Bus

Eine interessante Frage ist, mit welchen Zielen man die Integrations-Architektur am besten steuert. Interessante Ziele sind dabei Wiederverwendung von Services, die Gesamtanzahl der angebotenen Services, sowie die dynamische Nutzung von Services. Die Credit Suisse verfolgt diese Parameter bereits über mehrere Jahre auf ihrer Schweizer Plattform. Abbildung 49 zeigt die entsprechenden Ergebnisse.

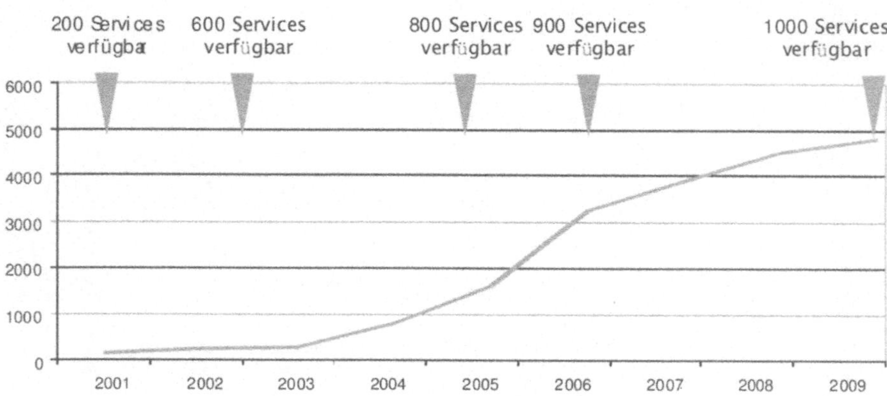

Abbildung 49: Statistik zur Service-Architektur

Man kann auch beobachten, wie nach einem steilen Wachstum der Anzahl Services dieses nun bei etwa 1000 Services zum Stillstand gekommen ist. Offenbar umfassen diese 1000 Services ungefähr den vollen funktionalen Umfang der Plattform. Mit einer Verzögerung von etwa zwei Jahren werden die verfügbaren Services auch wirklich breit genutzt.

Dies ist insofern eine interessante Beobachtung, dass der Aufbau einer unternehmensweiten Service-Architektur den zeitlichen Umfang eines einzelnen Projekts bei weitem übersteigt. Die Messungen bei der Credit Suisse ergeben zudem, dass Services im Durchschnitt durch vier unterschiedliche Applikationen wiederverwendet werden. Sieht man sich diese Werte im Einzelnen an, fällt auf, dass einige wenige Services von über einhundert Applikationen genutzt werden, während etwa die Hälfte nur von einer Applikation gebraucht wird.

Technische Architektur

Bei der Technischen Architektur gibt es zwei wesentliche Aufgaben. Einerseits muss das Portfolio der Infrastruktur-Technologien entlang gewisser Kriterien gepflegt werden. Andererseits müssen die einzelnen Infrastruktur-Technologien zusammen mit den entsprechenden Prozessen als integrierte Services, sogenannte Plattformen angeboten werden.

Portfolio-Management von Infrastruktur-Technologien und -Produkten beginnt damit, ein technisches Domain-Modell festzulegen, um die gesamte Komplexität aufzuteilen. Bei der Credit Suisse wird global das Modell in Abbildung 50 verwendet.

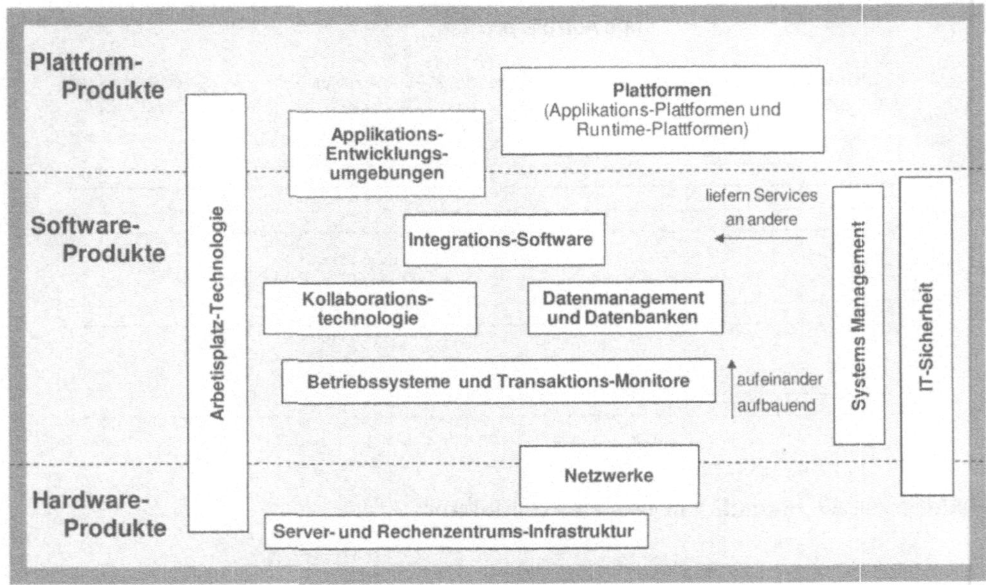

Abbildung 50: Technisches Domänen-Modell

Das Technische Domänen-Modell ist in drei Schichten strukturiert. Die unterste Schichte umfasst Hardware und Rechenzentren, die eigentlichen physischen Infrastruktur-Elemente unter einem Informationssystem. Auf der nächsten Schicht erscheinen einzelne Software-Produkte der Infrastruktur in verschiedenen Domänen, die der Marktstruktur in diesen Bereichen angenähert sind.

Auf der obersten Schicht werden dann die verschiedenen Elemente zusammen mit den entsprechenden Prozessen in Plattformen zusammengefasst. Die Plattformen bilden auch die Schnittstelle von der Infrastruktur hin zu den Applikationen. Diese Schnittstelle bedarf besonderer Aufmerksamkeit beim Entwurf der Infrastruktur und wird später in diesem Abschnitt besprochen. Gewisse Software-Komponenten wie Sicherheits-Komponenten oder System-Management-Komponenten sind nicht in Schichten strukturiert, da der Markt da eher vertikale Lösungen bevorzugt. Ein Spezialfall ist die „End User Platform“, die vertikal alle Komponenten rund um den PC des Benutzers zusammenfasst.

Für alle Domänen werden nun Technologie- und Produkt-Standards erarbeitet und im Rahmen der Architektur-Governance beschlossen. Zu diesen Standards gehört nicht nur der momentan gültige Standard, sondern auch eine Roadmap, so dass transparent wird, wie sich der Standard entwickeln wird. Aus dieser Roadmap wird klar, wie lange ein Standard noch gelten soll, ab wann mit einer neuen Version der technischen Komponente zu rechnen ist, oder ob das Produkt ganz aus dem Technologie-Portfolio verschwinden soll.

Dies führt zu einer Art Vertrag zwischen dem Anbieter der technischen Komponente und ihren Nutzern. Der Anbieter publiziert eine transparente Roadmap und wird daran gemessen, ob er sich daran hält. Die Nutzer wissen frühzeitig, was mit ihren Infrastruktur-Elementen geschieht und können die entsprechende Erneuerung im Rahmen der normalen Wartung einplanen. Sie werden daran gemessen, ob sie rechtzeitig auf eine aktuelle Infrastruktur wechseln. Selbstverständlich gehört zu diesem Vertrag, dass der Anbieter einer Infrastruktur genügend lange Nutzungsdauern für seine Produkte vorsieht.

In der Praxis haben sich Nutzungsdauern von drei bis vier Jahren als der richtige Kompromiss zwischen kontinuierlicher Erneuerung und dem Anpassungsaufwand für Nutzer von technischen Komponenten erwiesen. Häufig gelten mehrere Versionen einer technischen Komponente als Standard, um den Nutzern den schrittweisen Übergang zu ermöglichen. Hier haben sich in der Praxis drei parallele Versionen als adäquat erwiesen.

Im Zusammenhang mit technischen Standards ist auch die Bewirtschaftung von Ausnahmen wichtig. Ist das Technologie-Portfolio derart umfassend, dass keine Ausnahmen benötigt werden, so ist es vermutlich zu breit. Gibt es sehr viele Ausnahmen, so ist es wohl zu wenig umfassend. Es gibt verschiedene Gründe für Ausnahmen. Häufig sind Ausnahmen von temporärem Charakter, wenn beispielsweise ein Pilotprojekt eine Technologie, welche später standardisiert wird, frühzeitig nutzt, oder wenn die alte Version einer technischen Komponente nicht rechtzeitig abgelöst werden kann und man sich darauf einigt, dass das Risiko für eine temporäre Abweichung vom Standard vertretbar ist. Es gibt aber auch permanente Ausnahmen, wenn etwa aus bestimmten Gründen ein technisches Produkt erforderlich ist, welches die Kriterien für ein Standard-Produkt nicht erfüllt. Ausnahmen werden im Rahmen des „Project Review Boards" – wie oben beschrieben – festgelegt und wenn notwendig terminiert.

Zur Bewirtschaftung des Technologie-Portfolios gehört eine Reihe von übergeordneten Prinzipien. Aus der Praxis bei der Credit Suisse haben sich folgende Prinzipien bewährt:

- Folge dem Mainstream. Rund um marktführende Infrastruktur-Technologien bilden sich ganze Ökosysteme mit Tools, Beratung, und Ausbildung. Will man von diesen profitieren, so muss man auf die marktführenden Produkte setzen.
- Keine unnötige Redundanz im Technologie-Portfolio, außer bei leicht austauschbaren Produkten (wie zum Beispiel PC-Hardware), wo es sich ökonomisch auszahlt, aus Wettbewerbsgründen mehrere Standards zu unterstützen, ohne dass deswegen die Integrationskosten in die Höhe schnellen.
- Positionierung als „Early Follower" im Marktzyklus außer in ausgewählten Bereichen, wo Differenzierung über Technologie möglich ist. Dies ist für viele große Unternehmen eine risiko-adäquate Strategie, die die Nutzung neuer Technologien rechtzeitig erlaubt, ohne die Firma großen Technologie-Risiken

auszusetzen. Konkret bedeutet das, dass Produkte zu einem Zeitpunkt standardisiert werden, zu dem sich ihre Qualität bewährt hat und sich ihr Erfolg am Markt deutlich abzeichnet.

Die Struktur des technischen Domänen-Modells deutet bereits eine Schichten-Architektur für die Infrastruktur an. Aus Sicht der Applikationen als hauptsächliche Nutzer von Infrastruktur, ist es in der Regel nicht effizient, die notwendige Infrastruktur aus einzelnen Komponenten zusammenzustellen und die notwendigen Entwicklungs- und Betriebsprozesse individuell pro Applikation festzulegen. Interessanter sind integrierte Plattformen, die die technischen Komponenten zusammen mit den notwendigen Prozessen als integrierte Services anbieten. Von besonderer Bedeutung ist dabei, dass die Plattformen den Lebenszyklus aller involvierten Komponenten koordinieren und gegenüber den Nutzern einen Lebenszyklus der gesamten Plattform definieren und garantieren. So gilt auch auf der Ebene der Plattformen der Grundvertrag, dass sich die Nutzer an den definierten Lebenszyklus halten sollen, wenn dieser frühzeitig bekannt ist. Abbildung 51 zeigt ein Schichtenmodell für Plattformen.

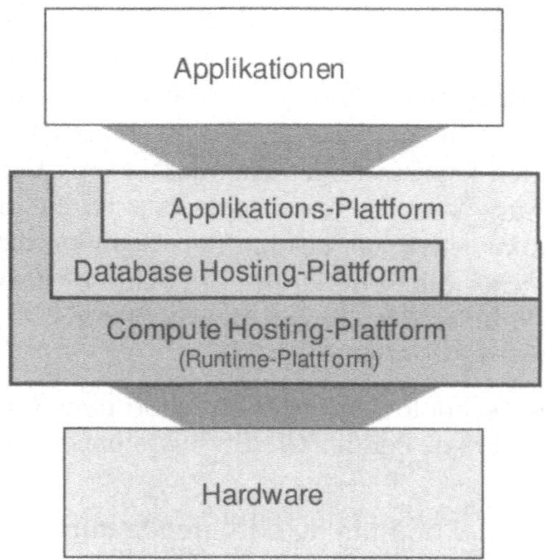

Abbildung 51: Plattform-Schichtenmodell bei der Credit Suisse

In Abbildung 51 erscheint auf der untersten Stufe die „Compute Hosting-Plattform". Ihre Schnittstelle gegenüber den darüberliegenden Plattformen bzw. direkt gegenüber den Applikationen ist ein Betriebssystem-Image plus Speicher mit all den notwendigen Betriebsprozessen. Diese Schicht lässt sich heute idealerweise als „Cloud" implementieren, wie man das in beispielhafter Weise bei http://www.amazon.com/ec2 sehen kann. Nutzer dieser Plattform sind die anderen Plattformen und eingekaufte Applikationen. Auf der nächsten Schicht kommt die

„Database Hosting-Plattform". Sie bietet Datenbank-Services in verschiedenen Qualitätsklassen inklusive DB-Administration, Kapazitäts-Management, und Backup an. Nutzer dieser Schicht sind teilweise direkt Applikationen, aber hauptsächlich die Applikations-Plattformen. Applikations-Plattformen erweitern die „Compute Hosting-Plattform" und die „Database Hosting-Plattform" um zusätzliche Komponenten und Prozesse für die Entwicklung und den Betrieb ähnlicher Applikationen, basierend auf gemeinsamen Architektur-Standards. Konkret basieren solche Applikations-Plattformen in der Regel auf einer Umgebung wie .NET oder Java, die auf die jeweiligen Bedürfnisse reduziert bzw. erweitert wird.

Als wichtigste Komponenten kommen Standard-Bibliotheken und -Frameworks und eine Entwicklungsumgebung mit all ihren Werkzeugen dazu. Bei den Prozessen kommen die Qualitätssicherung, der Entwicklungsprozess, der Entwickler-Support und ein erweitertes Plattform-Management hinzu.

Die Erfahrung zeigt, dass gerade Applikationen mit komplexer Infrastruktur, wie zum Beispiel sichere, verteilte Internet-Applikationen, substantiell davon profitieren, auf Applikations-Plattformen zu laufen. Hochwertige Frameworks und Bibliotheken zusammen mit standardisierten Infrastruktur-Services fokussieren die eigentliche Applikationsentwicklung auf die Geschäftslogik. Engineering und Betrieb der Infrastruktur profitieren durch die hohe Anzahl gleichartiger Applikationen, was Investitionen in die Prozess- und Technologie-Optimierung rentabel macht.

Die Benutzer profitieren von hochwertigen Applikationen die hohe nichtfunktionale Anforderungen wie Zuverlässigkeit und Skalierbarkeit erfüllen. Voraussetzung für den Erfolg von Applikations-Plattformen ist auf der einen Seite ein genügend großes Entwicklungsvolumen und auf der anderen Seite ein effektiver Architektur-Prozess, der die notwendige Standardisierung der Entwicklung erst ermöglicht. Die Erfahrung hier zeigt, dass eine Applikations-Plattform ab einem Volumen von einigen Dutzend Applikationen rentieren kann.

Als Beispiel kann hier die Java-Applikations-Plattform dienen, die die Grundlage für den größten Teil der Neuentwicklungen bei der Credit Suisse darstellt. Diese Applikations-Plattform ist unter anderem die Grundlage für die Internet-Banking-Applikationen der Credit Suisse (http://www.directnet.com). An diesem Beispiel (siehe Abbildung 52) lässt sich die Bedeutung von Architektur-Controlling sehr schön zeigen.

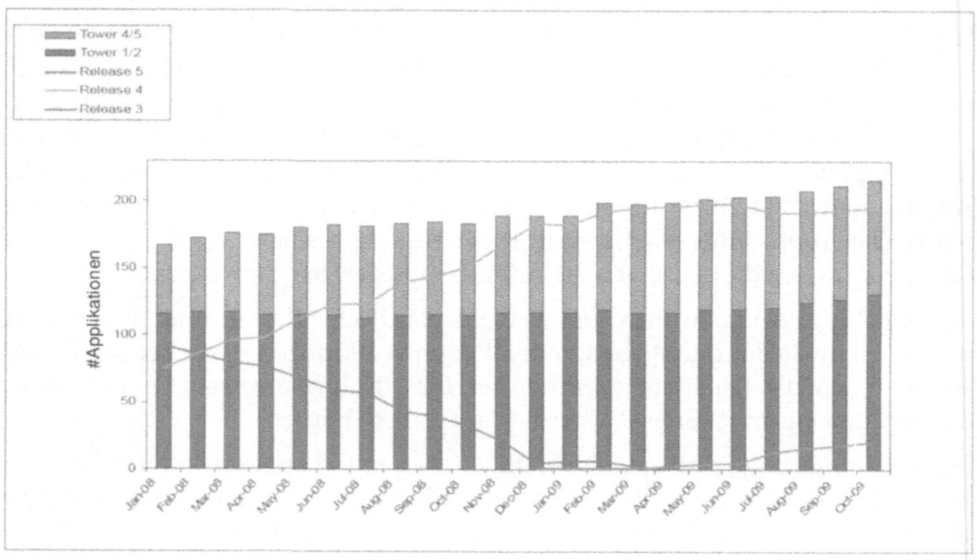

Abbildung 52: Anzahl Applikationen auf der Java-Applikations-Plattform

An der gesamten Anzahl Applikationen lässt sich ablesen, ob der Architektur-Standard erfolgreich ist. Dies scheint in diesem Beispiel mit gut 200 Applikationen der Fall zu sein. Wie oben allgemein für technische Komponenten beschrieben, unterliegt die Applikations-Plattform einem streng kontrollierten Lebenszyklus. Ungefähr alle 12 bis 18 Monate erscheint ein neues Release der Plattform. Maximal drei Releases sind gleichzeitig in Betrieb. Die Applikationen müssen sich im Rahmen ihrer Weiterentwicklung kontinuierlich auf die neuen Releases verschieben. Dieser Prozess lässt sich in der Statistik sehr schön verfolgen. Das neue Release 5 wächst schnell, das bestehende Release 4 bleibt flach, während das Release 3 außer Betrieb genommen wird. Dieses Verfahren erlaubt eine kontinuierliche Erneuerung des Technologie-Portfolios im Takt der üblichen Weiterentwicklung der Applikationen.

Föderierte Architektur-Organisation

Wir kennen nun die wichtigsten Methoden, Strukturen und Prozesse für eine erfolgreiche Architektur-Funktion auf der Unternehmensebene. Was bleibt, ist die organisatorische Umsetzung der Funktion innerhalb der IT-Organisation. In erster Linie muss man dabei drei verschiedene Rollen unterscheiden:

- Der *Chef-Architekt* und sein Team pflegen die unternehmensweiten Modelle und Strategien. Sie stellen den Architektur-Prozess in der Form von klaren Entscheidungsprozessen, der Planung und Durchführung des Architekturprogramms, der aktiven Teilnahme am „Project Review Board" und der Messung des Fortschritts sicher. Der Chef-Architekt führt die gesamte Architektur-Funktion.

- Die *Domänen-Architekten* planen die architektonische Weiterentwicklung ihrer Domäne und stellen in Zusammenarbeit mit den Lösungs-Architekten in den Projekten ihrer Domäne die entsprechende Umsetzung sicher. Für die Architekturentwicklung koordinieren sie sich unter der Führung des Chef-Architekten mit den anderen Domänen-Architekten. Sie bringen die Sicht ihrer Domäne in die Entwicklung der Gesamtarchitektur ein. Sie führen die Lösungs-Architekten in ihrer Domäne.
- Die *Lösungs-Architekten* verantworten das Design einzelner Applikationen oder Infrastrukturlösungen im Rahmen von Projekten. Sie stellen die adäquate Umsetzung von Standards in den Projekten sicher. Sie arbeiten mit ihren Domänen-Architekten an der Weiterentwicklung ihrer Domäne.

Organisatorisch ist es sinnvoll, den Chef-Architekten direkt dem Informatik-Chef zu unterstellen. Er vertritt im Führungsgremium der Informatik die langfristige inhaltliche Entwicklung und Koordination der Systeme. Sein Team umfasst leitende Architekten für die Infrastruktur und die Applikationen sowie für die essentiellen vertikalen Architekturen wie die Sicherheits-Architektur. Unter Umständen kann der Chef-Architekt auch die Business-Architektur in seinem Team haben. Eigentlich gehört diese nicht in die Informatik. Es zeigt sich aber, dass häufig die Informatik deshalb die geeignete Organisation für dieses Thema ist, weil dort die notwendigen Methoden und Fähigkeiten zur Verfügung stehen. Die Erfahrung zeigt, dass die Organisation des Chef-Architekten etwa 1% des gesamten Mitarbeiterbestands in der Informatik ausmachen sollte.

Die Domänen-Architekten können in kleineren Organisationen auch direkt beim Chef-Architekten unterstellt sein. In größeren Organisationen, welche ihre Entwicklung von Infrastruktur und Applikationen nach Domänen organisieren, ist es sinnvoll, dass die Domänen-Architekten in direkter Linie den jeweiligen Entwicklungsorganisationen zugeordnet sind und nur über eine funktionale Linie an den Chef-Architekten rapportieren. So sind sie quasi die Chef-Architekten der jeweiligen Entwicklungsorganisation. Bestandsmäßig sollten die Domänen-Architekten auch etwa 1% der Gesamt-Organisation ausmachen. Dies bedeutet, dass in großen Organisationen individuelle Domänen-Architekten oder sogar kleine Teams für jede Domäne zur Verfügung stehen. In kleineren Organisationen kann die Rolle entweder als Nebenrolle durch einen erfahrenen Entwickler in der Domäne wahrgenommen werden, oder man hat spezialisierte Domänen-Architekten, die eine ganze Anzahl von Domänen abdecken.

Die Lösungs-Architekten gehören klar zur Entwicklungsorganisation. Typisch sind Vollzeit-Architekten in großen Projekten und Nebenrollen in kleinen Projekten. Die Design-Phase macht in typischen Projekten etwa 15% des Gesamtaufwands aus. Insgesamt muss genügend Architektur-Kapazität im Verhältnis zum gesamten Projekt-Portfolio zur Verfügung stehen.

Kultur

Zu erfolgreichem Architektur-Management gehört auch eine Reihe von kulturellen Merkmalen in der jeweiligen Informatik-Organisation. Gute Architektur kann nicht von oben herab befohlen werden. Sie entsteht durch Tausende von architektonischen Einzel-Entscheiden, die bei Entwicklungsprojekten von Entwicklern und Lösungs-Architekten getroffen werden. Voraussetzung dafür, dass diese Entscheidungen im Sinne des Gesamtsystems getroffen werden, ist, dass die betreffenden Personen ihr Architektur-Handwerk verstehen und über die notwendigen Informationen über die Ziel-Architektur verfügen. Wichtiger ist aber ein Kulturmerkmal: „Think big, act local". Die Leute müssen bei all ihren Einzel-Entscheiden den größeren Zusammenhang sehen und berücksichtigen. Es dürfen keine lokalen Optimierungen auf Kosten anderer gemacht werden.

Erfolgreiche Architektur setzt auf Wiederverwendung von Services und Plattformen. Erfolgreiche Wiederverwendung setzt eine Vertrauenskultur voraus. Häufig wollen Projektleiter die gesamte Kette von Infrastruktur über Daten bis zur Applikation vollständig kontrollieren, da sie glauben, nur so ihre Verantwortung gegenüber dem Auftraggeber wahrnehmen zu können. Dies widerspricht natürlich den Zielen der Architektur. So muss eine Kultur des Vertrauens zwischen Service-Anbietern und -Nutzern aufgebaut werden. Vertrauen lässt sich am besten durch Transparenz, klar festgelegte Verträge rund um die Services und kompromissloses Einhalten dieser Verträge erzielen.

Architektur ist eine langfristige Angelegenheit. In der Erfahrung des Autors benötigt die Umsetzung neuer Ziel-Architekturen in großen Systemen häufig drei und mehr Jahre. Dies steht manchmal im Widerspruch zu kurzfristigen Zielen in Projekten oder Quartalen. Erfolgreiche Architektur benötigt eine Kultur der Langfristigkeit. Die Verantwortlichen benötigen genügend Zeit, um die notwendigen Maßnahmen umzusetzen. Sie sollen aber auch am langfristigen Erfolg gemessen werden.

Bei den meisten Architektur-Entscheiden müssen widersprüchliche Ziele unter einen Hut gebracht werden. Entscheidend ist, dass diese Abwägung von Zielkonflikten auf Grund von Fakten gemacht wird. Erfolgreiche Architektur benötigt eine faktenbasierte Ingenieur-Kultur, bei der in mehreren Varianten gedacht wird und die getroffene Variante letztlich auf Grund von ökonomischen und technischen Fakten ausgewählt wird.

Die Verankerung dieser kulturellen Werte darf nicht unterschätzt werden. Die Verantwortlichen müssen die entsprechenden Verhaltensweisen aktiv vorleben, belohnen, und bei der Auswahl des Führungspersonals berücksichtigen.

2.3.2 Harmonisierung und Konsolidierung der IT-Landschaft. Praxis bei der ABB

Jan-Kees Kok, ABB

In diesem Beitrag beschreibt der Autor, wie eine erfolgreiche Harmonisierung und Konsolidierungen der IT-Landschaft (Anwendungen und Infrastruktur) in der Praxis durchgeführt werden kann – wobei unter einer Harmonisierung und Konsolidierung der IT-Landschaft die Betrachtung von Geschäftsprozessen und IT unter dem Aspekt der Kostensenkung und der Reduktion von Komplexität verstanden wird. Die bei ABB erfolgreiche Wahrnehmung dieser Aufgabe berücksichtigt entsprechende geschäftsstrategische Zielsetzungen ebenso wie organisatorische und technische Rahmenbedingungen.

Gerade in Zeiten von zunehmendem Kostendruck und neuer informationstechnischer Herausforderungen spielt die Harmonisierung von Geschäftsprozessen sowie die Konsolidierung und Standardisierung der korrespondierenden IT-Landschaft eine zunehmend wichtige Rolle. Auf Basis der wichtigsten Grundlagen wird gezeigt, wie die ABB solche Vorhaben erfolgreich durchführt.

Es wird ein umfassender Abriss relevanter Aspekte erläutert – aber nicht der Anspruch erhoben, eine universelle Lösung zu postulieren, sondern vielmehr exemplarisch hilfreiche Erfahrungen für die Umsetzung weiterzugeben.

Einleitung

Gerade in Zeiten von unternehmerischem Wachstum werden bereichsspezifische Anforderungen häufig individuell und spezifisch unterstützt. Dies gilt sowohl für die festgelegte Art und Weise, wie Unternehmensteile ihre Prozesse abwickeln, als auch hinsichtlich von Entscheidungen darüber, welche IT-Landschaften hierzu unterstützend eingesetzt werden.

Das Festlegen von „generischen" oder „gemeinsamen" Lösungen erscheint eher als aufwändig, zeitintensiv und dem eigenen Bereich hinderlich, so dass „Individuallösungen" für die Bereiche weitaus attraktiver erscheinen.

In solchen Phasen könnte sicherlich eine Kosten/Nutzen-Betrachtung für solche Individuallösungen sprechen. Der Versuch, in einem solchen Umfeld eine Harmonisierung der IT-Landschaft voranzutreiben, könnte sich daher eher kontraproduktiv auswirken bzw. wird mit großer Wahrscheinlichkeit massiv torpediert. Es kann daher auch gute Gründe geben, eine Harmonisierung und Konsolidierung der IT-Landschaft nicht voranzutreiben, beispielsweise:

- Die Kosten/Nutzen-Rechnung geht nicht auf. Die Organisation kann (oder will) sich das Harmonisierungsprojekt nicht leisten.
- Harmonisierung der Anwendungen ist aus geschäftsstrategischen Gründen nicht gewünscht. Zum Beispiel weil durch Harmonisierung bestimmte Wettbewerbsvorteile aus lokaler Sicht nicht optimal wahrgenommen werden können.

Es wird aber immer Phasen geben, in welchen die bestehende IT-Landschaft zur „Disposition" steht – weil beispielsweise die Komplexität entweder die Kosten für den Unterhalt und die Wartung in die Höhe treibt oder aber eine wirtschaftliche Umsetzung neuer Geschäftsanforderungen nicht mehr garantiert werden kann. In solchen Fälle gelten folgende typische Gründe für eine Konsolidierung der IT-Landschaft:

- Senkung der Betriebs-Kosten sowie Reduktion von Risiken durch Reduktion der Anzahl und/oder Verschiedenheit der Elemente.
- Erhöhung der Transparenz, Verbesserung der Prozessunterstützung und Erhöhung der Datenqualität durch harmonisierte Geschäftsprozesse, einheitliche und durchgängige Anwendungen und gemeinsame Daten.

Eine erfolgreiche Konsolidierung der IT-Landschaft bedingt einerseits die Berücksichtigung technischer, finanzieller und organisatorischer Aspekte – braucht jedoch aber auch zwingend die geschäftsstrategische und politische „Rückendeckung".

Es gilt daher, bei dieser Art von Vorhaben mehrere (Komplexitäts-)Ebenen zu berücksichtigen. Nur wenn man die einzelnen Ebenen, welche die Komplexität der IT-Landschaft bestimmen, kennt und deren Zusammenhang ausreichend versteht, kann man auch eine erfolgreiche Konsolidierung angehen. Wie in Abbildung 53 dargestellt, lassen sich mehrere Ebenen unterscheiden:

- Auf den unteren Ebene, befinden sich die Komponenten der Anwendungslandschaft und IT-Infrastruktur: Applikationen, Technologieplattformen, Daten, usw.
- Diese Ebene der Anwendungslandschaft und IT-Infrastruktur wird bearbeitet und instandgehalten durch die IT-Organisation mit ihren Strukturen und Prozessen zur Wartung, Pflege und Bereitstellung der Anwendungslandschaft.
- Die IT-Organisation ist Teil der Geschäftsorganisation – das organisatorische Umfeld, welches die Infrastruktur und Anwendungslandschaft nutzt (Aufbau- und Ablauforganisation des Unternehmens) um ihre Geschäftsprozesse zu unterstützen.
- Diese Geschäftsorganisation und ihre Prozesse leiten sich schlussendlich aus der Strategie und dem Zustand des Unternehmens ab.

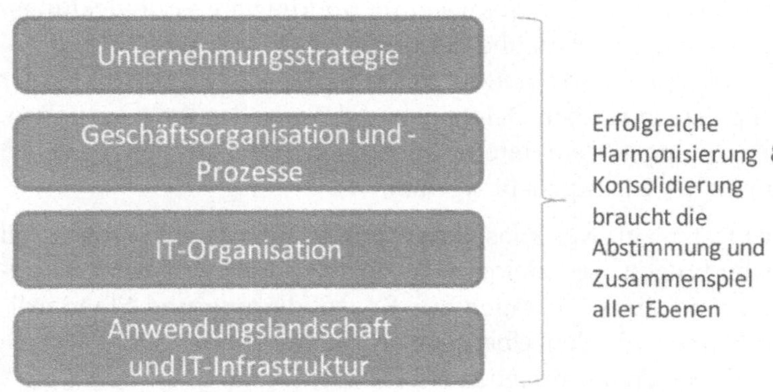

Abbildung 53: Komplexitätstreiber IT-Landschaft

Allzu oft wird beispielsweise rein technisch motiviert eine Konsolidierung der IT-Infrastruktur forciert, ohne einen entsprechenden Bezug zum Geschäft oder zur Organisation zu berücksichtigen. So wird eine Konsolidierung oder Standardisierung dieser Ebene auch immer Auswirkungen auf die Ebene der IT-Organisation (Betriebsorganisation) haben – beispielsweise müssen Mitarbeiter gezielt auf die „anvisierte" IT-Infrastruktur qualifiziert werden.

Zur Verdeutlichung sei weiter erwähnt, dass eine Konsolidierungen und Standardisierungen der Anwendungen – beispielsweise durch den konzernweiten Einsatz eines ERP – immer auch eine Wechselwirkung zu den Geschäftsprozessen hat.

So wird mit großer Wahrscheinlichkeit eine unternehmens- oder bereichsweite Konsolidierung und Standardisierung auf ein ERP-System ohne eine vorgängige Harmonisierung der Geschäftsprozesse kaum erfolgreich oder wirtschaftlich machbar sein. Nur allzu oft wird dem bekannten „IT follows Business" nicht genügend Rechnung getragen.

Bei einer unzureichenden Berücksichtigung der verschiedenen Ebenen könnte ferner auch passieren, dass die Auswirkungen einer Konsolidierung der IT-Landschaft auf der IT- oder Gesamtorganisations-Ebene unzureichend berücksichtig werden – wodurch entweder Anwender nicht vorbereitet sind und/ oder die IT-Organisation nicht entsprechend angepasst und vorbereitet wurde. Eine erfolgreiche Harmonisierung und Konsolidierung der IT-Landschaft erfordert daher ein gutes Verständnis der nachfolgend erläuterten Ebenen und deren Zusammenspiel:

a) Ebene der Anwendungslandschaft und IT-Infrastruktur

Innerhalb dieser Ebene werden hauptsächlich Konsolidierungen und Standardisierungen folgender Elemente anvisiert und umgesetzt.

- *Anwendungen und Daten:* die Sammlung aller Anwendungen und Datenbestände, die innerhalb einer Organisation benutzt werden.

- *Technologie-Plattformen:* hierzu zählen Datenbank-Systeme, Basis-Technologien (Hardware, Netzwerke, Betriebssystem), Middleware, Entwicklungsplattformen, Programmiersprachen und ähnliches.
- *Schnittstellen und Integrationsanwendungen:* das sind die – elektronischen oder manuellen – Mechanismen für den Datenaustausch zwischen Anwendungen. Diese Schnittstellen können rein intern oder auch mit externen Partnern (Kunden, Lieferanten, usw.) aufgebaut werden.

Auf dieser Ebene wird festgelegt, was konsolidiert und standardisiert werden soll (z.B.: bestimmte Anwendungen, Technologie-Plattformen, Infrastruktur-Komponenten, Datenbanken). Sind diese Aussagen zur Konsolidierung und Standardisierung getroffen, verbleiben für den Übergang in die anvisierte (Ziel-) Umgebung folgende Basisoptionen an der bestehenden Infrastruktur:

- *Eliminierung:* das Entfernen von einzelnen Komponenten. Die Funktionen werden durch andere Komponenten übernommen.
- *Migration:* Komponenten werden migriert. Migration kann bspw. das Ergebnis einer vereinbarten Standardisierung sein (z.b. Migration auf gemeinsame Entwicklungsplattform).
- *Investition/Ausbau:* Standards ausbauen. Konsolidierung vorantreiben

Trotz Standardisierung gibt es oft die Zusage, abweichende Komponenten zu tolerieren. Entweder weil diese von geschäftsstrategischer Bedeutung sind oder aber weil die betroffene Komponente sowieso (fast) am Ende ihrer Lebensdauer ist.

Abgesehen von einer Bedarfsanalyse – z.B. zur Klärung der Frage, wo eine Konsolidierung und Standardisierung am Meisten bringt – ist es wichtig, diese auf eine (technische) Machbarkeit hin zu überprüfen. Beispielsweise im Falle der Konsolidierung und Standardisierung von Daten: obwohl es bei einer gut analysierten und dokumentierten Informationsarchitektur relativ einfach ist, die Notwendigkeit und den Nutzen einer konsolidierten Datenhaltung aufzuzeichnen, ist es weit komplexer und aufwändiger, diese Datenbestände entsprechend zusammenzuführen.

b) Ebene der IT-Organisation

Diese Ebene umfasst sowohl die Betriebsorganisation der IT (Entwicklung, Weiterentwicklung, Betrieb und Instandhaltung der Anwendungsarchitektur und IT-Infrastruktur) als auch die IT-Demand-Organisation – umfasst also das ganze Spektrum von Planung und Implementierung, Betrieb von IT-Lösungen bis hin zu Unterstützung und Support und letztendlich Ablösung.

In der Regel treibt die IT-Organisation die Konsolidierung und Standardisierung voran, um eine wirtschaftliche und effektive IT zu gewährleisten, und hat dementsprechend einen großen Einfluss auf die Harmonisierung und Konsolidierung der IT-Landschaft. Dies gelingt jedoch nur umfassend, wenn auch entsprechend auf die Anforderungen (Demand) an IT-Lösungen von Seiten des Geschäftes reagiert werden kann. Hierzu braucht es unternehmensweite Regelungen und Strukturen (Governance) um entsprechende Konsolidierungs- und Standardisierungsbestrebungen auch zu stützen.

Gerade in dezentralen und multinationalen Organisationen kann die (dezentrale) IT-Organisation selbst als Komplexitätstreiber der IT-Landschaft wirken – so dass insbesondere hier „Governance" zielführend definiert sein muss. Nur auf dieser Basis lässt sich sicherstellen, dass größere Harmonisierungsvorhaben nicht alle x-Jahre wieder notwendig werden.

c) Ebene der Geschäftsorganisation

In den wenigsten Fällen dreht es sich bei der Konsolidierung der IT-Landschaft lediglich um eine reine Infrastrukturoptimierung. Meistens ist das Geschäftsumfeld gar der Auslöser für umfassende Konsolidierungsvorhaben – beispielsweise, weil Geschäftsprozesse nur unzureichend und/oder fragmentiert durch mehrere (redundante) Systeme unterstützt werden, die nicht aufeinander anschließen. In solchen Fällen kann eine Konsolidierung und Standardisierung der Anwendungen nur dann erfolgreich und wirtschaftlich greifen, wenn auf Ebene der Geschäftsorganisation eine entsprechende Harmonisierung der Geschäftsprozesse stattgefunden hat und diese Prozesse auch auf strategische Zielsetzungen des Unternehmens entsprechend abgestimmt sind.

Hierbei geht es oft nicht nur um Prozessanforderungen, sondern auch um die Informationsanforderungen. Daher ist für eine solch motivierte Konsolidierung auch eine ausreichende Analyse der Informationsarchitektur im Sinne „welche Daten werden wo und wie von wem und zu welchem Zweck in der Gesamtorganisation verarbeitet und verwaltet" notwendig.

Generell ist bei Konsolidierungen und Standardisierungen zu berücksichtigen, dass auf Seiten der Geschäftsorganisation auch gewisse Mehrwerte erbracht werden. Falls beispielsweise eine Standardisierung lediglich eine 1:1 Migration der Funktionalität auf eine neue (als Standard erklärte) Plattform beinhaltet, kommt die Beziehung zwischen Geschäft und IT leicht unter Druck. Es ist daher empfehlenswert, solche „Migrationen" auch dazu zu benutzen, Funktionalitätsverbesserungen durchzuführen. Damit wird nicht nur das Optimierungspotential erweitert, sondern das Vorhaben ist außerdem nicht mehr „nur" ein IT-Projekt. Die Projektkomplexität und -Risiken werden dadurch aber auch höher, und ein professionelles Change und Erwartungs-Management wird unabdingbar für den Erfolg.

d) Ebene der Unternehmensstrategie

Die Art und Weise, wie die Anwendungslandschaft betrieben und geändert wird, ist stark davon abhängig, welche Rolle die IT in der gesamten Organisation einnimmt: eher operationell oder eher von strategischer Bedeutung. In Organisationen, in welchen die IT vor allem eine operationelle Rolle spielt, wird die IT-Organisation sehr wahrscheinlich stark auf Kosten und Effizienzsteigerung fokussiert sein. Zielsetzungen von Konsolidierungsvorhaben in solchen Unternehmen ist daher meist primär Kostenoptimierung. In Unternehmen, in denen die IT eher eine strategische Rolle einnimmt, lassen sich auch Konsolidierungsvorhaben rechtfertigen, welche primäre Zielsetzungen wie beispielsweise „global einheitliche Kundenprozesse" oder ähnliches verfolgen.

Die erfolgreiche Umsetzung von Vorhaben zur Harmonisierung von Geschäftsprozessen und der korrespondierenden Konsolidierung/Standardisierung der IT-Landschaft bedarf der Wahrnehmung abgestimmter Maßnahmen und Kommunikation auf jeder der erwähnten Ebenen – insbesondere zwischen Geschäfts- und IT-Organisation, wo der „Disconnect" zwischen Geschäft und IT gerade in Konsolidierungsvorhaben oft auftreten kann.

Der nächste Abschnitt wird sich deswegen darauf fokussieren, wie diese Ebenen in der Umsetzung erfolgreich und pragmatisch auf einander abgestimmt werden können.

Prinzipielle Vorgehensweisen bei der Konsolidierung: Top-Down, Bottom-Up, Iterativ

Es ist offensichtlich, dass Vorhaben zur Konsolidierung der IT-Landschaft professionell aufgesetzt und abgewickelt werden sollten. Zwei Überlegungen sind hierbei besonders wichtig. Einerseits die Frage der organisatorischen Richtung und andererseits das Festlegen der Umsetzungs-Geschwindigkeit. Die Bestimmung der organisatorischen Richtung ist speziell für größere Harmonisierungsvorhaben, welche große Teile der Organisation betreffen, wichtig. Hierbei gibt es folgende Optionen (siehe Abbildung 54):

- *Top-Down:* das Projekt wird von oben (Geschäfts-/Bereichsleitung; Executive oder Senior Management) herab angeordnet. Diese Vorgehensweise ist wichtig, falls das Projekt innerhalb eines bestimmten Zeitrahmen durchgeführt sein sollte oder falls mit größeren organisatorischen Widerständen zu rechnen ist. Jedoch müssen auch Projekte mit dieser Vorgehensweise auf der Sachebene überzeugen, um erfolgreich zu sein.
- *Bottom-Up:* das Projekt wird erst in einem Geschäftsbereich oder einer Abteilung durchgeführt. Erste Erfolgsnachweise dienen dann der argumentativen Unterstützung für die Durchführung in einem größeren Kontext.

- *Iterativ:* das Projekt wird wie beim bottom-up-Verfahren zuerst in einem Geschäftsbereich angefangen. Auf Basis der Ergebnisse wird festgelegt, welche Anpassungen – in Umfang oder Vorgehensweise – vorgenommen werden müssen, um eine weitere erfolgreiche Durchführung zu ermöglichen.

Gerade in größeren Harmonisierungs- und Konsolidierungsvorhaben ist es wichtig, eine gewisse Flexibilität bei dem Umfang der Harmonisierung zu berücksichtigen. All zu leicht kann es passieren, dass das, was heute als Endzustand gewünscht, sich im Laufe des Projekts ändert, zum Beispiel durch eine Weiterentwicklung der Technologie oder organisatorische Veränderungen. Das Vorhaben und die anvisierte Lösung sollte deswegen im Laufe der Zeit den Veränderungen entsprechend anpasst/überprüft werden.

Für die Durchführung der Konsolidierung gibt es zwei Basis-Varianten: „Big Bang“ oder „evolutionär“. Im ersten Fall wird in einem klar umrissenen Zeitfenster das gesamte Vorhaben durchgeführt. Im zweiten Fall – der Weg der kleinen Schritte – werden beispielsweise Anwendungen nur dann konsolidiert/ standardisiert falls diese sowieso ersetzt oder neu eingeführt werden.

Welche Basis-Variante gewählt wird, ist abhängig davon, wie hoch der zeitliche Druck zur Konsolidierung ist. Der Vorteil der ersten Variante „Big-Bang“ ist, dass die Harmonisierungs- und Konsolidierungspotentiale schnell realisiert werden können – jedoch mit dem Risiko, dass eventuelle Widerstände in der Organisation entsprechend eskalieren können.

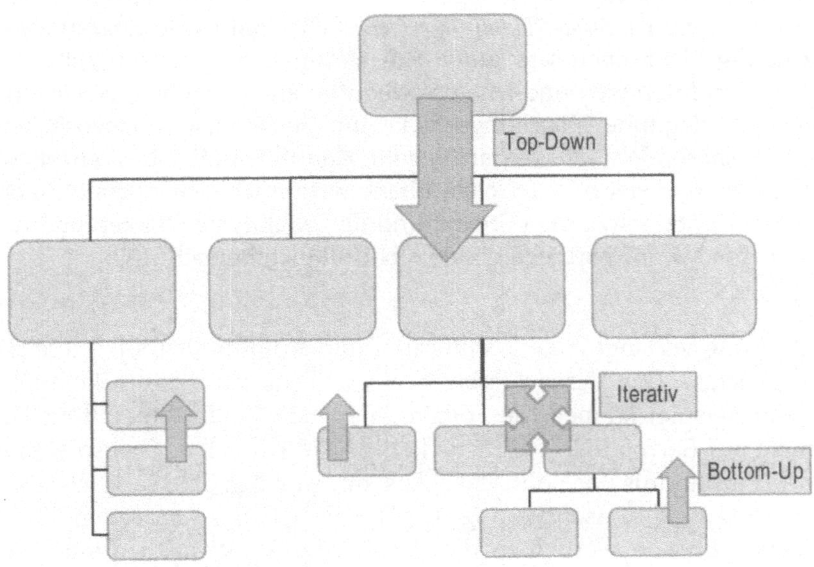

Abbildung 54: Varianten der Vorgehensweise

Die zweite Variante des evolutionären Vorgehens lässt sich hingegen besser in die Organisation einbringen – es kann aber leicht passieren, dass die Harmonisierung/ Konsolidierung stecken bleibt oder gar versandet. Die zweite Variante empfiehlt sich in jedem Fall für umfangreiche Vorhaben und für solche Projekte, in denen die Top-down Unterstützung nicht uneingeschränkt vorhanden ist.

Für mehrjährige Vorhaben bietet es sich an, auf Basis eines Anwendungsportfolios jede Anwendung zeitlich zu priorisieren und verschiedene Optionen festzulegen: konsolidieren, eliminieren, standardisieren, migrieren oder tolerieren. Auf diese Art und Weise kann für die Konsolidierung fallspezifisch abgewogen und entschieden werden, wie mit jeder Anwendung verfahren werden soll.

Handlungsebenen

Bei der Planung und Durchführung von Harmonisierungs- und Konsolidierungsvorhaben ist es ferner wichtig, dass die nachfolgend aufgeführten Handlungsebenen Berücksichtigung finden:

- *Operationelle Handlungsebene.* Dies ist die Sachebene, für welche die Harmonisierungslösung unter Berücksichtigung von technischen, finanziellen und organisatorischen Aspekten ausgearbeitet und umgesetzt wird.
- *Strategische Handlungsebene.* Damit die organisatorische und finanzielle Unterstützung sichergestellt ist, sollte das Vorhaben in der IS-Roadmap und IS-Strategie eingebettet sein und abgestimmt mit anderen Projekten der IS-Organisation. Die IS-Strategie sollte natürlich auf der Unternehmensstrategie basieren und durch eine höhere Management Ebene abgesegnet sein.
- *Organisatorische und politische Handlungsebene.* Die politische Handlungsebene hat häufig nicht einen sehr guten Ruf. Wenn es aber darum geht, die Verhandlung von Interessen und Interessenkonflikten anzugehen, ist sie eine notwendige und legitime Handlungsebene, um Harmonisierungsvorhaben abzusichern. Insbesondere falls es darum geht, Konflikte und Turbulenzen zu lösen. Auf dieser und der strategischen Ebene wird auch sichergestellt, dass es einen engen Kontakt zwischen Projekt und den wichtigsten Stakeholdern – insbesondere den Verantwortlichen in dem betroffenen Bereich – gibt.

Harmonisierungserfolg verlangt eine Orientierung und Kommunikation auf jeder dieser Handlungsebenen. Das Vernachlässigen einer Ebene kann kaum kompensiert werden. Zum Beispiel können die Folgen einer mangelnden operationellen Vorbereitung nicht auf der politischen Ebene kompensiert werden. Ebenso wenig wie ein fehlendes Verständnis der politischen Zusammenhänge eine sachlich sinnvolle Harmonisierung und Konsolidierung der IT-Landschaft kaum retten kann. Diese verschiedenen Ebenen werden in den Unternehmen oft auch durch verschiedene organisatorische Einheiten abgedeckt – dabei ist es wichtig, dass jeder Teilnehmer sich seiner eigenen Rolle und der des anderen bewusst ist.

In der Praxis sollte man darauf achten, dass sachlich sinnvolle Projekte bei fehlender strategischer Perspektive oder politischer Tragfläche besser nicht durchgeführt werden. Das ist zwar nicht immer angenehm, aber damit kann größeren Verlusten vorgebeugt werden.

Umgang mit Komplexität in der Praxis

In diesem Abschnitt soll ein Beispiel gezeigt werden, wie die adäquate Vorgehensweise bei einem aktuellen Harmonisierungs- und Konsolidierungsprojekt zum Erfolg führen kann.

Umfassende Konsolidierung als längerfristige Orientierung bei ABB

ABB ist führend in der Energie- und Automationstechnik. Das Unternehmen ermöglicht seinen Kunden in der Energieversorgung und der Industrie, ihre Leistung zu verbessern und gleichzeitig die Umweltbelastung zu reduzieren. Die Unternehmen des ABB-Konzerns sind in rund 100 Ländern tätig und beschäftigen etwa 120'000 Mitarbeiter.

Die auf der Unternehmensstrategie abgestimmte IS-Strategie fokussiert u.a. auf zunehmende Effizienzsteigerungen durch Harmonisierung und Konsolidierung der Anwendungslandschaft und IS-Organisationsstrukturen. Anderseits spielt die divisionsspezifische Fokussierung der IS-Unterstützung eine sehr wichtige Rolle, da die Geschäftsbereiche in zum Teil recht unterschiedlichen Produkt-, System- und Projektbereichen tätig sind. Geleitet durch klare strategische Vorgaben ist die langjährige Umsetzung immer pragmatisch in dem Geschäftskontext eingebettet.

Anfang der neunziger Jahre hatte ABB durch eine bis dahin stark dezentralisierte Unternehmensphilosophie – und mehrere Firmenzukäufe – eine Anwendungslandschaft in welcher viele verschiedene Technologien und Standardpakete vertreten waren. Solange die Geschäftsstrategie auch dezentral ausgerichtet gewesen ist, war das zum Teil sogar von Vorteil.

Die stark differenzierte IT-Landschaft wurde aber in dem Moment zum Problem, als die Firmenstrategie mehr auf globale Prozesse und Zusammenarbeit setzen wollte und außerdem einer integrierten Kostenkontrolle ein wichtiger Platz eingeräumt wurde. Die verschiedenen ERP-Systeme erschwerten eine solch einheitliche Transparenz sowie eine globale Ausrichtung der Geschäftsprozesse – beispielsweise der Produktenwicklung, des Verkaufs und Vertriebs.

Die ersten globalen Versuche, die Gesamtlandschaft zu konsolidieren, fokussierten auf die prozessspezifische Harmonisierung von globalen Anwendungen und den Aufbau einer Architektur aus zentralisiert standardisierten Integrationskomponenten und Datenbanken. Die global zentralen Datenbanken sollten ferner auch die Informationen für Intranet und Internet-Auftritte bereitstellen.

Abgesehen von technischen Herausforderungen war in dieser Anfangsphase vor allem die Entscheidungsfindung bezüglich Geschwindigkeit und Ausmaß der Harmonisierung in einer dezentral orientierten Organisation komplex.

Nicht nur ein „one-size-fits-all"-Ansatz würde sich in einem solch differenzierten Geschäftsumfeld als problematisch erweisen, sondern auch die Tatsache, dass eine operationelle Umsetzung unter Berücksichtigung lokaler Gegebenheiten immer seine Zeit braucht – die auch in einer top-down Vorgehensweise nur begrenzt gekürzt werden kann. Dies hat zu einer angepassten Strategie geführt, bei welcher für die lokalen Einheiten lediglich die Zielrichtung der Harmonisierung und Konsolidierung klar festgelegt wurde – aber ausreichend Autonomie bei der operationellen Umsetzung gewährt wurde.

Rückblickend waren diese grundlegenden Überlegungen absolut richtig und über einen längeren Zeitraum hat sich die Landschaft tatsächlich zunehmend konsolidiert und harmonisiert.

Die Zielrichtung der Konsolidierung wird über die verschiedenen Ebenen der IT-Landschaft von unten nach oben umgesetzt wie im folgenden Diagramm grafisch zusammengefasst ist (Abbildung 55).

Abbildung 55: strategische Zielrichtung der Konsolidierung

Angefangen mit einer Standardisierung der Infrastruktur inklusive Dienstleistung hat sich die Harmonisierung im Laufe der Zeit immer weiter aufwärts bewegt. Nach der Harmonisierung der IT-Infrastruktur folgte die ERP-Landschaft und so weiter. Bei den ERP-Systemen findet die Harmonisierung in verschiedenen geografische Etappen statt: erst das Land und darauffolgend – wo notwendig – die Systeme von mehreren Ländern.

Eine ganz zentrale Rolle spielte dabei die frühe Realisierung von Referenzdatenbanken, welche als eine Art „Source-of-Truth" für Kunden, Lieferanten, Produkt und Struktur-Daten fungieren. Diese Ebenen der Infrastruktur und ERP-Systeme bilden die Basis, um auch spezialisierte Fach-Anwendungen (Business-Applications) – wo notwendig und gewünscht – zu harmonisieren und zu konsolidieren. Die „Business Applications"-Ebene umfasst alle Anwendungen, die geschäftsspezifisch eingesetzt werden, während die „Group Applications"-Ebene alle Anwendungen umfasst die ABB Global einsetzt. Nicht dargestellt, aber Teil der Strategie, ist die Konsolidierung und Harmonisierung verschiedener (lokaler) Integrationsebenen.

Die Umsetzung dieses Vorhabens wurde als globale strategische Zielerichtung mit entsprechender Priorität vorgegeben. Auf dieser Basis waren die Organisationseinheiten angehalten, entsprechende Maßnahmen in ihrem Kontext vorzunehmen und dieses Vorhaben mit ihren (lokalen) Programmen und Projekten in Einklang zu bringen und entsprechend zu priorisieren.

Damit ist bei einer klaren strategischen Fokussierung eine ausreichende Flexibilität vorhanden, um die Umsetzung an spezifische (lokale) Bedingungen anzupassen. Durch diese Vorgehensweise ist das Vorhaben ein wesentlicher Bestandteil der jeweiligen IS-Strategien der Länder, Regionen und Geschäftsbereiche. Das gesamte Vorhaben wird somit auch durch die konkreten Bedürfnisse und Möglichkeiten der „lokalen" Organisationen getrieben.

Der Erfolg wird also sichergestellt durch eine Kombination aus zentraler strategischer Zielvorgabe und lokaler Autonomie bei der operationellen Umsetzung dieser Vorgaben. Die nachhaltige Durchführung wäre nahezu undenkbar, falls nicht auf allen Ebenen (operationell, strategisch und politisch) die Strukturen vorhanden wären um die Umsetzung zu besprechen, Qualität zu gewährleisten und aufkommende Problemen und Turbulenzen zu lösen.

Dabei geht es natürlich nicht nur um IS-interne Abstimmungen, sondern vor allem auch darum sicher zu stellen, dass die Anforderungen und Erwartungen der Geschäftseinheiten bekannt und berücksichtigt werden und die Umsetzung immer auch im Interesse der Unternehmensstrategie stattfindet.

Nachfolgend werden die Vorgehensweisen für ERP-Systeme, Product Lifecycle Management (PLM)-Systeme und globale Anwendungen näher besprochen. Diese verschiedenen Initiativen sind nicht isoliert zu betrachten, sondern aufeinander abgestimmt.

ERP-Konsolidierung

ERP-Konsolidierung beschränkt sich seit langer Zeit auf zwei Ansätze. Auf der einen Seite der Weg, bei dem verschiedene Instanzen „zusammengelegt" werden, und auf der anderen Seite der Ansatz, standardisierte Konfigurationen vorzuschreiben. Für eine umfassende Konsolidierung war die erste Lösung zu bescheiden, während der zweite Ansatz zu ambitiös war.

Um eine erfolgreiche ERP-Konsolidierung vorantreiben zu können mussten zunächst gewisse Voraussetzungen geschaffen werden. Eine wichtige Grundvoraussetzung war die prozessstrategische Überlegung und Entscheidung, dass bestimmte unterstützende Prozesse (HR, Finanz und damit verbundene ERP Unterstützung) zunächst auf der Ebene der Länder standardisiert werden sollten.

Für die Länder bedeutete dies die Vorgabe, innerhalb drei bis vier Jahre auf möglichst ein ERP-System (meistens SAP, in einige Fällen Baan ERP) zu reduzieren. Die verschiedenen Länderprojekte wurden nicht nur durch ein globales Programmoffice genehmigt und überwacht, sondern auch auf Ebene des Zentralvorstands thematisiert. Diese Einbindung stellte sicher, dass die Konsolidierungsvorgaben nicht als Empfehlung, sondern als Auftrag verstanden wurden. Letzteres wurde verstärkt durch Einbindung dieses Ziels in den Länder-Scorecards (BSC).

Da die internen IT-Organisationen nicht immer über ausreichend Kapazitäten verfügten, war der Einsatz von externen Lieferanten notwendig. Um das Lieferantenportfolio überschaubar zu halten, wurden mit drei ausgewählten Lieferanten globale Rahmenverträge abgeschlossen.

Die Länderorganisationen konnten aufgrund der unterschiedlichen Ausgangspositionen und Bedingungen die spezifische Vorgehensweise und Planung zur Umsetzung selbst festlegen.

Trotz der verschiedenen Ausgangspositionen sind der Projektablauf und das Endergebnis sehr ähnlich. Die Projekte folgten der bekannten Reihenfolge von Prozess-Standardisierung, Blueprints, Design, Implementierung, usw. Parallel wurde die zentrale Betreiber- und Support-Organisation aufgebaut, welche über Power-User und Prozess und/oder Modulverantwortlichen pro Geschäftsbereich verbunden sind. Das Projekt-Management ist normalerweise in den Händen eines Vertreters der Geschäftseinheit. Da viele Projekte einen Offshoring-Lieferant eingebunden hatten, spielte diese auch eine wichtige Rolle bei der Projektführung.

Natürlich läuft ein solcher Änderungsprozess nicht ohne Turbulenzen und Iterationen ab. Deswegen ist es wichtig, dass die Lösungen und das Projekt auf der operationellen, strategischen und politischen Ebene stabil aufgesetzt sind. Die gemeinsame Zielsetzung (Prozess-Standardisierung und Reduktion der ERP-Systeme) muss für jeden klar sein und im Auge behaltet werden.

Das Konsolidierungsprogramm ist mittlerweile weitgehend abgeschlossen und sowohl hinsichtlich technischer als auch strategischer Ziele erfolgreich: es sind jetzt gemeinsame Prozesse (vor allem in Finanz, Controlling und Personal-Bereich) definiert und eingeführt. Die standardisierte und konsolidierte IT-Landschaft verursacht nicht nur weniger Kosten, sondern bietet auch die gewünschte und notwendige Basis für eine weitergehende Konsolidierungsstufe.

Die Komplexität der Konsolidierung von ERP-Systemen auf Länderebene lag nicht nur in der Verschiedenheit der vorhanden Prozesse und Systeme, sondern auch in der Notwendigkeit, bestehende geschäftsbereichspezifische oder lokale Integrationslösungen und Schnittstellenstrukturen anzupassen.

In einer solchen Umgebung, in welcher es viele verschiedene Geschäftseinheiten und Anwendungen gibt, ist es wichtig, dass eine Bestandsaufnahme der Anwendungslandschaft vorhanden ist, um Transparenz – auch über die Schnittstellen von ERP zu anderen Systemen – zu schaffen.

Eine wichtige Schnittstelle ist dabei die mit dem Engineering und den korrespondierenden PLM-Systemen, die im nächsten Abschnitt detaillierter besprochen werden.

PLM-Konsolidierung

PLM (Product Lifecycle Management)-Systeme spielen in einem Unternehmen wie ABB eine sehr wichtige Rolle, da sie die Möglichkeit bieten, gemeinsame und durchgängige Prozesse für eine kollaborative Produkt-, System- und Projektentwicklung zu realisieren. Mittels PLM-Systeme entfällt der mühsame und fehleranfällige Austausch zwischen verschiedenen Engineering-Systemen – da eine gemeinsame Produktdatenbasis zur Verfügung steht. Dies resultiert nicht nur in einer Kostensenkung, sondern auch in einem strategischen Wettbewerbsvorteil, da Projekt-, Produkt- und System-Entwicklung schneller realisiert werden können.

Aufgrund dieser strategischen Bedeutung von PLM-Systemen wurden Konsolidierungsprojekte innerhalb bestehender Geschäfts- und Produktbereiche schon früh initiiert. In Fällen, in denen die technische Komplexität der Produkte überschaubar ist, reichen dabei ERP-basierte PLM-Systeme, wie zum Beispiel SAP PLM. In anderen Fällen wird Spezial-Software eingesetzt. Obwohl – ähnlich wie im ERP Bereich – auch auf dem PLM-Markt Standard-Pakete angeboten werden, müssen diese oft in einem so komplexen Projekt und System-Engineering-Umfeld wie dem der ABB an spezifische Anforderungen angepasst werden.

Dies hat zur Folge, dass solche PLM-Konsolidierungsprojekte neben Herausforderungen einer Prozessharmonisierung auch technisch recht komplex sein können. Das bedeutet, dass eine gute Beziehung zum Produktlieferanten und eventuell zu spezialisierten externen Dienstleistern von kritischer Bedeutung sein kann. Ein zusätzlicher Faktor ist, dass PLM-Systeme – anders als das ERP System – im Kontext der ABB weltweit verteilt Benutzer einbezieht, abhängig wo in der Welt wie Produkte und Projekte entwickelt werden. PLM-Konsolidierungsprojekte werden in der ABB in zwei Varianten erfolgreich durchgeführt.

Die erste Variante fokussiert auf eine reine Optimierung der Applikationslandschaft. Der Ansatz ist hier, über eine Integrationsebene verschiedenen Einheiten die gleichen Daten (z.B. Produktbasis) zur Verfügung zu stellen. Obwohl diese

Variante leicht umsetzbar ist, besteht das Risiko, dass durch eine fehlende Prozessharmonisierung die Daten nicht auf die gleiche Art und Weise benutzt werden.

Die zweite Variante geht einen Schritt weiter und fängt bei der Prozessharmonisierung an. Es sind die bekannten Vorgehensschritte (Prozessdefinition, Anforderungen, Entwurf, Implementierung, usw.). Auch hier – wie im Bereich ERP – ist es wichtig, dass die technische und operationelle Umsetzung der Konsolidierung auf einer gemeinsamen Zielsetzung der Unterstützung globaler Engineering- und Entwicklungsprozesse beruht und politisch sowie organisatorisch abgesichert ist.

Hierzu sind auf jeder Ebene die Kommunikation und das gemeinsame Verständnis zwischen Geschäftsanforderung und IT-Umsetzung von zentraler Bedeutung.

Analog zu ERP-Systemen, wird eine umfassende Konsolidierung von PLM-Systems nicht möglich sein, ohne eine aktive Unterstützung vom Management der betroffenen Geschäftsbereiche. Nicht nur damit die Budgets freigegeben werden, sondern auch, um aufkommende Probleme zügig zu lösen. Die PLM-Erfahrung bei ABB hat gezeigt, dass durch die Einhaltung solcher Grundbedingungen die strategische Ausrichtung von (gemeinsamen) PLM-Systemen und Prozessen realisiert werden kann. Durch eine reduzierte time-to-market lassen sich nachweislich strategische Wettbewerbsvorteile realisieren.

Konsolidierung von übergreifende Anwendungen

Erfolgreiche Harmonisierung und Konsolidierung – soweit meine Erfahrung bei ABB – ist immer das Ergebnis aus einer pragmatischen Kombination von strategischer Fokussierung, operationeller Professionalität und Flexibilität sowie politischer und organisatorischer Verankerung während der Umsetzung.

Nirgendwo ist das vielleicht deutlicher, als in der Konsolidierung und Harmonisierung von geschäftsübergreifenden (globalen) Systemen – also Anwendungen, die nicht nur geografisch oder divisional ausgerichtet sind, sondern auch übergreifend eingesetzt werden. Dabei kann es sich um verkaufsunterstützende Systeme, HR-spezifische Systeme oder globale Referenzdatenbanken (Kunden, Produkte, Lieferanten) handeln.

Die große Herausforderung liegt hier in der Art und Weise, wie sowohl Lösung als auch Lösungsumsetzung mit den verschiedenen betroffenen Organisationseinheiten abgestimmt werden.

Die Einrichtung von Projektstrukturen, in welchen Steuerungsgremien (Steering Committees) und die aktive Einbindung der Geschäftseinheiten vorgesehen sind, spielt dabei eine wichtige Rolle. Dies stellt natürlich auch hohe Anforderungen an das – durch die IT-Organisation bereitgestellte – Projekt Management, welches in der Lage sein muss, diese Ebenen mit einander in Einklang zu bringen.

Ein wichtiger Teil der Komplexitäts-Beherrschung auf dieser Ebene ist die Auswahl und Umsetzung von gemeinsamen Standards, wodurch einem un-kontrollierten Wildwuchs vorbeugt werden kann.

Zum Beispiel gab es in den Anfangszeiten der Internetauftritte eine Vielfalt von einzelnen Websites und Website-Gestaltung. Die Festlegung von einheitlichen Standards für Webauftritte auf der Basis der Branding, Marketing und Kommunikationsstrategien ist dabei ein erster Schritt. Genauso wichtig ist auch die Fleißarbeit, einzelne Auftritte nachträglich zu standardisieren und sicherzustellen, dass neue Auftritte die Standards berücksichtigen.

Wie in jedem anderem Bereich der Standardisierung werden solche zentralen Stellen und ihre Vorgaben nicht immer mit offenen Armen empfangen. Wie bei Harmonisierungs- und Konsolidierungsprojekten kann auch hier die nachhaltige erfolgreiche Umsetzung nur erfolgreich sein, wenn eine Kombination von gemeinsamer Zielsetzung, flexibler Umsetzung, pragmatischer Ausdauer und diplomatisch politischem Geschick zum Tragen kommt.

Weitere Harmonisierungspotentiale

Wie schon eingangs angesprochen, bezieht sich eine Harmonisierung und Konsolidierung nicht ausschließlich auf die Komponenten einer IT-Landschaft. Bei ABB gibt es ein weiteres Potential im Sinne einer Reduzierung und Auswahl von IT-Lieferanten und Dienstleistern. Es gab deswegen in der mitteleuropäischen Region die Zielsetzung, nicht nur die Anzahl externen IT-Dienstleister zu reduzieren, sondern auch den internen SAP Support-Prozess regional zu standardisieren und in einer (zentralen) Supportorganisation bearbeiten zu lassen. Die Kombination dieser Ziele ergab ein doppeltes Einsparungspotential – sowohl auf der Anwendungs- als auch auf der Prozessebene. Dieses Kosten-Nutzen-Potential wurde durch den Einsatz von einem Offshore-Lieferanten sogar noch weiter gesteigert.

Durch die frühzeitige Einbindung der lokalen Einheiten bei der Auswahl der Lieferant kam diesen Einheiten eine wichtige Rollen im Projekt zu – eine wesentliche Massnahme auf der politischen Ebene. Obwohl es auf der strategischen Ebene eine gemeinsame Zielsetzung hinsichtlich standardisierter Prozesse und Daten gibt, ist die Berücksichtigung von operationellen Aspekten – zum Beispiel Change Management, Stakeholder Management – sehr wichtig. Auf Basis der Erfolge in der Durchführung kann das gleiche Konzept auch in anderen Anwendungsbereichen oder anderen Regionen durchgeführt werden.

Auch hier zeigt sich, dass es für den Erfolg des Vorhabens wichtig war, eine längerfristige strategische Zielsetzung mit einer (lokalen) Flexibilität und Autonomie in der operationellen Umsetzung zu kombinieren.

Konklusion

Eine Intentsion dieses Beitrages war es zu zeigen, dass es zielführende Ansätze, aber keine Standardrezepte für eine Konsolidierung und Standardisierung der IT-Landschaft gibt.

Obwohl es in gewisser Weise schon erprobte Verfahrensweisen gibt, wie beispielsweise eine Konsolidierung der IT-Infrastruktur oder der ERP-Systeme erfolgen kann, liegt der Erfolg dieser Ansätze in der pragmatischen Anwendung und Umsetzung innerhalb des bestehenden organisatorischen Kontextes.

Dazu gibt es eine Reihe von operationellen, strategischen, politischen sowie organisatorischen Überlegungen und Abwägungen, welche es zu berücksichtigen gilt, um den Erfolg abzusichern. Im Kontext der ABB geht es beispielsweise zusammengefasst darum, eine zentrale strategische Zielvorgabe durch die Gewährung einer selbstbestimmten dezentralen Umsetzung nachhaltig zu verwirklichen.

Obwohl mit einem proaktiven Management der IS-Landschaft Harmonisierungs- und Konsolidierungsvorhaben überschaubar bleiben, kommt kaum eine IT-Organisation daran vorbei, in gewissen Zeitabständen Konsolidierung zu betreiben.

Entscheidend für den Erfolg ist dabei nicht so sehr das Angebot von Technologien und -Dienstleistungen für die technische Konsolidierung. Sondern viel eher auf der Basis eines Verständnisses des Geschäftsumfeldes die Konsolidierung zielführend in einer Organisation voranzutreiben, welche manchmal mit ihrer Vielfalt an Lösungen recht zufrieden zu sein scheint.

2.3.3 Management von Anwendungslandschaften. Praxis bei der SBB

Peter Kummer & Bernhard Rytz, SBB

Die Schweizerischen Bundesbahnen SBB setzen seit Jahrzehnten Informatikmittel ein, um ihre Geschäftsprozesse zu unterstützen. IT-Investitionen wurden bisher wenig abgestimmt und schwergewichtig mit einem lokalen Fokus getätigt. Dementsprechend zeigt sich die Anwendungslandschaft heute heterogen und komplex. Der vorliegende Artikel zeigt, welche Prozesse und Werkzeuge implementiert wurden, um die Anwendungslandschaft langfristig steuern zu können, welche Wirkung erzielt wurde und wie diese gemessen und kommuniziert wird. Zudem wird das Vorgehen beim Aufbau der Unternehmensarchitektur geschildert und die zentralen Erfolgsfaktoren für die Umsetzung eines nachhaltigen Architekturmanagements diskutiert.

Einleitung

Der Bedarf des Geschäfts nach zusätzlicher IT-Unterstützung führt dazu, dass Projekte laufend neue Anwendungen und Plattformen bereitstellen oder diese umbauen. Über Geschäftsprozesse, Anwendungsschnittstellen und technische Abhängigkeiten sind die meisten dieser Anwendungen und Plattformen miteinander verknüpft – wir sprechen von der Anwendungslandschaft eines Unternehmens.

Immer stärker stellt sich heraus, dass eine reine Einzelprojektbetrachtung den komplexen Abhängigkeiten nicht gerecht wird und zu übermäßigen Redundanzen und Risiken führt. Diese münden schlussendlich darin, dass eine Landschaft nur durch unverhältnismäßig großen Ressourceneinsatz erweitert werden kann.

Der CIO ist gut beraten, geeignete Mittel und Werkzeuge zu implementieren, um diese zunehmende Komplexität zu beherrschen und um seine Investitionen möglichst effektiv auf die Bedürfnisse der Fachbereiche bzw. des Geschäfts auszurichten. Ein geeignetes Instrument bildet die Unternehmensarchitektur (Enterprise Architecture), welche über geeignete Prozesse die Ausrichtung der Geschäftsarchitektur (Geschäftsprozesse, Geschäftsdaten) mit der Anwendungsarchitektur (Anwendungen, Schnittstellen, Domänen) und der Technologiearchitektur (Technologien und Plattformen) sicherstellt.

Die SBB und ihre IT

Die Schweizerischen Bundesbahnen (SBB) sind die staatliche Eisenbahngesellschaft der Schweiz mit Sitz in Bern. Nach der Gründung im Jahr 1902 wurden die fünf größten Privatbahnen verstaatlicht und in die SBB überführt. Bis 1998 Teil der Bundesverwaltung, wurde die SBB per 1.1.1999 in eine spezialgesetzliche (öffentlich-rechtliche) Aktiengesellschaft umgewandelt, deren Aktien sich im Eigentum der Schweizerischen Eidgenossenschaft befinden.

Bei einer Bilanzsumme von 31'418 Mio. CHF wurde im Jahr 2008 ein EBIT von 476 Mio. CHF erwirtschaftet. Mit 28'000 Mitarbeitenden wurden 322.6 Mio. Personen (16'144 Mio. Personenkilometer) und über 55 Mio. Tonnen Güter (12'530 Mio. Tonnenkilometer) befördert. Dabei wurde im Personenverkehr eine Pünktlichkeit von 95.8% erreicht.

Der Konzern SBB ist seit 1.1.2009 in vier Divisionen Personenverkehr, Cargo[11], Infrastruktur, Immobilien, sowie dem sogenannten Zentralbereich organisiert. Zum Zentralbereich gehören u.a. die Servicebereiche Finanzen, Personal und die SBB Informatik. Der CIO ist Leiter der SBB Informatik und Mitglied der erweiterten Konzernleitung.

Die *Angebots- und Nachfrageentwicklung* im Personenverkehr ist seit Jahren anhaltend positiv. Einen namhaften Angebotsschub brachte die Inbetriebnahme der „Bahn 2000, zweite Etappe" mit dem Fahrplanwechsel im Dezember 2004. Im Güterverkehr ist die Entwicklung stark konjunkturabhängig.

Die *Netznutzungseffizienz* beschreibt, wie häufig ein Schienenabschnitt im Durchschnitt pro Tag befahren wird, und ist damit ein Maß für die Verkehrsdichte. Abbildung 56 zeigt, dass die SBB weltweit die höchste Netzauslastung aufweist und dass die Verkehrsdichte weiter zunimmt. Dieser Sachverhalt ist für die Informatik insofern wichtig, als die Ausbaumöglichkeiten der Bahn-Infrastruktur in der Schweiz begrenzt sind und eine weitere Steigerung der Verkehrsdichte ohne Netzerweiterungen praktisch nur mit verstärktem IT-Mitteleinsatz in Planung, Produktion und Unterhalt möglich ist.

Seit dem Übergang vom Bundesbetrieb zur Aktiengesellschaft im Jahr 1999 sind durch *Rationalisierung* des Bahnbetriebs hohe Produktivitätsfortschritte erzielt worden. So wurde im Personenverkehr im Jahr 2007 gegenüber dem Vorjahr eine Produktivitätssteigerung von 8% (gemessen in Personenkilometer pro Vollzeitäquivalent) erzielt.

11 Cargo ist eine 100% Tochtergesellschaft und eigenständige juristische Person, wird jedoch wie eine Division geführt.

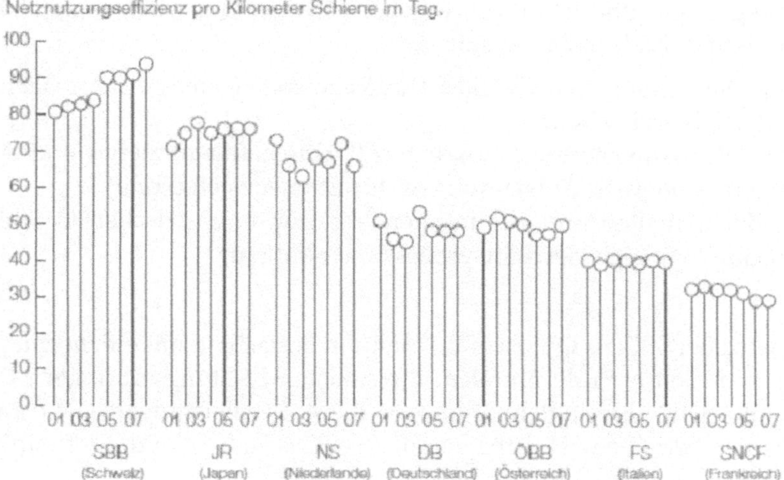

Abbildung 56: Netznutzungseffizienz im Ländervergleich

Es gehört zu den Geschäftszielen des Personenverkehrs, den *Selbstbedienungsgrad* und die *Kundeninformation* weiter zu verstärken, auch um die Eignerziele „Steigerung Kundennutzen", Förderung „durchgehende Transportketten", „Kundenzufriedenheit" und „Produktivität […] steigern" zu unterstützen. Diese Ziele werden in starkem Maß durch Einsatz neuer und zusätzlicher IT-Mittel unterstützt (Internetfahrplan, Internet-Ticketing, Billetautomaten, Ticket Print@Home, Handy-Ticket).

Kunden und Partner der SBB im Güterverkehr verlangen eine stärkere *Integration der Logistikkette*. Dieses Bedürfnis stellt hohe Anforderungen an die Integrationsfähigkeit der IT-Lösungen im Cargo-Bereich.

Die Informatik der SBB trägt als verlässlicher und effizienter interner Dienstleister zum Erfolg des SBB-Konzerns bei. Die wichtigsten strategischen Stoßrichtungen sind:

- IT-Risiken im komplexen System „Bahn" sind umfassend bekannt und ganzheitlich adressiert.
- Steuerbarkeit der IT-Kosten und -Leistungen erlaubt einen gezielten IT-Einsatz in einem Umfeld beschränkter Mittel.
- Effizienzsteigerung und Erhöhung der Zuverlässigkeit der IT leisten ihren Beitrag zum Ergebnis der SBB.
- Bessere Lösungen durch Nähe der IT zum Bahngeschäft.
- Die IT unterstützt durchgängige Geschäftsprozesse im Konzern.

Aus diesen strategischen Stoßrichtungen ergeben sich für das Management der Anwendungslandschaft Ziele in Bezug auf:

- Transparenz der eingesetzten IT-Mittel (für Risikomanagement, Steuerbarkeit, Erhöhung der Zuverlässigkeit)
- Optimierung der Anwendungslandschaft z.B. durch Identifizieren und Abschalten von redundanten Anwendungen (für Effizienzsteigerung)
- Aufzeigen der aktuellen und zukünftigen Verknüpfung zwischen Geschäft und IT (für durchgängige Geschäftsprozessunterstützung)

Die Informatik wird bei SBB als Querschnittsfunktion betrachtet, mit einem zentralen (IT-Supply) und mehreren dezentralen, divisionalen Leistungserbringern (IT-Demand). Die Informatik erbringt im Konzern die 4 Kernleistungen IT-Lösung erstellen, IT-Lösung betreiben, IT-Arbeitsmittel bewirtschaften und IT-Benutzer unterstützen. Die IT-Governance unterscheidet zwischen:

- *IT-Steuerung:* Verantwortung des CIO beinhaltet Architektur-, Security- und Risk-Management.
- *IT-Auftraggebern*: Geschäftsbereiche, welche IT-Projekt- und Betriebsleistungen bestellen.
- *IT-Leistungserbringern:* IT-Supply und IT-Demand, welche gemeinsam die IT-Projekt- und Betriebsleistungen erstellen. Der Fokus von IT-Demand liegt dabei auf den fachnahen Tätigkeiten wie Anforderungsmanagement, Abnahme, Prozessanpassungen (inkl. Schulung), während IT-Supply sich auf die techniknahen Tätigkeiten wie SW-Architektur, Entwicklung und Betrieb konzentriert.

Innerhalb des Konzerns funktioniert IT-Supply als Shared Service Center. Leistungen für die Bereitstellung und den Betrieb der IT-Lösungen werden den internen Kunden weiterverrechnet, wobei weder Gewinn noch Verlust, sondern eine schwarze Null erreicht werden soll. IT-Supply führte im Jahr 2008 rund 150 Projekte durch, mit einem Gesamtumsatz für Projekte und Betrieb von gut 350 Mio. CHF. Rund ein Viertel des Aufwandes entfällt auf das Projektgeschäft, drei Viertel auf Wartung und Betrieb. Zwei Drittel der Leistungen werden extern beschafft, durch das Outsourcing des Anwendungsbetriebs respektive externe Entwicklung und Wartung. Der Personalbestand Ende 2008 betrug 550 Mitarbeitende.

Management der Anwendungslandschaft

Aktueller Stand der Anwendungslandschaft

Die Anwendungslandschaft der SBB wurde in den letzten 3 Jahren systematisch inventarisiert und dokumentiert (Enterprise Architecture-Datenbank). Zudem erfolgten verschiedene Audits, die Schwachstellen der Anwendungslandschaft im

Hinblick auf Fitness, Sicherheit, Governance und Abdeckung der fachlichen Bedürfnisse identifizierten. Derzeit lässt sich insgesamt folgendes Bild ableiten:

Die Anwendungslandschaft ist bekannt und dokumentiert

Mittlerweile sind ca. 1'000 Anwendungen zentral erfasst und dokumentiert. Für jede Anwendung ist beispielsweise deren funktionale Abdeckung, die adressierten Geschäftsziele, das verwendete Technologieset, Schnittstellen zu anderen Anwendungen, bekannte Mängel oder organisatorische Eckdaten erfasst.

Die Anwendungslandschaft ist heterogen und komplex

Die Anwendungslandschaft besteht aus schwergewichtigen, funktional isolierten Anwendungssilos sowie einer großen Anzahl von Kleinstanwendungen welche durch Regionalorganisationen verwaltet bzw. genutzt werden. Die wichtigsten Anwendungen sind aufgrund ihrer Architektur zuverlässig, aber auch teuer im Betrieb und unflexibel bei Änderungen. Insgesamt liegt eine hohe Funktions- und Datenredundanz der gesamten Anwendungslandschaft vor. Diese stellt zwar auf der einen Seite eine hohe Verfügbarkeit und Verlässlichkeit der einzelnen Anwendung sicher, erschwert jedoch eine kostengünstige Erweiterung. Redundanzen in Daten und Funktionen führen zudem zu hohen Betriebskosten (TCO) und schwer abschätzbaren Risiken auf Ebene der Geschäftsprozesse (signifikante Aufwände, um Datenintegrität sicherzustellen).

Sanierungsbedarf im Bereich der IT-Plattformen

Auf Grund vernachlässigter Lifecycle-Maßnahmen, wenig griffiger Standardisierungsbemühungen und ungenügender IT-Governance weist die Plattformarchitektur eine Vielzahl redundanter Technologien in unterschiedlichen Versionen auf. Einige der eingesetzten Technologien werden von den Herstellern in absehbarer Zeit nicht mehr unterstützt und müssen ersetzt werden. Zudem weist die Plattformarchitektur insbesondere im Bereich Identity- und Access Management strukturelle Mängel auf, welche sich insbesondere in einer wenig effizienten Bewirtschaftung niederschlagen.

Stand der IT-Durchdringung nimmt stark zu

IT-Mittel werden heute quer über alle Domänen in fast allen Stufen der Wertschöpfungskette zur Unterstützung der Geschäftsprozesse eingesetzt. Die Motivation zum IT-Einsatz liegt mehrheitlich in der Optimierung / Produktivitätssteigerung der Geschäftsprozesse. Der Grad der Unterstützung der Geschäftsprozesse ist unterschiedlich:

- *Ad-hoc:* z.B. IT-Mittel wie Textverarbeitung, Tabellenkalkulation, Email ersetzen Papier, Bleistift, Post
- *Teilinformatisiert:* z.B. Verkauf von Billets am Schalter, Planung des Rollmaterials und des Personals, Instandhaltung des Rollmaterials oder Verrechnung der Transportleistungen
- *Vollinformatisiert*: z.B. Verkauf am Billetautomaten (70 Mio. Fahrausweisen/Jahr werden 65% über Automaten verkauft) oder Kundeninformation (191 Mio. Fahrplanauskünfte über Internet/Jahr)

Die IT-Unterstützung hat in den letzten Jahren stark zugenommen und findet sich heute in nahezu allen Geschäftsprozessen der SBB wieder. Ein Gradmesser dafür ist der Anteil SBB-Mitarbeiter mit Zugang zu IT-Mitteln. Dieser Anteil ist in den letzten Jahren stark gestiegen und wird 2010 nahezu 100% erreichen. Durch IT-Mittel teil- bzw. vollinformatisierte Geschäftsprozesse sind nicht in allen Wertschöpfungsstufen der SBB gleichermaßen wiederzufinden. Die lang- und mittelfristigen Planungsprozesse werden heute weniger systematisch durch IT unterstützt, dagegen sind IT-Systeme aus dem Bereich Ressourcensteuerung und Leistungserstellung nicht mehr wegzudenken. Eine Vollinformatisierung findet sich faktisch nur im Bereich des Vertriebs beim Personenverkehr sowie im Bereich der Kundeninformation wieder (siehe auch Beispiele oben).

Ursachen für die Schwächen der Anwendungslandschaft

Um Schwächen einer über Jahrzehnte gewachsenen Anwendungslandschaft effektiv begegnen zu können, ist es sinnvoll die wichtigsten Ursachen dieser Schwächen zu verstehen. Dazu gehören:

- *Schädliches Grundmuster*: „Ein neuer Bedarf führt zu einem neuen Projekt führt zu einer neuen Anwendung". Die Bündelung von Bedürfnissen mehrerer Besteller in einem Projekt trifft auf organisatorische und kulturelle Schwierigkeiten. Dazu kommt, dass aus Projektsicht die Bereitstellung einer neuen Anwendung einfacher und attraktiver ist als ein Ausbau bestehender Anwendungen.
- *Schwache Governance:* Eine Positionierung der Informatik als reiner „Befehlsempfänger" führte dazu, dass IT-Bestellungen der Fachbereiche wenig hinterfragt oder koordiniert wurden. Dies wiederum führte in der Vergangenheit zu Anwendungs-„Silos" mit substantiellen Redundanzen.

Herausforderungen im Management der Anwendungslandschaft

Um die strategischen Zielgrößen der Kostenreduktion, der weiteren Erhöhung der Zuverlässigkeit im Betrieb und der durchgängigeren Unterstützung der Geschäftsprozesse im Kontext einer weiter zunehmenden Informatikdurchdringung bei der SBB überhaupt erreichen zu können, ist eine Einzelprojektbetrachtung nicht ausreichend. Benötigt wird eine koordinierte Gestaltung der Anwendungslandschaft. Dabei stehen folgende Ansprüche im Vordergrund:

- Wiederverwendung sicherstellen. Für Informatikbedürfnisse des Geschäfts muss systematisch abgeklärt werden, ob bestehende Anwendungen diese 1:1 oder mit Modifikationen abdecken können. Diese Wiederverwendung reduziert Investitions- sowie Betriebskosten und erhöht die Durchgängigkeit der Geschäftsprozesse. Um dies erreichen zu können, muss im Unternehmen der Bedarf einzelner Bereiche gebündelt und die Zielsetzung von Projekten untereinander abgestimmt werden.
- Ablösung von Anwendungen durchsetzen, um die Senkung von Betriebskosten sicherzustellen. Wenn neue Anwendungen notwendig sind, ist sicherzustellen, dass bestehende Anwendungen ähnlicher Funktionalität auch effektiv abgelöst und abgeschaltet werden.
- Bewertung von Anwendungen in Bezug auf Weiterentwicklungsfähigkeit. Um Handlungsspielraum zu gewinnen, muss der Lifecycle der Komponenten der Anwendungslandschaft gemanaged werden. Damit wird verhindert, dass z.B. Investitionen in Anwendungen erfolgen, welche nur noch eine kurze Lebensdauer haben, oder dass bei kurzfristig wegbrechenden Technologien Pläne für die fachliche Weiterentwicklung einer Anwendung fehlen.
- Integrationsfähigkeit der Anwendungslandschaft erhöhen. Durch Partnerschaften (B2B), den Einkauf von Standardsoftware oder die Nutzung (SaaS) von Anwendungen steigen die Abhängigkeiten (Schnittstellen) zu externen Stellen („Extended Enterprise"). Daraus entsteht der Bedarf nach einem raschen Aufbau günstiger, zuverlässiger und sicherer Integrationsfähigkeiten.
- Transparenz schaffen. Eine notwendige Vorbedingung für effektives und effizientes Management der Anwendungslandschaft ist es, genügend Transparenz zu schaffen. Einerseits haben tausende von Personen (davon viele Externe) in Hunderten von Projekten über Jahrzehnte die Anwendungslandschaft erweitert, andererseits manifestiert sich die Anwendungslandschaft (Rechner und Kabel ausgenommen) physisch nicht. Darum ist eine modellmäßige Darstellung der aktuellen Anwendungslandschaft eine Notwendigkeit.

Notwendige Prozesse und Werkzeuge

Die Verbesserung der Anwendungslandschaft kann einerseits über eine gezielte Sanierung („Begleichung von Schulden der Vergangenheit"), andererseits über kontinuierliche Verbesserungen im Rahmen laufender Projekte („Vermeidung neuer Schulden") erreicht werden. Bei der SBB werden beide Herangehensweisen angewendet: ein Sanierungspaket mit Fokus auf Risikominderung wird Ende 2011 abgeschlossen sein. Seit 2006 wir bei der SBB ein aktives Architekturmanagement praktiziert. Die Umsetzung dieses Architekturmanagements in Prozessen und

Organisation, sowie die dabei verwendeten Werkzeuge werden im Folgenden beschrieben:

Prozesse und Organisation

Das Architekturmanagement der SBB basiert auf explizit definierten Prozessen in den Bereichen:

- Architektur planen
- Architektur umsetzen
- Architektur beurteilen
- Architektur dokumentieren

Die folgende Grafik (vgl. Abbildung 57) zeigt, wie diese Prozesse zeitlich auf die bekannten Prozesse von Anwendungsentwicklung und -betrieb gelegt werden können.

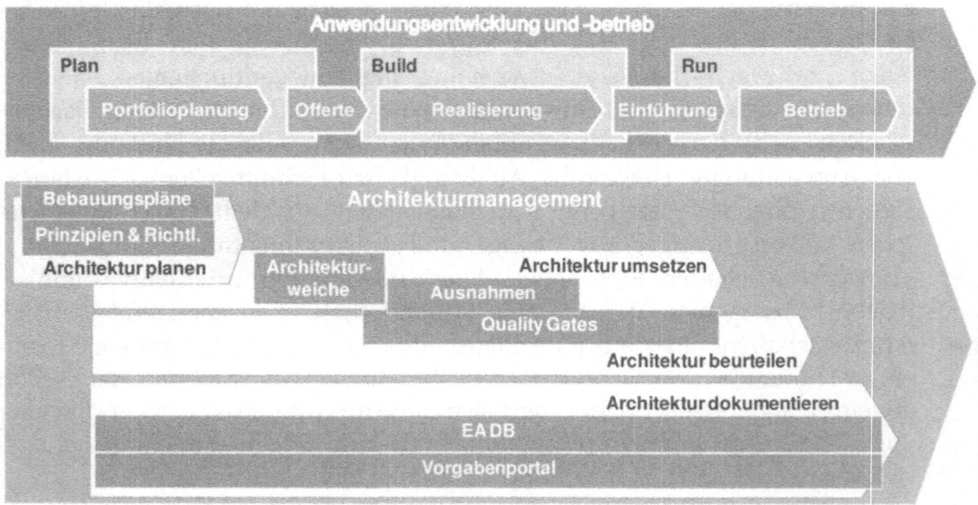

Abbildung 57: Prozesse des Architekturmanagement

Prozessorientierung ist ein wichtiges Organisationsprinzip des Architekturmanagements bei der SBB. Es existiert daher eine dedizierte Organisationseinheit „Unternehmensarchitektur", diese bewältigt aber nicht alle Architekturaufgaben selber, sondern sieht sich in erster Linie als Prozessführer.

So sind zum Beispiel in den Prozess „Ausnahmebewilligungen erteilen" Mitarbeiter aller Bereiche (Entwicklung, Betrieb) eingebunden. Damit wird sichergestellt, dass austarierte Entscheide gefällt werden und kein „Elfenbeinturm-Syndrom“ entsteht.

Die folgende Tabelle gibt einen Überblick über die wichtigsten Architekturrollen:

Rolle	**Eingliederung**	**Aufgabe**
Chefarchitekt	Führungsteam IT	Verantwortet alle Architekturprozesse und bildet oberste Eskalationsinstanz bezüglich Architekturentscheiden.
Unternehmensarchitekt	Architekturteam Unternehmensarchitektur	Übergreifende Aufgaben wie Steuerung Architekturprozesse, Bereitstellung Werkzeuge, Definition Prinzipien und Richtlinien
Unternehmensarchitekt mit Domänenverantwortung	Architekturteam Unternehmensarchitektur	Führt die Bebauungsplanung „seiner“ Domäne durch und begleitet die entsprechenden Umsetzungsprojekte
Plattformarchitekt	Architekturteam Technik	Definition und Bereitstellung gemeinsam genutzter Plattformen
Softwarearchitekt	Entwicklungsbereiche/ Projekt	Definiert und setzt die SW-Architektur für eine Anwendung innerhalb eines Projekts um. Dies basierend auf den Vorgaben der Bebauungsplanung.

Tabelle 2: Überblick über die wichtigsten Architekturrollen

Im Folgenden werden die Architekturprozesse kurz beschrieben.

Prozess: Architektur planen

Bebauungsplanung durchführen

Hauptziel der Bebauungsplanung (vgl. Abbildung 58) ist die strategiekonforme, koordinierte Weiterentwicklung der Anwendungslandschaft der SBB. Die wichtigsten Inputs für den Prozess Bebauungsplanung sind alle Treiber von Veränderungen an der Anwendungslandschaft, aber auch die aktuelle Anwendungslandschaft und die aktuell laufenden Projekte. Der erwartete Output der Bebauungsplanung ist eine Menge von Lösungsvorschlägen (Projektkandidaten) für die Mittelfristplanung (Projektportfolio).

Dabei gibt es folgende Herausforderungen:

- Treiber erkennen und bewerten. Um die Weiterentwicklung koordinieren zu können, ist eine Zusammenführung aller Treiber nötig. Als Treiber betrachten wir neue/geänderte Geschäftsfähigkeiten, Risiken, bekannte Probleme, Erkenntnisse aus Anwendungsbewertungen und Audits etc.
- Treiber bündeln, Handlungsfelder bilden. Zur Bewältigung der Komplexität werden verwandte Treiber in Handlungsfeldern gruppiert.
- Umsetzbare, priorisierte Lösungsvorschläge entwerfen. Dabei wird auch mit Alternativen gearbeitet.
- Abhängigkeiten aufzeigen. Die Lösungsvorschläge können voneinander abhängig sein (z.B. Datenbereinigung als Vorbedingung für eine Konsolidierung). Es ist ein wichtiger Mehrwert der Bebauungsplanung, solche Abhängigkeiten zu dokumentieren und der Projektportfolioplanung zugänglich zu machen.
- Die geplante Entwicklung der Anwendungslandschaft über die Zeit aufzeigen (Zielzustände und Roadmaps).

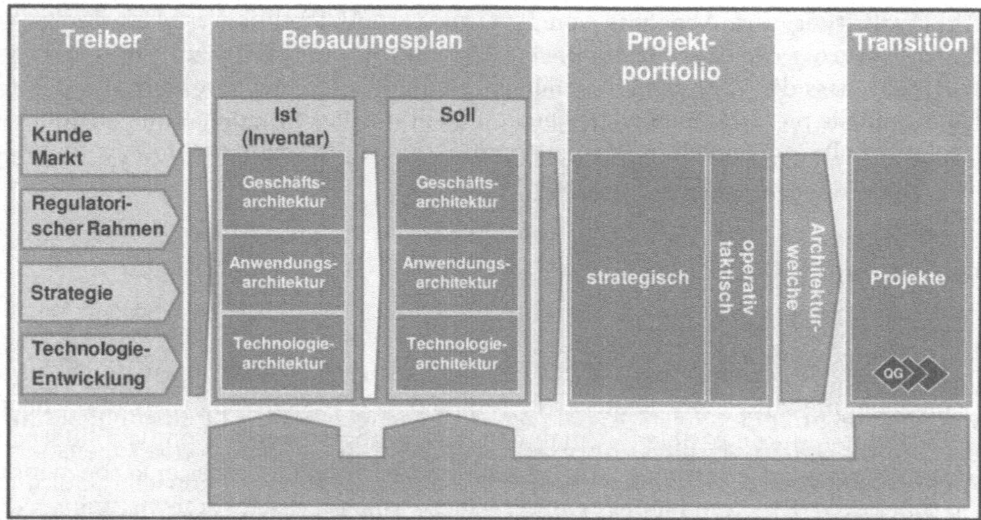

Abbildung 58: Überblick Bebauungsplanung

Die Bebauungsplanung wird grundsätzlich pro Domäne durchgeführt, wobei domänenübergreifende Themen (wie Schnittstellen) in einem SBB-weiten Bebauungsplan abgestimmt werden.

Architekturprinzipien und Richtlinien erstellen

Um Architekturentscheide konsistent zu halten, Entscheide zu beschleunigen oder Entscheidbefugnisse dezentralisieren zu können, ist es wichtig, grundlegende Entscheidungsmuster in Form von Architekturprinzipien und Richtlinien festzuhalten. Architekturprinzipien geben einen generellen Zielkorridor vor. Insgesamt werden zur Zeit 16 Prinzipien angewendet. Zu den häufig eingesetzten Prinzipien gehören:

- Wiederverwendung bestehender Anwendungen
- Buy before Customize before Make für neue Anwendungen
- Standardisierte Entwicklungslinien für Make
- Vermeidung von Datenredundanz
- Einsatz bewährter Technologien und Standards aus dem Technologiekatalog
- Gesamtkostenbetrachtung vor Projektkostenbetrachtung
- Standardisierte Betriebsmodelle

Richtlinien sind spezifischer und gehen bis hin zu konkreten Handlungsanweisungen beim Einsatz von bestimmten Technologien. Mehrere 100 Richtlinien sind im Einsatz.

Die Erarbeitung und Abnahme von Prinzipien und Richtlinien ist klar geregelt. Durch Einbezug der Geschäftsseite, von Entwicklern und Betreibern soll sichergestellt sein, dass die Vorgaben von allen als sinnvoll betrachtet werden und die Regelungsdichte nicht zu hoch wird. Die Publikation aller Prinzipien und Richtlinien erfolgt für alle zugänglich im Vorgabenportal dessen Funktion in den nachfolgenden Ausführungen noch näher erläutert wird.

Prozess: Architektur umsetzen

Architekturweiche stellen

Vor der eigentlichen Projektfreigabe erfolgen Aufwandschätzungen und Umsetzungsplanung durch die Realisierungseinheiten. Um sicherzustellen, dass dabei von architekturkompatiblen Annahmen ausgegangen wird (Kompatibilität mit Bebauungsplanung, Architekturprinzipien und -richtlinien), muss eine sogenannte Architekturweiche durchlaufen werden. Diese fokussiert schwergewichtig auf die Überprüfung der Architekturprinzipien wie „Wiederverwendung bestehender Anwendungen", „Vermeidung Datenredundanz" etc.

Pro Jahr werden über 100 Architekturweichen durchgeführt, dabei ergeben sich in ungefähr 50% der Fälle Korrekturen des Projekts aus Architektursicht.

Ausnahmebewilligungen erteilen

Die Prinzipien und Richtlinien sind der Einfachheit halber auf den Normalfall ausgerichtet und enthalten keine Spezialklauseln. Wenn in einem Projekt die Einhaltung eines Prinzips oder einer Richtlinie als problematisch betrachtet wird, kann das Projekt eine Ausnahmebewilligung beantragen. Diese läuft über einen definierten Prozess, in welchem die wichtigsten Stakeholder vertreten sind.

Pro Jahr werden über 100 solche Anfragen behandelt, welche wie folgt beantwortet werden:

- 50% der Fälle: die Ausnahmebewilligung wird erteilt
- 25% der Fälle: eine Ausnahmebewilligung mit Auflagen
- 25% der Fälle: keine Ausnahmebewilligung

Projekte beraten

Im Vorfeld oder im Verlauf von Projekten werden Architekturberatungsleistungen nachgefragt.

Architektur beurteilen

Für die Beurteilung der Architektur gelten zwei Maßnahmen:

1. *Architektur in Quality Gates beurteilen:* Gemäß IT-Governance der SBB durchlaufen alle Projekte bei Phasenübergängen ein sogenanntes „Quality Gate", dabei werden unterschiedliche Disziplinen wie Projektführung, Requirements Engineering, qualitätssichernde Maßnahmen, Security, Betrieb, Testing und Finanzen geprüft. Architekturthemen werden als eigenständige Disziplin in den Quality Gates geprüft, wobei in den frühen Phasen Themen der Unternehmensarchitektur im Vordergrund sind, während in den mittleren Phasen Softwarearchitektur dominiert.
2. *Architekturassessments durchführen:* Bei Bedarf werden Assessments durchgeführt. Ein typisches Assessmentziel ist die Beurteilung der Weiterentwicklungsfähigkeit einer Anwendung.

Prozess: Architektur dokumentieren

Zu den wichtigsten Dokumentationsaufgaben gehören die Nachführung der EA Datenbank und die Publikation der Architektur-Vorgaben und -Entscheide. Diese sind in den folgenden Ausführungen näher beschrieben.

Eingesetzte Werkzeuge

Das „Werkzeug": Domänenmodell SBB-IT

Einen Überblick über die SBB-IT-Domänen gibt Abbildung 59. Diese Domänen sind eine bei der SBB Informatik eingesetzte Gliederungshilfe für Anwendungen, Projekte und Prozesse. Die Domänen sind nach (bahn-)fachlichen Kriterien ausgerichtet. Domänen sind organisationsneutral definiert und (potentiell) organisationsübergreifend. So ist zum Beispiel die Domäne KI (Kundeninformation) sowohl für die Infrastruktur als wichtiger Produzent von Daten für die Kundeninformation, als auch für den Personenverkehr als hauptsächlicher Abnehmer dieser Daten relevant.

Das Domänenmodell wird bei der SBB-IT für die Organisation des internen Account Managements (inkl. Projektportfoliomanagement), der Entwicklungsabteilungen sowie für das Architekturmanagement inklusive Bebauungsplanung und Software-Kartographie verwendet.

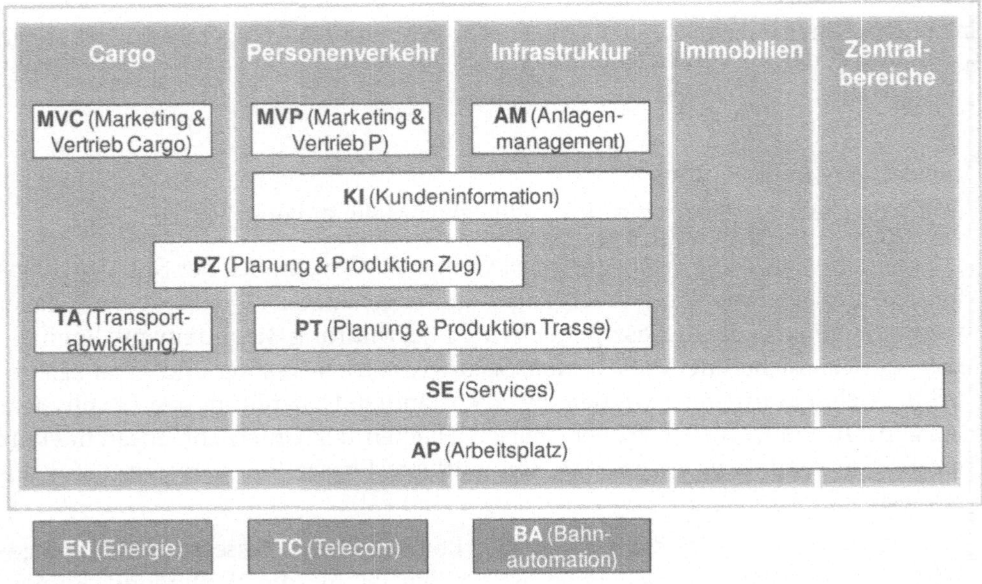

Abbildung 59: Überblick Domänenmodell der SBB-IT

Das Werkzeug: Vorgabenportal

Aus Sicht der Entwicklung werden Vorgaben häufig als Belastung gesehen. Für eine effektive Architekturumsetzung müssen die Hürden im Umgang mit Vorgaben möglichst gering sein.

Das Vorgabenportal bei SBB enthält:

- Architekturprinzipien
- Architekturrichtlinien
- Architekturentscheide (Ausnahmebewilligungen und Architekturweichen)
- Verweise auf andere Regelwerke (z.B. Security- & Risk-Management)

Das Vorgabenportal basiert auf einem Wiki und wird vom Team Unternehmensarchitektur betreut. Die Inhalte stammen aus verschiedenen Quellen und gelangen über einen definierten Prozess – in welchen Repräsentanten verschiedener Bereiche eingebunden sind – ins Vorgabenportal.

Damit werden drei Ziele erreicht:

- „Rechtssicherheit“: nur was im Vorgabenportal steht, gilt.
- Einfacher Zugang: das Vorgabenportal ist als, für alle zugängliches, einfach durchsuchbares Wiki angelegt.

- Bewirtschaftung der Vorgaben: es kann sichergestellt werden, dass die Vorgaben eine genügende Qualität aufweisen, dass Vorgaben nachgeführt bzw. entfernt werden und insgesamt das Regelwerk nicht übermäßig wächst.

Das Werkzeug: Enterprise Architecture (EA)-Datenbank

Eine verlässliche Datenbasis ist eine wichtige Voraussetzung für rasche und fundierte Architekturentscheide. Bei der SBB wird seit dem Jahr 2005 eine Enterprise Architecture (EA)-Datenbank geführt, in welcher sämtliche Technologien, Anwendungen, Schnittstellen, Geschäftsprozesse und organisatorische Verantwortungen inventarisiert und verknüpft sind. Aktuell enthält die Datenbank ungefähr 1'000 Anwendungen, 1'200 Schnittstellen, 300 Technologien, 400 Geschäftsprozesse etc. Die EA DB wird wöchentlich im Intranet der SBB publiziert und etwa 20'000 Mal pro Monat aufgerufen. Zu den Nutzern gehören sehr breite Kreise: von den Architekten über Supportorganisation, Projektleitern und Management bis zu den IT-Kunden.

Neben dem Ist-Zustand dokumentiert die EA DB ebenfalls alle Treiber der Veränderung der Anwendungslandschaft wie Anforderungen, bekannte Probleme und Risiken. Ebenfalls abgebildet werden die geplanten und laufenden Projekte inklusive ihrer Effekte auf die Anwendungslandschaft („Projekt X erstellt eine neue Anwendung A mit Betriebsaufnahme 1.3.2011 und löst damit Anwendung B ab"). Damit bildet die EA-Datenbank auch die Anwendungslandschaft der Zukunft ab.

Die Definition (Metamodell, Werkzeug, Publikation) der EA-Datenbank liegt beim Team Unternehmensarchitektur. Für die Nachführung werden alle verfügbaren Quellen benutzt (Betriebsübergabedokumente, Projektportfolios, Servicekataloge, Wissen von Produktmanagern und SW-Architekten etc.). Das eigentliche Einpflegen in der EA DB erfolgt aber aus Konsistenzgründen immer durch das Team Unternehmensarchitektur.

Die folgende Abbildung 60 zeigt die Einstiegseite in die Intranetpublikation der EA Datenbank.

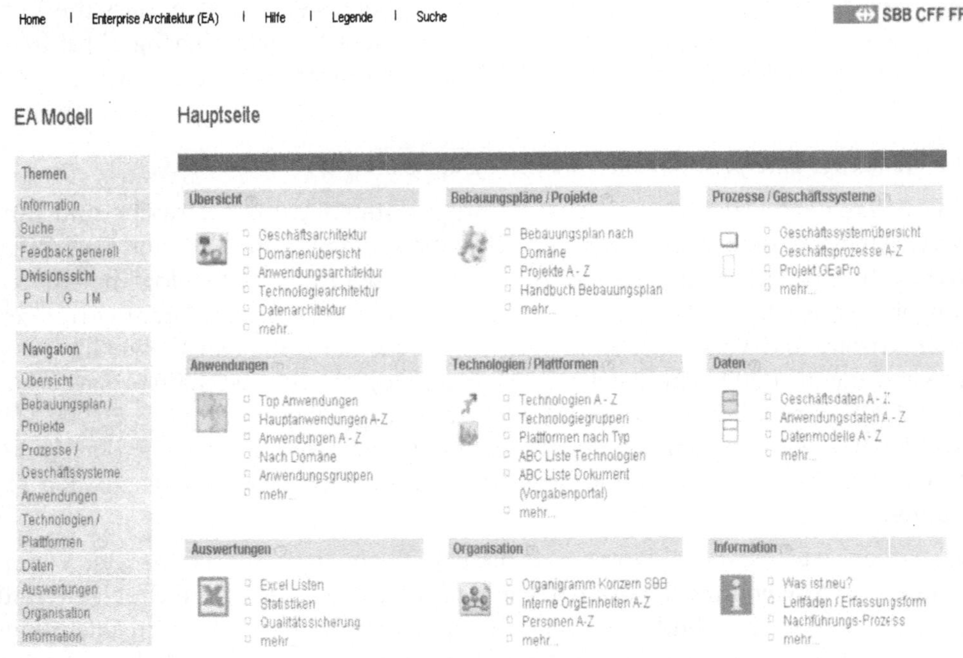

Abbildung 60: Überblick EA-Datenbank

Beitrag des Managements der Anwendungslandschaft

Die strategischen Zielgrößen der Anwendungslandschaft der SBB wurden im vorangegangenen Abschnitt beschrieben als Kostenreduktion, Erhöhung der Zuverlässigkeit im Betrieb sowie durchgängige Unterstützung der Geschäftsprozesse. Darauf ausgerichtet wurden verschiedene Maßnahmen im Bereich der Architektur vorgestellt. Langfristig sind diese Maßnahmen jedoch nur dann erfolgreich, wenn sie Wirkung zeigen. Das kontinuierliche Aufzeigen sowie die Messung der Wirkung stellen eine große Herausforderung dar. Nachfolgend einige Beispiele für Funktion und Wirkung des Managements der Anwendungslandschaft:

Beispiel 1: EA-Datenbank – Transparenz schaffen

Eine grundlegende Voraussetzung zur Erreichung der strategischen Ziele stellt die Schaffung von Transparenz dar. Erst eine ausreichend dokumentierte Anwendungslandschaft lässt Optimierungspotenziale erkennen.

Die EA-Datenbank ist heute die einzige umfassende Informationsbasis bezüglich der Anwendungslandschaft. Die Mehrheit der Mitarbeitenden in der Informatik nutzen die EA-Datenbank in ihrer täglichen Arbeit. Jährliche Umfragen unter den Mitarbeitenden attestieren der EA-Datenbank einen hohen Nutzen. Des Weiteren wird mit Hilfe der Klicks pro Monat auf die publizierten Informationen überprüft, wie sich das „Interesse“ für die die EA-Datenbank entwickelt.

Die wesentliche Herausforderung für das Management der EA-Datenbank liegt in der Bereitstellung der optimalen Quantität und Flughöhe der Informationen. Der Anspruch einer breiten, jederzeit aktuellen Informationsbasis für jeden Mitarbeitenden ist hoch und die Gefahr einer zu detaillierten Sicht respektive veralteter Informationen groß.

Beispiel 2: Architekturweiche – Wiederverwendung sicherstellen, Ablösung von Anwendungen beauftragen

Die Projektbildung ist der Schlüssel zur Reduktion der Komplexität der Anwendungslandschaft. Reduktion der Komplexität und damit einhergehend Reduktion von Risiken sowie Reduktion der IT-Kosten lässt sich insbesondere durch eine konsequente Wiederverwendung von Anwendungen sowie Konsolidierung / Ablösung beim Bau neuer Anwendungen erreichen. In frühen Projektphasen stellen sich in einem Projekt entscheidende Fragen, wie z.B.:

- Ist das Projekt auf die aktuelle Strategie ausgerichtet?
- Werden völlig neue IT-Funktionen gefordert oder gibt es entsprechende Funktionalitäten bereits?
- Sollen neue Anwendungen gebaut oder bestehende weiterentwickelt werden?
- Welche Umsysteme werden zum Datenaustausch angesprochen? Welche Integrationsverfahren kommen zum Einsatz?
- Welche Technologie soll eingesetzt werden? Sind die Technologien konform zu den geltenden Vorgaben?

In aller Regel ist ein einzelner Projektmanager stark fokussiert auf die eigenen Zielvorgaben und nicht ausreichend über das Gesamtbild der Anwendungslandschaft informiert, um diese Fragen global gesehen optimal beantworten zu können.

Die Architektur greift mit Hilfe der Architekturweiche frühzeitig – in der Regel sobald die IT involviert wird – in die Projekte ein und hilft den Projekten, die Weichen optimal zu stellen. Dabei kommt die EA-Datenbank als wesentliche Informationsquelle zum Einsatz: Transparenz innerhalb der Anwendungslandschaft ist Voraussetzung zur Beantwortung der Fragen.

Am effektivsten wirkt die Architekturweiche, wenn ein fachliches Bedürfnis auf einer bereits bestehenden Anwendung umgesetzt werden kann und nicht redundante Funktionalitäten bereitgestellt werden müssen. Folgendes Beispiel verdeutlicht die Funktionsweise:

Ein Fachbereich gelangt bezüglich Anforderungen an ein zusätzliches Kampagnenmanagementsystem an die IT. Die Analysen des Fachbereichs sind schon weit fortgeschritten, fokussieren sich aber stark auf ein bestimmtes Werkzeug und weniger auf die Beschreibung fachlicher Anforderungen. Das vermeintlich zu beschaffende Werkzeug ist bisher nicht Teil des Portfolios der SBB. Eine unter der Leitung der Architektur durchgeführte GAP-Analyse zeigt, dass die geforderten Funktionalitäten mit dem bereits im Einsatz stehenden CRM (mit Abstrichen in der grafischen Benutzerführung) umgesetzt werden können. Der Entscheid führt dazu, dass insgesamt zusätzliche Redundanzen vermieden und unter TCO-Aspekten Betriebskosten gespart werden. Das Projekt wurde anschließend erfolgreich und zur Zufriedenheit des Auftraggebers umgesetzt.

Ein entscheidender Erfolgsfaktor der Architekturweiche ist der Zeitpunkt innerhalb des Projektfortschritts. Durch das frühzeitige Eingreifen lassen sich suboptimal aufgesetzte Projekte in der Regel nahezu kostenneutral korrigieren, was einen wesentlichen Erfolgsfaktor der Architekturweiche darstellt. Auflagen der Architektur in späteren Projektphasen, die zu kostenintensiven Projekt-Changes führen würden, lassen sich oft nur unter hohen Widerständen realisieren.

Die wesentliche Herausforderung der Architekturweiche stellt das Spannungsfeld zwischen „Berater-Funktion" und „Polizei-Funktion" dar. Umfragen unter Management und Projektleitern geben oft ein uneinheitliches Bild bezüglich der Ausrichtung der Architekturweiche ab. Hauptanliegen der Architekturweiche ist die Sicherstellung der Einhaltung der erarbeiteten Strategien, Prinzipien und Richtlinien, um strategische Ziele wie z.B. Komplexitäts- und Kostenreduktion zu erreichen. Dies führt dazu, dass – in einer Art Polizei-Funktion – alle Projekte kritisch beurteilt und allenfalls Auflagen erteilt werden müssen (Weiche stellen). Damit diese Auflagen aber auch tatsächlich umgesetzt werden und die Architekturweiche entsprechend wirksam wird, braucht es in vielen Fällen zusätzlich beratende Kompetenz, die hilft, die Lösungen detaillierter auszuarbeiten.

Messung von Funktion und Wirkung

Im vorangegangenen Abschnitt wurden einige Beispiele aufgezeigt, wie die implementierten Architektur-Maßnahmen wirken und wo die Herausforderungen liegen. Die konkrete Messung dieser Leistungen ist schwieriger. Die SBB hat in diesem Zusammenhang ein einfaches KPI-System aufgebaut. Mit Hilfe definierter Messwerte lassen sich so Annäherungen bezüglich Effizienz und Effektivität der Architekturleistungen messen.

- Messung der Prozessleistung (Effizienz)
- Messung der Wirkung der Architektur (Effektivität)

Messung der Prozessleistung (Effizienz)

Anhand der Messwerte der Prozessleistung ist ersichtlich, was die Architektur tut und in welcher Güte die Architektur es tut. Dabei werden einfache Prozesskennzahlen gemessen, wie z.B. Prozesshäufigkeit, Durchlaufzeit, Prozessergebnis, Aufwand zur Erbringung einer Prozessleistung / Prozesskosten, usw.

Zwei Beispiele:

- Architekturweiche: Die Architekturweiche ist fest im Angebotsprozess der IT-Supply verankert. Alle Projekte durchlaufen zwingend die Architekturweiche. Die Messwerte zur Architekturweiche geben Auskunft darüber, wie viele Weichen in einem Monat gestellt wurden und wie die Verteilung bezüglich der zugelassenen Projekte, der zugelassenen Projekte mit Auflagen sowie der nicht zugelassenen Projekte aussieht.
- Q-Gates: Alle Projekte durchlaufen zu festgelegten Zeitpunkten diese Kontrollpunkte. Die Messwerte geben wiederum darüber Auskunft, wie viele Architekturbeurteilungen pro Monat vorgenommen wurden und wie sich die Verteilung der Resultate (grün / gelb / rot) verhält.

Die resultierenden KPIs sind ausschließlich nach innen gerichtet. Die Messung der Prozessleistung hilft der Architektur, die eigenen Prozesse zu überwachen und zu optimieren. Weiterhin geben die Zahlen Auskunft darüber, in welchem Umfang Leistungen der Architektur nachgefragt werden. Daraus lässt sich näherungsweise ableiten, wie hoch die „Durchdringung" der Architektur innerhalb der SBB ist, was sich gut als Rechtfertigung verwenden lässt.

Die Anzahl der Architekturweichen ist beispielsweise zwischen 2008 und 2009 stetig gestiegen, was auf eine erhöhte „Sichtbarkeit" der Architektur schließen lässt.

Aus diesen KPIs ist jedoch in aller Regel noch nicht ersichtlich, ob die Leistungen der Architektur tatsächlich zur Zielerreichung beitragen.

Wirkung der Architektur (Effektivität)

Die Messwerte zur Wirkung der Architektur versuchen annäherungsweise den Effekt zu beschreiben, den die Architekturleistungen auf die Anwendungslandschaft haben. Dieses Thema ist schwierig zu messen, weshalb die SBB lediglich einige wenige, sehr einfache Zahlen definiert hat und diese monatlich auswertet. Fokus liegt hierbei auf der Stabilität der Messverfahren über einen längeren Zeitraum hinweg.

Zwei Beispiele:

- Mit dem Ziel der Reduktion der Komplexität gehen folgende Maßnahmen einher:
    - Eliminierung redundanter Anwendungen und Funktionen
    - Einschränkung der Technologievielfalt

  Gemessen werden in diesem Zusammenhang die Anzahl der geschäftskritischen Anwendungen – eine Reduktion der Anzahl an Anwendungen deutet auf die Eliminierung redundanter Anwendungen hin – sowie die Anzahl der für diese Anwendungen bereitgestellten Plattformen. Die Plattformen stellen die Ausführungs- und Integrationsumgebung für eine oder mehrere Anwendungen zur Verfügung. Mit dem Ziel der Einschränkung der Vielfalt sollte auch diese Zahl sinken.

- Ein weiteres Ziel stellt die Reduktion der IT-Risiken zur Sicherstellung eines stabilen Betriebs der Anwendungen dar. Innerhalb der Architektur wurden folgende Maßnahmen ergriffen:
    - Definierte Standardisierung aller Plattformen

  Gemessen wird in diesem Zusammenhang, der Anteil derjenigen Anwendungen auf standardisierten Plattformen (Plattformen, welche ein Set festgelegter Infrastrukturdienste nutzen).

Die SBB misst solche einfachen Werte seit etwa zwei Jahren. Der entscheidende Erfolgsfaktor dabei ist die Stabilität der Messverfahren und die einfache Nachvollziehbarkeit der Zahlen. Die Auswertung erfolgt vollautomatisiert mit Hilfe der EA-Datenbank.

Für die Kommunikation werden die Messwerte zu KPIs aggregiert. Ein Beispiel ist der Domänenreifegrad: Für den Domänenreifegrad werden die Messwerte pro Domäne (Abbildung 61) erhoben und ausgewertet. Vergleichende Aussagen zwischen den Domänen werden damit ermöglicht.

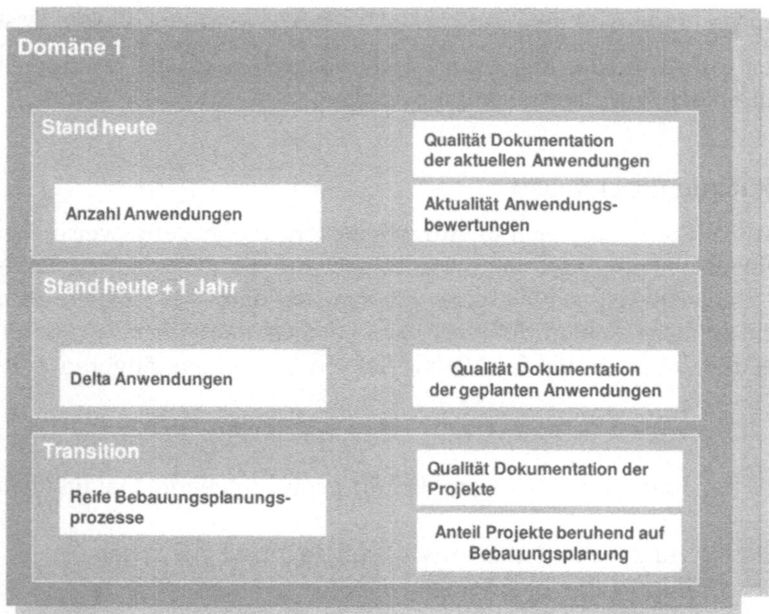

Abbildung 61: Domänenreifegrad

Vorgehen zur Umsetzung

Das Management der Anwendungslandschaft ist ein wesentlicher Aspekt einer geführten Unternehmensarchitektur. Die im Folgenden beschriebenen Prozesse und Werkzeuge der Unternehmensarchitektur gelten somit auch und vor allem für das Management der Anwendungslandschaft.

Eine wichtige Voraussetzung für den Erfolg der Unternehmensarchitektur bei SBB war der Aufbau in kleinen konkreten Schritten. Ein iteratives Vorgehen stärkt die Akzeptanz, da erste Resultate und Erfolge Vertrauen schaffen. Da der Aufbau einer Unternehmensarchitektur auch ein Lernprozess für die Architekten und das Unternehmen darstellt, ist es wichtig in kleinen Schritten konkrete und kommunizierbare Resultate zu erzielen. Einerseits lernen die Architekten dabei, welche Praktiken im Unternehmen überhaupt machbar sind und als nützlich wahrgenommen werden. Anderseits ist der selbstauferlegte Druck zu raschen Resultaten eine gute Vorbeugung gegen die bekannten Elfenbeinturm-Syndrome.

Der Aufbau der Unternehmensarchitektur bei der SBB begann mit ad-hoc Projektberatungen und dem Aufbau einer EA DB (Architektur dokumentieren). Mit Projektberatung erreicht man Kontakte und Akzeptanz auf persönlicher Ebene, welche als Basis für den Aufbau einer neuen Disziplin nötig sind. Der initiale Fokus auf die Architekturdokumentation entsprach einem starken „Kundenbedürfnis", da die Informationslage zur Anwendungslandschaft desolat war. Ein weiterer Vorteil der Architekturdokumentation ist die einfache Kommunizierbarkeit und dass sie als Grundlage für alle übrigen Praktiken gesehen werden kann. Entscheidend ist, nicht bei der reinen Dokumentation stehen zu bleiben, sondern rasch auch aktiv steuernde Unternehmensarchitektur zu betreiben.

Der Aufbau neuer Leistungen erfolgte in den meisten Fällen in Projektform, wobei ein besonderes Augenmerk darauf gerichtet wurde, sicherzustellen, dass nach Projektabschluss eine tragfähige Lösung für die Linienorganisation bereit stand. So war eine zentrale Aufgabe des Projekts zum Aufbau einer EA DB, die Implementierung eines praktikabeln Nachführungsprozesses, um die leider häufige Situation einmalig aufgebauter und dann vernachlässigter Repositories zu vermeiden.

Die folgende Grafik (vgl. Abbildung 62) zeigt den Aufbau der Unternehmensarchitektur bei der SBB „bottom-up" über die Zeit.

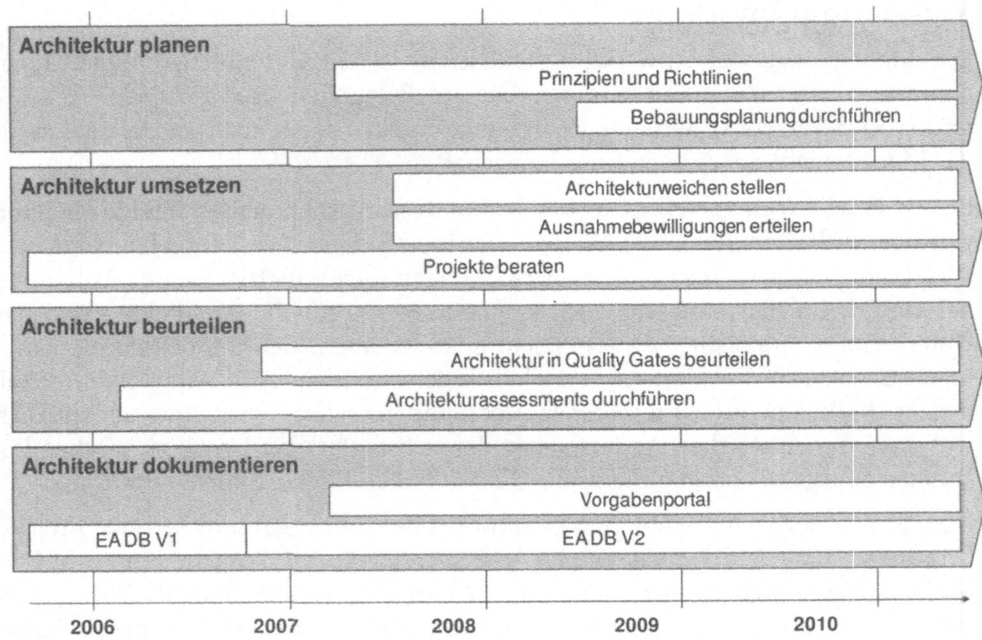

Abbildung 62: Schrittweiser Aufbau der Unternehmensarchitektur

Für den erfolgreichen Aufbau der Unternehmensarchitektur wurden neben dem schrittweisen Aufbau folgende Schwerpunkte gesetzt:

- Verankerung in der IT-Governance: Wenige, griffige Architekturprozesse sind institutionalisiert und bilden einen zentralen Teil der IT-Governance.
- Top-Management-Attention: Die Architekturleistungen sind mit einem eigenen Bereich in der IT-Organisation verankert und werden durch den Chief Architekten im IT-Führungsteam vertreten. Architekturmanagement genießt hohe Visibilität in der SBB und ist auch in der Konzernleitung als effektives Steuerungsinstrument für IT-Investitionen akzeptiert
- Aktive Kommunikation, freie Zugänglichkeit aller Architekturresultate: Ob Prinzipien und Richtlinien, Architekturentscheide, Bebauungspläne oder Ist-Abbildung der EA DB, alle Resultate werden im Intranet publiziert. Dies schärft den Qualitätsanspruch und generiert wertvolles Feedback.

Auf dieser Basis hat die Disziplin Unternehmensarchitektur innerhalb weniger Jahre Akzeptanz und Wirksamkeit erzielen können.

Architekturprozesse und Werkzeuge weisen nun die notwendige Reife auf, um die unkontrolliert gewachsene und heterogene Ist-Landschaft geplant und geführt weiterentwickeln zu können.

Konklusion

Unternehmensarchitektur als Disziplin, welche Geschäfts-, Anwendungs- und Technologiearchitektur gleichermaßen betrachtet, ist das Mittel der Wahl um komplexe, heterogene und historisch gewachsene Anwendungslandschaften nachhaltig weiterentwickeln zu können. Unternehmensarchitektur-Initiativen gelten allgemein als schwierig, teuer, und oft ist deren Nutzen schwer nachzuweisen. Für ein effektives Management der Anwendungslandschaft der SBB lassen sich folgende Schlüsse ziehen:

Transparenz als Voraussetzung

Um steuern zu können, braucht das Unternehmen Kenntnisse bezüglich der Ist-Situation. Dabei gilt es zu beachten, die Ist-Dokumentation mit Augenmaß vorzunehmen und den Nachführprozessen mindestens so viel Gewicht beizumessen wie der Ersterfassung. Das Ist-Architekturmodell hat das primäre Ziel, Kontextinformationen zu vermitteln, Grenzen zu ziehen, Verantwortliche zu benennen und Treiber der Veränderung aufzuzeigen. „Weniger ist mehr", dafür gelten aktuelle und einfach zugängliche Informationen als kritischer Erfolgsfaktor.

Schnittstelle vom Fachbereich bzw. Geschäft zu IT ist entscheidend

Um eine Anwendungslandschaft steuern zu können, müssen Geschäfts- und IT-Ziele in Einklang gebracht werden. An der Nahtstelle von der Geschäfts- zur Anwendungsarchitektur liegt das größte Potential, eine Unternehmensarchitektur langfristig auszurichten. Gleichzeitig sind hier der Graben und die Interessenskonflikte zwischen den Mitarbeitern oft sehr ausgeprägt. Business-/IT Alignment als standardisierten Prozess und Unternehmensarchitektur mit ausgezeichneten Beziehungen ins Geschäft sind entscheidend.

Zentral geführte Architekturprozesse, dezentrale Kompetenz festlegen

Ein kritischer Erfolgsfaktor für eine nachhaltige und effektive Unternehmensarchitektur ist die Verankerung einfacher, stabiler Architekturprozesse. Die SBB hat die Architekturverantwortung (Prozess Ownership) in einem einzigen Bereich konzentriert und mit weitreichenden Kompetenzen ausgestattet. Der Chief Architect ist Owner aller Architekturprozesse, ist Mitglied des IT-Führungsteams und letzte Eskalationsinstanz bezüglich Architekturentscheide im Unternehmen.

Die Architekturkompetenz beschränkt sich jedoch nicht ausschließlich auf diesen zentralen Architekturbereich, sondern ist an bestimmten Architekturrollen in den unterschiedlichsten Abteilungen der SBB festgemacht (Geschäft, Entwicklung und Betrieb).

Dies führt dazu, dass Architekturentscheide auch da systematisch und nachvollziehbar gefällt und geltende Prinzipien und Vorgaben berücksichtigt werden. Die Entscheide basieren jedoch immer auf fundierter lokaler Kompetenz aus den einzelnen Bereichen.

Belastbare Bebauungspläne etablieren

Stabilität ist ein wichtiges Qualitätskriterium der Bebauungspläne. Bebauungspläne sind dann wertvoll, wenn sie über eine definierte Betrachtungsperiode möglichst stabil bleiben und zu nachhaltigen Entscheiden führen. Häufige, grundlegende Richtungswechsel zeugen einerseits von nicht belastbaren Entscheidungsgrundlagen und Entscheidprozessen, sind aber andererseits oft auch ein Indiz dafür, dass die Pläne auf zu vielen Annahmen und Wunschvorstellungen beruhen.

Grenzen einer zentralen Architektursteuerung erkennen

Unternehmensarchitekten müssen der Versuchung widerstehen, die EA-Datenbank mit möglichst vielen Inhalten zu füllen, alle Eventualitäten über Prinzipien zu regeln und die Zukunft mittels Bebauungsplänen genau vorzuzeichnen. Selbstbeschränkung (wann ist zu viel) ist einer der kritischen Erfolgsfaktoren eines guten Architekturmanagements. Prinzipien und Richtlinien sind auf den Normalfall ausgerichtet und enthalten keine Spezialklauseln. Wenn in einem Projekt die Einhaltung eines Prinzips oder einer Richtlinie als problematisch betrachtet wird, kann das Projekt eine Ausnahmebewilligung über einen standardisierten Prozess beantragen. Ausnahmen gehören zum Architekturmanagement, sind jedoch immer begründet, dokumentiert und nachvollziehbar.

„Confidentially ignore"

Unternehmensarchitektur hat zum Ziel, die Entwicklung der gesamten Anwendungslandschaft langfristig und nachhaltig zu steuern. Erfolgreiche Unternehmensarchitektur konzentriert sich auf diese Steuerungsaufgabe und überlässt Architekturaufgaben mit lokalem Fokus einzelnen Projekten. Wenn Architekturprozesse dazu missbraucht werden, ausschließlich lokale Projektentscheide zu fällen und Themen zu bearbeiten, welche effizienter in Projekten gelöst werden, fehlt Kraft und Zeit für die effektiven Steuerungsaufgaben. Die Anwendung von Prinzipien und Richtlinien, sowie die Selbstbeschränkung der Architekten sind auch hier gefragt.

Nutzen kommunizieren

Der Nutzen einer Unternehmensarchitektur ergibt sich oft nur indirekt, ist nicht immer offensichtlich und meist schwer nachzuweisen. Die Wirkung der Architekturbemühungen lässt sich über Messverfahren und KPI's nachweisen. Diese sind jedoch schwierig zu definieren und aufwändig zu erheben. Die Komplexität und Risiken einer gesamten Anwendungslandschaft verringern sich meist nur langsam. Neben dem Berichten von Architektur-KPI's ist das Formulieren und Verbreiten von eingängigen, konkreten Erfolgsgeschichten eine der wirkungsvollsten Maßnahmen, um den Nutzen des Architekturmanagements aufzuzeigen.

2.3.4 Einsatz Standardanwendungen. Praxis bei der ABN AMRO

Urs Gamma, ABN AMRO

In den meisten Unternehmen wird heute Standardsoftware eingesetzt. Eine Frage, die viele CIOs beschäftigt, ist: Soll weiterhin auf „best-of-breed"-Applikationen gesetzt werden oder kann eine integrierte Standardsoftware die Funktionen ausreichend abdecken? Die Entwicklung geht in Richtung integrierte Standardsoftware. Anbieter arbeiten mit Hochdruck daran, die Funktionstiefe der integrierten Standardsoftware zu verbessern und so die Konkurrenz der „best-of-breed"-Applikationen aus dem Markt zu drängen. Der zunehmende Kostendruck zwingt sogar Banken dazu, ihre komplexen, über lange Zeit gewachsenen Applikationslandschaften zu vereinfachen. Projekte für die Einführung von Standardsoftware unterscheiden sich nicht grundlegend von anderen IT-Projekten. Bei mehreren Anbietern muss dem Evaluationsprozess besondere Aufmerksamkeit gewidmet werden. Für den Betrieb ist ein konsequentes Release- und Changemanagement notwendig.

Am Beispiel der ABN AMRO Bank (Switzerland) AG werden die Erfahrungen einer Privatbank beim Einsatz von Standardsoftware aufgezeigt: Wie sich eine integrierte Standardsoftware zur komplexen „best-of-breed"-Applikationslandschaft entwickelt, welche Fragen sich beim Betrieb und der Ablösung stellen und welche IT-Entwicklungsschritte die Bank plant.

Einleitung

Am Anfang von Standardsoftware stehen Versprechen, die auf jeden CIO verlockend wirken:

- Die Investitionen und der Unterhalt von Standardsoftware ist kostengünstiger als die Kosten für Individualsoftware: Entwicklungs- und Wartungskosten können auf verschiedene Anwender verteilt werden. Der einzelne Anwender profitiert von den Entwicklungen anderer.
- Die Projektrisiken bei der Einführung und die operationellen Risiken beim Betrieb von Standardsoftware sind kleiner als bei Individualsoftware: Wenn eine Standardsoftware am Markt etabliert ist, gibt es professionelle Unterstützung bei der Einführung. Diese können entweder (fast) vollständig externen Partnern übertragen werden, oder es finden sich Spezialisten mit dem notwendigen Know-how. Je weiter eine Standardsoftware verbreitet ist, desto mehr Experten mit Erfahrung sind verfügbar. Der Betrieb wird durch eine professionelle Supportorganisation und ein institutionalisiertes Release- und Changemanagement des Anbieters unterstützt.

- Funktionale Anforderungen an die Standardsoftware können schneller realisiert werden: Standardsoftware ist flexibler als Individualsoftware. Standardsoftware wird von unterschiedlichen Anwendern benutzt, ohne dass die Software angepasst werden muss. Durch Parametrierung können die Bedürfnisse der unterschiedlichen Anwender abgedeckt werden.
- Die Qualität der Standardsoftware ist besser als diejenige der Individualsoftware. Da viele Kunden die Software in unterschiedlichen Ausprägungen benutzen, ist die Software ausgereift und weist weniger Fehler auf.
- Der integrierten Standardsoftware gehört die Zukunft: Sie wird die heutigen best-of-breed-Applikationslandschaften ablösen, da die redundante Daten- und Funktionshaltung, die verschiedenen Infrastrukturen und die komplizierten Schnittstellen teuer und aufwändig im Betrieb sind.

Diese Versprechen haben in den letzten Jahren zu einem Boom der Standardsoftware geführt, doch *werden alle diese Versprechungen eingelöst?*

Um die (ehrgeizigen) Ziele erreichen zu können, muss eine Reihe von Punkten beachtet werden. Auf den nächsten Seiten soll aufgezeigt werden, welche Faktoren bei der Evaluation, dem Entscheid, der Einführung und dem Betrieb von Standardsoftware beachtet werden müssen, um den gewünschten Erfolg zu erreichen. Im zweiten Teil werde ich über die Erfahrungen der ABN AMRO Bank (Switzerland) AG mit dem Einsatz von Standardsoftware berichten.

Doch zuvor zunächst die Festlegung einiger zentraler Begriffe:

a) Standardsoftware: Standardsoftware ist Anwendungssoftware, die wertschöpfende und unterstützende Funktionen anbietet. Spezielle Merkmale von Standardsoftware sind:

- Modularer Aufbau
- Einheitliche Basis für Stamm- und Transaktionsdaten
- Die Software kann parametriert werden
- Es wird ein geregeltes Change- und Releasemanagement angeboten

b) Integrierte Standardsoftware: Integrierte Standardsoftware deckt ein breites Spektrum von Funktionen ab. Das Ziel der Anbieter von integrierter Standardsoftware ist, dass möglichst wenig zusätzliche Applikationen benötigt werden.

Ein Beispiel für integrierte Standardsoftware ist SAP. SAP ist faktisch ein Industriestandard und deckt fast alle Arbeitsgebiete in Industrie, Administration und Handelsunternehmen ab. Im Bankenbereich ist diese Entwicklung noch nicht so weit fortgeschritten. In der Schweiz gibt es erst seit wenigen Jahren integrierte Standardsoftware, die fast alle Bankbereiche abdeckt und viele Nischenapplikationen ersetzen kann.

c) Standardsoftware für Zusatzfunktionen: Integrierte Standardsoftware konzentrierte sich bisher auf die wichtigen Funktionen eines Unternehmens wie Stammdatenverwaltung und Transaktionsverarbeitung. Funktionale Randgebiete wie zum Beispiel Verbindungen zu externen Geschäftspartnern oder länderspezifische Reportings werden von integrierter Standardsoftware im Allgemeinen schlecht abgedeckt. Diese Anforderungen werden durch spezialisierte Standardsoftware für einzelne Funktionen übernommen.

Beispiele für Standardsoftware für Zusatzfunktionen sind Applikationen, die für die Aufbereitung und Verschlüsselung von Transaktionen im Zahlungsverkehr eingesetzt werden oder Applikationen, die regulatorische Reportings gemäß den Anforderungen von verschiedenen Ländern liefern.

d) Best-of-breed-Standardsoftware: Integrierte Standardsoftware muss eine breite Palette von Funktionen abdecken. Darunter kann die Funktionstiefe leiden. In Bereichen, die für ein Unternehmen äußerst wichtig sind, kann sich der Einsatz von Best-of-breed Standardsoftware lohnen. Damit kann in spezifischen Gebieten die Funktionstiefe wesentlich verbessert werden.

Beispiele für Best-of-breed-Standardsoftware für Banken können zum Beispiel CRM-Systeme oder Portfoliomanagementapplikationen sein. Diese Applikationen sind ausgerichtet auf Kundenberater und unterstützen diese in ihrer täglichen Arbeit. Best-of-breed-Standardsoftware ist in der Regel ein Bestandteil einer Applikationslandschaft und besitzt Schnittstellen zu anderen Applikationen.

Evaluation von Standardsoftware

Definition von Muss-Kriterien

Heutige Standardsoftware garantiert eine gute Abdeckung der Basisanforderungen. Der Fokus einer Evaluation soll deshalb nicht auf die Standardabwicklungsprozesse gerichtet sein. Mit den Möglichkeiten der Parametrierung können die meisten Fälle abgedeckt werden. Die funktionalen Muss-Kriterien für die Evaluation müssen aus der Geschäftsstrategie abgeleitet werden. In welchen Bereichen will man besser als die Konkurrenz sein? Welche Geschäftszweige sollen in den nächsten Jahren gezielt gefördert werden?

Mit der Wahl einer Standardsoftware, wählt man gleichzeitig auch einen Lieferanten. Nach einer Einführung ist man gezwungen, auf lange Zeit mit dem Lieferanten auf partnerschaftlicher Basis zusammen zu arbeiten. Es empfiehlt sich, die Lieferanten in der Evaluation genau zu prüfen, indem man bei bestehenden Kunden des Lieferanten Referenzen einholt sowie allfällige Pressemitteilungen berücksichtigt.

Die übrigen Kriterien entsprechen den Standard-Evaluationskriterien: Investitionen in Hardware und Software, Betriebskosten, Einpassung in die Applikations- und Systemlandschaft etc.

Um das Einholen von Offerten strukturiert angehen zu können, wird nun ein Pflichtenheft für die Anbieter erstellt. Dieses Dokument gibt Auskunft über die Situation und Ziele des potentiellen Kunden. Ebenso werden im Pflichtenheft die Anforderungen (u.a. Muss-Kriterien) an das Produkt und den Anbieter festgehalten. Dieses Pflichtenheft bildet die Grundlage für die Offerte der Anbieter.

Durchführung der Evaluation

Falls mehr als drei Anbieter in die Evaluation einbezogen werden, empfiehlt es sich, mit einer „Longlist" zu beginnen. Es sollten auch Anbieter mit einbezogen werden, die keine Aussicht haben, in die engere Auswahl zu kommen. Damit kann Fragen begegnet werden, warum dieser oder jener Konkurrent nicht in Betracht gezogen wurde.

Die „Longlist" wird anhand der Muss-Kriterien bewertet. Falls ein Kandidat nicht alle diese Kriterien erfüllt, schafft er es nicht auf die „Shortlist".

Mit den Anbietern auf der Shortlist wird die detaillierte Evaluation durchgeführt. Offerten, nach einem vorgegebenen Raster gegliedert, werden verlangt, Workshops mit Anbietern durchgeführt, und Referenzbesuche bei bestehenden Kunden werden gemacht.

Die Resultate der Bewertungen werden tabellarisch festgehalten und so die Lösungen einander gegenübergestellt. Für die Diskussion mit dem Management empfiehlt es sich, eine Lösung vorzuschlagen. Die Muss-Kriterien der Evaluation können auf einer Seite konsolidiert werden, um die wichtigsten Entscheidungskriterien rasch vergleichen zu können.

Erstellen Business Case

Für die gewählte Lösung wird nun ein detaillierter Business Case erstellt. Um die eigene Position in den nun folgenden Vertragsverhandlungen zu stärken, kann es sinnvoll sein, auch nach einem Variantenentscheid, weiterhin mit zwei Anbietern weiter zu verhandeln.

Der Business Case ist die Grundlage für den definitiven Entscheid und die Freigabe der Budgets. Die wichtigsten Kapitel eines Business Cases sind: Funktionale Abdeckung der Anforderungen, Systemgrenzen, erster Projektplan, Übersicht über die Projektrisiken, Investitionen und Betriebskosten

Kritische Punkte

Mit Evaluationen können verschiedene Ziele erreicht werden: Es kann ein vorgefasster Entscheid bestätigt werden. Mit einer geschickten Wahl der Kriterien und der entsprechenden Gewichtung kann gezielt die gewünschte Lösung in die Pole Position gebracht werden. Dasselbe gilt natürlich auch für die Verhinderung einer unerwünschten Lösung.

Bewertungen in Evaluationen sind mindestens teilweise subjektiv. Es ist schwierig, eine „richtige" Bewertung aller Alternativen durchzuführen. Folgende Maßnahmen helfen auf dem Weg zu einer fairen Bewertung:

- Beizug eines unabhängigen Beraters. Dieser sollte den gesamten Evaluationsprozess begleiten. Seine wichtigste Aufgabe ist es, die Objektivität der Evaluation sicherzustellen.
- Einbezug aller Stakeholder bei der Definition der Evaluationskriterien. Damit wird sichergestellt, dass die gewählten Kriterien eine breite Akzeptanz finden.
- Hinterfragen von Versprechungen der Anbieter: Vor dem Vertragsabschluss ist alles möglich, Anbieter machen Angebote, die sie später nicht einhalten können. Es besteht die Gefahr, dass man, besonders für die favorisierte Lösung, diesen Versprechungen gerne glaubt.
- Kosten für die Einführung und den Betrieb werden generell zu tief eingeschätzt. Eingerechnete Reserven für Unvorhergesehenes helfen Überraschungen zu mildern.

Werden diese Richtlinien berücksichtigt, ist eine Evaluation ein geeignetes Mittel um Lösungsalternativen einander gegenüber zu stellen, diese zu bewerten und einen fundierten Entscheid vorzubereiten.

Einführung von Standardsoftware

Die Einführung einer Standardsoftware wird als Projekt organisiert. Die Aufteilung in folgende Projektphasen hat sich bei der Implementierung bewährt: Initialisierung, Analyse und Design, Implementation inklusive Parametrierung, Datenmigration, Test und Training, Einführung und Unterstützung nach der Einführung.

Integration in Applikationslandschaft

Der Integrationsaufwand für eine Standardsoftware kann sehr unterschiedlich sein. Wird eine Software für eine periphere Funktion installiert, muss im Idealfall nur das Interface zum zentralen System installiert und konfiguriert werden.

Wird das Coresystem ersetzt, sollte für alle Applikationen der Applikationslandschaft geprüft werden, ob deren Funktionalität oder Teile davon im neuen Coresystem verfügbar sind. Ist das der Fall, können diese Applikationen stillgelegt werden. Für die verbleibenden Applikationen müssen alle bestehenden Interfaces analysiert und adaptiert werden. Der Einsatz einer geeigneten Integrationsplattform oder Middleware kann diesen Aufwand wesentlich vermindern.

Es kann weitere Auswirkungen auf andere Applikationen der Applikationslandschaft geben, die genau geprüft werden müssen: Ein neues Nummerierungssystem, unterschiedliche Transaktionsstrukturen oder Tabellen können weitreichende Auswirkungen auf bestehende Applikationen haben. Die Applikationen müssen analysiert und bei Bedarf muss die Parametrierung angepasst werden. Eventuell braucht es auch zusätzliche Datenkonvertierungen.

Migration der Daten

Folgende Punkte sollte ein Daten-Migrationskonzept beantworten:

Fragen, welche Daten migriert werden und in welchem Umfang:

- Welche Daten werden automatisch und welche manuell migriert?
- Müssen Daten auf dem alten System vor der Migration bereinigt oder nach der Migration im neuen System bearbeitet werden?
- Sollen historische Transaktionsdaten migriert werden?
- Wie wird der Zugriff auf die alten Daten in einer Übergangszeit sichergestellt?
- Welche Daten müssen für die nächsten 10 Jahre aufbehalten werden und wie wird der Zugriff auf diese Daten gewährleistet?
- Sollen die Daten schrittweise migriert werden oder ist ein „big-bang" geplant?
- Wann soll die Datenmigration gemacht werden (Monatsende, Jahresende)? Wie lange dauert die Datenmigration?

Fragen zur Sicherstellung der Qualität der migrierten Daten

- Ein automatisierter Abgleich der Daten des abgebenden Systems mit den geladenen Daten im neuen System stellt sicher, dass die Daten vollständig übernommen wurden. Mit Stichproben wird die Richtigkeit der Daten überprüft.
- Testtransaktionen und periodische Verarbeitungen stellen sicher, dass mit den übernommenen Daten auch wirklich gearbeitet werden kann.

Es bewährt sich, die Datenmigration möglichst früh im Projekt einzuplanen, damit die Benutzertests mit migrierten Daten in guter Qualität durchgeführt werden können. Bei Kernapplikationen ist es empfehlenswert, im Laufe des Projekts mehrere Migrationsläufe durchzuführen. Die anschließende Migrationskontrolle verbessert jedes Mal die Datenqualität, und das Migrationsprozedere wird für den Go-Live trainiert.

Integration der Standardsoftware in die bestehende Organisation

Softwareapplikationen bestimmen die Prozesse eines Unternehmens und das Denken der Benutzer. Die Implementation einer neuen Standardsoftware führt oft zu einschneidenden Veränderungen in diesen lang eingespielten Prozessen. Solche Anpassungen sind unbequem und können die Benutzer verunsichern. In dieser Situation wächst der Druck auf das Projekt, die Standardsoftware den bestehenden Prozessen anzupassen. Es braucht einen starken Projektleiter und die Rückendeckung der Geschäftsleitung, um substantielle Änderungswünsche abzulehnen und die Prozesse den neuen Gegebenheiten anzupassen.

Das frühzeitige Einbeziehen von Benutzern ins Projekt kann helfen, Widerstände abzubauen. Eine Möglichkeit dazu sind dedizierte Testtage, an denen die Benutzer das Tagesgeschäft auf der zu implementierenden Software nachspielen. So haben die Benutzer Gelegenheit, das System kennenzulernen und mögliche Vorbehalte anzubringen.

Umfangreiche Änderungen an der Funktionalität der Standardsoftware führt zu erhöhten Einführungsrisiken, da oft nicht genügend Zeit und Know-how für seriöse Tests der Änderungen im Einführungsprojekt zur Verfügung steht.

Nach einer Einführung wird die Effizienz in der ersten Zeit sinken. Die Benutzer brauchen Zeit, um sich an die neue Software und die geänderten Prozesse zu gewöhnen.

Bei Diskussionen über Änderungswünsche mit Anwendern oder dem Management kann folgende Maßnahme vorgeschlagen werden: Das Budget für Änderungen während des Projektes wird begrenzt. Änderungswünsche, die im Projekt nicht berücksichtigt wurden, werden sechs Monate nach der Einführung neu bewertet. Sollte der Bedarf immer noch bestehen, wird die Änderung realisiert.

Einführungsunterstützung

Bei der Einführung einer Standardsoftware ist der Mix des Projektteams wichtig. Hier eine Übersicht der möglichen Varianten:

- *Einführung durch den Softwarelieferanten:* Dies ist die beste und schnellste Lösung bei kleineren Projekten. Bei komplexen Integrationsprojekten zeigt sich, dass die Mitarbeiter eines Lieferanten auf ihre Applikation fixiert sind und wenig Kenntnisse (und noch weniger Interesse) an anderen Applikationen der Applikationslandschaft haben.
- *Einführung durch einen Implementationspartner:* Der Implementationspartner übernimmt die Einführung und koordiniert alle beteiligten Partner. Für eine Geschäftsleitung beinhaltet diese Variante die wenigsten Risiken. Besondere Aufmerksamkeit muss bei diesem Vorgehen dem Know-how-Transfer vom Implementationsteam zum Unternehmen gewidmet werden. Wenn der

Implementationspartner nach der Einführung das Projekt abgeschlossen hat, muss das Unternehmen in der Lage sein, die Standardsoftware zu betreiben.

- *Einführung durch internes Projektteam:* Eine Einführung durch ein internes Projektteam, verstärkt durch Softwarelieferanten und bei Bedarf durch zusätzlich externe Mitarbeiter oder Drittfirmen, ist für das Unternehmen die beste Lösung. Das Projektteam kennt die Anforderungen, und während des Projektes wird das Know-how aufgebaut, das für den reibungslosen Betrieb notwendig ist.

Flankierende Maßnahmen

Die Durchführung eines komplexen Integrationsprojektes bindet einen großen Teil der Ressourcen eines Unternehmens. IT und Organisation sind beschäftigt mit dem Projekt. Power User und andere Fachexperten werden für die Analyse und Designphase und später für die Testzyklen benötigt.

Dies hat Einfluss auf das Projektportfolio. In der Einführungsphase eines großen Projektes können für die bestehende Applikationslandschaft nur noch die absolut notwendigen Änderungen wie Fehlerkorrekturen, regulatorische oder andere, von außen diktierten Anforderungen realisiert werden. Alle übrigen Vorhaben, die das Hauptprojekt gefährden könnten, müssen auf die Zeit nach der Einführung verschoben werden.

Bei aller Konzentration auf das Projekt darf nicht vergessen werden, dass der tägliche Betrieb Priorität hat und jederzeit sichergestellt sein muss. Um wichtige Benutzer vollzeitlich im Projekt einsetzen zu können, müssen diese von ihren täglichen Arbeiten entlastet werden. Diese Mitarbeiter werden für die Dauer des Projektes durch Springer ersetzt, die mit befristeten Verträgen die tägliche Arbeit übernehmen.

Kritische Erfolgsfaktoren

Bevor wir zum Betrieb von Standardsoftware im nachfolgenden Abschnitt übergehen, hier zusammenfassend einige kritische Erfolgsfaktoren bei der Einführung von Standardsoftware:

- *Management Support:* Ein komplexes Einführungsprojekt kann nur gelingen, wenn sich das oberste Management des Unternehmens voll damit identifiziert. Das Management muss vom Projekt überzeugt sein und diese Ansicht auch offensiv vertreten. Es muss allen Mitarbeitern klar sein, dass die neue Lösung wichtig für den Betrieb ist. Das Management muss sicherstellen, dass alle betroffenen Bereiche ins Projekt involviert werden und, falls notwendig, die entsprechenden Prioritäten durchsetzen. Das Management muss bereit sein, während der Projektdauer Konzessionen zu machen und z.B. die Einführung neuer Produkte oder andere, nicht absolut prioritäre Projekte, zu verschieben.

- *Betriebsorganisation:* In der Analyse und Designphase werden die bestehenden Prozesse mit den neuen Abläufen nach der Einführung verglichen. Dabei wird oft versucht, die neue Standardsoftware den bestehenden Prozessen anzugleichen. Solche Ansätze können sich kontraproduktiv auswirken, da oft Workarounds geschaffen werden, die verhindern, dass die Stärken der neuen Software wirklich genutzt werden können.
- *Einbezug aller Applikationen der Applikationslandschaft:* Eine neue Software kann Auswirkungen auf andere Systeme haben, die nicht auf den ersten Blick klar ersichtlich sind. Zum Beispiel kann eine neue Internetapplikation dazu führen, dass die Authentizierung und Autorisierung der externen Benutzer angepasst werden muss.

Betrieb der Standardsofware

Die Applikationslandschaft bestimmt die Komplexität des IT-Betriebes. Eine integrierte Standardsoftware, die die meisten Bereiche eines Unternehmens abdeckt, kann wesentlich einfacher und kostengünstiger betrieben werden, als eine komplexe Applikationslandschaft mit vielen „Best-of-breed"-Applikationen.

Betrieb einer best-of-breed-Applikationslandschaft

Der Betrieb einer best-of-breed-Applikationslandschaft stellt hohe Ansprüche an das Operations- und das Release- und Changemanagement.

- *Redundante Funktionen:* „Best-of-breed"-Applikationen verfügen meistens über eigene Stammdatenverwaltungen, eigene Transaktionssysteme und eigene Tabellen. Ein großer Teil der Daten und Funktionen eines Unternehmens sind so mehrfach vorhanden und müssen unterhalten werden. Es gibt Funktionen, die in den best-of-breed-Applikationen unterschiedlich gelöst sind. Zum Beispiel können Handelsgewinne in Frontsystemen für den Händler berechnet werden. Das Coresystem berechnet in der Tagesendbewertung dieselben Transaktionen erneut. Wenn die Bewertungsalgorithmen und die angewandten Bewertungskurse nicht exakt übereinstimmen, führt das zu endlosen Diskussionen zwischen dem Handel und der Finanzabteilung.
- *Datenqualität / Datenbereinigung (Reconciliation):* Weil Daten in verschiedenen Applikationen redundant vorhanden sind, muss über Reconciliationsprozesse sichergestellt werden, dass diese Systeme synchron sind. Für die Datenfelder muss klar sein, welche Applikationen die „Masterdaten" und welche die „Slavedaten" verwalten. Diese Fragen sind nicht immer einfach zu beantworten, und es kann sein, dass eine Applikation sowohl „Master" als auch „Slave"-Daten managen muss.

- *Release Upgrades:* Release Upgrades in best-of-breed-Applikationslandschaften können sich zu ausgewachsenen Projekten entwickeln. Ein neuer Release des Coresystems, der Datenstrukturen ändert, kann Einfluss haben auf die Interfaces zu den Umsystemen, die dann ebenfalls angepasst werden müssen.
- *Systemarchitektur:* Komplexe Applikationslandschaften haben tendenziell eine komplexere Systemarchitektur. Der „Best-of-breed"-Ansatz führt dazu, dass die Applikation mit den besten funktionalen Eigenschaften gewählt wird, oft unabhängig von der Technologie. Dabei werden unterschiedliche Hardwareplattformen, unterschiedliche Operatingsysteme und unterschiedliche Datenbanken eingesetzt. Die Auswirkungen dieses Wildwuchses auf den Betrieb sind: Es muss Knowhow erarbeitet werden für alle eingesetzten Systeme, die Integration der unterschiedlichen Plattformen in eine nahtlose Applikationslandschaft ist anspruchsvoll und kann zu Instabilitäten führen. Eine zersplitterte Systemlandschaft generiert wesentlich höhere Kosten, da Skaleneffekte nicht ausreichend zum Tragen kommen.
- *Supportorganisation:* Die Koordination von mehreren Lieferanten ist anspruchsvoll. Lieferanten sind normalerweise fokussiert auf ihr Produkt. Probleme im Applikationssupport werden gerne auf andere Applikationen in der Applikationslandschaft abgeschoben. Um einen stabilen Betrieb sicher zu stellen, braucht es eine solide interne Supportorganisation. Diese muss die Applikationslandschaft verstehen, auftretende Probleme richtig adressieren können und Lösungen überprüfen.
- *Kosten:* Die Kosten einer best-of-breed-Applikationslandschaft sind höher im Vergleich zu einer integrierten Standardapplikation. Die wichtigsten Gründe sind, wie in den vorhergehenden Punkten besprochen: Kosten für redundante Funktionalität, Kosten für redundante Speicherung der Daten, Kosten für eine komplexe Systemarchitektur und Kosten für den Betrieb der unterschiedlichen Applikationen.

Betrieb einer integrierten Standardsoftware

Nachfolgend einige Überlegungen zum Betrieb einer integrierten Standardsoftware:

- *Funktionen:* Die Ansprüche an integrierte Standardapplikationen sind sehr hoch und wachsen weiter. Integrierte Standardapplikationen decken im Allgemeinen Standardfunktionen gut ab. „Funktionale Randgebiete" werden oft mit zweiter Priorität entwickelt und sind meistens schlechter unterstützt. Wenn diese schlecht unterstützten Bereiche zum Kerngeschäft des Unternehmens gehören, bleibt oft nichts anderes übrig, als für diese Funktionen spezialisierte „best-of-breed"-Applikationen einzusetzen
- *Release Upgrades:* Die Release-Politik der Lieferanten ist unterschiedlich. Es gibt Anbieter, die liefern einen großen Release im Jahr. Die Implementation eines solchen Release tangiert alle Bereiche des Unternehmens und ist ein

ausgewachsenes Projekt. Ein Auslassen eines oder mehrerer Release ist nicht möglich, da ältere Versionen nicht mehr unterstützt werden und die Kompatibilität nicht gegeben ist. Andere Anbieter arbeiten mit periodischen Release Upgrades. Diese betreffen einzelne Bereiche und können mit wesentlich weniger Aufwand installiert werden. Die Verantwortung für diese Upgrades kann als operationelle Aufgabe im Betrieb angesiedelt werden

- *Applikationssupport:* Beim Einsatz von integrierter Standardsoftware sind in der Regel weniger Lieferanten involviert. Der interne Koordinationsaufwand ist wesentlich geringer als bei best-of-breed-Applikationslandschaften. Der Applikationssupport wird heute oft von einem Outsourcingpartner übernommen. Falls das nicht gewünscht wird, kann notwendiges Know-how bei externen Beratern eingekauft werden. User-Vereinigungen bilden ein wichtiges Netzwerk, in dem viel Applikations Know-how zur Verfügung steht.
- *Anbieter:* Anbieter, die integrierte Standardapplikationen anbieten, sind meistens größere Unternehmen mit komplexeren internen Entscheidungsprozessen und Abläufen als Anbieter von „best-of-breed"-Applikationen. Spezifische Kundenanforderungen werden geprüft und nur dann akzeptiert, wenn diese ins Gesamtkonzept passen.
- *Komplexität:* Integrierte Standardapplikationen müssen flexibel sein, um die unterschiedlichen Bedürfnisse abzudecken. Die Applikation muss in einem hohen Masse parametrierbar sein. Im Extremfall ist die ausgelieferte Applikation kaum mehr als eine Toolbox, die mit großem Aufwand in ein dem Betrieb angepasstes, lauffähiges System entwickelt werden muss.

Standardsoftware bei der ABN AMRO

ABN AMRO und deren IT

Die ABN AMRO Bank (Switzerland) AG (ABN AMRO) ist eine Tochtergesellschaft der ABN AMRO Bank N.V., Amsterdam. Sie verfügt in der Schweiz über den Hauptsitz in Zürich und Niederlassungen in Basel, Genf und Lugano. Die ABN AMRO Bank (Switzerland) hat knapp 400 Mitarbeiter.

ABN AMRO ist seit 1955 erfolgreich in der Schweiz tätig und gehört heute zu den Top 10 der Auslandbanken des Landes. Die ABN AMRO betreibt zwei Rechenzentren im Tessin. 2005 wurde die IT ausgelagert. Im Rahmen eines globalen Outsourcing-Projektes wurde die IT-Operation, der Softwaresupport, Softwareunterhalt, die Softwareentwicklung und der Betrieb des Netzwerkes von drei Outsourcingpartnern übernommen.

Die wichtigsten Aufgaben der verbliebenen internen IT-Organisation sind das Management der Outsourcingpartner, die IT-Sicherheit, IT-Controlling und die Autorisierung. Einige Eckpfeiler der IT-Strategie von ABN AMRO lassen sich wie folgt zusammenfassen:

- *Buy not make:* Die ABN AMRO ist zu klein, um eigene Software zu entwickeln, deshalb wird vorwiegend Standardsoftware eingesetzt.
- *„Best-of-breed"-Applikationen:* Das wichtigste Kriterium für die Wahl einer Applikation ist die optimale Abdeckung der gewünschten Funktionalität. Andere Kriterien wie zum Beispiel Anbieter, Kosten oder Systemarchitektur spielten eine untergeordnete Rolle.
- *Follower, not Leader:* Die ABN AMRO setzt auf Applikationen, die schon mehrfach eingeführt sind und sich in der Praxis bewährt haben.

Entwicklung der ABN AMRO Applikationslandschaft 1995 - 2009

Die ABN AMRO setzte früh auf Standardapplikationen. 1995 wurde das Bankenpaket BOSS implementiert. Diese Software wurde von der Banca della Svizzera Italiana entwickelt und war in verschiedenen Schweizer Privatbanken im Einsatz. BOSS war bei der Einführung in 1995 eine „integrierte Standardsoftware".

Es wurden neben dem Host keine weiteren Systeme eingesetzt, sogar die Schnittstellen zu den Zahlungsverkehrssystemen SWIFT und SIC wurde durch BOSS kontrolliert. Nach der Einführung wuchsen die Transaktionsvolumen. Die Geschäftsleitung verlangte eine Optimierung der Prozesse. „Straight Through Processing" (STP) war das Schlagwort zu dieser Zeit. Transaktionen sollten weitgehend ohne manuelle Eingriffe abgewickelt werden.

In der, für eine Privatbank wichtigen, Wertschriftenverarbeitung wurden daraufhin die Abwicklungsprozesse mit großem Aufwand innerhalb BOSS automatisiert. Die Erfahrung, dass Eigenentwicklungen kostspielig sind und viele interne Mitarbeiter für die gesamte Projektdauer binden, führte dazu, dass neue Anforderungen hauptsächlich mit best-of-breed-Standardapplikationen abgedeckt wurden.

Diese waren schneller verfügbar und konnten mit niedrigeren Kosten eingeführt werden. In den folgenden Jahren wurde eine Reihe dieser Applikationen implementiert, und die Applikationslandschaft wuchs sprunghaft:

- Die Vermögensverwaltung brauchte eine Applikation für das Portfoliomanagement, die Performanceberechnung und die Generierung von Anlagevorschlägen
- Der Handel verlangte nach einer universellen Schnittstelle zu Aktien- und Devisenmärkten
- Abwicklungsverluste führten zum Einsatz eines Tools für Reconciliationen der internen und externen Konten
- Gesetzliche Anforderungen führten zur Implementation einer Anti Money Laundering-Applikation
- Das Headoffice in Amsterdam verlangte nach neuen Reports
- Kapitaloperationen, Securities Lending, die Berechnung von diversen Margen und Retrozessionen sind Funktionen, die in BOSS nicht oder ungenügend un-

terstützt wurden. All diese Bedürfnisse werden heute durch dedizierte „best-of-breed"-Applikationen abgedeckt.

Erfahrungen mit Standardsoftware

„Unechte" Standardsoftware BOSS

In der Einführungsphase von BOSS wurde versucht, mit den anderen BOSS-Banken ein gemeinsames Applikationsmanagement aufzuziehen. Die divergierenden Bedürfnisse der diversen Partner führten aber dazu, dass die Zusammenarbeit auf ein Minimum beschränkt wurde und sich die Funktionalität der BOSS Applikationen der einzelnen Banken in unterschiedliche Richtungen entwickelte.

Komplexität

Die Komplexität der heutigen best-of-breed-Applikationslandschaft bringt verschiedene technische Herausforderungen. Im Infrastrukturbereich müssen OS/390, Unix und Windows-Plattformen betreut werden. Sybase, Oracle und MS SQL Datenbanken sind neben ADABAS auf dem Mainframe im Einsatz. Alle diese Technologien müssen beherrscht und betreut werden. Das heterogene Umfeld erschwert Konsolidierungen von Hardware, Operating-Systemen und Datenbanken. Bessere Konditionen sind aufgrund der kleineren Volumen schwer zu erzielen.

Applikationssupport

Der Applikationssupport für die best-of-breed-Applikationen führte zu Beginn des Outsourcings zu heftigen Diskussionen. Einerseits wollten diese Applikationsprovider aus Konkurrenzgründen nicht mit dem gewählten Outsourcingpartner zusammen arbeiten, andererseits fehlte unserem Outsourcingpartner das Knowhow über viele best-of-breed-Applikationen. Diese Konflikte mussten dann von der Bank entschärft werden, was wenig effizient war.

Redundante Daten und Funktionen

Die verteilten Systeme führen zu redundanten Daten und Funktionen. Unterschiedliche Resultate von Berechnungen führten zu langen Diskussionen. In der ABN AMRO führten unterschiedliche Bewertungen im BOSS und dem Portfoliomanagement-System zu verärgerten Kunden. Ein anderes Diskussionsthema waren die Realtime-Bewertungen von Handelstransaktionen in den Frontsystemen gegenüber der täglichen Bewertung des Zentralsystems. Um Differenzen zu vermeiden, musste sichergestellt werden, dass alle Systeme mit denselben Parametern und den gleichen Rechenregeln arbeiten. Für die Kontrolle, dass Daten und Transaktionen in verschiedenen Systemen identisch abgelegt sind, braucht es Reconciliationsaktivitäten, die Differenzen feststellen und Korrekturen ermöglichen. Ein separates Kapitel sind die Benutzerautorisierungen. Viele Applikationen haben ihre eigenen Autorisierungsmechanismen mit Rollen und Profilen. Bei einigen ist ein automatisches Laden der Berechtigungen möglich, andere müssen manuell autorisiert werden. Es brauchte in unserem Fall eine zentrale Autorisierungsdatenbank, um den Überblick über die Benutzerrechte nicht zu verlieren.

Datenhierarchie

Die Applikation, die ein Datenfeld verwaltet, ist der „Master" für diese Information. Andere Systeme, die die gleichen Daten benutzen sind „Slaves". Die Beziehungen zwischen, Master' und „Slavedaten" müssen definiert sein. Daten, die aus anderen Systemen übernommen werden, sind in der Regel „Slave"-Daten. Mit Vorteil werden diese „Slave"-Daten durch Interfaces automatisch nachgeführt. Fehlt ein Interface, muss durch regelmäßige Reconciliationen sichergestellt werden, dass die Daten konsistent bleiben.

Die folgende Abbildung zeigt die heutige komplexe Applikationslandschaft.

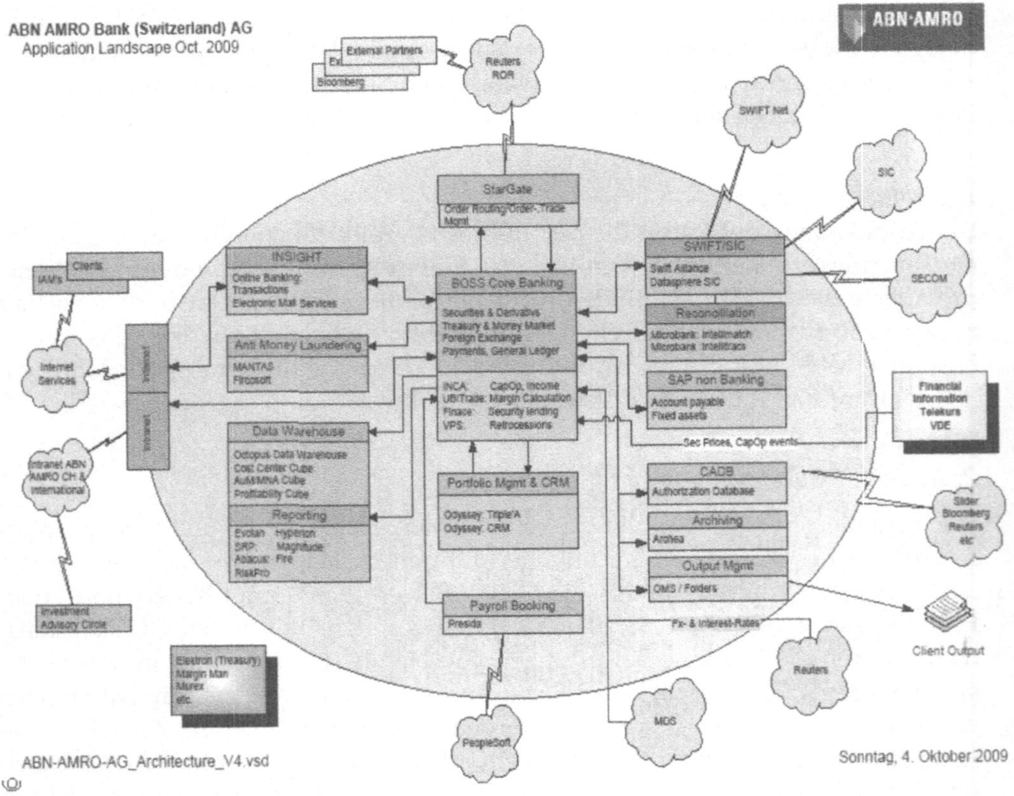

Abbildung 63: Applikationslandschaft der ABN AMRO CH

Ablösung der Bankensoftware BOSS

Die ABN AMRO durchlebte zwischen 2006 und 2008 turbulente Zeiten. Sie wurde von einem Konsortium übernommen und in 3 Teile zerlegt. In der Schweiz wurde die Privatbank der ABN AMRO NV in Holland zugeschlagen und das Investmentbanking von der Royal Bank of Scotland übernommen. Im Private Banking sind die Erträge aufgrund der Marktentwicklung und der Aufteilung der ABN AMRO zurückgegangen.

Die aufwändige Mainframe Infrastruktur, zusammen mit der best-of-breed-Applikationsarchitektur, muss durch eine günstigere Lösung ersetzt werden. ABN AMRO International Private Banking setzt seit mehreren Jahren auf eine Standard Banking-Plattform basierend auf Olympic und einer Reihe von best-of-breed-Applikationen. Mit dieser Standard-Architektur sollen die heterogenen Applikationslandschaften der verschiedenen Länder vereinheitlicht werden. Außerdem sind substantielle Einsparungen der IT-Kosten durch ein zentrales Hosting geplant.

Eine globale Plattform für Anlageberater und Vermögensverwalter soll eine konsistente Anlagepolitik über alle Länder sicherstellen. Das Reportingwesen wird durch eine gemeinsame Plattform erleichtert, und die Zahlen der verschiedenen Länder werden vergleichbar. ABN AMRO Schweiz insistierte auf einer Evaluation in der, die auf einer best-of-breed-Applikationslandschaft basierende Standard Banking-Plattform einer integrierten Standardsoftware gegenübergestellt werden sollte.

Auftrag zur Evaluation einer neuen Standardlösung

Der Projektauftrag für die Evaluation wurde zusammen mit Global Private Clients IT erstellt und umfasst im Wesentlichen die folgenden Punkte:

- ABN AMRO Schweiz migriert in 2010 auf eine neue Bankenapplikation
- Alle Alternativen müssen „Cockpit" beinhalten. „Cockpit" ist eine Toolbox für Vermögensverwalter und Anlageberater. Mit „Cockpit" wird der Kundenberatungsprozess der ABN AMRO weltweit vereinheitlicht und noch professioneller gestaltet.
- Implementationsvorgehen: Da die ABN AMRO zu wenige Ressourcen für ein komplexes Integrationsprojekt hat, muss ein kompetenter Implementationspartner gewählt werden. Dieser soll gewährleisten, dass das Projekt innerhalb der Plandaten realisiert wird.
- Vorgehen für das Erstellen einer gemeinsamen Shortliste mit zwei bis drei Optionen:
    - Definieren der Muss-Kriterien für die Evaluation der Longlist
    - Identifizieren der Longlist (Die globale Standard Banking Plattform war, zusammen mit den wichtigsten lokalen Systemen, gesetzt)
    - Identifizieren der Shortlist mittels eines Desktop Assessments

- Vorgehen für die detaillierte Evaluation der Shortlist
  - Finanzieller Business Case für die Alternativen der Shortlist
  - Erstellen einer SWOT-Analyse für beide Alternativen
  - Projektanträge für beide Varianten

Festgelegte Muss-Kriterien, welche die neue Lösung erfüllen muss

Folgende Muss-Kriterien wurden identifiziert für die Evaluation:

- Produktbezogene Kriterien:
  - Potential der Lösung: Die Lösung soll die Bedürfnisse für die nächsten zehn Jahre abdecken. Die Technologie soll den heutigen Standards entsprechen. Sie soll auf einer relationalen Datenbank basieren, eine offene Architektur und eine allgemein anerkannte Programmiersprache haben.
  - Anforderungen der ABN AMRO Schweiz müssen abgedeckt sein
  - Anforderungen der übrigen ABN AMRO Private Client-Standorte wie Luxemburg, Singapur oder Paris müssen abgedeckt sein
  - Integrationslevel der Lösung: Wie viele Applikationen der heutigen Landschaft können ersetzt werden?
  - Flexibilität der Lösung: Wie weit können Workflows, Schnittstellen, Konditionen oder neue Produkte parametriert werden?
- Anbieterbezogene Kriterien:
  - Fähigkeit des Anbieters zu liefern: Wie reagiert der Anbieter auf Kundenanforderungen? Hält der Anbieter seine Versprechungen?
  - Stabilität des Anbieters: Wie schätzen wir die Entwicklung des Anbieters ein in Bezug auf die Produktstrategie, den Service und die finanziellen Verhältnisse?
  - Fähigkeit des Implementationspartners zu liefern: glauben wir, dass der Implementationspartner das Projekt innerhalb des Zeitrahmens in der geforderten Qualität liefert? Wie sind die bisherigen Erfahrungen mit dem Implementationspartner?
- Sourcing-Möglichkeiten
  - Wird ein maßgeschneidertes Outsourcing sowohl für den Betrieb wie auch das Applikationsmanagement angeboten?
- User Community Kriterien:
  - Gibt es Installationen in Banken, die mit uns vergleichbar sind?
  - Können Modellbanken oder Parametrisierungen von diesen Banken übernehmen?

Bewertung möglicher Anbieter (Longlist)

Das Desktop Assessment wurde mit der Unterstützung eines externen Beraters durchgeführt. Neben der Analyse von Dokumenten wurden auch Workshops mit den favorisierten Anbietern durchgeführt. Die Auswertung der Longlist zeigt die folgende Tabelle.

	Bestehende Lösung	Alternative 1	Alternative 2	Alternative 3	Alternative 4	Alternative 5	Alternative 6
Potenzial der Lösung	1	1	1	3	3	3	2
Abdeckung der CH Anforderungen	3	2	2	2	2	2	2
Abdeckung der übrigen PC Länder	1	0	3	0	3	2	2
Integrationslevel	0	1	1	2	2	2	2
Flexibilität der Lösung	1	1	1	2	2	3	2
Fähigkeit des Anbieters zu Liefern	2	2	1	2	2	2	3
Stabilität des Anbieters	1	2	2	3	3	3	2
Fähigkeit des Impl. Partners zu liefern	n.a	2	1	3	2	3	1
Sourcing Möglichkeiten	2	1	2	3	1	3	1
User community	1	1	3	2	2	3	1
Total	12	13	17	22	22	26	18
Bewertungen unter 2	6	6	5	1	1	0	3
Kosten							
Laufende Kosten	100%		86%			71%	
Projektkosten	0		100%			150%	
5-Jahresrechnung inkl. Projekt	100%		101%				
Short List			x			x	

0	nicht abgedeckt
1	ungenügend abgedeckt
2	erfüllt Bedingungen
3	erfüllt alle Bedingungen

Tabelle 3: Bewertung möglicher Anbieter

Es wurde entschieden, mit den Alternativen zwei und fünf („Private Client IT Plattform") in die detaillierte Evaluation zu gehen.

Detaillierte Evaluation

In der detaillierten Evaluation wurden, mit Hilfe von diversen Workshops, die wichtigsten Aspekte der Funktionalität verifiziert. Besondere Aufmerksamkeit wurde den Funktionen gewidmet, die an der Kundenfront zum Einsatz kommen. Die Applikationslandschaften der beiden Lösungen wurden verglichen. Es wurde definiert, welche Applikationen neben dem Bankenpaket weiter gebraucht werden und welche Applikationen durch die Funktionalität des Coresystems abgedeckt sind. Aufgrund von Offerten wurden die finanziellen Kennzahlen zusammengestellt und die Totalkosten für die nächsten fünf Jahre berechnet. Die Anbieter wurden einander gegenüber gestellt und die Sourcingmöglichkeiten der beiden Lösungen miteinander verglichen. Das Resultat war eine Präsentation auf fünf Seiten, sie war die Basis für die Entscheidung der Geschäftsleitung. Es wurde entschieden, die globale „Private Client IT-Plattform" zu implementieren. Hauptgründe für den Entscheid waren:

- „Private Client IT-Plattform" ist das globale Standardsystem, das auch in anderen Niederlassungen installiert ist. Eine gemeinsame Entwicklung spart Kosten. Die Zentralisierung des Betriebes ermöglicht weitere Einsparungen und eine bessere Kontrolle der einzelnen Niederlassungen durch den Hauptsitz.
- Die Alternative fünf war kostenmäßig etwa identisch mit Alternative zwei. Dies erfüllte die Hauptsitz-Anforderung nicht, dass eine vom globalen Standard abweichende Lösung wesentlich kostengünstiger sein müsste.

Aus lokaler Sicht wurde der Entscheid bedauert. Die Chance, eine moderne integrierte Standardapplikation einzuführen, wurde verpasst. Die Applikationslandschaft bleibt in Zukunft ähnlich komplex wie heute, und es wurde auf günstigere Sourcingalternativen für den Betrieb verzichtet. Der Entscheid löste teilweise emotionale Diskussionen aus über das Verhältnis zwischen dem Hauptsitz und den lokalen Organisationen. Die Interessen beider Seiten sind oft im Widerspruch, und einvernehmliche Lösungen sind schwer zu finden.

Einführungsprojekt

Da die ABN AMRO nicht genügend eigene Mitarbeiter in IT und Organisation hat, um Projekte dieser Größe durchzuführen, wurde entschieden, die Einführung einem Implementationspartner zu übergeben. Dieser koordiniert die Aktivitäten der Bank und der Applikationslieferanten.

Kritische Erfolgsfaktoren für das Projekt

Damit das Projekt innerhalb der vorgegebenen Zeit und innerhalb des Projektbudgets abgeschlossen werden kann, müssen eine Reihe von Regeln berücksichtigt werden:

- *Projektplanung:* Das Basisgerüst der Projektplanung ist die Releaseplanung. Es werden monatliche Releases geplant. Pro Release werden die Resultate definiert wie Parametrierung der verschiedenen Teilapplikationen, migrierte Daten oder testbereite Applikationen der Applikationslandschaft. Der letzte Release mit wesentlichen Änderungen ist 4 Monate vor der Einführung geplant, damit genug Zeit für Test und Training auf der zukünftigen Plattform zur Verfügung steht.

- *Limitierung der Änderungen:* Der Umstieg von einem System, dessen Funktionalität exakt auf unsere Bedürfnisse ausgerichtet ist, auf ein Standardsystem ist nicht einfach. Es besteht die Tendenz, das neue System den bestehenden Prozessen anzupassen. Um dies zu verhindern, wurde entschieden, dass nicht mehr als 500 Personentage in Änderungen investiert werden. Darüber hinaus gehende Anforderungen werden auf die Zeit nach der Einführung verschoben.
- *Projektkontrolle:* Das Projekt wird auf wöchentlicher Basis kontrolliert. Jedes Teilprojekt gibt Statements ab, ob die Arbeiten sich innerhalb der Planung bewegen und ob die Planung realistisch ist. Bei Abweichungen müssen Korrekturmaßnahmen definiert werden.

Erste Projekterfahrungen

Die Einführung ist zum heutigen Zeitpunkt noch nicht abgeschlossen und daher kann auch noch keine endgültige Projektbeurteilung abgegeben werden. Erste Schlüsse können aber schon heute gezogen werden.

- *Projektorganisation:* Das Verhältnis von internen Projektmitarbeitern zu externen Projektmitarbeitern ist ca. 1: 5. Die internen Projektmitarbeiter sind überlastet und die Gefahr besteht, dass sie zum Flaschenhals innerhalb des Projektes werden. Um dies zu verhindern, müssen Anfragen oder Aufträge rasch an die Fachabteilungen oder Poweruser weitergeleitet werden. Der interne Projektmitarbeiter muss in erster Linie den Prozess steuern und darf sich nicht (mehr) um die Inhalte kümmern.
- *Projektplanung:* Die Planung, mit monatlichen Releases als wichtigste Meilensteine, führte dazu, dass der Druck, rasch zählbare Resultate zu liefern, sehr früh im Projekt aufgebaut wurde. Die ersten Teilapplikationen können schon etwa 9 Monate vor dem Start getestet werden. Kritische Bereiche können so frühzeitig identifiziert werden, und es bleibt Zeit, um Gegenmaßnahmen zu ergreifen.
- *Projektaufwand:* Der Koordinationsaufwand innerhalb des Projektes ist wesentlich größer als erwartet. Es müssen viele unterschiedliche Partner gemanagt werden wie Private Clients Global IT, Implementationspartner, Outsourcingpartner, Lieferanten von best-of-breed-Applikationen und nicht zuletzt die Bank.

Schlussfolgerungen

In der Einführung wurden einige Thesen beziehungsweise Annahmen rund um die Standardsoftware aufgestellt, welche nachfolgend aus meiner Sicht kommentiert werden:

- *Die Investitionen und der Unterhalt von Standardsoftware ist kostengünstiger als die Kosten für Individualsoftware:* Der Kauf eines Standardpaketes ist im Allgemeinen günstiger als eine Eigenentwicklung. Man profitiert vom Know-how des Anbieters, und je größer die User Community ist, desto kompletter ist die Funktionalität. Die Wartungskosten für Standardsoftware werden oft unterschätzt. Individualsoftware kann gezielt den Bedürfnissen des Unternehmens angepasst werden und bedarf in der Regel keiner größeren Parametrierung. Standardsoftware dagegen verlangt Parametrierungsaufwand. Es müssen auch nicht benutzte Funktionen bezahlt und unterhalten werden.
- *Die Projektrisiken bei der Einführung und die operationellen Risiken beim Betrieb von Standardsoftware sind kleiner als bei Individualsoftware:* Diese These trifft zu und ist der wichtigste Erfolgsfaktor des Siegeszuges der Standardsoftware. Standardsoftware ist jetzt und heute verfügbar. Die Entwicklung von Softwareprojekten scheitert oft während der Realisierung. Sie benötigt mehr Ressourcen oder Zeit für die Realisierung als geplant.
- *Funktionale Anforderungen an die Standardsoftware können schneller realisiert werden:* Individualsoftware ist genau auf die Bedürfnisse des Unternehmens zugeschnitten. Kleinere Anpassungen können mit wenig Aufwand rasch realisiert werden. Die Flexibilität eines parametrierbaren Systems fehlt in der Regel. Die Implementation von neuen Produkten oder Änderungen in Prozessen benötigen normalerweise weniger Aufwand für Standardsoftware.
- *Die Qualität der Standardsoftware ist besser als diejenige der Individualsoftware:* Diese These kann nicht abschließend bewertet werden und muss im Einzelfall beurteilt werden. Generell gilt: Die Qualität der Standardsoftware hat sich in den letzten Jahren entscheidend verbessert und ist (meistens) gut bis sehr gut. Schlechte Qualität kann nur schlecht verkauft werden. Individualsoftware dagegen wird meistens innerhalb des Unternehmens gewartet. Fehler können so rasch behoben werden.
- *Der integrierten Standardsoftware gehört die Zukunft:* Die Entwicklung der Standardsoftware geht klar in diese Richtung. Anbieter von integrierter Standardsoftware arbeiten mit Hochdruck daran, funktionale Randgebiete mit guter Funktionalität abzudecken.

Die Diskussion, ob Standardapplikationen besser sind als Individualentwicklungen, ist weitgehend abgeschlossen. Die Standardsoftware hat sich auf breiter Front durchgesetzt und ist heute in allen Branchen und in allen Unternehmensgrößen die Regel. Es gilt jedoch immer zu berücksichtigen, dass spezifische Anpassungen an der Standardsoftware den ursprünglichen Kostenvorteil gegenüber einer Eigenentwicklung massiv beeinflussen können. Selbiges gilt hinsichtlich des Kostentreibers der Release-Einspielungen. Wenn man zu viele Änderungen pro Jahr einspielen muss oder möchte, dann sind die Kostenvorteile wiederum geschwächt.

Wenn man Standardsoftware einsetzt, stellt sich in einigen Branchen immer noch die Frage, ob der „best-of-breed"-Ansatz gewählt werden soll oder ob eine integrierte Standardsoftware die Richtige ist. Ich bin überzeugt, dass die Zukunft der integrierten Standardsoftware gehört. Die Vorteile der integrierten Standardsoftware wie keine Redundanzen bei Daten und Funktionen, keine best-of-breed-Applikationslandschaften oder kein Infrastruktur-Wildwuchs, überwiegen die Nachteile einer aufwändigeren Einführung und Parametrierung bei weitem.

2.4 Kernaufgabe: Sourcing definieren und umsetzen

Sourcing kann, wenn richtig angewandt, den unternehmerischen Erfolg erhöhen. So lässt sich durch Sourcing beispielsweise der Zugriff auf Know-how ermöglichen, der Zugang zu besserer Technologie erschließen, die Qualität der auszulagernden Leistung verbessern, gegebenenfalls die Kosten senken oder die Umsetzung umfassender Projekte bzw. Vorhaben durch Nutzung zusätzlicher Ressourcen erst als machbar gestalten.

In diesem Sinne kann das IT-Management durch ein richtiges Sourcing eine Wertsteigerung und Flexibilität in der IT erreichen. Sourcing ist daher ein zielführendes Konzept, welches ein erfolgreiches IT-Management je nach Bedarf anzuwenden versteht.

Viele Unternehmen verfügen jedoch meist über keine sorgfältig erarbeitete Sourcing-Strategie. Man beschränkt sich oft auf ein paar taktische Überlegungen, und so wird mitunter die Entscheidung für ein IT-(Out-)Sourcing aus kurzfristigen, finanziellen Überlegungen heraus getroffen. Offensichtlich, dass der überwiegende Teil der Sourcing-Entscheidungen somit primär die Reduktion der Leistungskosten zum Ziel hat.

Wie auch immer die Motivation für das Sourcing gelagert ist - ohne die erforderliche Sorgfalt bei der Planung sind viele Sourcing-Vorhaben in/bei ihrer Umsetzung zum Scheitern verurteilt und können zu unerwünschten Effekten führen: ungewollte Resultate, ausufernde Kosten, sich verringernde Service Levels und Abfluss von Know-how.

Neben der Festlegung einer Sourcing-Strategie braucht es bei der Umsetzung daher auch ein aktives Management der miteinbezogenen Lieferanten, um die erwähnten Auswirkungen zu beherrschen. Dies wird aktuell in der Praxis unter dem Begriff Vendor-Management diskutiert.

Der Einbezug externer Dienstleister in die Leistungserstellung und Leistungserbringung der IT wirft ferner zusätzliche Fragestellungen der IT-Governance auf, welche das IT-Management zielführend regeln muss. Ein solches Sourcing schließt meist auch ein Risiko, dessen Beherrschung geeignete Maßnahmen braucht, mit ein.

Wie ein erfolgreiches IT-Management das Instrument Sourcing einsetzt, zeigen die Beispiele in den folgenden Kapiteln auf. Hier werden einerseits aus Sicht einer Managementberatung (Accenture) wertvolle Erfahrungen bei der Bestimmung der richtigen Sourcing-Strategie dargelegt und anderseits in einem weiteren Beitrag das Management der IT-Dienstleistungen bei einem globalen Versicherungskonzern (Zurich Financial Services) erläutert.

2.4.1 Sourcing Strategie festlegen. Praxis bei Accenture

Sven Hornung, Accenture

Mit einer Überprüfung und Optimierung der Sourcing-Strategie für die IT-Organisation eines Unternehmens lassen sich für einen CIO einige zentrale Ziele der IT erreichen: eine Reduzierung der Fertigungstiefe, eine meist deutliche Reduzierung der IT-Kosten, ein verbesserter Zugang zu externem Know-how, eine stärkere Flexibilisierung des Ressourcen-Einsatzes, sowie eine Qualitätsverbesserung bis hin zur Industrialisierung der IT.

Für die Erarbeitung der richtigen Sourcing-Strategie sind die marktüblichen Modelle zu betrachten: das Auftreten der eigenen IT am Markt als Anbieter im Rahmen eines Insourcings, die kurzfristige Abdeckung von Kapazitätsspitzen oder die Beschaffung von Nischen-Skills als Body-Shopping, die Konsolidierung der zahlreich eingesetzten Dienstleister und Freelancer auf wenige oder gar einen einzigen Dienstleister im Rahmen einer Vendor Consolidation, und die Definition und Übergabe von Aufgabenbereichen an einen externen Dienstleister als komplettes Outsourcing.

Die jeweiligen Vor- und Nachteile solcher Modelle für die eigene IT-Abteilung sind gegeneinander abzuwägen und zu bewerten. Dabei gibt es eine Reihe von Faktoren, die bei einer Sourcing-Entscheidung zu berücksichtigen sind: Organisatorische Kriterien, die Auswahl und die anschließende Übergabe an einen Dienstleister, die Kosten-Nutzen-Betrachtung im Business Case, sowie die zu erwartenden internen Widerstände.

Der Weg zur richtigen Sourcing-Entscheidung kann methodisch unterstützt werden, um nachvollziehbare Ergebnisse zu erhalten, die auf Fakten basieren. Die in diesem Beitrag vorgestellte Methodik beinhaltet ein Vorgehen in fünf Schritten: Clustering, Prüfung der Eignung, Prüfung der Reife, Betrachtung der Risiken, und die abschließende Auswahl des Sourcing-Modells.

Was kann Sourcing zu einem erfolgreichen IT-Management beitragen?

In diesem Beitrag wird erläutert, auf welche Weise ein optimiertes Sourcing einer IT-Abteilung zur Erfüllung der CIO-Ziele „Wertbeitrag steigern" und „Komplexität bewerkstelligen" beitragen kann. Ein optimiertes Sourcing erfordert ein Überdenken des aktuellen Ressourcen-Einsatzes und sicherlich auch des aktuellen Einkaufverhaltens bezogen auf die IT-Ressourcen. Beiden Aspekten wird in diesem Beitrag Rechnung getragen. Bei den nachfolgend genannten Ressourcen sind ausschließlich die in einer IT eingesetzten Human-Ressourcen gemeint. Hardware, Werkzeuge, Lizenzen und ähnliches werden hier nicht betrachtet.

An dieser Stelle soll darauf hingewiesen werden, dass hier bewusst der Begriff 'Sourcing' statt 'Outsourcing' oder 'Offshoring' verwendet wird. Grund hierfür ist die Tatsache, dass zahlreiche Unternehmen in signifikantem Umfang Aufgaben an externe Ressourcen vergeben haben, ohne dass diese Vergabe als Outsourcing verstanden wird. Sehr wohl muss dieses Vorgehen jedoch als Sourcing bezeichnet werden. Der wesentliche Unterschied zwischen Sourcing und Outsourcing bzw. Offshoring liegt sicher im Grad der im Unternehmen verbleibenden Steuerung und Kontrolle. Wenn ein Unternehmen beispielsweise externe Programmierer für Projekt- und Wartungsaufgaben einsetzt, ist das bereits eine Form von externem Sourcing, wobei hier sicherlich noch kein Verantwortlicher von Outsourcing sprechen wird. Der Begriff Outsourcing wird typischerweise erst dann verwendet, wenn die gesamte Verantwortung für einen Aufgabenbereich – also zum Beispiel die Wartung eines IT-Systems – an einen externen Dienstleister vergeben wird. Es wird an dieser Stelle darauf hingewiesen, dass viele Ziele eines CIO im Zusammenhang mit einem optimierten Sourcing bereits mit einem vergleichsweise einfachen Sourcing-Ansatz erreicht werden können, ohne in größerem Umfang die Kontrolle im Rahmen eines Outsourcings zu verlagern. Der nachfolgende Abschnitt wird auch zeigen, wie das möglich ist.

Worin besteht der Wert eines optimierten Sourcings für einen CIO?

Die Ziele bzw. der angestrebte Nutzen eines veränderten Sourcings sind meist vielfältig und beinhalten deutlich mehr als eine reine Kosteneinsparung. Im Zusammenhang mit Überlegungen zu einem veränderten Sourcing werden typischerweise folgende Ziele genannt.[12]

1. Reduzierung der Fertigungstiefe im Zusammenspiel mit der Fokussierung der eigenen Ressourcen auf das Kerngeschäft
2. Reduzierung der Kosten für das Unternehmen, einhergehend mit einer verstärkten Umwandlung von Fixkosten in variable Kosten
3. Verbesserter Zugang zu weiterem Know-how, sowie zu neuen Verfahren und Methoden
4. Stärkere Flexibilisierung hinsichtlich des Ressourcen-Einsatzes
5. Verbesserung der Qualität bis hin zur Etablierung einer „Fabrik", welche Teile der Aufgaben einer IT-Abteilung für selbige und in ihrem Namen erbringt

12 Quelle: „Mehr als Geld und Zinsen: Outsourcing im deutschen Bankensektor", International Bankers Forum/Accenture

Zu 1 – Reduzierung der Fertigungstiefe durch Sourcing:

Die Aufgaben einer IT-Abteilung werden von Unternehmen oftmals als Kernkompetenz gesehen, liegen doch in den IT-Systemen durchaus Elemente zur Differenzierung von Wettbewerbern. Bei genauerer Betrachtung einer IT-Abteilung wird deutlich, dass der Wettbewerbsvorteil nicht in Tätigkeiten wie der Programmierung liegt, sondern vielmehr in Aufgaben der technischen und fachlichen Architektur, sowie dem Konzept und dem Design der IT-Systeme. Auch die typischen Wartungs- und Überwachungsaufgaben schaffen keinen Mehrwert für ein Unternehmen. Somit liegt es nahe, die eigenen Ressourcen auf die wirklich Wert schaffenden Tätigkeiten zu fokussieren und entsprechend alle anderen Aufgaben durch einen Dienstleister erbringen zu lassen.

Zu 2 – Reduzierung und Variabilisierung von Kosten durch Sourcing:

Letztendlich wird die Reduzierung der Kosten für die Entwicklung und Wartung von IT-Systemen die entscheidende Frage für ein Unternehmen sein, gerade angesichts der aktuellen Marktsituation. Über eine reine Kostenreduktion hinaus ist allerdings auch eine Variabilisierung von Kosten möglich. In der Praxis sind hierfür verschiedene Sourcing-Modelle üblich (siehe auch nachfolgende Darstellung in Abbildung 64).

- Über ein reines Body-Shopping – also die Anstellung externer Ressourcen auf Zeit – lassen sich bereits fixe Kosten in variable Kosten umwandeln, da externe Mitarbeiter wesentlich flexibler eingesetzt werden können als interne Mitarbeiter. Dieses Modell ist in vielen Unternehmen bereits seit Jahren gelebte Praxis.
- Durch den klassischen Ansatz einer Komplettverlagerung von Aufgaben und Verantwortung eines gesamten Aufgabenbereiches werden nicht nur die Kosten meist deutlich reduziert. Bei entsprechender Vereinbarung mit dem externen Dienstleister können auch bei diesem Ansatz fixe Kosten zumindest teilweise in variable Kosten umgewandelt werden, da der Dienstleister beispielsweise zunächst nur die notwendige Minimalkapazität berechnet und weitere Kapazität nur bei Bedarf einsetzt und abrechnet.
- Neben diesen bereits bekannten Ansätzen zeichnet sich in jüngerer Zeit immer mehr Interesse an Modellen auf Grundlage so genannter 'Managed Services' ab. Bei diesen Modellen rechnet der externe Dienstleister die erbrachte Leistung auf Basis von Services bzw. Transaktionen ab, nicht aber wie in einem klassischen Modell nach Personentagen. Solche Modelle sind dann sinnvoll, wenn repetitive Aufgaben definiert und bepreist werden können. Also beispielsweise für die Wartung von IT-Systemen und einer Abrechnung pro Ticket, oder für die Pflege von Datenbanken und einer Abrechnung pro Datenbank.

Zu 3 – Verbesserter Zugang zu Know-how, Verfahren und Methoden durch Sourcing:

Im Rahmen eines Sourcing-Vorhabens steht oftmals der Zugriff auf einen deutlich vergrößerten Ressourcen-Pool mit entsprechendem Know-how im Fokus. Erfahrungsgemäß betrifft das sowohl Know-how hinsichtlich neuer Technologien als auch Nischen-Skills in meist älteren Technologien. Durch einen externen Dienstleister lassen sich auch neue Verfahren und Methoden zur Entwicklung und Wartung von IT-Systemen in das Unternehmen holen. Bei entsprechender Gestaltung kann die Einführung und Etablierung im Unternehmen durch den Dienstleister übernommen werden, wodurch das Unternehmen sowohl kurz- als auch langfristig profitiert.

Zu 4 – Flexibilisierung des Ressourcen-Einsatzes durch Sourcing:

Die Planung der optimalen Ressourcen-Kapazität in der IT ist eine der Herausforderungen eines CIO. Gerade für die Aufgaben im Umfeld der Wartung von IT-Systemen stellt sich die Frage nach der richtigen Kapazität, da das Ticketaufkommen nicht planbar ist: sollen die erwarteten Aufwandspitzen abgedeckt und die entsprechende Kapazität vorgehalten werden, oder soll lediglich eine Minimalkapazität vorgehalten werden mit dem Risiko, dass ein Backlog in der Bearbeitung entsteht? In den meisten Fällen wird dieser Herausforderung dadurch begegnet, dass Ressourcen sowohl für Projekttätigkeiten als auch für Wartungstätigkeiten eingesetzt werden. Aufwandspitzen im Ticketaufkommen werden dann zu Lasten von Projekten aufgefangen. Auch hier kann ein verändertes Sourcing ein probates Mittel zur Reduzierung dieses Konflikts sein. So kann durch die Vereinbarung von Service Leveln mit einem externen Dienstleister die Ressourcen-Steuerung an diesen abgegeben werden. Es liegt dann in der Verantwortung des Dienstleisters, die Kapazität in ausreichendem Maße zu definieren und geeignete Maßnahmen zur Abdeckung von Aufwandspitzen zu treffen. Ein weiterer Vorteil besteht darin, dass bei einer Verlagerung von Wartungsaufgaben zu einem Dienstleister die eigenen Mitarbeiter auf strategisch wichtige Projekte fokussiert werden können.

Zu 5 – Verbesserung der Qualität durch Sourcing:

Im Zusammenhang mit einem Sourcing-Vorhaben wird häufig die Sorge über eine Verschlechterung der Qualität geäußert. Tatsächlich kann bei richtiger Herangehensweise und Aufgabenbeschreibung genau das Gegenteil erreicht werden. Es ist sicher unbestritten, dass Ressourcen, die viele Jahre in ihrem Aufgabengebiet arbeiten, über ein ausgezeichnetes Know-how verfügen. Dies wiederum führt oft dazu, dass sich entscheidendes Know-how in wenigen Köpfen konzentriert und nicht nachvollziehbar dokumentiert ist. Darüber hinaus zeigt sich in der Praxis, dass sowohl in der Wartung als auch bei Projekten immer wieder „auf Zuruf" gearbeitet wird und im Unternehmen definierte Prozesse nicht ausreichend diszipliniert ausgeführt werden. Beispielsweise werden bei der Wartung von IT-Systemen

Aufgaben teilweise ohne durchgängige Dokumentation – von der Problemmeldung im Ticket bis zur Lösungsdokumentation – bearbeitet. Im Projektumfeld zeigt sich immer wieder, dass der Scope nicht ausreichend präzise beschrieben wird und es demzufolge zu teilweise erheblichen Budgetüberschreitungen kommt.

Hier kann ein geändertes Sourcing beitragen, definierte Prozesse strikt einzuhalten. Schließlich ist es Teil der Leistungspflicht eines externen Dienstleisters, die im Unternehmen oder zusammen mit dem Dienstleister definierten Prozesse strikt einzuhalten. Ein qualitativ hochwertiger Dienstleister wird dies immer auch im eigenen Interesse tun.

Wie lässt sich die richtige Sourcing-Strategie erarbeiten?

Für die Erarbeitung der richtigen Sourcing-Strategie ist zunächst zu klären, welche Modelle im Unternehmen bereits etabliert sind und welche Sourcing-Optionen zur Auswahl stehen. Die nachfolgende Abbildung 64 stellt vereinfacht die gängigen Sourcing-Modelle dar.

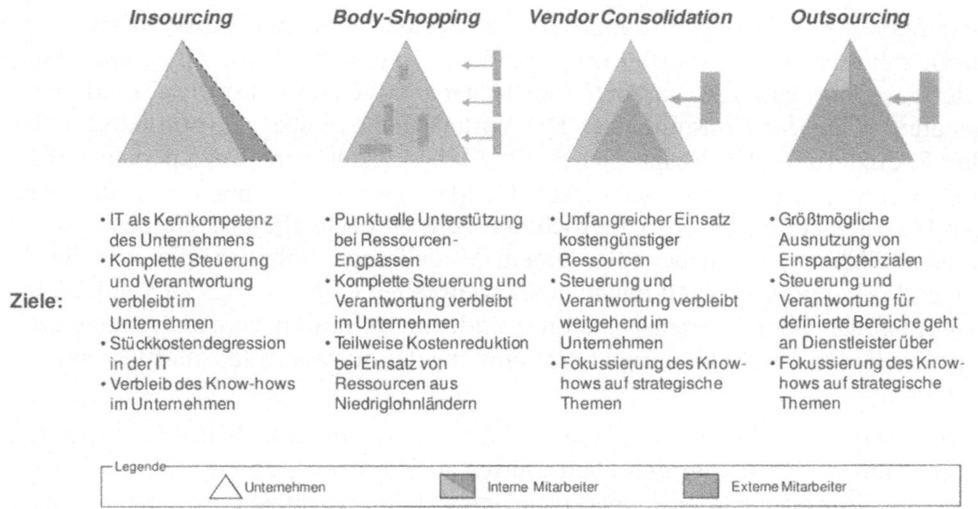

Abbildung 64: Sourcing-Optionen

Beim so genannten Insourcing geht es darum, eine marktgängige IT-Dienstleistung extern anzubieten und für das eigene Unternehmen in gewissem Umfang eine Stückkostendegression zu erreichen. Eine solche Stückkostendegression ist dann erzielbar, wenn beispielsweise das eigene Unternehmen und mehrere externe

Kunden als Mandanten eines identischen IT-Systems verwaltet werden. Dieses Modell ist meist in Form von IT-Tochtergesellschaften am Markt beobachtbar. Zwei Aspekte im Sinne einer Bewertung dieses Modells stechen besonders hervor: zunächst scheint die Positionierung eines solchen Dienstleistungsangebots am Markt relativ einfach zu sein, verfügt eine IT-Tochtergesellschaft doch insbesondere über weit reichende Industrie-Kenntnisse, was einen echten Mehrwert für einen Kunden im Vergleich zu anderen Anbietern darstellen kann. Andererseits wird solchen IT-Tochtergesellschaften oft eine enorme Skepsis hinsichtlich ihrer Neutralität entgegen gebracht. Die Frage nach der Vertraulichkeit von Informationen und dem Schutz des eigenen Know-hows steht hier sicherlich weit oben auf der Bewertungsskala.

Beim so genannten Body-Shopping wird die Kapazität des eigenen Unternehmens durch den Einsatz externer Ressourcen erhöht. Dieser Ansatz ist eigentlich zur Abdeckung kurzfristiger Kapazitätsspitzen oder zur Beschaffung von Nischen-Skills gedacht. Allerdings zeigt die Praxis nicht selten einen dauerhaften Einsatz von externen Mitarbeitern in den entsprechenden Rollen und Aufgaben. Dies wiederum birgt ein nicht unerhebliches operatives Risiko für jeden CIO: die Konzentration von kritischem Know-hows in den Köpfen weniger Schlüsselpersonen führt zu einem erheblichen Ausfallrisiko.

In jüngerer Zeit lässt sich daher ein verstärkter Trend zur Konsolidierung der meist zahlreichen Dienstleister und Freelancer in einem Unternehmen auf wenige oder gar einen einzigen starken Dienstleister beobachten – also der Trend zur so genannten Vendor Consolidation. Die Vorteile liegen dabei auf der Hand: neben der Reduzierung der Kosten wird die Abhängigkeit von Einzelpersonen bzw. Freelancern deutlich verringert. Über das Management des einen bzw. der wenigen Dienstleister erhält das Unternehmen eine sehr schnelle und effektive Eskalationsmöglichkeit. Es ist bei solch einem Modell sogar möglich, die Vorteile des reinen Body-Shoppings mit denen eines kompletten Outsourcings zu kombinieren. Bei entsprechender Vertragsgestaltung und der Definition von Zielparametern – z.B. für die Produktivität – ergibt sich eine für das auslagernde Unternehmen sehr attraktive Lösung.

Beim kompletten Outsourcing geht es darum, gesamte Aufgabenbereiche zu definieren und an einen externen Dienstleister zu übergeben, zu dessen Kernkompetenz die Erbringung dieser Leistungen gehört. Im Vergleich zum reinen Body-Shopping und einer Vendor Consolidation ergeben sich deutliche Vorteile hinsichtlich der erzielbaren Einsparungen. Bei einem kompletten Outsourcing obliegt es der Verantwortung und Steuerung des Dienstleisters – unter Einhaltung der definierten Service Level – die Leistungen zum vereinbarten Preis zu erbringen. In der Kombination mit entsprechenden Verpflichtungen und Anreizmechanismen für den Dienstleister, lassen sich im Zeitverlauf zusätzlich zu initialen Einsparungen auch weiter abnehmende Kostenverläufe vereinbaren. Somit kann ein Unternehmen von Produktivitätssteigerungen des Dienstleisters direkt profitieren. Diesen Vorteilen stehen allerdings einige Herausforderungen gegenüber: ein komplettes Outsourcing ist selten ohne vorherige Umstrukturierungen möglich. Dabei ist es zunächst unerheblich, ob die internen Mitarbeiter des jeweils betroffenen Bereiches auf andere Positionen innerhalb des Unternehmens versetzt oder gar freigesetzt werden müssen; bei letzterem ist freilich die Tragweite eine gänzlich andere. Beim kompletten Outsourcing zeigt sich in jüngerer Zeit vermehrt der Trend zu Modellen auf Grundlage der bereits erwähnten 'Managed Services'.

Welche Faktoren sind bei einer Sourcing-Entscheidung zu berücksichtigen?

Die im vorherigen Abschnitt dargestellten Sourcing-Modelle haben ihre Vor- und Nachteile, die es im jeweiligen Unternehmenskontext zu bewerten gilt. Eine allgemein gültige Bewertung der unterschiedlichen Sourcing-Modelle ist daher nur eingeschränkt möglich.

Sehr gut lassen sich aber die unterschiedlichen Aspekte darstellen, die im Rahmen einer Sourcing-Entscheidung zu berücksichtigen sind. Im Folgenden werden diese Aspekte erläutert und hinsichtlich ihrer Bedeutung im Rahmen einer Sourcing-Entscheidung aufgeführt.

Eine Bewertung im Sinne von „gut" oder „schlecht" unterbleibt dabei. Die wesentlichen Überlegungen eines Unternehmens im Vorfeld eines möglichen Sourcing-Vorhabens lassen sich in folgende Kategorien einteilen:

1. Organisatorische Kriterien
2. Auswahl Dienstleister
3. Übergabe an Dienstleister
4. Business Case
5. Interne Widerstände

Zu 1 – Organisatorische Kriterien

Unter den Punkt „Organisatorisches" fällt zunächst die grundsätzlich angestrebte Verteilung von Rollen und Aufgaben zwischen den eigenen Mitarbeitern im Unternehmen und einem Dienstleister. Es ist beispielsweise zu entscheiden, ob interne und externe Mitarbeiter gemeinsam in den definierten Aufgabenbereichen eingesetzt werden sollen – wie es beim Body-Shopping üblich ist – oder ob die eigenen Mitarbeiter auf strategische, zukunftsorientierte Themen fokussiert werden sollen, während der Dienstleister die laufende Wartung und Pflege sicherstellt.

Eine weitere wesentliche Frage ist die Entscheidungskompetenz hinsichtlich des Ressourcen-Einsatzes. Verbleibt die Auswahl der Ressourcen und die Entscheidung über deren Einsatz im Falle eines Body-Shoppings komplett im Unternehmen, so wird die Entscheidungshoheit bei einem kompletten Outsourcing weitgehend an den Dienstleister abgegeben. Durch eine entsprechende Vertragsgestaltung kann hierbei durchaus eine gemeinsame Entscheidungskompetenz vereinbart werden, letztendlich muss es aber dem Dienstleister vorbehalten bleiben, welche Ressourcen er zur vertragsgemäßen Leistungserbringung einsetzt.

Neben dem Ergebnis des Business Cases ist die Frage der generellen Kontrollmöglichkeit über die IT-Systeme im Rahmen eines Sourcing-Vorhabens sicher die zentrale Frage überhaupt. Zunächst ist festzustellen, dass die Rechte an dem IT-System grundsätzlich beim Unternehmen verbleiben, andere Regelungen sind eher selten. Unter Kontrollmöglichkeit ist in diesem Zusammenhang vor allem die Hoheit über zukünftige Architektur- und Design-Entscheidungen zu verstehen. Auch bei einem kompletten Outsourcing wird sich ein Unternehmen im Normalfall die Entscheidungshoheit über solche zentralen Fragen ausbedingen. Neben den entsprechenden vertraglichen Regelungen sind also zielführende Maßnahmen im Rahmen der Governance des Sourcing-Vorhabens zu definieren.

Zusätzlich zu den oben aufgeführten, eher Unternehmens-internen Aspekten, ist dem Thema Datenschutz im Rahmen eines Sourcing-Vorhabens in besonderem Maße Rechnung zu tragen. An dieser Stelle sei klargestellt, dass bereits beim einfachen Body-Shopping entsprechende vertragliche und organisatorische Regelungen zu treffen sind. Hier kann es auch sehr große Unterschiede zwischen verschiedenen Branchen geben. So unterliegen beispielsweise in der Bundesrepublik Deutschland die Kundendaten im Bereich der Lebens-, Kranken- und Unfallversicherung einem besonderen Schutz: Verstöße gegen den Datenschutz können beispielsweise in Deutschland nach dem Strafgesetzbuch geahndet werden[13]. Es macht dabei keinen Unterschied, ob ein externer Mitarbeiter vor Ort im Unternehmen sitzt oder weit weg in Asien.

Abschließend sei noch erwähnt, dass gerade in der Finanzdienstleistungsbranche einige Besonderheiten im Zusammenhang mit einem Sourcing-Vorhaben zu beachten sind. Je nach Standort des Unternehmens gilt es, die entsprechenden aufsichtsrechtlichen Anforderungen im Vorfeld zu kennen und zu beachten[14].

---

13 siehe §203 StGB in der BRD

14 siehe §25a KWG in der BRD

Modell / Kriterien	Insourcing	Body-Shopping	Vendor Consolidation	Outsourcing
Verteilung von Rollen und Aufgaben	Unternehmen	Gemischte Teams, getrennte Teams, Einzelpositionen	Gemischte Teams, getrennte Teams, Einzelpositionen	Getrennte Teams
Entscheidungs-kompetenz	Im Unternehmen	Im Unternehmen	Im Unternehmen	Dienstleister und Unternehmen
Kontrollmöglichkeit für Unternehmen über Anwendungen und Funktionen	Hoch	Hoch	Hoch	Mittel - Hoch
Datenschutz u.ä.	Unverändert	Regelungen zu treffen	Regelungen zu treffen	Regelungen zu treffen, ggf. aufsichtsrechtliche Anforderungen

Tabelle 4: Organisatorische Kriterien

Zu 2 – Auswahl Dienstleister

Auch wenn die Auswahl des Dienstleisters erst nach der Entscheidung über das Sourcing-Modell ansteht, kann je nach Aufgabenbereich die Menge der in Frage kommenden Dienstleister bereits bei der Erarbeitung der Sourcing-Strategie eine Rolle spielen. Warum ist das so und welche Aspekte sollten beachtet werden?

Im Wesentlichen sind bereits bei der Erarbeitung der Sourcing-Strategie drei Themenbereiche für die spätere Auswahl eines Dienstleisters zu berücksichtigen:

- die Qualität des möglichen Dienstleisters hinsichtlich der verfügbaren Skills,
- die Größe des möglichen Dienstleisters hinsichtlich der Risikoverteilung, sowie
- die mögliche Abhängigkeit von einem Dienstleister.

Zur Beurteilung der notwendigen Qualität eines potentiellen Dienstleisters sind die im Unternehmen erbrachten Tätigkeiten sinnvollerweise nach Projektgeschäft und Wartung bzw. Pflege zu unterscheiden. Für jeden Aufgabenbereich sollte eine getrennte Bewertung der Kritikalität und Komplexität der Aufgaben erfolgen. Daraus lassen sich dann die Anforderungen an den Dienstleister ableiten.

Die notwendige Größe eines potentiellen Dienstleisters steht in direktem Zusammenhang mit der Möglichkeit, die Vorteile einer Vendor Consolidation oder eines kompletten Outsourcings zu nutzen. Es liegt in der Natur der Sache, dass eine Vendor Consolidation nur mit einem größeren Dienstleister möglich ist. Beim kompletten Outsourcing besteht ein direkter Zusammenhang zwischen der Größe des Dienstleisters und dessen Möglichkeit, vertraglich und operativ in die Verantwortung einzutreten und in ausreichendem Maße zu garantieren. Demgegenüber bietet ein kleiner Dienstleister – im Extremfall der alleinige Freelancer – oftmals Nischen-Skills und zeigt eine größere Flexibilität bezüglich seiner Einsatzplanung.

Eine in der Praxis häufig anzutreffende Sorge ist die einer möglichen Abhängigkeit von einem externen Dienstleister. Diese Bedenken sind sicher nicht unbegründet, da zwar vertragliche Regelungen getroffen werden können, es letztendlich dabei aber immer auch um das Vertrauen in eine langfristige und partnerschaftliche Zusammenarbeit geht.

Grundsätzlich gibt es einen wesentlichen Unterschied zwischen Freelancern und kleineren Dienstleistern einerseits und größeren Dienstleistern andererseits. Der einzelne Freelancer wird einem Unternehmen so lange zur Verfügung stehen, bis er bei einem anderen Unternehmen einen besseren Tagessatz erzielen kann. Ein kleinerer Dienstleister wird im Normalfall nicht so sprunghaft sein, kann andererseits aber nur bedingt finanzielle Garantien abgeben.

Wenn die Entscheidung über das Sourcing-Modell gefallen ist, steht als nächster Schritt die endgültige Auswahl des jeweiligen Dienstleisters an. Hier auf die verschiedenen Kriterien zur Auswahl eines Dienstleisters einzugehen, würde den Rahmen dieses Buches sprengen. Daher sei an dieser Stelle auf entsprechende Studien verwiesen[15].

Modell / Kriterien	Insourcing	Body-Shopping	Vendor Consolidation	Outsourcing
Bedeutung der Qualität des möglichen Dienstleisters	Nicht relevant	Gering - Mittel	Mittel	Hoch
Bedeutung der Größe des möglichen Dienstleisters	Nicht relevant	Gering	Hoch	Mittel - Hoch
Mögliche Abhängigkeit vom Dienstleister	Keine	Mittel - Hoch	Mittel - Hoch	Mittel - Hoch

Tabelle 5: Kriterien Auswahl Dienstleister

Zu 3 – Übergabe an Dienstleister

Während die zuvor ausgeführten Punkte zu Organisatorischen Aspekten und zur Auswahl des Dienstleisters primär für die Beurteilung der prinzipiellen Umsetzbarkeit eines Sourcing-Vorhabens von Bedeutung sind, so kommt den nachfolgenden Punkten besondere Bedeutung für den Aufwand der Realisierung zu.

15 siehe z.B. "Tips on How to Select an Application Outsourcing Vendor", Gartner oder auch "Magic Quadrant for European Offshore Application Services", Gartner

Für die erfolgreiche Umsetzung eines Sourcing-Vorhabens spielt die Sicherung des Know-hows eine wichtige Rolle – und zwar unabhängig vom angestrebten Modell. Letztendlich geht es darum, das relevante Wissen so zu transferieren, dass langfristig die Weiterentwicklung und Wartung bzw. Pflege der IT-Systeme gesichert ist. Wenn es primär um eine schnell einsetzbare Ergänzung der Kapazität geht, wird sicher ein Body-Shopping in Frage kommen, allerdings zu dem Preis, dass sich erfahrungsgemäß das relevante Know-how in den Köpfen der jeweiligen Ressourcen befindet und keine Nachhaltigkeit durch entsprechende Dokumentation garantiert ist. Bei einer Vendor Consolidation und einem kompletten Outsourcing ist der Aufwand für den Wissenstransfer sicher höher, allerdings mit dem Nutzen einer strukturierten Übertragung und einer nachhaltigen Pflege der Dokumentation. Insofern erfolgt in diesem Fall nicht nur ein Wissenstransfer, sondern auch eine deutliche Reduzierung der Abhängigkeit von Einzel-Ressourcen.

Im Rahmen der Umsetzung eines Sourcing-Vorhabens sollten Unternehmen ihren Dienstleistern die notwendige Unterstützungsleistung bei der Übergabe abfordern. Diese Unterstützungsleistung muss darin bestehen, dass die Übergabe als gemeinsames Projekt geplant und entsprechend umgesetzt und gesteuert wird. Neben dem eigentlichen Wissenstransfer sind bei einem solchen Projekt noch folgende Punkte zu berücksichtigen: Kommunikation der geplanten Maßnahmen im eigenen Unternehmen, Aufsetzen der Service-Prozesse inklusive Definition der Leistungsparameter (insbesondere bei einem kompletten Outsourcing) und Aufsetzen der Infrastruktur (insbesondere die Arbeitsplätze und erforderlichenfalls die Anbindung anderer Standorte an das Unternehmensnetzwerk).

Ein weiterer Aspekt, der bei der Untersuchung und Beurteilung eines Sourcing-Vorhabens oftmals nicht oder nur unzureichend berücksichtigt wird, ist die Möglichkeit zur Rückabwicklung der Vergabe nach Ende des Vertrags mit dem Dienstleister. Im Wesentlichen betrifft das sicher die zu treffenden vertraglichen Regelungen. Doch bereits bei der Auswahl des Sourcing-Modells kann dieser Aspekt von Bedeutung sein. So macht es bei der Definition der zu vergebenden Aufgabenbereiche im Rahmen einer Vendor Consolidation oder eines kompletten Outsourcings einen Unterschied, ob sich die Aufgaben entlang der strategischen, zukunftsgerichteten IT-Systeme orientieren oder aber auf IT-Systeme beziehen, die in absehbarer Zukunft abgelöst werden sollen. Den Fokus auf letztere zu legen, kann durchaus sinnvoll sein. Der Wissenstransfer ist zwar bedingt durch die Historie der entsprechenden IT-Systeme meist aufwändiger, auf der anderen Seite können die eigenen Ressourcen dann aber auf die Weiterentwicklung und Wartung bzw. Pflege der strategischen IT-Systeme fokussiert werden.

Kriterien \ Modell	Insourcing	Body-Shopping	Vendor Consolidation	Outsourcing
Bedeutung der Sicherung des Know-Hows	Nicht relevant	Hoch	Hoch	Hoch
Notwendige Umsetzungs-unterstützung durch den Dienstleister	Nicht relevant	Gering	Mittel	Hoch
Möglichkeit zur Rückabwicklung	Nicht relevant	Hoch	Mittel	Mittel

Tabelle 6: Kriterien Übergabe an Dienstleister

Zu 4 – Business Case

Der Business Case ist selbstredend in geeigneter Weise zu strukturieren, so dass alle erforderlichen Investitionen den erzielbaren Einsparungen gegenübergestellt werden. Doch wozu sind im Rahmen eines Sourcing-Vorhabens überhaupt Investitionen erforderlich? Je nach Ausgangssituation und je nach angestrebtem Sourcing-Modell ergeben sich Investitionen in der gesamten Prozesskette: von der Ausschreibung über die Ausarbeitung des Vertrags bis hin zur Implementierung des Sourcing-Modells, insbesondere den Wissenstransfer. Dabei stellen letztere typischerweise den größten Anteil der Investitionen dar. Müssen beispielsweise beim Body-Shopping lediglich die neuen externen Mitarbeiter eingearbeitet werden, ergeben sich bei einem kompletten Outsourcing deutlich höhere Aufwände für die Übergabe der Aufgaben an den externen Dienstleister. Insbesondere durch das Eintreten in die Steuerung und Verantwortung für den definierten Aufgabenbereich wird ein externer Dienstleister einen strukturierten und gut gesteuerten Wissenstransfer durchführen.

Kriterien \ Modell	Insourcing	Body-Shopping	Vendor Consolidation	Outsourcing
Erforderliche Investitionen	Mittel - Hoch	Gering	Gering	Mittel - Hoch
Erzielbare Einsparungen	Gering	Gering	Mittel	Mittel - Hoch

Tabelle 7: Kriterien Business Case

Zu 5 – Interne Widerstände

Die bisher ausgeführten Aspekte eines Sourcing-Vorhabens können im Wesentlichen durch Fakten untermauert und somit objektiv bewertet werden. Eine gänzlich andere Dimension bei der Erarbeitung der Sourcing-Strategie haben die zu erwartenden Widerstände innerhalb des eigenen Unternehmens gegen die Umsetzung eines Sourcing-Vorhabens. Vereinfacht lassen sich hierbei drei Personengruppen unterscheiden:

- die betroffenen internen und externen Mitarbeiter,
- das mittlere Management, sowie
- etwaige Mitbestimmungsgremien wie Betriebsrat oder Personalrat.

Die nahe liegende Reaktion der betroffenen internen und externen Mitarbeiter ist die Ablehnung eines Sourcing-Vorhabens, steht doch immer die Sorge um den eigenen Arbeitsplatz im Raum. Dabei wird oft übersehen, dass ein verändertes Sourcing des Unternehmens auch eine Chance für die Betroffenen darstellen kann. Die Praxis zeigt, dass in vielen Unternehmen die internen Mitarbeiter die Wartung bzw. Pflege der älteren IT-Systeme verantworten, während die inhaltlich spannenden und herausfordernden Projekte mit externen Kräften bewältigt werden. Genau hier kann ein Sourcing-Vorhaben ansetzen und die internen Mitarbeiter auf die strategischen Projekte fokussieren, während externe Mitarbeiter die Wartung und Pflege übernehmen. Bereits im Unternehmen eingesetzte externe Mitarbeiter sind ungleich stärker von einem geänderten Sourcing betroffen. Da ihre Verträge meist recht kurzfristig beendet werden können, hat ein Unternehmen hier relativ viel Gestaltungsspielraum und somit ein größeres Potenzial im Rahmen eines Sourcing-Vorhabens.

Das mittlere Management eines Unternehmens spielt bei einem Sourcing-Vorhaben eine zentrale Rolle. So bleibt es unabhängig vom Sourcing-Modell letztendlich in der Verantwortung für die Erbringung der definierten Aufgaben. Der Unterschied hinsichtlich der Sourcing-Modelle liegt lediglich in der vertraglichen Absicherung und der Definition der Service Level. Insofern ist es empfehlenswert, das mittlere Management bei der Erarbeitung der richtigen Sourcing-Strategie mit einzubeziehen.

Den Mitbestimmungsgremien kommt dagegen nur bei einem kompletten Outsourcing eine entsprechende Bedeutung zu. Hier gilt es, ähnlich wie beim mittleren Management, durch frühzeitige Einbindung und der Möglichkeit zur Mitgestaltung die notwendige Unterstützung für das anstehende Sourcing-Vorhaben zu erhalten.

Kriterien \ Modell	Insourcing	Body-Shopping	Vendor Consolidation	Outsourcing
Mögliche Auswirkung auf interne Mitarbeiter	Nicht relevant	Gering - Mittel	Mittel	Mittel - Hoch
Mögliche Auswirkung auf externe Mitarbeiter	Nicht relevant	Mittel	Hoch	Hoch
Mögliche Auswirkung auf mittleres Management	Nicht relevant	Keine - Gering	Mittel - Hoch	Hoch
Bedeutung für Betriebsrat / Personalrat	Keine	Keine - Gering	Keine - Gering	Mittel - Hoch

Tabelle 8: Kriterien Interne Widerstände

Die Summe der zuvor ausgeführten Punkte bestimmt den Erfolg eines Sourcing-Vorhabens. Eine Befragung von 231 Führungskräften im Bereich Finanzdienstleistungen, die Gestaltung eines Sourcing-Vertrags rückblickend zu bewerten, ergab eine Reihe interessanter Aussagen:

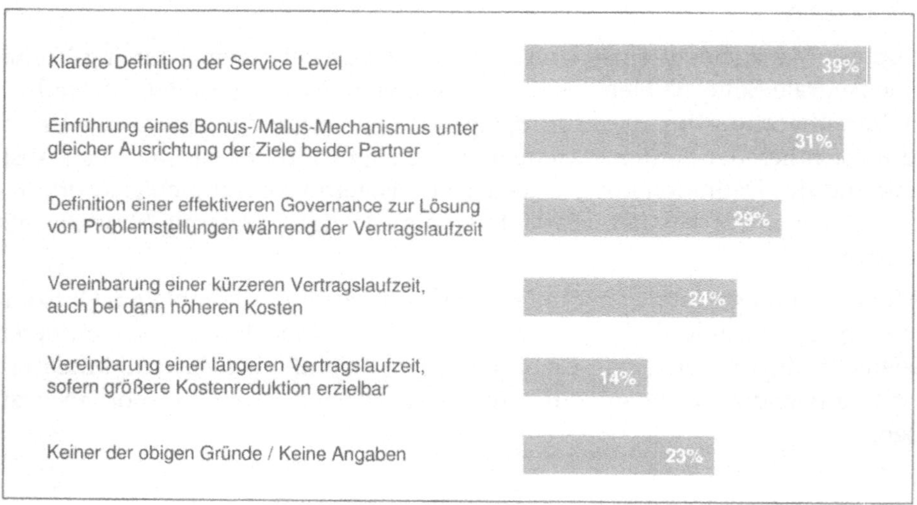

Abbildung 65: Was würden Sie im Rückblick bei der Ausarbeitung eines Sourcing anders machen?[16]

16 Quelle: "IT Outsourcing in the Financial Services Industry", Accenture und Economist Intelligence Unit (EIU); siehe: www.accenture.com/fsapplications.

Gibt es eine Methodik zur Erarbeitung der optimalen Sourcing-Strategie?

Die entscheidende Frage ist nun, wie die zuvor ausgeführten Aspekte zielgerichtet im Rahmen eines methodischen Vorgehens berücksichtigt werden können, um die für ein Unternehmen optimale Sourcing-Strategie zu erarbeiten. Die nachfolgend vorgestellte Methodik leistet genau das, indem die wesentlichen Faktoren berücksichtigt und bewertet werden. Die Methodik wird unterstützt durch ein Scoring-Modell, das sowohl eine strukturierte Dokumentation als auch eine analytische Bewertung der Situation ermöglicht.

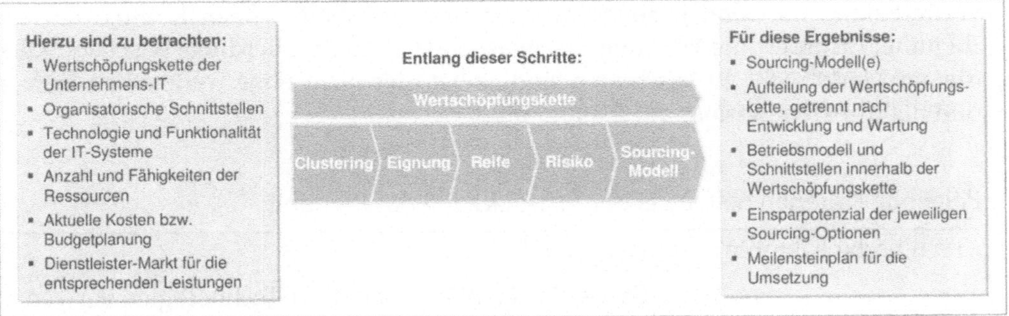

Abbildung 66: Überblick Methodik[17]

Clustering der IT-Systeme:

Ein Portfolio von mehreren Hundert IT-Systemen innerhalb eines Unternehmens ist keine Seltenheit. Um möglichst effizient und mit vertretbarem Aufwand zu einer Einschätzung hinsichtlich aller adressierbaren Potenziale zu kommen, empfiehlt es sich, das Portfolio zunächst in so genannte Cluster einzuteilen.

Bei solch einem Clustering gibt es normalerweise kein richtig oder falsch. Es gibt aber eine Reihe von Kriterien, die bei der Bildung einer sinnvollen Einteilung helfen. In der Praxis haben sich folgende Kriterien als erfolgreich erwiesen: Cluster nach gleicher/ähnlicher Funktionalität, nach gleicher/ähnlicher Technologie oder nach zusammen gehörenden Prozessen.

Im Einzelfall können auch Merkmale einer Alleinstellung vorhanden sein, die dazu führen, dass ein einziges IT-System als Cluster definiert wird (z.B. ein Kernbankensystem für sich). Die gebildeten Cluster sollten dabei jeweils so groß definiert

17 Die vorgestellte Methodik wurde u.a. von den Autoren dieses Beitrags entwickelt und in den USA patentiert.

werden, dass sie eine kritische Mindestgröße im Sinne der dafür in der IT eingesetzten Personen aufweisen. In der Praxis hat sich eine Zahl von mindestens 15-20 Personen als sinnvolle Größe erwiesen. Die Cluster bilden im Rahmen der Methodik die Basis für weitere Schritte.

Eignung der IT-Systeme für ein Sourcing-Vorhaben:

Die Eignung eines Clusters für ein Sourcing-Vorhaben wird bestimmt durch die Spezifika der darin enthaltenen IT-Systeme und die umgebenden Rahmenbedingungen, nicht so sehr durch den momentanen Zustand, in dem sich die IT-Systeme befinden.

Hierzu ein Beispiel: ist ein IT-System unzureichend dokumentiert, so kann dies mit vertretbarem Aufwand geändert werden und hat somit keinen Einfluss auf die Eignung. Erfordert die Wartung des gleichen IT-Systems allerdings Nischen-Skills, die am Markt nicht zu beschaffen sind, so ist dies nicht ohne weiteres zu ändern und hat direkten Einfluss auf die Eignung.

Folgende Kriterien helfen bei der Einschätzung der Eignung:

Technische Faktoren	*Plattform/Technologie* Es werden etablierte Standard-Technologien verwendet bzw. Kompetenzen/Kenntnissen mit einer kritischen Mindestgröße eingesetzt. *Schnittstellen* Es existieren nur wenige technische Schnittstellen außerhalb der Kontrolle der IT, diese sind klar definiert und steuerbar. Die Schnittstellenarchitektur ist klar strukturiert, Abhängigkeiten sind definiert und nicht übermäßig komplex.
Funktionale Faktoren	*Kritische Komponenten* Funktionale bzw. fachliche Kompetenzen und Kenntnisse sind am Dienstleister-Markt verfügbar. Die IT-Systeme bieten keinen Wettbewerbsvorteil. *Zusammenarbeit Designer - Entwickler* Die Anzahl der Kundenanforderungen für sofortige Änderungen ist begrenzt. Time-to-market steht nicht im Vordergrund. Die Interaktion zwischen Designer und Entwickler kann über Standorte hinweg erfolgen.

Tabelle 9: Kriterien Eignung

Reife der IT-Systeme für ein Sourcing-Vorhaben:

Im Gegensatz zur Eignung ist die Reife eines Clusters über den momentanen Zustand seiner IT-Systeme und den notwendigen Aufwand determiniert, um eine geeignete Sourcing-Lösung zu implementieren.

In Analogie zum Beispiel zuvor: wenn ein IT-System mit marktgängigen Kenntnissen und Fähigkeiten gepflegt werden kann, kann die Eignung für ein alternatives Sourcing hoch sein. Ist das gleiche IT-System nicht dokumentiert, muss dies im Rahmen der Umsetzung des Sourcing-Vorhabens geändert werden und hat somit direkten Einfluss auf die Reife des IT-Systems.

Folgende Kriterien helfen bei der Einschätzung der Reife:

Technische Faktoren	*Dokumentation* Die Design- und Code-Dokumentation ist vollständig und von guter Qualität; die Sprache ist im Idealfall Englisch. *Test/Entwicklungs-Umgebungen* Die Test- und Entwicklungs-Umgebung ist nicht übermäßig komplex (inkl. Testdatenvorbereitung), kann leicht repliziert oder von außerhalb des Unternehmensnetzwerkes zugegriffen werden. *Komplexität* Die Dokumentation der Architektur und des IT-Systems ermöglicht einen Wissenstransfer. Komponenten zur Unterstützung der Prozesse sind klar definiert und verstanden.
Organisatorische Faktoren	*Entwicklungs-Prozess/Timing* Die Entwicklung und Wartung erfolgt unter Verwendung etablierter Prozesse mit definierten Checkpunkten. Laufende Aktivitäten/Projekte behindern nicht wesentlich die Planung für einen Wissenstransfer. *Abhängigkeit von Schlüsselpersonen* Es existieren nur geringe Abhängigkeiten von Schlüsselpersonen. Das entsprechende Know-how ist übertragbar.

Tabelle 10: Kriterien Reife

Risiko hinsichtlich eines Sourcing-Vorhabens:

Im Rahmen eines Sourcing-Vorhabens lassen sich zwei Risiko-Arten unterscheiden: das Unternehmens-Risiko und das Dienstleister-Risiko. Das Unternehmens-Risiko ist bestimmt durch die Funktionalität, den Benutzer-/ Kundenkreis und die Verarbeitungsqualität der zu betrachtenden IT-Systeme. Das Dienstleister-Risiko bezieht sich auf die operativen Risiken für die Entwicklung und Wartung bzw. Pflege von IT-Systemen in Zusammenarbeit mit einem Dienstleister.

Folgende Kriterien helfen bei der Einschätzung der Risiken:

Unternehmens-Risiko	*Image-Risiko* Die Auswirkungen von Fehlern in den IT-Systemen auf die Kunden sind begrenzt. Das voraussichtliche Medieninteresse im Fehlerfall ist gering. *Risiko finanzieller Verluste* Die finanziellen Risiken durch Störungen oder Ausfälle der IT-Systeme bzw. eine fehlerhafte Verarbeitung von Transaktionen (Abschätzung über Online-/ Batchverhalten) sind gering.
Dienstleister-Risiko	*Risiken der Zusammenarbeit mit einem Dienstleister* Die Sensitivität der Informationen und die Datenschutzanforderungen lassen sich vertraglich abbilden und organisatorisch sicherstellen. Die Anforderungen einer externen Aufsichtsbehörde sind erfüllbar (insbes. hinsichtlich der Kontrolle des Dienstleisters). Die Re-Integrationsfähigkeit der Aufgaben lässt sich sicherstellen. Die zeitliche Kritikalität der Nachfrage von Anforderungen lässt sich organisatorisch umsetzen.

Tabelle 11: Risiken

Auswahl des Sourcing-Modells

Das optimale Sourcing-Modell je Cluster bestimmt sich durch die Ergebnisse der Einschätzung hinsichtlich Eignung, Reife und Risiken. Im Einzelfall können noch weitere cluster-spezifische Anforderungen bzw. Eigenschaften eine Rolle spielen. So kann es beispielsweise eine strategische Entscheidung des Unternehmens sein, die Aufgaben für ein bestimmtes IT-System nicht im Rahmen eines geänderten Sourcings zu erfüllen, obwohl die Einschätzung hinsichtlich Eignung, Reife und Risiken sehr positiv ausgefallen ist.

Unterstützung der Methodik durch ein Scoring-Modell:

Das nachfolgend beschriebene Scoring-Modell wurde von dem Autor bereits vielfach erfolgreich für die Durchführung eines Sourcing-Assessments eingesetzt. Das Scoring-Modell basiert direkt auf der bisher ausgeführten Methodik. Im Rahmen eines solchen Assessments wird mit Hilfe eines standardisierten Fragebogens eine Bewertung durchgeführt und mittels Scoring-Modell analytisch aufbereitet. In der Praxis wurde dieses Scoring-Modell erfolgreich für eine breite Palette unterschiedlicher Ausgangssituationen verwendet.

Dabei wurden auch sehr unterschiedliche Größen von IT-Abteilungen analysiert – von der pilothaften Untersuchung weniger ausgewählter IT-Systeme mit einer Kapazität von insgesamt 50 IT-Mitarbeitern bis hin zur kompletten Untersuchung des gesamten IT-Portfolios mit mehr als 800 IT-Mitarbeitern. Der wesentliche Unterschied zwischen solchen Analysen liegt im Clustering der zu untersuchenden IT-Systeme.

Im Rahmen von ein bis zwei Workshops je Ansprechpartner – typischerweise auf der Ebene Abteilungsleiter – werden anhand des Fragebogens alle Aufgaben der IT im Rahmen von Projekten und der Wartung bzw. Pflege von IT-Systemen abgefragt und die Ergebnisse dokumentiert.

Anhand von vordefinierten Parametern ermittelt das Scoring-Modell die Empfehlung eines Sourcing-Modells je Cluster. Bei diesen Parametern handelt es sich um die Erfahrungswerte aus zahlreichen Praxiseinsätzen des Scoring-Modells. Im Zeitverlauf erfolgte somit auch eine Kalibrierung der Werte.

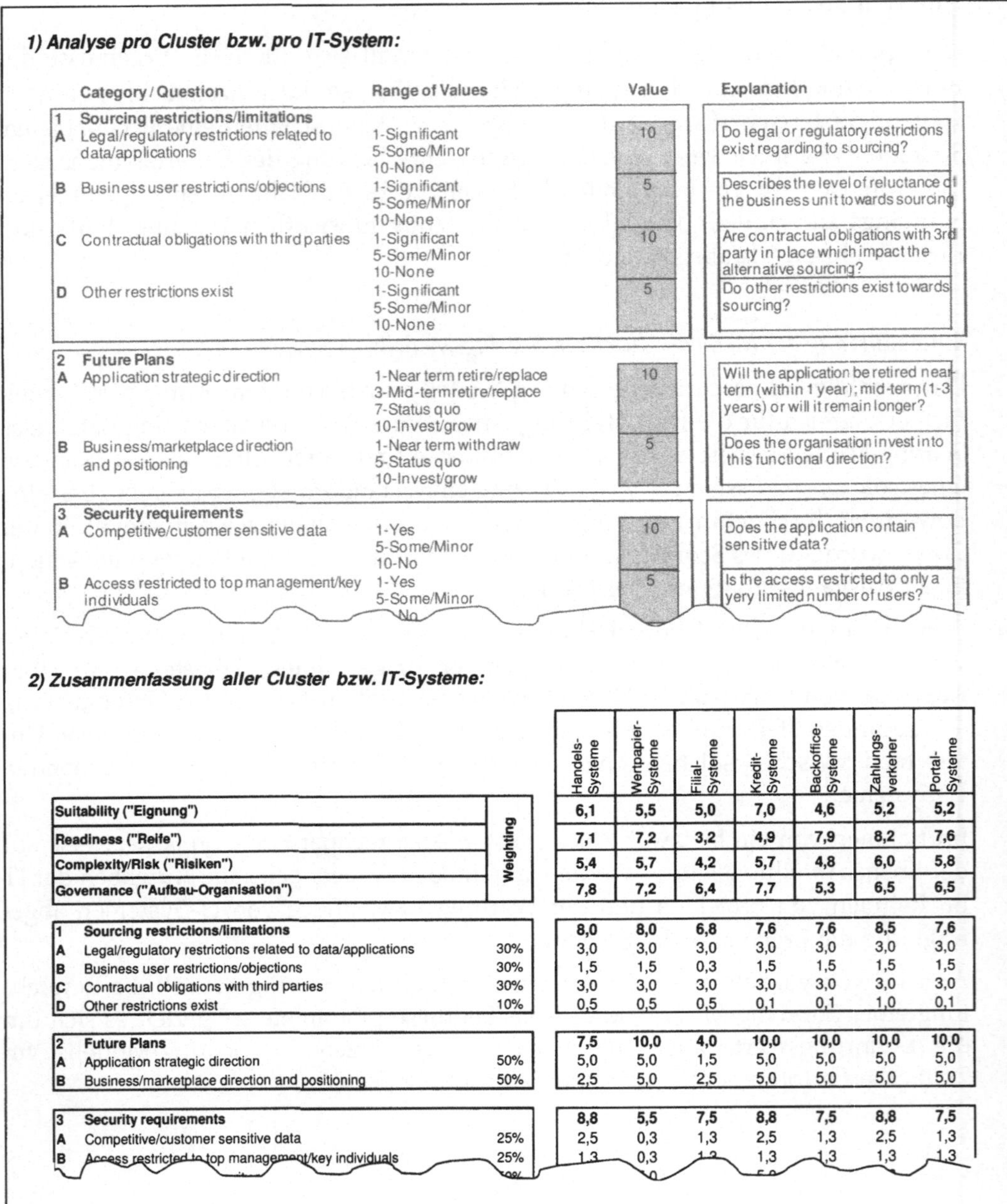

1) Analyse pro Cluster bzw. pro IT-System:

Category / Question	Range of Values	Value	Explanation
1 Sourcing restrictions/limitations			
A Legal/regulatory restrictions related to data/applications	1-Significant 5-Some/Minor 10-None	10	Do legal or regulatory restrictions exist regarding to sourcing?
B Business user restrictions/objections	1-Significant 5-Some/Minor 10-None	5	Describes the level of reluctance of the business unit towards sourcing
C Contractual obligations with third parties	1-Significant 5-Some/Minor 10-None	10	Are contractual obligations with 3rd party in place which impact the alternative sourcing?
D Other restrictions exist	1-Significant 5-Some/Minor 10-None	5	Do other restrictions exist towards sourcing?
2 Future Plans			
A Application strategic direction	1-Near term retire/replace 3-Mid-term retire/replace 7-Status quo 10-Invest/grow	10	Will the application be retired near-term (within 1 year); mid-term (1-3 years) or will it remain longer?
B Business/marketplace direction and positioning	1-Near term withdraw 5-Status quo 10-Invest/grow	5	Does the organisation invest into this functional direction?
3 Security requirements			
A Competitive/customer sensitive data	1-Yes 5-Some/Minor 10-No	10	Does the application contain sensitive data?
B Access restricted to top management/key individuals	1-Yes 5-Some/Minor No	5	Is the access restricted to only a very limited number of users?

2) Zusammenfassung aller Cluster bzw. IT-Systeme:

	Weighting	Handels-Systeme	Wertpapier-Systeme	Filial-Systeme	Kredit-Systeme	Backoffice-Systeme	Zahlungs-verkeher	Portal-Systeme
Suitability ("Eignung")		**6,1**	**5,5**	**5,0**	**7,0**	**4,6**	**5,2**	**5,2**
Readiness ("Reife")		**7,1**	**7,2**	**3,2**	**4,9**	**7,9**	**8,2**	**7,6**
Complexity/Risk ("Risiken")		**5,4**	**5,7**	**4,2**	**5,7**	**4,8**	**6,0**	**5,8**
Governance ("Aufbau-Organisation")		**7,8**	**7,2**	**6,4**	**7,7**	**5,3**	**6,5**	**6,5**
1 Sourcing restrictions/limitations		**8,0**	**8,0**	**6,8**	**7,6**	**7,6**	**8,5**	**7,6**
A Legal/regulatory restrictions related to data/applications	30%	3,0	3,0	3,0	3,0	3,0	3,0	3,0
B Business user restrictions/objections	30%	1,5	1,5	0,3	1,5	1,5	1,5	1,5
C Contractual obligations with third parties	30%	3,0	3,0	3,0	3,0	3,0	3,0	3,0
D Other restrictions exist	10%	0,5	0,5	0,5	0,1	0,1	1,0	0,1
2 Future Plans		**7,5**	**10,0**	**4,0**	**10,0**	**10,0**	**10,0**	**10,0**
A Application strategic direction	50%	5,0	5,0	1,5	5,0	5,0	5,0	5,0
B Business/marketplace direction and positioning	50%	2,5	5,0	2,5	5,0	5,0	5,0	5,0
3 Security requirements		**8,8**	**5,5**	**7,5**	**8,8**	**7,5**	**8,8**	**7,5**
A Competitive/customer sensitive data	25%	2,5	0,3	1,3	2,5	1,3	2,5	1,3
B Access restricted to top management/key individuals	25%	1,3	0,3	[illegible]	1,3	1,3	1,3	1,3

Abbildung 67: Beispiel – Ausriss Fragebogen

Cluster	Eignung	Reife	Komplexität / Risiko	Aufbau-Organisation
Handels-Systeme	6,1	7,1	5,4	7,8
Wertpapier-Systeme	5,5	7,2	5,7	7,2
Filial-Systeme	5,0	3,2	4,2	6,4
Kredit-Systeme	7,0	4,9	5,7	7,7
Backoffice-Systeme	4,6	7,9	4,8	5,3
Zahlungsverkehr	5,2	8,2	6,0	6,5
Portal-Systeme	5,2	7,6	5,8	6,5

Legend
<3 Geringer Erfüllungsgrad
3 - 7 Mittlerer Erfüllungsgrad
>7 Hoher Erfüllungsgrad

Abbildung 68: Beispiel – Ergebnis Scoring-Modell

Die für das Scoring-Modell verwendete qualitative Information wird danach noch um quantitative Daten ergänzt. Erfasst werden Daten zur Kapazität je Cluster – ausgedrückt in Personentagen – und den entsprechenden Kosten für interne und externe Ressourcen. Diese graphische Aufbereitung – ergänzt um die Anzahl der Mitarbeiter – erlaubt eine rasche Einschätzung des Potenzials hinsichtlich alternativer Sourcing-Modelle.

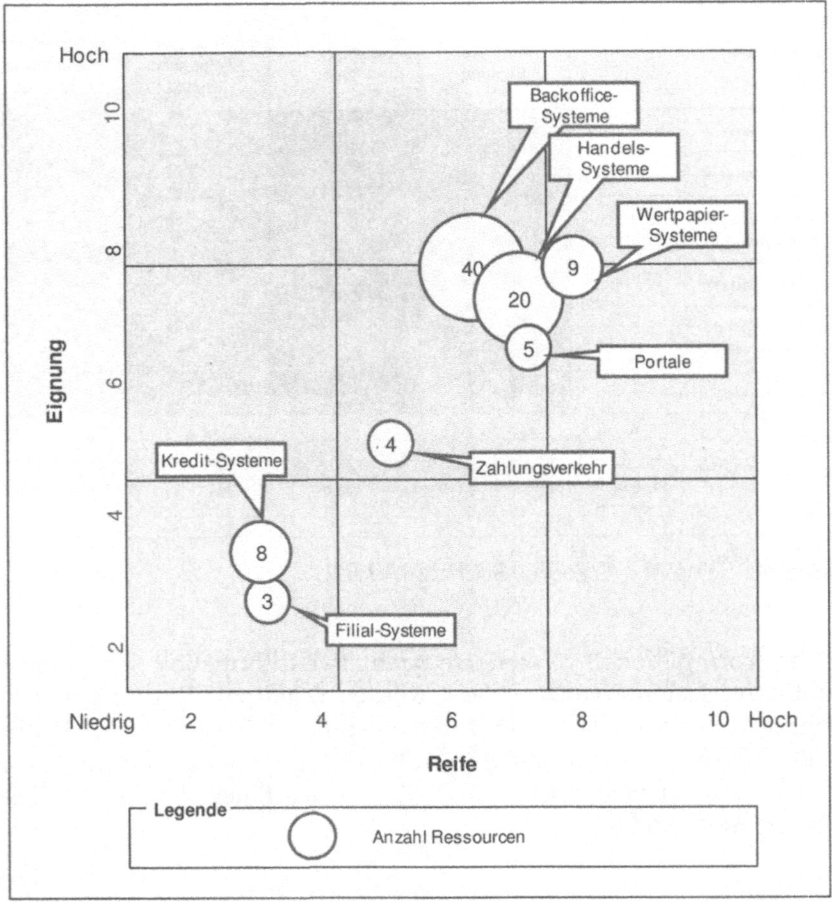

Abbildung 69: Beispiel – Graphische Aufbereitung

Neben der Einschätzung hinsichtlich Eignung, Reife und Risiken der Cluster für andere Sourcing-Modelle lässt sich auf Basis der Analyse auch ein Umsetzungsplan ableiten. Das Scoring-Modell liefert auch hier eine Empfehlung für die zeitliche Umsetzung in Form eines Meilenstein-Plans. Die Vorgaben des Modells können dann je nach Kontext und Anforderung angepasst werden.

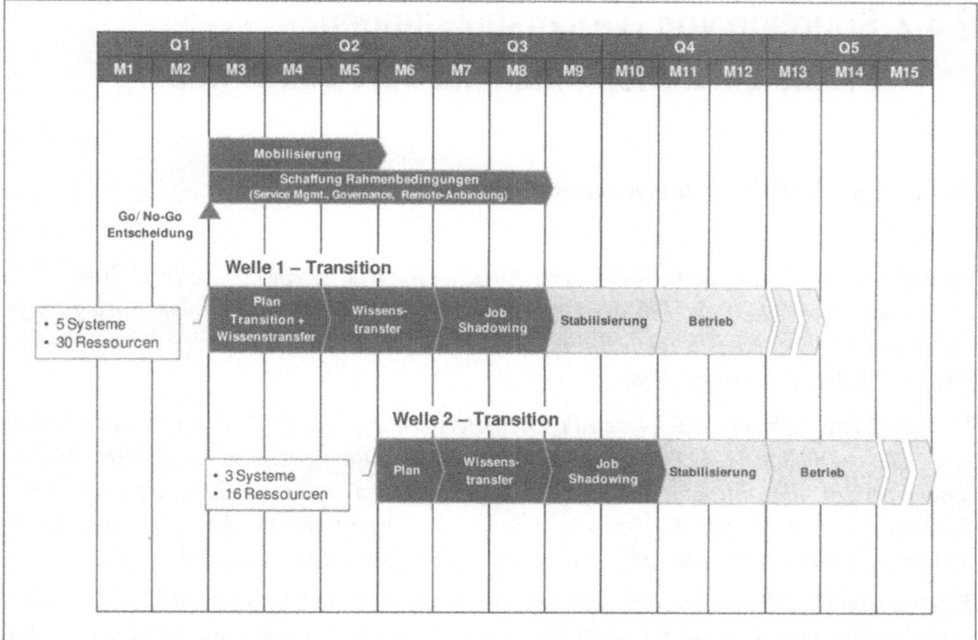

Abbildung 70: Beispiel – Umsetzungsplan

Fazit und Empfehlungen

Wie dieser Beitrag gezeigt hat, kann ein optimiertes Sourcing einer IT-Abteilung sehr viel zur Erreichung der CIO-Ziele „Wertbeitrag steigern" und „Komplexität bewerkstelligen" beitragen – sofern die Sourcing-Strategie an den Unternehmens-Kontext angepasst ist und die Auswahl der Sourcing-Optionen methodisch durchgeführt wird.

Um ein Sourcing-Vorhaben zum Erfolg zu führen, sind im Rahmen der Auswahl und Definition der Sourcing-Strategie alle relevanten Themenblöcke gleichermaßen zu betrachten: die Aufbau- und Ablauforganisation, die Prozesse innerhalb der IT, die Unternehmenskultur und die daraus resultierende notwendige Kommunikation mit allen relevanten Personengruppen, sowie die erforderliche Infrastruktur.

Wichtig ist für alle Beteiligten, sich dem Thema Sourcing unvoreingenommen zu nähern und die Chancen und Risiken objektiv zu bewerten. Nur so lässt sich das Sourcing einer IT-Abteilung nachhaltig optimieren.

2.4.2 Sourcing von IT-Dienstleistungen. Praxis bei Zurich Financial Services Group

Stefan Vogt, Zurich Financial Services Group

Der global tätige Versicherungskonzern Zurich Financial Services Group („Zurich") hat IT-Outsourcing (ITO) als Teil der Geschäftsstrategie etabliert. Durch das Auslagern von Teilen der IT- Dienstleistungen konnten Kostenvorteile, bessere Serviceleistungen und eine höhere Flexibilität erreicht werden.

ITO wird von globalen und lokalen IT-Dienstleistern angeboten, meist im Zusammenhang mit Near -/ Offshoring. Dabei werden Funktionen in dafür spezialisierte Zentren in Drittländer verlegt, dies mit dem Ziel, Kosten zu sparen und sicherzustellen, dass ausreichend Spezialisten zur Verfügung stehen. Länder in Osteuropa werden für Nearshoring-Aktivitäten und Länder wie Indien oder China für Offshoring ausgewählt.

Erfolgreiche ITO-Transaktionen sind geprägt von der Firmenstrategie und helfen direkt in deren Umsetzung. Für die ganzheitliche Steuerung einer Transaktion sind Umsicht, langfristige Planung, Fachwissen sowie ein verlässlicher Outsourcing-Partner unerlässlich.

Grundlagen

Unter Sourcing versteht man das Auslagern von Dienstleistungen oder Prozessen in einer Prozesskette. Obwohl der Begriff und auch die Schlagwörter, die heute verwendet werden, den Eindruck erwecken, Sourcing sei eine Erfindung der Industrialisierung, ist dies eindeutig nicht der Fall. Sehr rasch begannen Menschen auf Produkte anderer zuzugreifen, um diese für ihre eigenen Produkte zu verwenden. Bereits der Tauschhandel basierte auf diesem Prinzip. So produziert zum Beispiel ein Bauer die Eier, welche dann vom Bäcker zu Brot verarbeitet werden. Der Bäcker also „sourced" die Eier und produziert sein Produkt mit Hilfe einer Wertschöpfungskette, die er nicht vollständig kontrolliert. Wikipedia kennt zurzeit fünfzehn verschiedene Sourcing Begriffe wie beispielsweise „Global Sourcing", „Strategic Sourcing", „Co-Sourcing" und „Low-Cost-Sourcing" und definiert "Sourcing in Business" als:

In business, the term sourcing refers to a number of procurement practices, aimed at finding, evaluating and engaging suppliers of goods and services"

Sourcing wird im Generellen für eine externe Leistungserbringung verwendet, der Begriff kann jedoch auch für interne Dienstleistungen verwendet werden. So können zum Beispiel Dienstleistungen einer Firmen-internen Druckerei als internes Sourcing (oder Insourcing) bezeichnet werden.

Beim Sourcing spielt der Fertigungsgrad eine wichtige Rolle. Bezieht eine Firma nur wenige Dienstleistungen von externen Quellen, so gilt sie als voll integriert, hat sie hingegen einen großen Teil ihrer Wertschöpfungskette ausgelagert, gilt sie als verteilt. Beide Modelle haben ihre Berechtigung und der Erfolg hängt stark von der Industrie und vom Markt ab. Es lassen sich beide Beispiele sehr erfolgreicher Firmen finden. Google gilt als voll integriert, Firmen wie Nike als weitgehend verteilt.

Um einen aktuellen Zustand auf der zeitlichen Achse zu beschreiben werden hauptsächlich drei Begriffe verwendet: Insourcing, Outsourcing und Backsourcing. Als Insourcing wird eine interne Dienstleistungserbringung bezeichnet. Dabei werden Dienstleistungen mit eigenen Mitarbeitern und eigenen Ressourcen erstellt. Beim Outsourcing werden eben diese einem Dritten übertragen, und unter Backsourcing versteht man das wieder Integrieren von vormals ausgelagerten Prozessen.

Vor - und Nachteile von Sourcing

Weshalb nun wird das althergebrachte Prinzip der unterschiedlichen Fertigungstiefe heute heftig diskutiert und weshalb gibt es so viele Lösungen? Untersuchen wir doch einmal zuerst die Vorteile des Outsourcings, bevor wir die Nachteile beleuchten.

Kosten – Flexibilität – Innovation – der KFI Faktor

Hauptgrund für Outsourcing sind meist die tieferen Kosten. Mit dem Auslagern von Tätigkeiten werden Skaleneffekte erzielt. Diese erlauben es dem Auftragnehmer kostengünstiger zu produzieren. Outsourcing-Anbieter können durch ihre Größe und Erfahrung Dienstleistungen oder Produkte zu einem besseren Preis und meist in besserer Qualität anbieten. Kosteneffekte werden auch durch Prozessoptimierungen erzielt. Der Anbieter hat dabei Möglichkeiten, die der Auftraggeber oft nicht besitzt oder nicht ausschöpft.

Skaleneffekte sind ein anderer wichtiger Grund für das Auslagern von Prozessen und Dienstleistungen. Prozessschritte die in einem Betrieb nicht direkt in der Wertschöpfungskette liegen, wie zum Beispiel die Wartung von Telefonanlagen bei einer Bank, sind bei einem Outsourcer direkt in der Wertschöpfungskette und zählen dort zu den Kernaufgaben. Dadurch besitzt der Anbieter selber Skaleneffekte und kann zum Beispiel Soft-/Hardware, die für die Leistungserbringung nötig ist, zu besseren Konditionen einkaufen oder gegebenenfalls auch selber herstellen. Personal kann effizienter eingesetzt werden, da sich Optimierungen über Firmengrenzen hinweg realisieren lassen. Beim Aufbau von Fachwissen, bei Anschaffungen aller Art und bei der Ausführung von Routinetätigkeiten lassen sich Skaleneffekte erzielen.

Durch Verlagerung der Arbeiten in Ländern mit tieferen Personalkosten wird der Auftragnehmer ebenfalls Preisvorteile erzielen. So kann zum Beispiel der Kostenansatz für einen gut qualifizierten Systemspezialisten um 50% - 70% gesenkt werden, wenn die entsprechende Funktion in ein Offshore-Land wie Indien verlagert wird. Dabei muss beachtet werden, dass in solchen Ländern Investitionen in den Bereichen Personalbetreuung, Weiterbildung sowie der allgemeinen Qualitätssicherung höher sind. Trotz dieser sind die Kostenvorteile deutlich.

Drei wesentliche Kostenfaktoren müssen bei jeder Transaktion eingerechnet werden. Erstens wird bei der Verrechnung der Dienstleistungen Mehrwertsteuer fällig und diese kann je nach Land bis zu 20% betragen.

Zweitens wird der Anbieter eine Risikoprämie einrechnen, damit er Unvorhergesehenes decken kann. Drittens wird der Anbieter eine Marge einbauen, um mit seinem eingesetzten Kapital einen Gewinn zu erwirtschaften. Alle drei Faktoren werden indirekt durch den Auftraggeber bezahlt.

Flexibilität

Die Flexibilität zählt bei vielen Auftraggebern – neben den Kosten – zu den wichtigsten Gründen für ITO. Die Verträge werden dabei so ausgestaltet, dass der Kunde jederzeit die Kapazitäten erhöhen und verringern kann. Um dies in der Praxis umzusetzen, müssen zunächst die vertraglichen Leistungen in standardisierte Komponenten eingeteilt werden. Bei Infrastruktur-Leistungen werden zum Beispiel Server in Standards eingeteilt und mit verschiedenen Attributen (z.B. Verfügbarkeit oder Rechenleistung) versehen.

Im ITO von Programmierleistungen werden sogenannte „Rate Cards" für unterschiedlich qualifizierte Programmierer festgelegt. Diese können dann vom Auftraggeber flexibel zu den in den „Rate Cards" festgelegten Tarifen abgerufen werden.

Weiter ist sicherzustellen, dass der Lieferant eine personelle Grundbereitschaft aufrechterhält. Diese wird er durch das Ausgleichen der Kapazitäten verschiedener Kunden weitgehend ermöglichen. Oft werden die zu erwartenden Volumen ein bis drei Monate im Voraus festgelegt. Dies erlaubt eine angemessene Planung beim Auftragnehmer.

Innovation

Sicher das schwierigste Element jeder ITO-Transaktion ist die Innovation – das ständige Verbessern der gelieferten Prozesse und Dienstleistungen. Durch klar festgelegte Innovationszyklen, finanzielle Anreize und Messung auf Geschäftsleitungsstufe kann Innovation einem ITO-Verhältnis die nötige Stabilität und Langlebigkeit geben. Innovation wird insbesondere für den Lieferanten von entscheidender Bedeutung sein. Bei einer anstehenden Vertragserneuerung wird sich der Auftragsgeber klar überlegen ob er nicht nur mit der täglichen Leistungserbringung zufrieden ist, aber eben auch mit den eingebrachten Verbesserungen. Konnte ein Anbieter sich während der Vertragsdauer nicht durch gelieferte Mehrwerte auszeichnen, wird eine Verhandlung sich auf den Preis fokussieren und der Lieferant wird austauschbar. Durch ständige Verbesserungen wird der Anbieter versuchen, sich in der Wertschöpfungskette nach oben zu bewegen. Gelingt ihm dies, wird die Partnerschaft an Bedeutung zunehmen, weitere Aufträge werden folgen, und die Kundenbindung wird gefestigt. Das nötige Kapital für die Umsetzung innovativer Neuerungen wird in einem Innovationspool bereitgestellt. Ein Innovations-Board wird über die Verwendung der Gelder entscheiden und die Umsetzung der Projekte überwachen. Naturgemäß werden beide Parteien ein starkes Interesse besitzen, die Projekte erfolgreich umzusetzen. Die Innovationskraft einer ITO-Beziehung wird oft als Gradmesser für den allgemeinen Erfolg verwendet.

Folgende Problemfelder können bei ITO-Transaktionen auftreten:

- fehlende Kundennähe des Anbieters kann zu Problemen bei der Leistungserbringung führen.
- höhere Kosten für den Kunden durch Verrechnung bisheriger verdeckter Kosten.
- anfallende Mehrwertsteuern, die Marge und eine Risikoprämie kann die Transaktion verteuern.
- Abhängigkeiten zu den Lieferanten können zu einer Monopolstellung mit negativen Folgen für den Kunden führen.

Der ITO-Markt

Der Markt für ITO-Dienstleistungen hat sich in den letzten Jahren etabliert und bietet heute für alle möglichen Ansprüche die richtige Lösung. Anbieter und Kunden in allen Bereichen der Wirtschaft konnten erfolgreiche Transaktionen umsetzen, und somit kann ein Kunde von den bereits gemachten Erfahrungen anderer profitieren. Angefangen mit klassischen ITO Bereichen wie der Applikationsprogrammierung bis hin zu komplexeren Bereichen wie dem Projektmanagement ist vieles möglich.

Die Wahl des Anbieters wird von entscheidender Bedeutung für den Erfolg einer Transaktion sein. ITO-Beziehungen werden in der Regel langfristig abgeschlossen, und ein Abbruch einer Transaktion oder eine erneute Ausschreibung haben weitreichende Folgen für beide Parteien, welche es zu verhindern gilt. In der Regel werden für die Wahl des Anbieters Bieterrunden durchgeführt, was naturgemäß Kosten verursacht und mehrere Wochen in Anspruch nehmen wird.

Für die Wahl des Anbieters soll genügend Zeit eingerechnet werden, größere Transaktionen können in der Vorbereitung sechs bis neun Monate benötigen. Dabei ist es ratsam allen Beteiligten den Zeitplan und den Ablauf der Transaktion transparent darzulegen. Es ist ratsam, von den beteiligten Anbietern eine schriftliche Interessensbekundung zu verlangen. Dies ist wichtig, da auf beiden Seiten der Aufwand für eine Ausschreibung beachtlich ist – finanziell wie auch personell.

Des Weiteren ist der Zeitpunkt einer Ausschreibung von zentraler Bedeutung. Vom Zeitpunkt hängt ab, ob der Anbieter eine bestimmte Branche oder Größe einer Transaktion als lohnendes Ziel sieht. Die Attraktivität des Auftraggebers und des Anbieters hängt ebenfalls vom Zeitpunkt einer Ausschreibung ab.

Spezialisierte Firmen führen regelmäßig Marktbeobachtungen durch und publizieren diese. Solche Publikationen werden verwendet, um den Markt in Bezug auf die anstehende Transaktion zu beurteilen. Sie dienen als Orientierungshilfe und helfen, einen guten Zeitpunkt und die richtige Strategie für das Vorgehen auszuwählen.

In jedem Fall ist es wichtig zu beurteilen, ob die beiden Partner einander ergänzen oder nicht. Intensiver als bei anderen Geschäftsbeziehungen ist beim ITO die Beziehung des Kunden und des Lieferanten. Auf sämtlichen Stufen von der Geschäftsleitung bis zum Techniker wird eine enge Beziehung für den Erfolg wichtig sein. Dem empfiehlt es sich besondere Beachtung zu schenken.

Der ITO-Markt wird heute von diversen nationalen und internationalen Anbietern besetzt. Dazu zählen die reinen Outsourcer, die klassischen IT-Konzerne sowie Beratungsfirmen, welche ITO in ihre Geschäftstätigkeiten aufgenommen haben. Einige der großen im Markt entstanden aus reinen „offshore"-Anbietern, die sich in den Jahren mit Akquisitionen und durch Wachstum in „onshore"-Ländern weiter etabliert haben.

Onshore, Nearshore, Offshore

Der Begriff „onshore" wird verwendet für Arbeiten, die direkt vor Ort beim Leistungserbringer erzeugt werden (Abbildung 71). Also zum Beispiel Dienstleistungen für Europa, die direkt in Europa erbracht werden. „Nearshore" hingegen bezeichnet das Auslagern von Prozessen in nahe Länder mit tieferen Produktionskosten, so zum Beispiel Polen oder Rumänien für Europa oder Mexiko für Nordamerika. Leistungserbringung aus Ländern wie Indien oder China wird als „offshore" bezeichnet.

Klassische „offshore"-Länder wie Indien und China besitzen eine fast unbegrenzte Anzahl an verfügbaren Spezialisten in vielen Bereichen der Informationstechnologie. Nur schon die Anzahl der jährlichen Hochschulabgänger übersteigt diejenige in den klassischen „onshore"-Ländern um Faktoren. In beiden Ländern wird Aus- und Weiterbildung von den Hochschulen, aber auch durch die Firmen stark gefördert. In diesen Ländern sind die Weiterbildungsmöglichkeiten einer Firma entscheidend für dessen Attraktivität als Arbeitgeber. Dies veranlasst die Arbeitgeber, bedeutende Investitionen zu tätigen, einige unterhalten firmeneigene Universitäten mit Hörsälen auf den Firmengeländen.

China wie auch Indien werden durch ihre Größe und die fast unerschöpflichen Ressourcen noch über eine längere Zeit entscheidende Kostenvorteile einbringen können. In einigen „nearshore" Zentren hingegen gleichen sich die Lebenshaltungskosten bereits den „onshore"-Verhältnissen an, und damit entfällt ein entscheidender Vorteil. „Nearshore"-Lokationen bieten Vorteile in Bezug auf die schnelle Erreichbarkeit und in Bezug auf die geringen sprachlichen und kulturellen Unterschiede.

In vielen Fällen kommt eine Mischung aus „onshore" sowie „off-/ nearshore" zum Einsatz. Dabei werden Funktionen, welche detaillierte Kenntnisse vor Ort benötigen, auch vor Ort erbracht. Datenschutzgesetze und Auflagen der Regulatoren können verlangen, dass sicherheitsrelevante Funktionen vor Ort er-bracht werden. Oft wird der Zugriff auf Daten aus „offshore" Ländern unter spezielle Auflagen gesetzt oder ganz verboten. Um diese Auflagen zu erfüllen, werden entweder spezielle Sicherheitsbarrieren implementiert, die es den „offshore"-Mitarbeitern zwar erlaubt, Zugriffe für Wartungsarbeiten auszuführen, aber gleichzeitig den Datenzugriff sperren. Wird ein Zugriff auf die Daten notwendig kommt dann ein „onshore" Mitarbeiter zum Zug, und dieser führt die Arbeiten direkt vor Ort aus.

Onshore	Nearshore*	Offshore*
Schweiz	Rumänien Tschechische Republik	Indien China Südafrika Brasilien
U.S.A.	Kanada Mexiko	Indien China Brasilien Chile Argentinien
Australien	Neuseeland	Indien Malaysia China

* exemplarische Aufzählung

Abbildung 71: Beispiele zu den Begriffen „Onshore", „Nearshore","Offshore"

Internationale IT-Grosskonzerne sowie kleinere Anbieter

Die Marktführer im Outsourcing-Geschäft sind IT –Grosskonzerne, die das Geschäft neben vielen anderen Bereichen erfolgreich aufgebaut haben. Meist werden Lösungen durch die anderen Bereiche wie zum Beispiel das Hardware-Geschäft oder Software ergänzt. Das heißt ein Kunde erhält nicht nur die Outsourcing-Dienstleistungen sondern auch noch die Hardware und Softwarekomponenten desselben Herstellers. Dies kann zu zusätzlichen Skaleneffekten führen, die den Preis beeinflussen. Transaktionen mit „offshore"-Komponenten profitieren bei internationalen IT-Konzernen von der Bedeutung der Firma in den Märkten.

In Indien oder China wird es westlichen Firmen schwer fallen, qualifizierte Spezialisten anzustellen, da die Reputation eines Arbeitgebers in diesen Ländern eine sehr wichtige Bedeutung zugemessen wird. Große Anbieter bilden zudem ihre Spezialisten selber in Firmen-eigenen Universitäten aus, deshalb sind sie für Arbeitnehmer zusätzlich attraktiv. Die Attraktivität eines Kunden wird vor allem am Wachstum gemessen. Sehen die Mitarbeiter, dass der Kunde seine Beziehung erweitert, werden sie innerhalb der Firma ein größeres Ansehen erlangen. Dies motiviert und führt zu tieferen Fluktuationszahlen, welche in Indien durchaus hohe 18% pro Jahr sein können.

Reine ITO-Anbieter haben sich ganz auf dieses Geschäftsfeld spezialisiert, manche auch weiter Richtung Businessprozess Outsourcing (BPO). In diesem Fall übernehmen sie nicht nur den Betrieb und die Weiterentwicklung der IT-Infrastruktur, sondern auch das Ausführen des gesamten Prozesses. Beispiele hierzu sind das

Auslagern von Personaldienstleistungen oder das Auslagern der betrieblichen Buchhaltung, in beiden Fällen mit der dazu gehörenden IT-Infrastruktur.

Neben den internationalen Firmen finden sich auch Nischenanbieter, die ausschließlich regionale oder landesweite Dienstleistungen anbieten. Solche Anbieter haben sich meist auf einzelne Branchen fokussiert und bieten Dienstleistungen mit einem hohen Grad an Spezialisierung an. Trends wie „cloud computing" und „software as a service" werden diesen Firmen zusätzliche Geschäftsfelder eröffnen. ITO für kleinere und mittlere Firmen werden durch diese Technologien weiteren Auftrieb erhalten. Ein Kunde benötigt dann nur noch einfache Terminals und einen Breitband-Internetanschluss, um seine Datenverarbeitung zu erledigen.

Die gesamte Infrastruktur befindet sich beim Lieferanten, inklusive Backup und Server-Infrastruktur. Der Unternehmer bezahlt für den ganzen IT-Service eine monatliche Gebühr und muss sich im Gegenzug weder um die Server noch um Applikationsupdates oder Server Upgrades kümmern. Er bezieht die ganze Dienstleistung als „Service".

Marktstudien

Beratungsunternehmen wie IDC oder Gartner bieten umfassende Dienstleistungen für das Outsourcing an. Sie analysieren den Markt, die Anbieter sowie die einzelnen Transaktionen im Markt. Neben den eigenen Erfahrungen mit den Herstellern und den einzelnen Exponenten können solche Beurteilungen wichtige Hinweise für den Auswahlprozess liefern. Zudem lässt sich mit den Daten der Beratungsunternehmen auch feststellen, ob ein einzelnes Geschäftsfeld ein lohnendes Ziel für die Anbieter darstellt.

Spezialisierte Beratungsunternehmen

Wird eine Transaktion in Betracht gezogen, empfiehlt es sich mit einem spezialisierten Beratungsunternehmen zusammen zu arbeiten. Die Berater haben die Aufgabe, als neutrale und erfahrene Partner den Prozess zu begleiten. ITO-Transaktionen sind für ein Unternehmen meist einmalig, und Fehler sind meist teuer. Mit dem Einsatz von Beratern lassen sich negative Erfahrungen vermeiden. Die gesamte Transaktion bleibt jedoch unter der Führung des verantwortlichen Geschäftsbereiches. Dabei ist zu beachten, dass einzelne Mitglieder des Teams sich in Interessenkonflikten befinden können. Offene Worte und das direkte Ansprechen von solchen Konflikten sind ein gutes Rezept, diese pragmatisch anzugehen. In den Schlussphasen einer Transaktion sind Verhandlungsgeschick und Erfahrung wichtig, und solche lassen sich mit den Beratern abstimmen und erfolgreich durchführen.

Ein attraktiver Kunde

Als Kunde ist es wichtig, dass man seine eigene Attraktivität versteht und diese gezielt einsetzt. Wird ein Anbieter den Kunden als „lohnendes Ziel" betrachten, so wird dieser viel daran setzen, den Kunden für sich zu gewinnen. Er wird ein Angebot ausarbeiten, welches auf den Kunden zugeschnitten ist, und er wird die Dienstleistung zu attraktiven Konditionen anbieten. Zudem wird der Projekterfolg mit den Verantwortlichen beim Lieferanten verknüpft, was dem Kunden zusätzliche Vorteile bringt. In schwierigen Phasen wird der Anbieter viel daran setzen, den Kunden zufrieden zu stellen. Ist eine solche Ausgangslage gegeben, erhält der Kunde ein Angebot, das optimal auf ihn zugeschnitten ist.

Der Kunde erstellt ein eigenes Profil, bei dem er seine „lohnende" Seite sowie seine „negative" Seite darstellt. Nur wer sein eigenes Profil kennt und dieses je nach Situation auch entsprechend ausspielt, wird profitieren. Zur Attraktivität eines Kunden gehören mehrere Faktoren wie:

- die Größe
- die Branche
- das Wachstumspotential
- die Berechenbarkeit
- das Prestige

Beurteilung des Anbieters

Die Beurteilung des Anbieters ist äußerst wichtig und muss mit großer Sorgfalt angepackt werden. Die folgenden sechs Kriterien sind maßgebend bei der Beurteilung von ITO Anbietern:

- Hat der Anbieter einen etablierten ITO-Geschäftszweig?
- Wie ist seine Präsenz in near -/ offshore-Lokationen?
- Wie hoch ist seine Flexibilität?
- Hat der Anbieter klare Wachstumsziele im ITO-Geschäft?
- Wie starke Referenzen kann der Anbieter aufweisen?
- Wie ist das Management-Team einzuschätzen?

Der Aufbau eines ITO-Geschäftszweiges benötigt Zeit und ein finanzielles Polster, weshalb es zu raten ist, einen Anbieter zu wählen, der bereits Erfahrungen mit vergleichbaren Kunden aufweisen kann. Die meisten ITO-Bereiche sind im Markt gut etabliert: Desktop, Applikationsentwicklung, Helpdesk, Rechenzentrum und das Netzwerk.

IT-Outsourcing als Teil einer Geschäftsstrategie der Zurich Financial Services Group

Die Zurich Financial Services Group ist ein globales Versicherungsunternehmen mit Hauptsitz in Zürich in der Schweiz. Gegründet 1872, bedient es heute mit 60'000 Mitarbeitern Kunden in mehr als 160 Ländern rund um den Globus. Zurich bietet Versicherungslösungen im Sachversicherungs -/ und Lebensversicherungsbereich und bedient Individualkunden, KMU und Grossfirmen gleichermaßen.

Im Jahre 2002/2003 stand das Unternehmen vor der größten Wende seiner Geschichte. Die Versicherung hatte eine komplizierte, über Jahre gewachsene Firmenstruktur mit Firmengesellschaften weit außerhalb der Assekuranz. Das Platzen der Technologieblase brachte dann die Zürich in Zugzwang. Um die Situation der Firma zu verbessern, wurde ein neues Managementteam eingesetzt und mit der Umsetzung einer Konsolidierungsstrategie beauftragt. Auch innerhalb der IT-Organisation wurden tiefgreifende Veränderungen gestartet und rasch umgesetzt, mit dem Ziel, die Kosten zu senken, die Flexibilität zu erhöhen und den Service zu verbessern.

Die IT-Organisation beschäftigte zu Beginn der Transformation über 8000 Mitarbeiter, und die 30 Verantwortlichen Informatikleiter in den Ländern entschieden unabhängig über Budgets, Standards und Lösungen für ihre Bereiche. Synergien wurden praktisch nicht genutzt, und Doppelspurigkeiten innerhalb des Konzerns waren für einen Außenstehenden offensichtlich, sie wurden jedoch nicht konsequent ausgemerzt sondern allgemein toleriert.

Drei größere ITO-Transaktionen wurden rasch in Angriff genommen, alle mit dem Ziel die Kosten zu senken, Standards einzuführen, den Service zu Verbessern und die Flexibilität zu erhöhen. Zunächst erfolgte das Auslagern der Netzwerk und Telephonie-Infrastruktur in Europa. Der Anbieter übernahm sämtliche Mitarbeiter, die Infrastruktur sowie die Verantwortung für den Betrieb mit dem Ziel, in der vorgegebenen Zeit eine einheitliche Plattform für Europa aufzubauen. Die Standardisierung ist heute weitgehend erreicht und umfasst folgende Bereiche: Datennetzwerk, Mobiltelefonie und Festanschlusstelefonie. In einer späteren Phase kam die Einführung und Betreuung eines modernen, weltumspannenden Netzwerkes von hochauflösenden Videotelephonie-Systemen dazu.

Mit dem Auslagern der Desktop und Helpdesk-Dienstleistungen wurden erstmals einheitliche Standards in Bezug auf die Desktop Hardware und die Helpdesk-Prozesse eingeführt. Durch Zentralisierung der Helpdesk-Standorte konnten nicht nur personelle Synergien geschaffen werden, es wurde auch zum ersten Mal möglich, globale Applikationen aus einem einzelnen Supportzentrum zu betreuen. Heute haben Zurich Mitarbeiter weltweit eine 7x24h Supportnummer, die bei IT-Problemen hilft.

In einer weiteren Transaktion wurde die Applikationsentwicklung ausgelagert. Wiederum unter den Gesichtspunkten der Standardisierung, Kostensenkung und Flexibilität übernahm ein globaler IT-Dienstleister die Mitarbeiter sowie die Verantwortung für 3500 Applikationen. Der Dienstleister hatte die Aufgabe, die Kosten zu senken und durch Auslagern von Tätigkeiten nach Indien die notwendige Flexibilität zu erreichen.

Die drei ITO-Verträge wurden nach denselben Grundmustern verfasst, und sie haben Gemeinsamkeiten, welche Teil der IT-Strategie sind:

- Skaleneffekte durch Größe
- Rationalisierung und Standardisierung durch den Anbieter
- Hohe Flexibilität über Leistungsbezug (On Demand-Modell)
- Klare Kontrolle und Steuerung durch den Auftraggeber

Die avisierten Kostensenkungen wurden in allen ITO-Transaktionen erreicht. Dabei wurden direkt messbare substanzielle Kosteneinsparungen gegenüber den internen Kosten erreicht. Nicht eingerechnet sind die Verbesserungen in der technischen Infrastruktur, der Kundenzufriedenheit sowie die bessere Agilität der IT-Organisation nach erfolgreicher Umsetzung der Transaktion.

Aufgrund der frühen Erfahrung mit ITO hat die Zurich heute bereits Verträge mit den Lieferanten, welche sich in der zweiten Generation befinden. Einer der Verträge wurde vorzeitig beendet und erfolgreich vom bestehenden an einen anderen Lieferanten übertragen.

Bei der Auswahl der Anbieter standen für die Zurich Financial Services Group jeweils folgende Kriterien im Vordergrund:

- Erfüllung des technischen Anforderungskataloges
- Globale Präsenz des Partners (im Fall des Netzwerkes ITO: starke europaweite Präsenz)
- Persönliches Engagement der obersten Führungscrew des Anbieters und der Möglichkeit der direkten Einflussnahme
- Erfahrung der für die Umsetzung eingesetzten Führungsmannschaft
- Verbindlichkeit der Einsparungen durch vertraglich festgelegte Sparziele
- Erfahrung des Anbieters und Kundenreferenzen

Um die Umsetzung der strategischen Ziele der Zurich zu unterstützen, werden heute wichtige Funktionen durch Zurich Mitarbeiter ausgeführt. Dazu zählen die Business-Ansprechpartner, welche direkt den Geschäftseinheiten angeschlossen sind, die IT-Finanzen, die IT-Architektur, das IT-Risikomanagement sowie Einheiten zur Steuerung der Outsourcing-Partner. Für jeden der ausgelagerten Bereiche verblieben zwischen 10-30% des Personals bei der Zurich. Dieser Faktor ist sehr stark von den übertragenen resp. zurückbehaltenen Aufgaben abhängig. Die Zusammenarbeit mit den Sourcingpartnern wird auf drei Ebenen gestaltet (Abbildung 72):

1. *Strategisch* – Konsequente Weiterentwicklung der Zusammenarbeit durch strategische Innovationsprojekte
2. *Business Case* – Einhaltung der Vorgaben bezüglich Kosten, Servicequalität etc.
3. *Taktisch* – in Projekten und laufenden Geschäften (day-to-day)

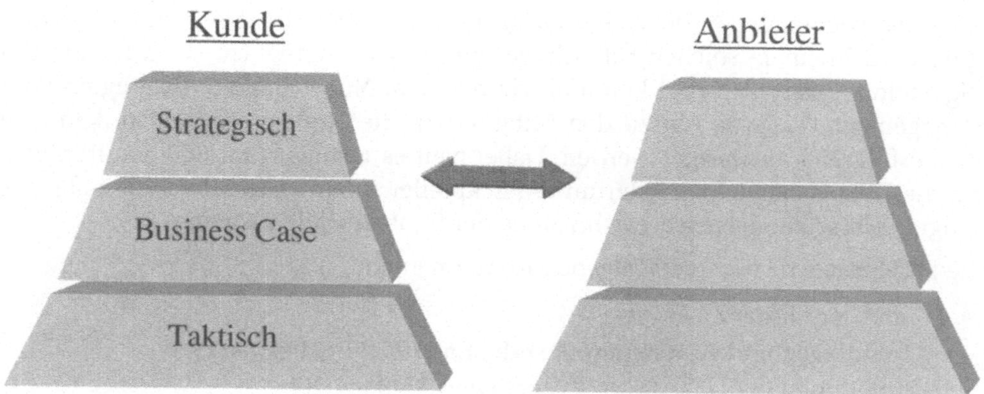

Abbildung 72: Ebenen der Zusammenarbeit zwsichen Kunde und Anbieter

Alle drei erwähnten ITO-Transaktionen besitzen eine Offshore-Komponente, das heißt, Teile der Dienstleistungen werden aus Offshore-Ländern erbracht. Die gemachten Erfahrungen sind insgesamt gut, wenn auch die Verlagerungen der Arbeiten schwierige Prozesse darstellten. Nearshore wird eingesetzt bei Dienstleistungen, bei denen die sprachlichen Anforderungen an die Spezialisten hoch sind. So betreibt einer der Zurich Lieferanten den Benutzerhelpdesk aus Nearshore-Ländern in Osteuropa für Zentraleuropa und in Kanada für die USA.

Die Strategie

Ausgangspunkt für eine IT-Strategie ist die Business-Strategie die als Grundlage dient. Die IT-Strategie muss die Frage beantworten: wie kann die IT optimal die Business-Ziele unterstützen?

In dieser Reihenfolge kann die ITO-Strategie als Teil der Business-Strategie verstanden werden. Sie sollte immer den Vorgaben der Business Strategie gehorchen, und die Ziele sollten im Einklang mit den Business-Vorgaben stehen. Zu beachten ist dabei, dass ein Entscheid für ein ITO einen langfristigen, strategischen Entscheid darstellt und dieser deshalb auch gut in der Geschäftsstrategie verankert sein muss. Gerade bei größeren und komplexeren Transaktionen ist es wichtig, dass das Business den Nutzen versteht und dann auch in schwierigen Phasen die Unterstützung garantiert.

In der ITO-Strategie muss auch klar festgelegt werden welche Ziele erreicht und welche Bereiche potentiell ausgelagert werden sollen. Eine Aufteilung der Dienstleistungen folgt üblicherweise den Industriestandards: Desktop, Applikationsprogrammierung, Rechenzentren und Netzwerk. Damit wird sichergestellt, dass die Anfragen auf dem Markt die notwendige Resonanz erzeugen. Wird eine ITO-Strategie hingegen so spezifisch formuliert, dass sich für die einzelnen Komponenten keine geeigneten Anbieter finden lassen, so verfehlt sie das Ziel. Die Umsetzung wird in einem solchen Fall schwierig oder gar unmöglich. Die Strategie soll allgemein verständlich und kommunizierbar sein. Nur wenn alle Beteiligten vom Management-Team bis hin zu den Mitarbeitern die Strategie verstehen, kann sie auch erfolgreich umgesetzt werden. Dabei geht es weniger um die Quantität und um die Details als vielmehr darum die Eckpfeiler so zu beschreiben, dass alle Beteiligten Umsetzungsentscheide im Sinne der Strategie fällen können.

Die ITO-Strategie beschreibt folgende Komponenten:

- Ziele der Firma, Ziele von IT
- Grundlagen und Annahmen über die Entwicklung des Marktes
- Aufteilung der IT-Prozesse / Potentielle ITO-Bereiche
- Stärken, Schwächen und Chancen der IT
- Fahrplan für ITO der einzelnen Bereiche
- Kritische Erfolgsfaktoren / Steuerung

Die Strategie sollte in jedem Fall im zuständigen Verwaltungsrat diskutiert und verabschiedet werden. Ohne eine entsprechende Rückendeckung durch Verwaltungsrat und Geschäftsleitung wird deren Umsetzung schwierig bis unmöglich.

Die Auswahl

Die Auswahl des geeigneten Anbieters kann sich sehr unterschiedlich gestalten. Es gibt Firmen die ihren bestehenden Lieferanten für ITO-Transaktionen sehr erfolgreich ausgewählt haben, ohne vorher eine große und zeitintensive Bieterrunde durchgeführt zu haben.

Nachfolgend wird ein Prozess beschrieben, der sich für mittlere und größere Transaktionen eignet und bei dem die Auswahl des geeigneten Lieferanten im Vordergrund steht. Es ist ratsam, von Beginn den Prozess festzulegen und allen Beteiligten klar zu kommunizieren. Dies wird Klarheit schaffen und sicherstellen, dass die Beteiligten im Prozess optimal eingebunden werden können. Die Auswahl des Anbieters beginnt mit einem klar formulierten „Request for Proposal" (RFP). Ein RFP beschreibt zum Beispiel:

- die aktuelle Situation der Leistungserbringung
- die derzeitigen Leistungsmerkmale (SLA's etc.)
- die Anforderungen an einen Lieferanten (Soll-Zustand)
- die Struktur und den Umfang der zu erwartenden RFP-Antwort
- die generellen Bedingungen für eine Teilnahme am Prozess

Der Kunde wird zunächst eine Liste der potentiellen Lieferanten erstellen und diese anschließend für den RFP-Prozess einladen. Es ist sinnvoll, vor dem Versand des RFP mit den Lieferanten über eine mögliche Teilnahme zu sprechen, um unnötigen Aufwand auf allen Seiten zu vermeiden. Es ist nicht sinnvoll mehr als fünf Unternehmen für einen RFP-Prozess einzuladen. Sinnvollerweise werden Unternehmen mit unterschiedlichen Stärken -/ Schwächenprofilen eingeladen. Dies erhöht den Druck auf die Lieferanten und sichert dem Kunden breit gefächerte Antworten, die er untereinander entsprechend vergleichen kann.

Die Stärken und Schwächen der eingegangenen Antworten werden miteinander verglichen und mit einem Punktesystem bewertet. In einem weiteren Schritt werden die besten Anbieter ausgewählt und in die nächste Runde aufgeboten. Den anderen Anbietern wird eine schriftliche Absage erteilt. Die verbleibenden Anbieter können nun die Schwachpunkte ihrer Offerte nachbessern. Im direkten, engen Kontakt zwischen Auftraggeber und Anbieter werden die Angebote entsprechend angepasst.

In der nächsten Phase wird die sogenannte „due dilligence" oder kurz DD durchgeführt. In der DD können die Parteien sich gegenseitig von der Korrektheit der Angaben überzeugen. Die „outbound due dilligence" (oDD) bezeichnet einen Prozess bei dem sich der Kunde von der Korrektheit der Angaben des Anbieters überzeugt. Dazu dienen ihm zum Beispiel Referenzkunden mit denen er sich – ohne Beisein des Anbieters – trifft. Für die „inbound due dilligence" (iDD) wird vom Kunden ein Datenraum zur Verfügung gestellt. Im Datenraum befinden sich Informationen zum Vertragsinhalt wie zum Beispiel Salärdaten, Verträge, technische Spezifikationen oder Messdaten der bis anhin gelieferten Dienstleistungen. Die Anbieter dürfen den Datenraum jederzeit nach Ankündigung betreten, sie dürfen jedoch keinerlei Daten aus dem Raum entfernen.

Sämtliche im Datenraum verfügbaren Angaben werden zwecks potentieller Rückverfolgung gesichert und während der Dauer der Transaktion gesichert aufbewahrt.

Danach kommt es zu einer letzten Bieterrunde („best and final offer" oder kurz BAFO genannt). Hierbei wird den Anbietern die Möglichkeit gewährt, ihre Angebote ein letztes Mal nachzubessern – finanziell und inhaltlich.

Entscheid Pro/Kontra ITO

Sind nun die Fakten durchleuchtet und hat man sich mit dem Anbieter auf die Rahmenbedingungen geeinigt, so steht der Entscheid pro oder kontra für die Transaktion an. Um den Entscheid fällen zu können, wird eine Entscheidungsmatrix aufgebaut. Diese umfasst die Kriterien welche für den Entscheid nötig sind. Idealerweise werden zu diesem Zeitpunkt die gleichen Kriterien verwendet welche schon bei der Ausschreibung als wichtig eingestuft wurden. Mit Hilfe eines Punktesystems werden die Entscheidungsträger die Kriterien bewerten.

Ein wichtiges Instrument für die Entscheidungsfindung ist die Risikobeurteilung. Mit Hilfe eines strukturierten Prozesses werden die Risiken der Transaktion erfasst. Zur Bewertung helfen zwei Faktoren: der zur erwartende Schaden beim Eintreffen eines bestimmten Szenarios sowie die Eintrittswahrscheinlichkeit. Die Multiplikation beider Faktoren ergibt das Risiko. Sind die Risiken dargestellt und bewertet werden sie als Grundlage für den Entscheid beigezogen.

Der Prozess, welcher zum Entscheid führt, wird dokumentiert. Auch diese Daten werden gesichert aufbewahrt, um einen Nachvollzug jederzeit zu ermöglichen.

Ist der Entscheid für ein Sourcing und für einen Anbieter gefallen beginnen die exklusiven Verhandlungen. Dabei werden die vertraglichen und finanziellen Regelungen zwischen den beiden Parteien festgehalten. Das Master Service Agreement (MSA) regelt die Zusammenarbeit und die vertraglichen Details für die Umsetzung allfälliger LSA's (Local Service Agreement).

In vielen Fällen werden Transformationsprojekte in ihrer zeitlichen und fachlichen Komponente bereits in das MSA eingebaut. Dies verhindert spätere Überraschungen und langanhaltende Verhandlungen nach MSA, welche für den Kunden nachteilig sein können.

Der Vertrag

Die vertraglichen Regelungen sind ein wichtiges Element jeder ITO-Transaktion. Einerseits ist ein präziser Vertrag entscheidend für das gegenseitige Verständnis der Rechte und Pflichten, auf der anderen Seite bietet er Schutz der Parteien.

Der Vertrag besteht typischerweise aus zwei Hauptkomponenten. Dem sogenannten Master Service Agreement (MSA) und den Local Service Agreements (LSA). Das MSA beschreibt die Ziele sowie die generellen Vereinbarungen beider Parteien.

Dazu gehören folgende Elemente:

- Ziele der Transaktion
- Beschreibung der zu liefernden Dienstleistungen
- Qualitätsmerkmale und deren Messung
- Standorte
- Projekte

- Preisstrukturen und Verrechnung
- Überprüfungen / Audits
- Vertraulichkeit / Steuerung
- Kündigungsvereinbarungen

Das MSA besteht in der Regel aus einem Hauptdokument sowie 1-n Anhängen. In den Anhängen werden die Details aufgelistet und geregelt. Typische Anhänge sind: Listen der zu übertragenden Hard-/Softwarekomponenten, Mitarbeiterlisten, Weisungen/Reglemente des Kunden. Ein typisches MSA kann 50 und mehr Anhänge besitzen.

Das „Local Service Agreement" (LSA) regeln die Details für die Umsetzung in einem Land oder für eine Einheit innerhalb einer Firma. LSA's enthalten insbesondere lokale Anpassungen an die rechtlichen Rahmenbedingungen in einem Land.

Die Umsetzung

Sind die vertraglichen Regelungen getroffen, folgt die Umsetzung der Transaktion, welche wiederum je nach Größe und Komplexität zwischen einigen Monaten und bis zu zwei Jahren dauern kann. Die Umsetzung beginnt mit der sogenannten T&T – „Transition and Transformation".

Die Transition bezeichnet die Phase, in der Mitarbeiter, bestehende Verträge mit Sublieferanten und eventuell auch Hardware und Gebäude an den Anbieter übertragen werden. Danach folgt die eigentliche Transformation, bei denen die Prozesse und Services auf den vorher definierten Ist-Zustand gebracht werden. Der Zustand nach der Transformation sowie Meilensteine dorthin werden in einem Dokument festgeschrieben und dieses bildet ebenfalls Gegenstand des MSA. So wird die T&T zu einem Vertragsgegenstand. Genau beschrieben werden zudem die Abnahmekriterien für die einzelnen Phasen der T&T.

Knowledge Transfer (KT) bezeichnet den Prozess der Übertragung von Wissen, welcher insbesondere bei Leistungserbringung aus „nearshore" oder „offshore"-Lokationen wichtig wird (Abbildung 73). KT besteht in der Regel aus fünf Komponenten:

1. Aufzeichnen der Tätigkeiten
2. Ausführen der Tätigkeit unter Beobachtung des übernehmenden Mitarbeiters
3. Formelle Übergabe mit Zertifizierung
4. Ausführen der Tätigkeit unter Beobachtung des abgebenden Mitarbeiters
5. Formeller Abschluss des KT inklusive Zertifizierung

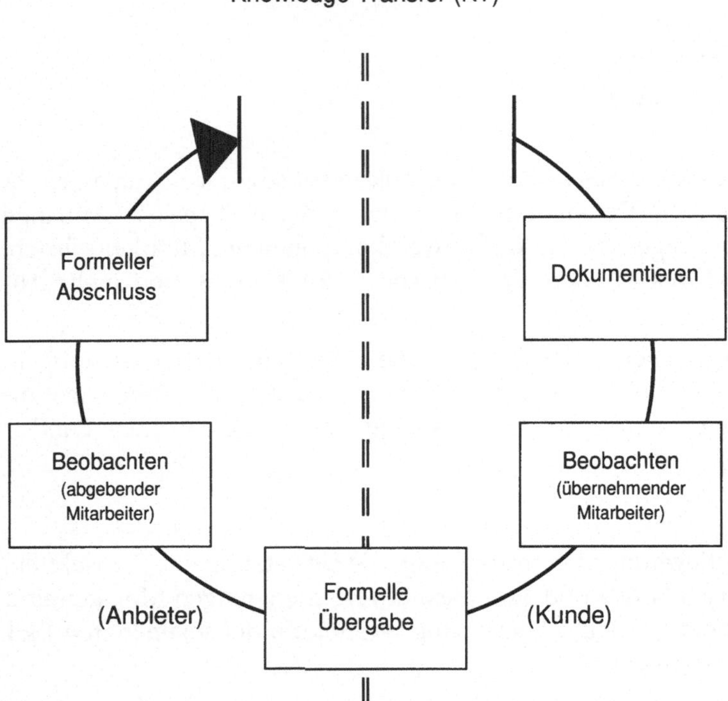

Abbildung 73 : Prozess der Übertragung von Wissen

Kommunikation

Einen hohen Stellenwert hat der Einbezug der betroffenen Mitarbeiter im jeweils richtigen Zeitpunkt. Offene und stufengerechte Kommunikation fördert das Verständnis auf allen Ebenen und setzt wichtige Voraussetzungen für ein erfolgreiches Umsetzen des ITO. Das Kommunikationskonzept definiert klare Ziele sowie den Zeitpunkt einer Kommunikationsmaßnahme. So soll zum Beispiel verhindert werden, dass Mitarbeiter Informationen zuerst auf informellen Kanälen oder gar aus der Presse erfahren, bevor sie durch die Vorgesetzten informiert werden. Werden Mitarbeiter und allgemein Beteiligte nicht ausreichend informiert, so wird die Transaktion von Beginn an mit schlechten Vorzeichen starten. Dies wirkt sich in jedem Fall negativ auf die Ziele aus. Einen schlechten Start später zu korrigieren ist schwierig und mit hohem Aufwand verbunden.

Geeignete Mittel für die Kommunikation sind:

- Informationsveranstaltungen für Mitarbeitern
- Informelle Essen mit Management und Mitarbeiter
- Elektronische Diskussionsforen/Chat Veranstaltungen

- E-Mail und Intranet-Kommunikation
- Aufsetzen von Anlaufstellen für die unabhängige Laufbahnberatung
- Mitarbeiterumfragen

Kommunikationsmaßnahmen sind dann besonders erfolgreich, wenn diese beim Kunden und beim Auftragnehmer synchronisiert vollzogen werden. Eine enge Zusammenarbeit der Kommunikationsteams verhilft zu einem einheitlichen Bild und verhindert somit Reibungsverluste. Ebenfalls wirksam sind gemeinsame Auftritte der Verantwortlichen vor den beteiligten Mitarbeitern. Je nach Größe der Transaktion und/oder der Kommunikationsstrategie des Unternehmens kann auch die externe Medienkommunikation angebracht sein. Dabei gilt es zu entscheiden ob die Medien aktiv oder reaktiv Informationen erhalten.

Die Steuerung

Der Steuerung einer Transaktion kommt wohl die wichtigste Bedeutung zu. Erfolgreiche Transaktionen sind vor allem gut gesteuert – Auftraggeber und Auftragnehmer setzen sich gemeinsam für den Erfolg der Beziehung ein. Durch klare Regeln wird festgelegt, an welchen Sitzungen mit welchen Berichten das ITO gesteuert wird. Klassisch werden drei Stufen eingesetzt: Geschäftsleitung (Executive Steering Committee), Abteilungsleitung (Transaction Steering Committee) sowie Projektleitung (Project Steering Committee). Für jede Stufe wird festgelegt wer dem Gremium angehört, wie oft es sich trifft und welche Entscheidungskompetenz das Gremium besitzt. Mittels Service Level Agreements (SLA's) werden klar definierte Messgrößen beschrieben und rapportiert. Dabei handelt es sich zum Beispiel um die Verfügbarkeit einzelner Server oder um die durchschnittlichen Wartezeiten an einer Telefon Hotline. Neben den technisch messbaren Größen wird auch die Kundenzufriedenheit mittels Umfragen gemessen und als Kenngröße rapportiert. In den SLA's wird zudem festgelegt wie hoch die zu erwartenden Leistungen sind und wo die unteren und oberen Schwellwerte für bestimmte Messgrößen stehen. Ein Bonus-/Malus-System hilft dem Anbieter bei nicht Erreichen allfällige Ausstände durch Überschreiten der oberen Schwellwerte wieder zurück zu holen.

Vollständige Transparenz über die erbrachten Dienstleistungen erhält der Kunde durch Zugriff auf ein eigens für ihn eingerichtetes Portal, auf dem die aktuellen Daten abgelegt werden. Eskalationen bei Unterschreitung der definierten Werte werden automatisch ausgelöst und ziehen detaillierte Untersuchungen der Ursachen und Maßnahmen nach sich. Vertraglich festgehalten werden die Eskalationswege sowie die dazugehörenden Entscheidungskompetenzen gegliedert nach Stufen. Der Auftraggeber behält sich in der Regel vor, den Anbieter regelmäßig zu auditieren. Dies kann er entweder durch eigenes Personal oder mit Hilfe von Drittfirmen durchführen. Die Resultate der Überprüfung werden beiden Seiten transparent dargestellt und der Auftragnehmer ist verpflichtet, Missstände innert angemessener Frist und auf eigene Kosten zu beheben.

Zur erfolgreichen Steuerung der Transaktion werden die Ziele der Verantwortlichen Management-Teams beim Auftraggeber und beim Lieferanten aufeinander abgestimmt. Das heißt ein erheblicher Teil der variablen Kompensation der Teams auf beiden Seiten werden vom gemeinsamen Erfolg der Transaktion abhängig gemacht. Damit wird erreicht, dass sich beide Seiten für dieselben im Vertrag festgelegten Ziele voll und ganz einsetzen. Neben den technisch messbaren Zielen wie zum Beispiel der Verfügbarkeit eines Systems wird auch die subjektive Kundenzufriedenheit gemessen und als Grundlage für die Zielerreichung verwendet. Hierfür werden die Kunden in regelmäßigen Intervallen zu ihrer Zufriedenheit mit der Dienstleistung befragt. Die objektive Messung zur Verfügbarkeit eines Systems wird dann mit der subjektiven Messung durch die Kundenumfrage ergänzt.

Das Team beim Auftraggeber

Auf der Seite des Auftraggebers wird ein Team eingesetzt, welches für die Steuerung des ITO verantwortlich zeichnet. Die personelle Besetzung dieses Teams ist von entscheidender Bedeutung für den Erfolg der Transaktion. Dabei sollten sich die Teams ergänzen und keine Doppelspurigkeiten aufweisen. Einerseits verlangt die Arbeit beim Kunden gute Fachkenntnisse der ausgelagerten Prozesse, auf der anderen Seite dürfen die Spezialisten bei der Problembehandlung meist nicht selber eingreifen, da dies die Aufgabe des Anbieters ist. Insbesondere zu Beginn einer Transaktion erscheint es den Mitarbeitern beim Kunden einfacher, ein auftretendes Problem selber zu lösen, anstatt den Lieferanten anzuweisen es zu beheben um damit eine langfristige Lösung herbeizuführen. Anleiten statt eingreifen wird langfristig zu besseren Resultaten führen. Es ist klar die Aufgabe des Lieferanten, die Serviceerbringung stetig zu optimieren. Dies birgt mitunter Konfliktpotential. Veränderungen an den Prozessen können auf der Kundenseite zu Unsicherheiten führen. Eine genaue Abstimmung zwischen Anbieter und Kunde behebt diese wirkungsvoll. Befindet sich die Beziehung in einer stabilen Phase der soliden Leistungserbringung so ist es die Aufgabe beider Teams, Impulse für die Weiterentwicklung der Beziehung zu geben. Dies beinhaltet Prozessoptimierungen und das konsequente Einbringen von Innovationen, um die Langfristigkeit der Zusammenarbeit zu garantieren.

Zusammenfassung

IT-Outsourcing-Transaktionen sind heute in vielen Bereichen etabliert und in einigen Industrien sogar kaum mehr wegzudenken. Großfirmen aber auch KMU profitieren von guten Kostenstrukturen und professionellen Dienstleistungen, die durch ITO-Anbieter geliefert werden.

Der Markt für ITO ist ebenfalls etabliert und bietet vielfältige Dienstleistungen an. Diese reichen von Desktop-Betreuung, Helpdesk, Applikationsprogrammierung über die Serverbetreuung bis hin zum Netzwerkbetrieb und zu Telefondienstleistungen. Lieferanten können hierbei eine reiche Vielfalt an Dienstleistungen anbieten. Diese werden direkt vor Ort oder von „nearshore" oder „offshore" Lokationen erbracht. Auch große Distanzen sind hierbei bei vielen Dienstleistungen kein Hürde. Ausgereifte und leicht verfügbare Technologien wie die Desktop-Virtualisierung sowie hohe Netzwerk-Bandbreiten sind Elemente, die ITO attraktiv machen. Um ITO Projekte erfolgreich umzusetzen, braucht es hinreichend Erfahrung beim Kunden und beim Lieferanten. Eine breite Unterstützung und Überzeugung auf Geschäftsleitungsebene hilft bei der Umsetzung.

Ein ITO ist eine langfristige und strategische Partnerschaft. Auf der Seite des Kunden muss bedacht werden, dass man sich mit einer ITO-Transaktion automatisch in eine Abhängigkeit zum Lieferanten begibt. Diese gilt es gegenüber den Vorteilen abzuwägen, und es ist dafür zu sorgen, dass die Partner die Weiterentwicklung der eigenen Interessen konstant weiterverfolgen. Die Langfristigkeit der Partnerschaft kann erreicht werden.

Beim Kunden sind umfassende Veränderungen nötig, um das Team auf die neue Situation der Leistungserbringung anzupassen. Einige ITO-Transaktionen sind gescheitert, weil der Kunde seine Strukturen und Prozesse nicht entsprechend angepasst hat. So verharrte die Organisation beim Kunden in den alten Strukturen und Prozessen und konnte ihren wichtigen Beitrag zum Erfolg nicht beisteuern. Diese Veränderungen alleine auf der Seite des Lieferanten zu prägen ist nicht ausreichend. Nur wenn beide Parteien umfassende Veränderungen anpacken und erfolgreich umsetzten, gelingt eine ITO-Transaktion.

2.5 Kernaufgabe: Die besten Mitarbeiter an Bord holen und halten

Die richtigen Mitarbeiter bilden den Schlüsselfaktor für die Leistungsfähigkeit der IT. Das Nichtvorhandensein geeigneter Mitarbeiter wird gerade im IT-Bereich oft zum limitierenden Faktor bei der Umsetzung notwendiger Vorhaben. Nach dem Grundsatz von Tom deMarco[18]: „Invest in your employees! They are your capital for the future!" ist es daher für ein erfolgreiches IT-Management entscheidend, die richtigen Mitarbeiter einerseits an Bord zu holen und anderseits auch zu halten.

In Zeiten in denen das aktuelle IT-Umfeld von Reorganisationen, Standortkonsolidierungen, Outsourcing, verändertes Rollenverständnis der IT und Ähnlichem geprägt ist, eine scheinbar unlösbare Aufgabe.

Ein Blick in die Praxis zeigt jedoch, dass es Unternehmen gibt, denen dies besser als anderen Organisationen gelingt. Beispielsweise Unternehmen, die verstärkt in die Qualifizierung der eigenen Mitarbeiter investieren und die Weiterbildung nicht nur als das Absitzen von theoretischen Seminaren verstehen, sondern effektiv in den Arbeitsalltag integrieren.

Eine angemessene Personalentwicklung trägt ohne Zweifel zur Steigerung der Identifikation des Mitarbeiters mit seinem Unternehmen und letztlich zu einer positiven Mitarbeiterbindung und zur Repräsentation eines Teils der Unternehmenskultur bei. Dies steigert auch die positive Außenwirkung, um geeignete Mitarbeiter neu zu gewinnen.

In punkto Außenwirkung spielt sicherlich der Bekanntheitsgrad und das Firmenimage eine Rolle. Was jedoch ebenso stimmen muss, sind die Ziele des Unternehmens, seine Strategie und seine Kultur. Gute Mitarbeiter möchten sich mit ihrer Arbeit identifizieren, möchten einen eigenen Verantwortungsbereich und initiativ handeln können, leistungsgerechte Aufstiegschancen haben und – zu guter Letzt – angemessen honoriert werden.

Die nachfolgenden Beispiele geben Hinweise wie diese Kernaufgabe in der Praxis bearbeitet werden kann.

18 Tom deMarco/Timothy Lister: Peopleware – Productive Projects and Teams, ISBN 978-0932633439

2.5.1 Die richtigen Mitarbeiter an Bord – die nachhaltigste Erfolgskomponente. Praxis aus Sicht eines Personalberaters

Romeo Crameri, ex Heidrick&Struggles

Der Autor zeigt in diesem Beitrag auf, weshalb sich der Kampf um die besten IT-Fachleute in den nächsten Jahren weiter verschärfen wird. Er beschreibt das veränderte Nachfrageverhalten der Arbeitnehmer, die steigende Mobilität, aber auch die daraus resultierenden Anforderungen an die Führungskräfte.

Die Analyse von acht Kriterien, welche über die Attraktivität eines Arbeitgebers entscheiden, ergeben konkrete Hinweise für die Gestaltung einer erfolgreichen HR-Strategie.

Im letzten Teil werden Tipps für die erfolgreiche Suche, die optimale Organisation der Vorstellungsgespräche und die Gesprächsführung erteilt.

Einleitung

Obwohl in vielen Geschäftsberichten als wichtigste Erfolgskomponente erwähnt und in zahlreichen Seminaren und Fachbüchern thematisiert, finden wir in der Praxis wenige gute Beispiele von erfolgreichem, strategischem Bewirtschaften der „Human Resources". Dabei wird der Mangel an qualifizierten Arbeitskräften eine der größten Herausforderungen der Zukunft. Gerade wirtschaftlich schwierige Zeiten sollte die Unternehmensleitung pro-aktiv nützen, um das Wissens- und Führungskräfte-Portfolio zu optimieren. Im Vordergrund steht nicht primär das Rekrutieren, sondern das Halten (Retaining) der guten Mitarbeiter und Führungskräfte. Wir wissen, dass Schwierigkeiten und Verzögerungen in IT-Projekten in den meisten Fällen auf unzureichende menschliche Kapazitäts-Allokationen (qualitativ und quantitativ) zurückzuführen sind. Abhilfe schafft ein zukunftsgerichtetes, mit der Unternehmensstrategie einhergehendes Personalmanagement. Längerfristig zu planen, sind insbesondere ein strategiegerechtes Wissensportfolio, eine ausgewogene Alterspyramide (betriebliche Sicherheit) und letztlich auch die geeigneten Führungskompetenzen.

„The war for Talent“ oder der Arbeitsmarkt ist zum Käufermarkt geworden

Längst vorbei sind die Zeiten, als die Arbeitnehmer und Arbeitgeber jeweils einen lebenslangen Arbeitsvertrag eingingen. Die Loyalität der Mitarbeiter zum Arbeitgeber ist in gleichem Maße gesunken, wie sich die Firmenlandschaft durch Akquisitionen, Fusionen, Restrukturierungen und Firmenschließungen verändert hat. In Westeuropa haben wir keine ausgeprägte „hire and fire"-Unternehmenskultur, aber an Entlassungen in größerem Stil haben auch wir uns gewöhnen müssen. Im Gegenzug verlassen talentierte Mitarbeiter ihre Firma heute viel eher als früher, sollten ihre Erwartungen nicht erfüllt werden.

Die Loyalität ist generell kleiner geworden, beidseitig. Gute Mitarbeiter, talentierte Führungskräfte sind heute meistens am längeren Hebel. Karrieren werden vermehrt und oft akribisch geplant. Die Auswahl der richtigen Arbeitgeber und häufigere damit verbundenen Stellenwechsel sind die Folge.

Berufliche Netzwerke werden entsprechend gepflegt; Executive Search-Firmen beschäftigen gut ausgebildete Talent Scouts und führen und begleiten in ihren Datenbanken so genannte High Potentials. Diese werden von diversen Firmen umschwärmt – ein Kampf um die besten Talente ist entbrannt. Im IT-Bereich hat sich die Situation im deutschsprachigen Europa weiter verschärft.

Allein in Deutschland gibt es aktuell rund 20'000 offene Stellen für IT-Experten, wie eine im November 2009 vom BITKOM (Bundesverband Informationswirtschaft, Telekommunikation und neue Medien e.V) veröffentliche Studie[19] zeigt. Die repräsentative Analyse basiert auf einer Umfrage bei mehr als 1'500 Unternehmen und präzisiert, dass in erster Linie Software-Entwickler gesucht werden. Zwei Drittel der offenen Stellen betreffen denn auch Positionen, die sich mit der Planung, Erstellung und Implementierung von Software-Lösungen befassen.

In der Schweiz ist das Angebot an Informatik-Fachleuten traditionell kleiner als die Nachfrage, und diese Schere wird sich trotz der Wirtschaftskrise in den nächsten Jahren noch weiter öffnen. Allein um die natürlichen Abgänge zu kompensieren, sollten jährlich gut 5000 Informatiker neu in den Arbeitsprozess eintreten. Tatsächlich werden aber weniger als 3000 junge Fachleute mit einem IT-Abschluss (Hochschule, Fachhochschule, Lehre) ihre Ausbildung beenden.

Fazit: der Nachfrageüberhang wird dramatisch zunehmen. Bleiben wir beim Beispiel Schweiz: Die Schweizer Wirtschaft ist aktuell geradezu angewiesen, IT-Fachkräfte zu „importieren" und IT-Projekte ins Ausland auszulagern oder aber an ausländische Firmen zu vergeben.

19 Verfügbar unter: http://www.bitkom.org/61651_61645.aspx

Der Arbeitsmarkt ist international und Kandidaten sind mobil

Parallel zum Abbau politischer Grenzen ist der Arbeitsmarkt innert weniger Jahre international geworden. Auf politischer Ebene wurde beispielsweise in der Schweiz die Einführung der Personenfreizügigkeit vorangetrieben.

Gerade die größeren Schweizer Unternehmen und Städte profitieren davon. Sie gelten im näheren Ausland als attraktive Firmen und Standorte, wie diverse internationalen Studien über Standortvorteile zeigen. Die noch immer zunehmende Ansiedlung internationaler Headquarter zeugt davon. Einzelne Firmen wie natürlich Google wirken dabei als viel beachtete Aushängeschilder, als Katalysatoren und Vorzeigeunternehmen.

Allerdings stellen wir erhebliche Unterschiede in der Attraktivität und individuellen Mobilitätsbereitschaft innerhalb Deutschlands und der Schweiz fest. „Es ist leichter einen Norddeutschen an den Bodensee zu locken als einen Zürcher nach Kreuzlingen!“, meint dazu der CEO eines bekannten Ostschweizer Unternehmens. International sind auch die Suchprozesse geworden. Inserate in lokalen Tageszeitungen werden mehrheitlich ersetzt durch online-Suchen und Beratungsunternehmen. Executive Search-Firmen rekrutieren ihre High Potentials grenzüberschreitend.

Neue Kompetenzen sind gefragt

Die rasanten Technologie- und Marktveränderungen, die steigende Internationalität am Arbeitsplatz und die stetig wechselnden Führungsaufgaben verlangen nach neuen Kompetenzen. Gefragt sind insbesondere die folgenden Skills:

Kommunikation mit anderen Kulturen

An erster Stelle steht die Fähigkeit zur Teamarbeit und der Kommunikation mit Menschen anderer Herkunft und Kultur. Die neue Arbeitswelt ist nicht nur international, sondern multikulturell. Dabei hat sich Englisch ganz klar als Geschäftssprache durchgesetzt und gehört als zwingende Voraussetzung in die meisten Anforderungsprofile für IT-Führungskräfte.

Aber es geht um weit mehr als die Sprache! Wie setze ich Projekt-Teams mit Mitgliedern aus verschiedenen Ländern optimal zusammen und wie kommunizieren wir miteinander? Wie bewege ich mich als Manager auf dem vordergründig schmalen Grat der Rücksicht auf persönliche Befindlichkeiten und dem Ziel, eine Aufgabe schnell und qualitativ gut zu meistern?

Das Angebot an unterstützenden Hilfsmitteln reicht vom Seminar für die Vermeidung von „cultural clashes“ bis hin zum Internationalen Business-Knigge. Positive eigene Erfahrungen weisen auf eine pragmatische Vorgehensweise hin. Die angelsächsische Art der Kommunikation (zielorientiert, hierarchische Schranken vermeidend, locker im persönlichen Kontakt) erleichtert die interkulturelle Zusammenarbeit entscheidend und führt zu überraschenden Ergebnissen.

So kamen sich beispielsweise deutsche Kollegen eines internationalen Entwicklungsteams in der Teamarbeit sofort näher und überwanden dank des lockeren „Stils" die vorher offensichtlich existierenden hierarchischen Schranken untereinander. Dass sie sich nach einer gewissen Anlaufzeit auch in ihrer Muttersprache duzten, war der Beweis dafür.

Ganz speziell, aber nicht Gegenstand dieser Publikation, sind die Anforderungen für IT-Manager, welche eine ins Ausland ausgelagerte IT-Einheit zu führen haben. Mindestens in einer Übergangszeit kommt man nicht umhin, die Führungsmannschaft vor Ort zu stellen.

„End-to-end" Denken
In der IT setzt einerseits der Wechsel von der Host in die Server-Welt und anderseits der vermehrte Einsatz von Standardsoftware eine erhöhte, verbesserte Gesamtsicht voraus. Dabei erschwert die stets steigende Komplexität der Finanzdienstleistungen und ihrer Produkte gerade diese Übersicht.

Gefragt ist die Fähigkeit, komplexe Problemstellungen in ihrer Ganzheit zu verstehen, sie in Einzelprojekte zu strukturieren, aus Analysen Konzepte und Zielsetzungen abzuleiten und dann diese auch energisch umzusetzen, ohne „das Ganze" aus den Augen zu verlieren.

Mobilisieren und Multiplizieren des Wissens
Für den etwas unscharfen Begriff des „Knowledge Management" steht als bedeutende Führungsaufgabe das „Mobilisieren und Multiplizieren" des vorhandenen Wissens, Wissen sichern und relevantes Wissen beschaffen. Aufgaben und Einsätze mit Projektcharakter werden generell zahlreicher.

Es gibt heute mit dem Ausdruck des „Wissensnomaden" eine Art neue Berufsbezeichnung. Der Einsatz eines solchen erfolgt für die Dauer von Projekten oder für eine befristete Übergangszeit. Oft ist es sinnvoll, risikoärmer und weitaus effizienter, Projektleiter befristet von Außen einzustellen (Body Shopping), als „inhouse" das Know-how quasi von Grund auf zu erarbeiten.

Im Sinne der Wissenssicherung geht es dann darum, das Projektteam mit eigenen Mitarbeitern zu durchmischen, um den Wissenstransfer für den späteren Betrieb sicher zu stellen. Body Shopping ist auch dann angesagt, wenn es darum geht, personelle Engpässe kurz- bis mittelfristig zu überbrücken.

Bei einem CIO einer Regionalbank habe ich dazu eine einprägsame Grafik gefunden (Abbildung 74):

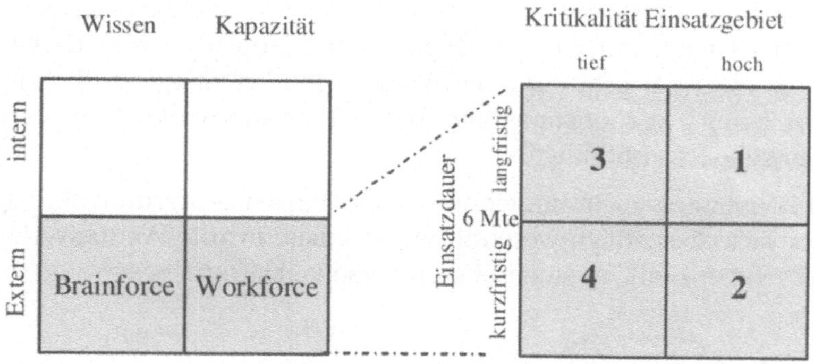

Der Einsatz externer Ressourcen erfolgt koordiniert und dient nebst der Beschaffung von Spezial-Know-how dem Ziel, Freiräume für interne Mitarbeitende zwecks Umschulung auf die neuen Systeme zu schaffen.

Zuweisung der Externen in folgendes Schema:

1 Bereitstellung interne „Schatten" zwecks Ersatz

2 Bereitstellung interner „Schatten" zwecks Know-how Übertrag

3 Ersatz

4 Keine Aktion

© Bogdan Damir, CIO Raiffeisen Schweiz

Abbildung 74: Gezielter Einsatz externer IT-Mitarbeitender bei Raiffeisen CH

Die Attraktivität des Arbeitgebers

Beim Entscheid für eine neue Stelle ist die Attraktivität des Arbeitgebers „spielentscheidend". Es versteht sich von selbst, dass die jobspezifischen Grundlagen für eine erfolgreiche Rekrutierung und Retention des Personals stimmen müssen. Es gab und gibt aber Unternehmen, für die es grundsätzlich einfacher (und billiger) ist, Leute für sich zu gewinnen. Als erster Hinweise und als Kenngrösse dafür dient die Fluktuationsrate im Unternehmen bzw. im IT-Bereich. Eine Sollgröße, die meines Erachtens in keiner Zielvereinbarung mit einem CIO fehlen darf! Was macht ein Unternehmen für eine bestimmte Zielgruppe attraktiv? Eine im Herbst 2009 veröffentlichte Analyse von Spiegel Online bei 120'000 Ingenieur-Studenten aus elf Ländern ergibt ein Ranking von hohem Interesse. Noch vor traditionellen Namen aus der Industrie wie General Electric (Platz 6) oder Sony (7) rangieren:

1. Google
2. Microsoft
3. IBM

Einen Hinweis auf die eigene hohe Anziehungskraft und die besondere Unternehmenskultur gibt Google auf ihrer Homepage unter „top 10 reasons to work at Google". In Punkt zwei der zehn Gründe für einen Job bei Google z. B. heißt es: „Life is beautiful. Being a part of something that matters and working on products in which you can believe is fulfilling".

Wir sollen und können uns nicht immer an Google messen. Aufgrund jahrelanger Erfahrung lassen sich aber einige wesentliche Merkmale für die Wettbewerbsvorteile eines Unternehmens im Umgang mit dem Personal hervorheben:

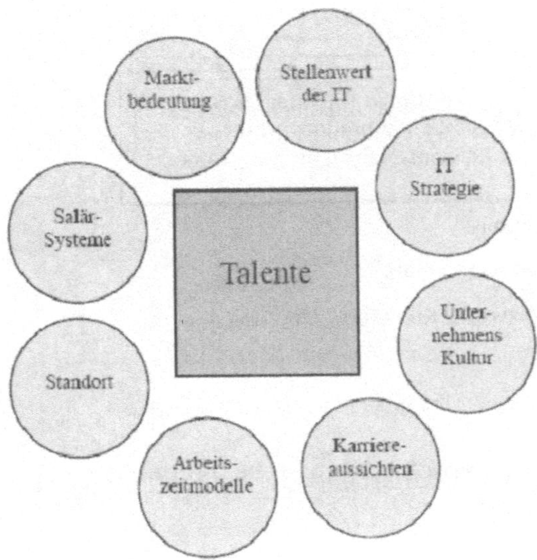

Abbildung 75: Merkmale von Wettbewerbsvorteilen bei der Rekrutierung

Marktstellung und Erfolg des Unternehmens

Es ist deutlich einfacher, Arbeitnehmer für ein Unternehmen zu begeistern, welches zu den Leadern einer Branche gehört. Marktstellung ist eine komplexe Größe, misst sich aber nicht allein am Marktanteil. Gerade in Zeiten mit wirtschaftlichem „Gegenwind" kommen Aspekte wie finanzielle Solidität, Vertrauen, die Loyalität zu den Mitarbeitern, dazu.

Weitere Elemente sind Image-Faktoren wie Innovationskraft, Zukunftsperspektiven des Unternehmens und die generelle Attraktivität einer Branche.

Stellenwert der IT im Unternehmen

Die IT ist heute in beinahe allen Branchen ein unabdingbarer „Enabler". Besonders im tertiären Sektor gewinnt diese Erkenntnis immer mehr Bedeutung, und mittlerweile ist es nicht mehr ausgesprochen selten, dass die Leiter der Informatik Mitglieder der obersten Geschäftsleitung sind. Dennoch gleicht der Kampf vieler IT-

Manager gegen eine Zwei-Klassengesellschaft und um Anerkennung im Unternehmen einer Sisyphus-Arbeit. Der angespannte Arbeitsmarkt zwingt IT-Manager sich vermehrt für die Stärkung der Stellung der IT im Unternehmen einzusetzen.

Ein „tue Gutes und sprich darüber", wie von einem CIO geäußert, reicht da nicht aus. Vorbildlich dagegen gibt sich die IT-Leitung einer großen Schweizer Privatbank, die einen eigenen, professionell gestalteten IT–Jahresbericht veröffentlicht. Darin werden die Verantwortlichen IT-Mitarbeiter vorgestellt, die IT-Arbeitsgrundsätze erklärt und ein Rückblick über die erfolgten Applikations- und Systemeinführungen gegeben. Ein detaillierter Statusreport über die laufenden Entwicklungen und den IT-Betrieb inklusive Leistungskennzahlen erhöhen die Transparenz und damit das Verständnis und die Akzeptanz bei den „Kunden" erheblich.

IT-Strategie

Bedeutend für die Attraktivität eines Unternehmens ist zweifelsohne die Kongruenz der eigenen Skills und Ziele mit der spezifischen IT-Strategie des Unternehmens. Hat sich eine Firma entschieden, im Wesentlichen auf Standardsoftware zu bauen und möglichst Eigenentwicklungen zu meiden, so ist dies ein wichtiges Entscheidungskriterium für den zukünftigen Mitarbeiter. Will er Software entwickeln, sucht er die Innovation oder sieht er/sie das eigene Ziel näher am Kerngeschäft, in der Integration, dem Einbinden von Elementen an eine Standardsoftware? Als Informationsquelle dient oft der Geschäftsbericht. So ist beispielsweise aus dem 2008 veröffentlichten Geschäftsbericht der Raiffeisen-Gruppe deren IT-Strategie bzw. Grundrichtung klar ersichtlich: „Die Raiffeisen führt in einem mehrjährigen Programm eine Standardbankensoftware ein."

Unternehmenskultur

Leicht ist sie nicht zu messen, und dennoch ist sie von großer Bedeutung! Wie oben schon gesagt, ist IT vor allem Teamarbeit. Die Zusammenarbeit unter Menschen ist zuweilen konfliktgeladen, und gerade IT-Mitarbeiter verbringen viele Stunden zusammen, oft in kleinen Arbeitsgruppen.

Der Umgangston untereinander, die Achtung vor einander, die Ausprägung von Hierarchien (wenn überhaupt), die Arbeitsumgebung: dies alles sind Bestandteile einer Atmosphäre, die viel über die Kultur eines Unternehmens aussagen. Und diese ist in der Arbeitswelt schnell bekannt, denn IT-Mitarbeiter beherrschen und nutzen die neuesten Kommunikationswege und Mittel, um ihre Meinung über ein Unternehmen zu äußern oder sich zu informieren. Erste Blogs zeugen davon.

Karriereaussichten

Parallel zur generellen Einschätzung der Zukunftsperspektiven eines Unternehmens wird den eigenen Karriereaussichten große Bedeutung beigemessen.

Schon vor 20 Jahren war IBM ein Vorreiter für die Einführung des dualen Karriereweges, der Führungskarriere und der Fachkarriere.

Nicht jeder Mitarbeiter ist für eine klassische Führungsaufgabe geeignet, noch streben alle eine solche an. Der typische Karriereverlauf ist einem individualisierten, dem Lebensabschnitt gerechten Karriereverständnis gewichen. Familie und Freizeit haben heute einen hohen Stellenwert. Zudem genießen Spezialisten mit großer Fachkompetenz in der Wissensgesellschaft Wertschätzung und Ansehen. Vermehrte Projektarbeit, flache Hierarchien ebnen dazu den Weg. Besonders geeignet für die Ausbildung und Zertifizierung sind Funktionen wie

- Business Analyst
- Solution Engineer
- System Engineer

Bietet ein Unternehmen konkrete, definierte Fachkarrieren an, verfügt es damit über starke Argumente, exzellente Spezialisten langfristig zu binden, und schafft es so, strategisch wichtige Kompetenzen zu sichern. Fachspezialisten können sich ganz auf ihre Aufgabe konzentrieren, ohne Ablenkung durch Zeit- und Kräfte raubende Führungsarbeit. Nachhaltig sind solche Karrieremodelle wenn es gelingt, das Ansehen der Fachspezialisten zu festigen durch entsprechende hierarchische Ansiedelung und durch adäquate Anstellungsbedingungen, Weiterbildung und Entlohnung.

Standort

Vordergründig erscheint „Standort" als Instrument für die aktive Bewirtschaftung der Human Resources wenig geeignet, da die Beeinflussungsmöglichkeiten naturgemäß beschränkt sind. In Gesprächen mit diversen IT-Managern fällt aber auf, welch hohe Bedeutung der Standort trotz flexibler Arbeitszeitmodelle hat.

Selbst ein peripherer Standort kann durchaus Teil einer erfolgreichen IT-Strategie sein! So beurteilt der Leiter eines Standard Software-Anbieters die dezentrale Lage seines Unternehmens geradezu als Erfolgsfaktor.

Mit der gewählten Strategie eines „fast followers" liegen die Ziele vor allem im Bereich der Weiterentwicklung, der Produktpflege, der Garantie der Wartbarkeit und weniger auf bahnbrechenden Neuentwicklungen. Gefragt ist nachhaltige, bewährte und umfassende Sachkompetenz. Stabilität kommt vor Kreativität, und damit steht das Unternehmen nicht im Wettbewerb um so genannte „High-Flyers", die eher einen Arbeitgeber im Umfeld von internationalen IT- und Beratungsfirmen suchen. Zudem entzieht sich das Unternehmen der direkten Konkurrenz der Groß - und Privatbanken.

Eine Fluktuationsrate von deutlich unter 5 % zeugt von einem erfolgreichen Konzept. Ein anderes Unternehmen, das auf seinem (IT) Gebiet die technologische

Führerschaft zur strategisch notwendigen Erfolgskomponente erklärt hat, braucht die Nähe zur Hochschule und hat sich aus diesem Grund entschlossen, die Entwicklungsabteilung in einem der Hochschule angegliederten Technopark anzusiedeln. Die Mitarbeiter schätzen die interdisziplinären Kontakte und die besondere Atmosphäre eines kreativen Umfeldes.

Arbeitszeitmodelle

Branchentypisch sind für IT-Mitarbeiter starke Unterschiede in der zeitlichen und inhaltlichen Arbeitsbelastung. Phasen mit höchster Intensität, oft auch Nachtarbeit, gefolgt von Arbeiten mit Wartungscharakter, verlangen nach flexiblen Arbeitszeitmodellen. Ein fortschrittlicher Arbeitgeber berücksichtigt diese stark schwankenden Belastungen durch ein recht einfaches, auf Eigenverantwortung basierendes Zeiterfassungssystem. Bei einer definierten Soll- Arbeitszeit kann der Mitarbeiter einen Zeitpuffer von bis zu +/- 50 Stunden anhäufen und zeitlich entsprechend kompensieren. Darüber hinausgehende Überzeit wird nur entschädigt, wenn vorgängig dem Ersuchen des Mitarbeiters um „angeordnete Überzeit" entsprochen wird. Dies etwa für eine bedeutende Einführung, einem komplexen neuen „Release" oder einen Sondereinsatz bei einem Kunden. IBM geht noch weiter: „Leistung bemisst sich nicht an Bürostunden, sondern an Zielen. Die Entscheidung, wie, wo und um welche Uhrzeit diese Ziele erreicht werden, bleibt den Mitarbeitern überlassen". Anstelle von Kernarbeitszeiten und Anwesenheitskontrolle rücken die Prinzipien Zeitsouveränität und Vertrauen. Durch den Einsatz von Notebook und Internet erhält jeder Mitarbeiter die Möglichkeit, den Arbeitsort nach eigenem Gutdünken zu wählen, sei es beim Kunden, im Büro oder zu Hause. IBM fördert und unterstützt die Arbeit von zu Hause unter anderem mit der Übernahme der Kommunikationskosten. Übrigens, IBM bietet den wenigsten Mitarbeitern einen festen physischen Arbeitsplatz!

Salärsysteme

Kein anderer Schlüsselfaktor für die Attraktivität eines Arbeitgebers birgt mehr Konfliktstoff als die Gestaltung der Saläre. Es fällt auf, dass gerade großzügige Bonusregelungen ein großes Frustrationspotential besitzen. So wird verschiedentlich berichtet, dass hohe Bonuszahlungen in wirtschaftlich erfolgreichen Jahren die Begehrlichkeiten derart wecken, dass geringeren Ausschüttungen in schwächeren Folgejahren weitgehend Unverständnis entgegen gebracht werden! Eine möglichst transparente Bonusregelung mit klaren Parametern und messbaren Zielen schafft hier Abhilfe bzw. Verständnis.

Generell ist festzustellen, dass es große Unterschiede in den Gesamtkompensationen gibt. Es sind dies weniger die Unterschiede bei den Grundsalären, als viel mehr bei den Boni und „Long-Term- Incentives". Das Gefälle ist erheblich zwischen Unternehmen in den wirtschaftlichen Zentren und solchen in der Peripherie.

Beträgt der Maximalbonus eines IT-Mitarbeitenden abseits der großen Zentren 2 bis 3 Monatsgehälter, kann dieser beispielsweise in Zürich oder Frankfurt sechs bis zehn Monatsgehälter betragen. Größere Bedeutung erhält der Einbau einer Langzeitkomponente, natürlich mit dem Ziel, Mitarbeiter an ein Unternehmen zu binden. Erfolgsversprechend sind jene Modelle, die eine Beteiligung des Mitarbeitenden am Erfolg des Unternehmens ermöglichen.

Salärkomponenten	Aufteilung
Basissalär	100 %
Bonus (bei Zielerreichung)	+ 20 - 60 %
Long-Term-Incentive	+ 10 - 25 %

Abbildung 76: Gängige Salärkomponenten

Als Messgrößen eignen sich Börsenkurse, Unternehmenskennzahlen oder aber Anteile am Unternehmenserfolg (z. B. Ebit). Mit Letzteren wird ein Fonds alimentiert, aus dem die individuellen Anteile finanziert werden. Gemeinsam ist allen, dass die Auszahlung bzw. die Ausübung von Bezugsrechten zeitlich gestaffelt wird. Üblich ist eine Auszahlung eines ersten Drittels nach jeweils drei Jahren unter der Voraussetzung einer ungekündigten Anstellung.

Im Vorfeld dieser Publikation hatte der Verfasser die Möglichkeit, die oben erwähnten „key-factors-of- success“ für ein aktives Personal Management mit IT-Führungskräften aus der Schweizer Finanzindustrie zu verifizieren. Daraus ergaben sich interessante Unterschiede in den Attraktivitätsprofilen der einzelnen Unternehmen.

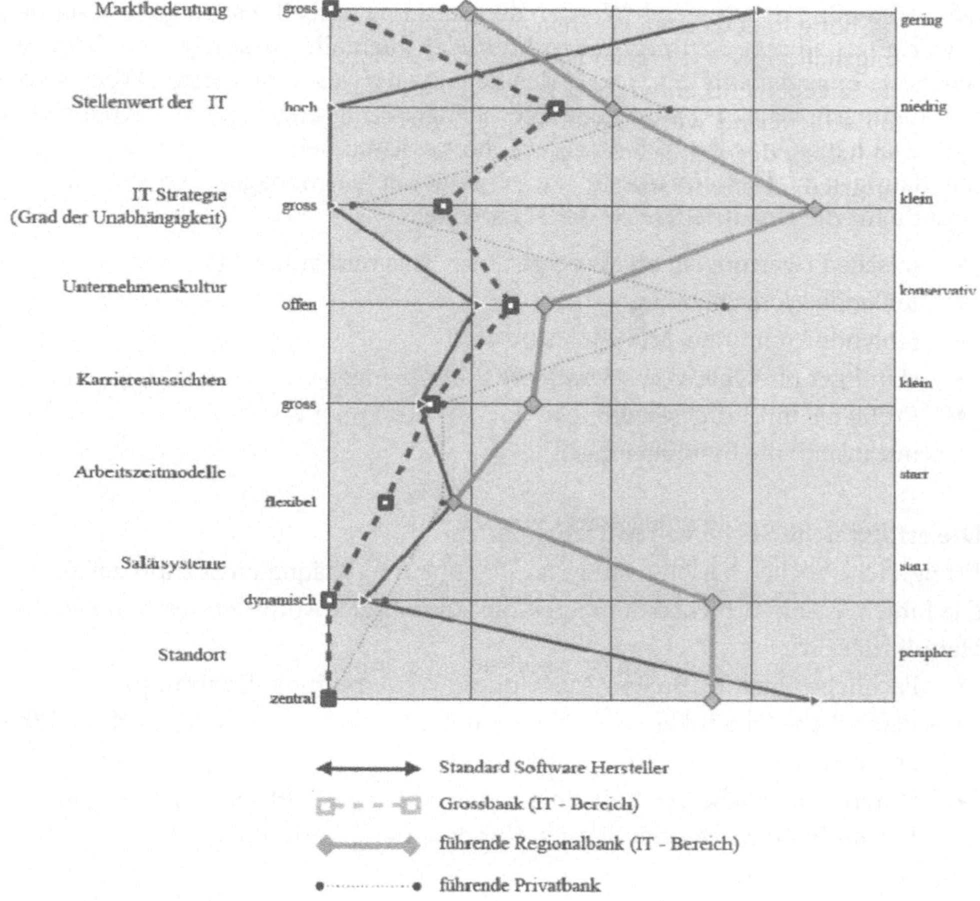

Abbildung 77: Bestimmung des Attraktivitätsprofils von Arbeitgebern

Wie halten wir die guten Mitarbeiter?

Die Kosten einer Rekrutierung, die damit verbundenen Risiken und der stets unterschätzte Zeitbedarf für den gesamten Suchprozess (mindestens sechs Monate) sollten genügend Anreiz bieten, dem Halten des Personals oberste Priorität beizumessen. Die Personalabteilung ist angehalten, Prozesse für die Einführung, die Begleitung und das Austrittsprozedere der Arbeitnehmer zu gestalten, zu pflegen und sicher zu stellen, dass die Linien ihre Führungsverantwortung wahrnehmen. Eine erfolgreiche Anstellung beginnt zeitlich weit vor dem eigentlichen Arbeitsbeginn. Ein persönliches Einführungsprogramm für die ersten drei bis sechs Monate, die rechtzeitige Bereitstellung des Arbeitsplatzes und der Arbeitsmittel sind Voraussetzung für einen erfolgreichen Start. Eine engere Führung, regelmäßige Kontakte sind nötig in den ersten Wochen der Zusammenarbeit. Es gilt ganz besonders, Erwartungshaltungen zu ergründen und/oder allenfalls zu korrigieren. Viele gescheiterte Engagements entwickeln den negativen Virus in den ersten Wochen, der sich dann schleichend weiter ausbreitet. Längerfristig angelegte Konzepte sollten zum Ziel haben, das Attraktivitätsportfolio des Unternehmens zu verbessern und die häufigsten „Demotivatoren" zu eliminieren. IT-Manager nennen folgende Gründe für die Unzufriedenheit der Mitarbeiter:

- falsche Erwartungen, oft als Folge einer „überverkauften" Position
- fehlende Wertschätzung
- fehlende Freiräume, Mikromanagement
- ständiger Strategiewechsel, unklare Zielsetzungen
- Probleme mit Vorgesetzten
- intransparente Boniregelungen

Die erfolgreiche Suche von Mitarbeitenden

Erfolgreiche Suchen basieren auf guter Planung und adäquaten Suchprozessen. Die Linienverantwortlichen definieren die zukünftigen Anforderungen in den drei Hauptkriterien:

- Fachliche Qualifikationen (Ausbildung, Weiterbildung, Erfahrung)
- Persönliche Qualifikationen (Kommunikation, Information, Motivation, Ethik, Sprachen etc.)
- Unternehmerische Qualifikationen (betriebswirtschaftliche Kompetenzen, Eigeninitiative, Zielorientierung, Kundenorientierung, etc.)

Die Suchmethoden sind direkt abhängig von den Suchkriterien. In keiner Branche hat sich die Suche so rasant verändert wie für IT-Mitarbeiter. Inserate in Printmedien werden allenfalls noch von lokalen Unternehmen abseits der großen Zentren geschaltet. Die nationalen Tageszeitungen werden kaum mehr eingesetzt. Ihren Platz nehmen Suchen mittels Internet und spezialisierten Personal-Beratungsunternehmen ein. Internationale Consulting-Firmen und Banken betreiben zudem aktives „On-Campus"-Marketing, indem sie Rekrutierungsveranstaltungen an Hochschulen und Universitäten beschicken. Erfolgreich sind dabei jene Firmen, die sich von ihren dafür begabtesten Fachkräften vertreten lassen, und nicht primär von Protagonisten der Personalabteilung. Die Werbung von künftigen durch bestehende Mitarbeiter wird generell unterschätzt. Einige Firmen wenden diese Art Rekrutierung mit großem Erfolg an und werten „Mitarbeiter werben Mitarbeiter" (MwM) als eine der wichtigsten Rekrutierungsmaßnahmen. Hier die erfolgreichsten IT-Rekrutierungsmaßnahmen nach ihrer Bedeutung:

1. Internet Suche / Internet Suchportale
2. Personalberater/Headhunter
3. Mitarbeiter werben Mitarbeiter
4. „On-Campus"-Rekrutierung
5. Inserate in Fachmedien

Organisation der Vorstellungsgespräche

Bei der ersten Sondierung werden jene Kandidaten ausgeschieden, die nicht den zuvor definierten Musskriterien entsprechen. Jedes Vorstellungsgespräch ist erfahrungsgemäß zeitraubend (mindestens eine Stunde) und sollte in der Regel von Linienverantwortlichen geführt werden.

Es ist eine Unsitte und widerspricht den Gepflogenheiten der Höflichkeit und Wertschätzung, Vorstellungsgespräche von Fach- und Führungskräften an Personalverantwortliche zu delegieren! Umso bedeutender sind die vorausgehende Sichtung der Dossiers und ihre Überprüfung auf Grund der Suchkriterien. Auf die „short-list" kommen nur jene Kandidaten, welche die zwingenden Suchkriterien erfüllen und für die Interviews organisiert werden.

Das mehr-Augen-Prinzip reduziert die Fehlerquote bei der Auswahl erheblich. Idealerweise werden die Interessenten durch drei bis maximal vier Personen des Arbeitgebers in Einzel-Gesprächen verteilt auf wenige Tage interviewt. Wichtig ist eine klare Zuteilung der Interview Ziele und Schwerpunkte. Gesprächs/ - Rückmeldungen zeugen oft von mangelnder Absprache unter den Interview- Partnern mit dem Resultat, dass dem Kandidaten wiederholt die genau gleichen Fragen gestellt werden (darunter die vermeintlich clevere Frage nach Stärken und Schwächen!).

Nachfolgend ein Schema, wie Interviews strukturiert und durch drei Vertreter des Arbeitgebers geführt werden können:

	Linien Vorgesetzter	zukünft. Kollege/"Peer"	HR Vertreter
Informationen einholen zu:	Unternehm. Qualifikation: - Initiative - Verantwortungsbewusstsein - Zielorientierung - Kundenorientierung - Entscheidungsfreude - betriebswirtsch. Kenntnisse	Fachliche Qualifikation: - relevantes Wissen - fachliche Erfahrung - Weiterbildung - fachliche Interessen - persönliche Interessen	Persönliche Merkmale: - Kommunikation - Information - Motivation - Ethik - persönliches Umfeld
Informationen erteilen zu:	Strategische Zielsetzungen: - Unternehmensstrategie - IT Strategie - Persönliche Ziele - persönliche Vertragsinhalte	Unternehmensstil und Klima: - Projektorganisationen - Profil der Kollegen - Kommunikationsstil - Besonderheiten	Allg. Vertragsbedingungen: - Entlohnungssystem - Sozialleistungen - Arbeitsbedingungen - Weiterbildungsangebot

Abbildung 78: Interviewplanung

Ohne auf die eigentliche Technik einzugehen sei vermerkt, dass die Interviews in einer Atmosphäre des gegenseitigen Respekts stattfinden sollten. Erfolgreich sind jene Gespräche, die geprägt sind durch ein „Geben und Nehmen" von Informationen und Absichten, ohne die jeweilige Gegenseite auszuhorchen. „Verkaufsargumente" haben am Schluss des Gespräches Platz. Idealerweise endet das Gespräch mit einem klaren mutualen Feedback und der Vereinbarung der nächsten Schritte. Als wohl überraschenden Schlusspunkt dürften Google-Manager das letzte Argument auf ihrer „Verkaufsliste" nutzen, das da heißt: „There is such a thing as a free lunch after all. In fact we have them every day: healthy, yummy, and made with love".

Fazit

Der Nachfrageüberhang nach qualifizierten IT-Mitarbeitern und Führungskräften wird sich in den nächsten Jahren weiter verschärfen. Die Studienabgänger und die wenigen Veränderungswilligen sind sich ihrer Macht bewusst und profitieren von der steigenden Transparenz und der wachsenden Größe des Arbeitsmarktes. Es kommt im IT-Umfeld zu einer Verschärfung des „war-for-talent". Jene Arbeitgeber werden zu den Siegern gehören, die sich dieser Herausforderung stellen und für ihre wichtigen Mitarbeiter eigens eine HR-Strategie formulieren und umsetzen. Die Strategieinhalte werden bestimmt durch den zukünftigen Bedarf an Skills und der eigenen Attraktivität als Arbeitgeber. Je besser die eigenen Attraktivitätskomponenten im Markt liegen, desto leichter wird das Halten und Rekrutieren werden und umso weniger Druck wird auf dem einen Argument, dem Salär, lasten.

2.5.2 Maßnahmen der Mitarbeiterbindung – herausfordernde Projekte und langfristige Perspektiven. Praxis bei IBM

Jan Seffinga, Alexandra Hoffmann, IBM

In keinem anderen Bereich sind die Arbeitsplätze so vielseitig und einem so erheblichen Wandel unterworfen wie in der IT. Heute eingesetzte Technologien und Methoden sind morgen schon veraltet. Durch sich verändernde Märkte und Kundenbedürfnisse entstehen ständig neue Anforderungen, und im Kerngeschäft ändern sich Geschäftsmodelle. Vielfach werden einzelne Funktionen und Prozesse im Rahmen von Outsourcing aus einem Unternehmen herausgelöst und als Dienstleistungen durch Dritte erbracht.

Diese Effekte werden durch den Generationenwechsel in der IT, die steigenden Anforderungen an die Fach- und IT-Kompetenzen der Mitarbeiter und die zunehmende Komplexität in Projekten noch verschärft. Eine Führungskraft in der IT und insbesondere ein CIO muss daher seine Rolle gleichzeitig visionär und pragmatisch interpretieren, sowohl IT-Manager als auch Business Lead, gleichzeitig Kostenoptimierer und Investor sein.

Der CIO liefert einen wesentlichen Wertbeitrag in Form von Projekten, für deren erfolgreiche Umsetzung verfügbare, gut qualifizierte und erfahrene Mitarbeiter entscheidend sind.

Dieser Beitrag soll daher aufzeigen, wie der benötigte qualitative und quantitative Personalbedarf für geplante und laufende Vorhaben und Projekte sichergestellt werden kann. Viele der im Artikel diskutierten Lösungsansätze gelten neben der in der IT weit verbreiteten Projektarbeit auch für die Linienorganisation. Gleichzeitig soll dargestellt werden, wie die sich stetig wandelnden Anforderungen an Know-how und Erfahrungen einerseits mit den persönlichen Wünschen und Zielen der Mitarbeiter andererseits in Einklang gebracht werden können.

Herausforderungen und Anforderungen an die IT der Zukunft

Die demographische Entwicklung in den meisten europäischen Staaten zeigt einen deutlichen Überhang bei den über 40-jährigen[20]. In den kommenden zehn bis fünfzehn Jahren wird die zweite Pioniergeneration von IT-Mitarbeitern in Pension gehen. Gleichzeitig wächst erstmalig eine deutlich kleinere Anzahl von IT-Mitarbeitern nach. Der damit verbundene Verlust langjähriger Erfahrung und hohen Fachwissens wird verstärkt durch die Tatsache, dass die Ablösung älterer Technologien und Applikationen, vor allem im Mainframe-Bereich, in diesem Zeitraum noch nicht abgeschlossen werden kann.

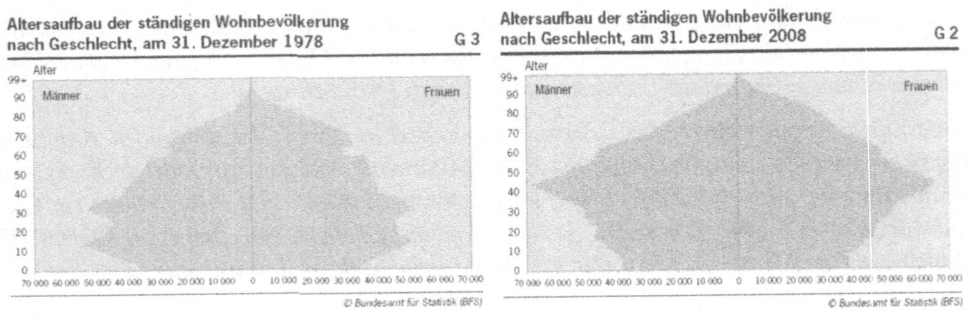

Abbildung 79: Demographische Entwicklung am Beispiel der Schweiz[21]

Diese dargestellte demographische Entwicklung lässt sich sowohl in der Schweiz als auch in vielen anderen sogenannten entwickelten Staaten beobachten und ist eine der größten Herausforderungen für unsere Wirtschaft in den nächsten Jahren[22].

Als Folge des Generationenwechsels ändern sich auch Arbeitsweise und Nutzung von Medien und Tools erheblich. Die Generation der so genannten „digital natives" ist im Gegensatz zu den „digital immigrants" mit Internet, virtuellen Gesprächsräumen, sozialen Netzwerken, Chatrooms und interaktiven Computerspielen aufgewachsen. Die Arbeitswelt muss sich auf dieses veränderte Kommunikationsverhalten einstellen. Hier ist für eine effiziente Nutzung entsprechender Medien statt pauschaler Verbote zu sorgen.

---

20 Europa in Zahlen. Eurostat Jahrbuch 2009, Eurostat Statistisches Amt der Europäischen Gemeinschaften, 2009

21 Die Bevölkerung der Schweiz 2008, Bundesamt für Statistik, Neuchâtel, 2009

22 Smart Workforce Management. How to Successfully Address Changing Demographics, Booz&Co 2009

Eine weitere Herausforderung besteht für die Unternehmen auch im veränderten Risikoverhalten der „digital natives", die sich nicht sehr um Datenschutz kümmern, weil sie gewohnt sind, Daten in Communities zu teilen. Auch eine erhöhte Risikobereitschaft, die mit Erfahrungen in Computerspielen einhergehen kann, gilt es zu berücksichtigen und die jungen Mitarbeiter entsprechend zu sensibilisieren und auszubilden.

Auch wenn aufgrund der aktuellen Wirtschaftssituation der oft genannte „war for talents" aktuell recht abgeklungen ist, wird sich dieser in den kommenden Monaten und Jahren wieder deutlich verstärken. Derzeit werden vor allem Projekte zur Umsetzung gesetzlicher Anforderungen durchgeführt, während weitere größere Vorhaben zurückgestellt werden. Der entstehende Nachholbedarf wird aber zu einem rasch einsetzenden und intensiven „Kampf um Talente" führen und zusätzliche Anforderungen an die Unternehmen hinsichtlich der Mitarbeiterbindung und -reintegration, beispielsweise nach Zeiten ohne Beschäftigung, stellen.

Die Informationstechnologie ist mit über 100'000 Arbeitnehmern und Arbeitnehmerinnen für die Schweiz ein unbestrittenermaßen wichtiger Industriezweig. Der Anteil des IT-Sektors am Wachstum des Bruttoinlandprodukts betrug in den letzten Jahren bis zu 50%.

Um den langfristigen nationalen und internationalen Erfolg der Schweizer IT-Industrie zu sichern, muss sich die Branche verstärkt Themen aus Bildung und Forschung, Umwelt und Energie sowie den rechtlichen und politischen Rahmenbedingungen widmen. IBM hat sich daher zusammen mit anderen Unternehmen aktiv an der Initiative „Phönix" beteiligt mit dem Ziel, einen gemeinsamen Verband zu gründen[23].

Die Rolle des CIO in der Zukunft

Schnelligkeit in der Umsetzung von neuen Anforderungen, die IT-seitige zeitnahe Umsetzung von Unternehmenszusammenschlüssen und –aufspaltungen bei gleichzeitigem Blick auf Kosten und zukunftssichere Technologien sind wesentliche Erfolgsfaktoren auf hart umkämpften Märkten. Erfolgreiche CIOs – so die CIO Studie von IBM 2009 [24] – befinden sich in einem Spannungsfeld aus unterschiedlichen Rollen: Sie sind sowohl Visionäre, die innovativ das Geschäft voranbringen, als auch Pragmatiker, die nüchtern realistische Ziele stecken und Prioritäten setzen. Sie steigern aktiv den Wert des Unternehmens und investieren in die Zukunft und in neue Technologien, managen aber zugleich die Budgets und optimieren Prozes-

---

23 siehe http://presseportal.ch/de/pm/100018600

24 The new voice of the CIO. Insights form the Global Chief Information Officer Study, IBM 2009

se, um Kosteneinsparungen zu realisieren. Sie unterstützen das Kerngeschäft, vertreten aber zugleich als inspirierende und motivierende IT-Manager ihre Abteilung. Grundsätzlich stellen sie die wachsende Verzahnung zwischen Geschäft und IT sicher.

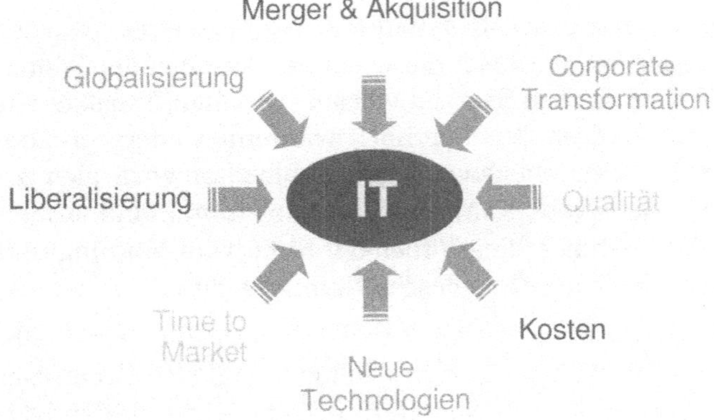

Abbildung 80: Anforderungen IT / CIO

An den CIO werden viele dieser Anforderungen vor allem in Form von großen und komplexen Projekten herangetragen. Diese sind nach wirtschaftlichen Aspekten zu führen, die richtigen Ressourcen bereitzustellen und das gewünschte Projektergebnis in der geplanten Zeit mit der erforderlichen Qualität zu erzielen. Eine wesentliche Basis für eine erfolgreiche Balance ist eine zielgerichtete Planung und Steuerung des gesamten Projektportfolios. Insbesondere bei eingeschränktem Zugang zu erforderlichen Fähigkeiten im Projektmanagement, zum Beispiel bei der Planung von Großvorhaben oder im technologischen Bereich, etwa bei Technologiewechseln, ist eine mittelfristige Planung der Vorhaben und ein Abgleich mit der Personalplanung in qualitativer und quantitativer Hinsicht unumgänglich. Nur so kann sichergestellt werden, dass Vorhaben auch realisierbar sind und über die Laufzeit hinweg realisierbar bleiben.

Dem CIO muss dabei der Spagat von hoher Auslastung, kontinuierlicher Weiterbildung und langfristiger Mitarbeiterbindung gelingen. Die Aufgaben des CIO und die eines projektverantwortlichen Partners einer Beratungsgesellschaft, beispielsweise bei IBM Global Business Services, gleichen sich in dieser Beziehung sehr.

IT-Projekte und Entwicklungsvorhaben sind „people business"

Projektarbeit ist eine sehr personenbezogene und individuelle Dienstleistung.

> Projekte sind zeitlich begrenzte Vorhaben mit einem klar definierten Ziel. In der Regel werden erst ab einer bestimmten Mindestgröße spezielle Projektstrukturen und Steuerungsmechanismen geschaffen. Mit zunehmender Größe steigen die Anforderungen an die Fähigkeiten und Spezialisierungen der Mitarbeiter.

Dabei kommt es neben den fachlichen Kompetenzen in ganz besonderem Maße auch auf die Persönlichkeit und die sozialen Kompetenzen eines Mitarbeiters an. Mit zunehmender Verantwortung im Projekt und Komplexität der Vorhaben steigen die Anforderungen an die Mitarbeiter erheblich.

Persönliche Eigenschaften wie beispielsweise Teamfähigkeit, Kommunikation, Verantwortungsbereitschaft sowie analytisches und konzeptionelles Vermögen sind dabei besonders gefragt. Als „Unternehmer im Unternehmen" zu agieren und die Fähigkeit sowie Bereitschaft, sich stets neuen Situationen, Teams und Mitarbeitern zu stellen, zeichnen gute Projektmitarbeiter zusätzlich aus.

In den meisten Projekten mit IT-Bezug werden von den IT-Mitarbeitern zusätzlich zu ihrem technischen Wissen Fachkenntnisse erwartet. Gerade bei innovativen Projekten sind diese essentiell, um die Anforderungen des Fachbereichs genau und korrekt zu verstehen und hinterfragen zu können, sowie kostengünstige Lösungsalternativen entwickeln zu können.

Fachliche Kompetenzen sind sowohl bei Design und Entwicklung einer unternehmensspezifischen Applikation als auch bei Anpassung und Integration einer Standardsoftware essenziell. Damit sind Fach- und IT-Kompetenzen in der IT-Organisation zu managen, und eine spezifische Kombination beider Aspekte zeichnet oftmals gute Mitarbeiter aus.

Wechselnde Projekte stellen unterschiedliche Anforderungen an die fachlichen und technischen Profile der Mitarbeitenden und verlangen von diesen eine hohe Veränderungs- und Lernbereitschaft. Auch und gerade in „typischen Geschäftsprojekten", die zumeist eine starke Veränderung des Kerngeschäfts bewirken, sind nach einer ersten strategisch-konzeptionellen Phase erhebliche IT-Fähigkeiten und -ressourcen gefordert. Dies trifft beispielsweise auf die Integration und Migration nach einem Unternehmenskauf, auf die operative Umsetzung von „Business Process Outsourcing", aber auch auf Geschäftsprozessoptimierungen und kontinuierliche Weiterentwicklungen etablierter Lösungen zu.

Ergänzend sind noch rollenspezifische Fähigkeiten zu berücksichtigen, beispielsweise Projektmanagementkompetenzen für Führungskräfte. Hier ist insbesondere bei kleineren Unternehmen und vor der Lancierung von Großprojekten wichtig, den Ressourcenbedarf im Vorfeld aus der Projektportfolioplanung abzuleiten und durch gezielte Entwicklungsmaßnahmen oder mittels Rekrutierung sicherzustellen.

Der „richtige Mitarbeiter" auf dem „richtigen Projekt"

Der erste Abschnitt des Beitrags beschäftigt sich mit der Identifikation der richtigen und verfügbaren Mitarbeiter für einen bestimmten Projekteinsatz. Aber auch während eines Projekteinsatzes kann der Mitarbeiter durch gezielte Maßnahmen bei seiner Aufgabe unterstützt werden, zum Beispiel durch Knowledge Management oder Weiterbildungsangebote.

Dauerhaft lassen sich Mitarbeiter nicht allein mit einem herausfordernden Projekt an ein Unternehmen zu binden; vielmehr sind durch verschiedene Karrierepfade – Fach- und Managementkarriere – sowie Angebote für spezifische Mitarbeitergruppen auch langfristig interessante Perspektiven zu schaffen. Diese werden abschließend in diesem Beitrage betrachtet.

Auch auf die Bedürfnisse von besonderen Mitarbeitergruppen ist im Rahmen der langfristigen Personalentwicklung einzugehen. Einen kurzen Überblick dazu gibt der dritte Teil.

Skillmanagement und Unterstützung in Projekten

Kompetenzen und deren systematische Erfassung

Um Mitarbeiter in Projekten zielgerichtet einsetzen zu können, sind ihre Fähigkeiten systematisch zu erheben und auszuwerten. Mittels Jobrollen können Fachkompetenzen zugeordnet werden, die durch den Mitarbeiter hinsichtlich des Erfahrungshorizonts regelmäßig bewertet und jeweils vom Manager bestätigt werden. Die Bewertung des Erfahrungshorizonts erfolgt nach den folgenden Kriterien:

- keine Erfahrungen
- generelles Wissen, aber noch keine aktive, selbständige Anwendung
- erfolgreiche Anwendung des Wissen in verschiedenen Projekten
- mit dem bestehenden Erfahrungslevel können andere Personen ausgebildet und unterwiesen werden

Das nachfolgende Beispiel zeigt einen Auszug aus dem definierten Skillset eines Projektmanagers. Die Mitarbeiter bewerten ihre eigenen Erfahrungen anhand des definierten Rollenprofils und können so zielgerichtet nach Größe und Komplexität eines Projektes ausgewählt werden:

Beispiel 1: Auszug aus dem definierten Skillset für Projektmanager

Analyse der Fachanforderungen des Kunden
Zertifizierung als Projekt Manager
Erstellen von Vereinbarungen, Verträgen und Angeboten
Etablieren Projektmanagementsystem
Teamführung
Management von Veränderungsprozessen
Management von Projektfinanzen, Projektqualität, Projektressourcen
Management der Projektrisiken
Verhandlungsführung
Nutzung von Projektmanagement Tools, z.B. Microsoft
....

Die Jobprofile und die damit verbundenen Kompetenzen werden regelmäßig an die sich verändernden Marktgegebenheiten und technischen sowie fachlichen Entwicklungen angepasst.

Virtuelle Marktplätze im Projektgeschäft

Bereits während der Anbahnung eines Projektes werden die erforderlichen Ressourcen inklusive ihrer Rollen und erforderlichen Skills geplant und gezielt gesucht. Gleichzeitig sind viele Mitarbeiter daran interessiert, in herausfordernden Projekten die bisher gesammelten Erfahrungen und Fertigkeiten einzubringen, zu erweitern und sich so weiter zu entwickeln.

Angebot und Nachfrage werden neben persönlichen Kontakten und Netzwerken daher auf einem virtuellen Marktplatz zusammengebracht und damit dieser Prozess effizient und für jeden transparent gesteuert.

IBM stellt dazu ein entsprechendes Werkzeug zur Verfügung, in dem weltweit die zu besetzenden Rollen, insbesondere die notwendigen fachlichen und rollenspezifischen Skills beschrieben und eingesehen werden können. Jeder Projektleiter erhält so die Möglichkeit, seine benötigten Ressourcen (Anzahl, Fähigkeiten, Dauer, Auslastung etc.) zusammen mit einer Projektbeschreibung anzubieten und potenzielle, verfügbare Kandidaten zu identifizieren.

Mitarbeiter können eigene Suchprofile definieren, die sie automatisch über interessante Angebote informieren. Zudem überwachen Marktplatzverantwortliche die Planung und Verfügbarkeit aller Ressourcen konstant, überprüfen die gesuchten Profile und schlagen passende Personen vor oder helfen Mitarbeitern ein geeignetes Projekt zu finden.

Daraus abgeleitet kann eine Planung der zukünftig notwendigen Kapazitäten erfolgen. Diese dient der langfristigen Personalentwicklung und ermöglicht einen Abgleich der vorhandenen mit den zukünftig erforderlichen Kompetenzen.

Aktualität von Kompetenzprofilen

Wesentliche Voraussetzung für eine erfolgreiche Zusammenführung von Angebot und Nachfrage ist dabei ein stets aktueller Lebenslauf, der zusätzlich zum fachlichen Skillprofil Einblick in bisher gesammelte Erfahrungen, Projekte und erfolgte Aus- und Weiterbildungen gibt.

Diese Lebensläufe stehen intern allen bei der Auswahl von Projektmitarbeitern beteiligten Personen zur Verfügung. Idealerweise sind alle Projekte mit Rollen und Aufgaben darin enthalten. Entsprechende Tools ermöglichen den Mitarbeitern, jederzeit einen aktuellen Lebenslauf bereitzuhalten und zu pflegen. Zusätzlich werden automatisch auswertbare Tags und Stichworte verwendet, die eine gezielte Identifikation von Kompetenzen, Qualifikationen und Erfahrungen ermöglichen.

Neben dem aktuellen Lebenslauf wird auch durch nachfolgend beschriebene Verfahren sichergestellt, dass stets aktuelle und detaillierte Skillprofile der Mitarbeiter vorliegen.

Bereitstellung von stets aktuellem Know-how

Gerade in laufenden Projekten kann der schnelle und gezielte Zugriff auf bereits bestehende erfolgreiche Projektreferenzen und vorhandene Kompetenzen einen erheblichen Vorteil bieten.

Für Wissenstransfer über die Teams hinaus sowie weltweites Teilen von Erfahrungen und Know-how existieren innerhalb von IBM vielfältige Communities, die spezifische Themen zusammen bearbeiten und sich über Neuigkeiten austauschen. Jeder Mitarbeiter kann sich bei Interesse in den Communities anmelden und aktiv seinen Beitrag leisten. Dadurch profitiert die ganze Gruppe und befindet sich immer auf einem aktuellen Wissenstand.

Daneben bieten verschiedene Wissensportale, Blogs, Wikis, interne Twitter und soziale Netzwerke die Möglichkeit, Informationen zu sammeln und damit das eigene Wissen zu erweitern. Diese Tools sprechen vor allem die „digital natives" an. Gerade im Projektumfeld können so weltweit Informationen ausgetauscht und Know-how vermittelt werden.

Standortbestimmung im Projekt

In der Abschlussphase jedes Projektes bewerten die Mitarbeiter ihre eigenen Leistungen und erhalten detailliertes Feedback durch eine Projektbeurteilung seitens des Projektleiters. Ein optionales 360°Grad-feedback durch den Auftraggeber zeigt weitere Stärken und Schwächen des Mitarbeiters auf.

Der Zugewinn an Erfahrung in Form von persönlichen und rollenspezifischen Skills wird durch eine Aktualisierung des Lebenslaufs zugänglich und verwertbar gemacht. Somit steht der Mitarbeiter mit zusätzlich gewonnenen Erfahrungen und einem aktuellen, auch für den Markt attraktiveren Profil für weitere Projekte zur Verfügung.

Gerade nach längeren Projekteinsätzen ist dieses Feedback ein wesentlicher Ansatzpunkt für ein intensiveres Coaching durch den Linienvorgesetzten. Hier kann ein Fazit zum vorangegangenen Projekt, die Unterstützung bei der Auswahl eines geeigneten Folgeprojekts oder ein zeitlicher Freiraum für eine individuelle Weiterbildungsmaßnahme ein wichtiger Punkt in der Karriereplanung sein und die Mitarbeiterbindung zum Unternehmen stärken.

Flankierende Maßnahmen in der Zusammenarbeit

Die von Projektmitarbeitern oftmals geforderte zeitliche Flexibilität und Mobilität kann durch einen mobilen Arbeitsplatz unterstützt werden. Zugang zum Intranet und internen Wissensquellen, die Möglichkeit zuhause zu arbeiten sowie „Collaboration Tools", wie interne Chat- und Gruppenchatfunktionalitäten, Webkonferenzen und eMeetings erleichtern die Zusammenarbeit wesentlich.

Die langfristige Planung und systematische Weiterentwicklung der „richtigen" Mitarbeiter

Langfristig an das Unternehmen gebundene Mitarbeiter weisen eine höhere Produktivität auf. Geringe Einarbeitungszeiten, Rekrutierungsaufwand und unternehmensspezifisches Know-how sind nur einige der positiv wirkenden Einflussfaktoren.

Mitarbeiter erwarten mehr als ein angemessenes Gehalt – neben vielfältigen Weiterbildungsangeboten und Entwicklungsperspektiven sind hier auch Flexibilität der Arbeitszeitgestaltung oder zusätzliche Freizeitangebote gefragt.

Gerade im Bereich der Informationstechnologie und der hohen Projektorientierung bieten sich hier erhebliche Chancen, ein langfristig interessantes Umfeld zu schaffen. Die folgenden Voraussetzungen stellen dazu eine gute Basis dar:

Projekte und Projektrollen sind soweit wie möglich unter Berücksichtigung der individuellen Karriereziele auszuwählen, um eine langfristige Weiterentwicklung zu unterstützen und die Karriere planbar zu machen. Gerade bei auswärtigen Projektstandorten oder wechselnden Einsätzen sind Präferenzen der Mitarbeiter für bestimmte Projektthemen oder -einsätze zu berücksichtigen.

Eine intensive Begleitung während der Übernahme neuer Aufgaben, beispielsweise durch spezifische Seminare und Coaching, ermöglicht eine zielgerichtete Entwicklung bei gleichzeitiger intensiver Begleitung. In einer Organisation mit Projekt- und Linienaufgaben kann durch eine „Gewaltenteilung" eine intensive und individuelle Betreuung eines Mitarbeiters erfolgen. Während der Linienvorgesetzte – zusammen mit der Personalentwicklung – zunehmend die Rolle eines Coaches und Beraters für die Karriereplanung übernimmt, sind für die eher projektbezogenen Belange Projektleiter und Ressourcenmanager verantwortlich.

Regelmäßige Standortbestimmung

Basis für die jährliche Standortbestimmung sind die im Beitrag beschriebenen Beurteilungen. Mit dem Rückblick auf die vergangene Beurteilungsperiode erfolgt eine Zielvereinbarung für die kommende Periode sowie eine mittelfristige Karriereplanung. Gemeinsam mit dem Linienvorgesetzten werden die langfristigen Entwicklungsziele und deren schrittweise Umsetzung in der Projektarbeit sowie die Begleitung durch Seminare und Weiterbildungsangebote besprochen. Entwicklungsvereinbarungen und gesteckte Karriereziele werden fixiert und regelmäßig auf Aktualität überprüft und angepasst.

Flexible Karrierepfade

Transparente Karrierepfade und klar definierte Anforderungen an die nächste Beförderungsstufe bieten Mitarbeitern eine gute Orientierung für die eigene Karriereplanung. IBM bietet verschiedene Karrierewege an, die nicht eindimensional verlaufen, sondern den Wechsel zwischen den einzelnen Disziplinen nicht nur ermöglichen, sondern fördern. Damit kann eine Karriere auch ohne Wechsel des Unternehmens neu ausgerichtet und bestehendes Know-how an das Unternehmen gebunden werden.

Karrierepfade bei der IBM

Ein Mitarbeiter entscheidet sich für eine Karriere aus den Bereichen Sales, Consulting, Project Management oder Technical. Diese verlaufen in verschiedenen Stufen, jeweils auf die gewählte Profession abgestimmt, aber mit vergleichbaren Anforderungen an Kompetenzen und Erfahrungen. Das nachfolgende Beispiel gibt dazu einen Überblick (Abbildung 81):

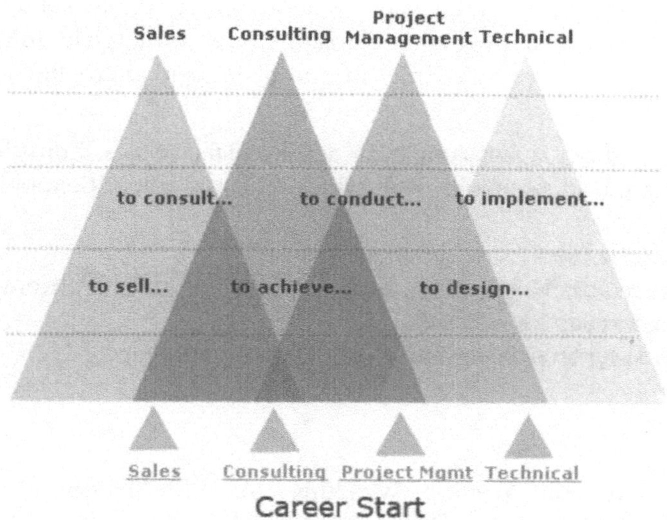

Abbildung 81: Karrierepfade bei der IBM

Die Karrierepfade sind definiert anhand von Jobrollen, Kompetenzen und erforderlichen Skills für jede Stufe, ergänzt durch entsprechende Empfehlungen für Trainings und Weiterbildungen zur Erreichung der nächsten Stufe. Wechsel zwischen den Karrierepfaden sind aufgrund der Vergleichbarkeit der Anforderungen möglich und werden durch vielfältige Projekteinsätze oft auch gefördert.

Karriere Consulting	Karriere Projektmanagement	Karriere IT-Architekt oder IT- Specialist
Consultant	Associate ...	Associate ...
Senior Consultant	Advisory ...	Advisory ...
(Senior) Managing Consultant	Senior ...	Senior ...
Associate Partner, Partner	Executive	Executive

Abbildung 82: Karrierestufen bei der IBM

Ein weiterer wesentlicher Aspekt ist das Angebot einer – gegenüber der Managementlaufbahn gleichwertigen – Fachkarriere. Gerade im Bereich der IT verlieren Unternehmen immer wieder ausgezeichnete und spezialisierte Fachkräfte, die sich nicht für Managementaufgaben interessieren oder eignen, weil sie ihnen keinen Karrierepfad anbieten können. Mit dem dualen Karrieremodell ermöglicht IBM gerade diesen Mitarbeitern eine interessante Zukunft und bietet beiden erhebliche Vorteile:

- Weiterentwicklungen und Spezialisierungen in den Bereichen Sales, Consulting, Projektmanagement und Technologie durch durchlässige, aber dennoch klare Karrierepfade
- Flexible Karrieregestaltung ohne Unternehmenswechsel
- Mitarbeiterbindung durch die Möglichkeit, Karrierepfade auf gleichem Kompetenz- und Erfahrungsniveau zu wechseln
- Möglichkeit zur Anpassung an sich verändernde Lebenssituationen

Mentoring

Einen wesentlichen Faktor für die Weiterentwicklung von Mitarbeitern und Wissensteigerung stellt das Mentoring dar. Der Mentor, oft eine ältere und erfahrene Person, begleitet eine jüngere Person – den Mentee – in seiner Entwicklung. Dieses Modell hat sich insbesondere bei der Integration neuer Mitarbeiter in ein Unternehmen und bei der zielgerichteten Förderung von Nachwuchskräften bewährt.

Grundsätzlich ist das Mentoringprogramm ein offenes Programm – jeder Mitarbeiter kann an diesem Programm teilnehmen und sich für seine Ziele einen entsprechenden Mentor suchen. Unterschiedliche Programme für verschiedene Zielgruppen sind nicht erforderlich; vielmehr werden zwischen Mentor und Mentee individuelle Ziele für das Coaching vereinbart. Diese können sowohl fachliche als auch persönliche Themen beinhalten. Bei der Suche nach einem geeigneten Mentor werden die Interessenten durch den Linienvorgesetzten oder von HR unterstützt.

In der heutigen Zeit mit sich sehr schnell ändernden Technologien ist ein Mentoringprogramm entsprechend zu erweitern. Junge, frisch ab Hochschule bestens ausgebildete Personen bieten sich für ältere, dafür in anderen Gebieten langjährig erfahrene Personen als Mentor an und arbeiten sie in die neuen Verfahrenstechniken ein. Genauso ist aber weiterhin die direkte Unterstützung junger und neuer Mitarbeiter durch eine gezielte Betreuung durch erfahrene Mitarbeiter sehr wertvoll. Dies zeigt sich beispielsweise in der Unterstützung von Werkstudenten, damit diese sowohl das Ziel des Studiums, wie auch die Ziele des Unternehmens erreichen können.

Ein Ausbildungsprogramm oder Mentoring kann nur gelingen, wenn die einzelnen Teilnehmer am Mentoringprogramm periodisch verpflichtet werden, sich selber Ziele in diesen Bereichen zu setzen und regelmäßig zu überprüfen, inwiefern die Ziele erreicht werden konnten.

Weiterbildungsangebote

Ergänzt werden diese Maßnahmen durch eine seit Jahren aufgebaute, stets an die Marktbedürfnisse angepasste Vielzahl von Ausbildungskursen. Die Kurse umfassen Themen in den Bereichen

- Verfahrenstechniken / Tools
- Management
- Branchenspezifische Ausbildung
- IBM-Produkte

Die Seminare werden sowohl in Form von online-Kursen als auch Präsenztrainings angeboten und können so auch während Projekteinsätzen zeitlich und örtlich flexibel genutzt werden.

Angebote an besondere Mitarbeitergruppen

Besondere Förderung von „high potentials"

Gerade bei Leistungsträgern ist die Bereitschaft, sich auf Neues einzulassen und den Arbeitgeber zu wechseln, hoch ausgeprägt. Sich bietende Chancen werden als solche erkannt und auch oftmals wahrgenommen. Gleichzeitig ist es aus Sicht des Unternehmens kurz- und mittelfristig effizienter, Mitarbeiter mit einer hohen Leistungsbereitschaft und -fähigkeit zu binden und gezielt zu fördern, als stetig neue Mitarbeiter zu rekrutieren.

IBM hat darauf mit einem Förderprogramm für Talente reagiert. Ausgewählten Mitarbeitern über alle Hierarchiestufen hinweg werden neben ihren eigentlichen Aufgaben zusätzliche Projekte und Themen übertragen, die eine hohe strategische Bedeutung für die IBM haben. Die Erarbeitung erfolgt in kleinen Teams, die Präsentation vor dem Management. Zusätzlich werden durch besondere Veranstaltungen, Seminarangebote im Fach- und Führungsbereich und besondere Berücksichtigung von Projektpräferenzen die Karrierewege individuell unterstützt.

Die Auswahl der Teilnehmer erfolgt durch die Linienvorgesetzten in enger Abstimmung mit der nächsten Führungsebene. Auswahlkriterien können unter anderem die gezeigten Leistungen eines Mitarbeiters, eine hohe Leistungsbereitschaft des Kandidaten sowie eine positive Einschätzung des Potenzials für weiterführende Fach- oder Führungsaufgaben sein. Der Kreis der Teilnehmenden ist beschränkt auf wenige, ausgewählte Mitarbeiter.

Vorteile durch Diversifizierung

Diverse Studien aus dem Bereich der Geschlechterforschung belegen die höhere Performance und die bessere Teamleistung in gemischten Teams sowie die hohe Leistungsfähigkeit von weiblichen Führungskräften. Trotzdem liegt in der Schweiz der Anteil von Frauen in der IT seit Jahren unter dem europäischen Durchschnitt[25], ein Fakt, der sich bereits bei der Wahl und dem Abschluss von Berufsausbildung und Studium beobachten lässt[26].

Eine Vielzahl von Unternehmen hat begonnen, diese ungenutzten Potenziale zielgerichtet zu erschließen[27]. Die Maßnahmen reichen von Anpassungen bei Arbeitszeiten, z.B. Teilzeitangebote, Job Sharing, flexible Arbeitszeiten, über spezifische „Tochtertage" hin zu besonderen Networkingveranstaltungen und dem Angebot von weiblichen „Role Models", die die Identifikation fördern.

Diversifizierung schließt auch die Förderung verschiedener gesellschaftlicher und kultureller Gruppen innerhalb des Unternehmens ein, um aus der Vielseitigkeit von Lebenssituationen, Erfahrungen und Wertvorstellungen die gemeinsame Arbeit zu bereichern.

Ältere Mitarbeiter

Langjährige Erfahrungen und spezifisches Wissen, beispielsweise im Mainframe-Umfeld, sind noch immer gefragt, gleichzeitig geht ein hoher Anteil dieses Know-how mit den Mitarbeitern in Pension.

IBM hat auf diese Situation mit einer Flexibilisierung der Pensionierung und Arbeitszeiten sowie Teilzeitarbeit für ältere Arbeitnehmer reagiert.

Fazit

Der CIO von morgen muss in immer kürzeren Entscheidungsfindungsprozessen auf die Veränderungen in Gesellschaft und Wirtschaft reagieren.

Im Projektgeschäft können die vorgestellten Tools und Verfahren einen Match zwischen Angebot und Nachfrage sicherstellen. Hier werden administrative Aspekte genauso berücksichtigt, wie der Einbezug aller am Besetzungsprozess beteiligten Personen. Zudem kann durch die Etablierung von Marktplatzverantwortlichen ein effizienter und schneller Ablauf gewährleistet werden. Positive Effekte sind hier bereits kurzfristig erzielbar.

---

25 http://www.kmulife.ch/kmu/index.php?option=com_content&task=view&id=83&Itemid=1

26 Siehe: Women in ICT. Status and the way ahead, Verfügbar unter: http://ec.europa.eu/information_society/activities/itgirls/doc/ women_ict_report.pdf

27 Smart Workforce Management. How to Successfully Address Changing Demographics, Booz&Co 2009

Gleichzeitig werden so auch die Grundlagen für eine mittel- und langfristige Planung von Fertigkeiten und Fähigkeiten gelegt. Nur wenn das aktuelle Know-how einer Belegschaft transparent ist und längerfristig zur Verfügung steht, kann eine zukunftsorientierte Planung und ein Abgleich mit zukünftigen Vorhaben erfolgen.

Investitionen in die Mitarbeiter – sei es durch Weiterbildung, durch kontinuierliche Karriereförderung oder Arbeitszeitflexibilisierung – wirken somit doppelt: sie steigern die Leistungsfähigkeit eines Unternehmens und fördern gleichzeitig die Mitarbeiterbindung.

Gleichzeitig Chance und Herausforderung für den CIO von morgen ist es, die bestehenden Mittel kosteneffizient einzusetzen und gleichzeitig zukunftsorientierte Maßnahmen zu ergreifen. So wird seine Stellung in der Geschäftsführung gestärkt, und IT manifestiert sich als wesentlicher Wettbewerbsfaktor.

3 Resümee und Ausblick

Die Anforderungen an einen CIO sind in den letzten Jahren stetig gestiegen. Er muss ständig verschiedene Hüte aufhaben und beinahe täglich die daraus resultierenden Zielkonflikte auflösen. Einmal muss er innovativer Partner der Geschäftsbereiche sein, ein andermal unerbittlicher Kostensenker.

Resümee

Einem erfolgreichen CIO gelingt es, verschiedene – teilweise auch widersprüchliche Rollen – spielend unter einen Hut zu bringen. Sein „Ansatz" hierzu ist die Fähigkeit der IT, mit wechselnden inhaltlichen und kapazitiven Anforderungen umgehen zu können, konsequent auf-/auszubauen.

Der im Buch aufgezeigte Themenfächer „verwirklicht" diesen Ansatz und zeigt die wesentlichen hierzu wahrzunehmenden Kernaufgaben auf. Es wurden notwendige Maßnahmen gezeigt, welche sich einerseits auf die IT selbst beziehen, wie beispielsweise die Beherrschung der Komplexität mit dem Ziel der einfacheren/schneller/wirtschaftlicheren Integration und Handhabung von Systemen und Anwendungen in heterogenen IT-Landschaften. Anderseits wurden auch notwendige betriebswirtschaftlich motivierte Aufgaben erläutert, und es wurde aufgezeigt, wie das IT-Kostenmanagement, die Verbesserung der Kundenorientierung in der IT sowie die gesamtunternehmerische Verankerung einer IT-Governance im Sinne eines erfolgreiches IT-Management zu gestalten sind.

Wir haben in diesem Buch die aus unserer Sicht derzeit wichtigsten IT-Managementthemen behandelt. Zum einen geht es bei diesen Themen um „Management", zum anderen jedoch um „IT". Wir sind der Überzeugung, dass IT-Management einige Sonderheiten aufweist, auf welche wir im Buch eingegangen sind. Ein guter IT-Manager muss selbstverständlich etwas von „Führung" und „Leadership" verstehen. Er muss jedoch auch ein Grundwissen an IT-Wissen mitbringen, um erfolgreich zu sein. Nur so wird es ihm beispielsweise gelingen, die Brücke zwischen dem Fachbereich und der IT zu schlagen. Er muss zwischen den beiden Welten übersetzen und jeweils in der entsprechenden Sprache kommunizieren.

Ein ganz wesentlicher Unterschied von IT zu anderen Funktionsbereichen des Unternehmens liegt in der Matrix von IT- und Fachwissen, welches Manager und Spezialisten jeweils brauchen. Es genügt nicht, sich in der Technologie auszukennen, man muss auch Wissen über die Domäne im jeweiligen Geschäftsbereich mitbringen. In der Regel ist die Kombination gefragt, was wiederum das Management der Ressourcen kompliziert.

Den Grundstein für einen erfolgreichen Brückenschlag bildet eine fundierte IT-Strategie, welche eng mit der Geschäftsstrategie verzahnt ist. Eine IT-Strategie darf nie einen Selbstzweck verfolgen, sondern muss stets einer Geschäftsstrategie dienen. Eine solide IT-Governance, welche die Zusammenarbeit der Fachbereiche mit der IT verbindlich regelt, ist ein weiterer wichtiger Bestandteil für ein erfolgreiches IT-Management.

IT ist und bleibt jedoch auch primär Wissens- und Teamarbeit. Verantwortliche Führungskräfte in diesem Bereich wissen daher, dass der Erfolg des IT-Managements nicht zuletzt bei den mitwirkenden Personen liegt. [1]

Ausblick

Die in diesem Buch behandelten Themen werden auch in Zukunft die Agenda eines CIO maßgeblich bestimmen. Gartner erstellt jedes Jahr eine Liste von aktuellen CIO-Themen. Jahr für Jahr sind mehr oder weniger dieselben Thematiken im Fokus, vielleicht in der Reihenfolge gibt es kleinere Verschiebungen. Man braucht kein Prophet zu sein, um Themen wie „Business-/IT Alignment" oder „Wertbeitrag der IT" als eine der Hauptaufgaben von CIOs in den nächsten Jahren zu sehen.

Durch die zunehmende Globalisierung erhöht sich der Kostendruck auf die Unternehmen, was wiederum zur Folge hat, dass die IT ebenfalls effizienter ausgeführt werden muss. So wird das Thema „IT-Kostenmanagement" in den folgenden Jahren nochmals an Bedeutung gewinnen. Ein anderer Effekt der Globalisierung ist die damit verbundene Virtualisierung der Teams. In Zukunft werden noch vermehrter Teams über alle Kontinente an der gemeinsamen Lösung von Problemen oder Projekten arbeiten. Die notwendigen Kollaborationstechnologien haben in der Zwischenzeit eine sehr gute Reife erreicht. Der CIO muss in Zukunft in wachsendem Maße verteilte Teams führen, was wiederum eine große Veränderung im Management-Stil verlangt.

Die Konzentration auf Kernkompetenzen und die damit verbundene Reduktion der Fertigungstiefe entlang der Wertschöpfungskette wird die IT-Organisation in der Zukunft vermehrt beeinflussen. Die Rolle der CIOs wandelt sich vom Leiter einer eigenen Produktionseinheit in Richtung Koordinator von Zulieferern. Dies setzt völlig neue Kompetenzen voraus. Themen wie „Cloud Sourcing" werden an Bedeutung gewinnen.

Informationstechnologie wird in sehr vielen Branchen immer wichtiger und somit zu einem strategischen Wettbewerbsvorteil. IT hat weiterhin das Potential, Spielregeln in bestehenden etablierten Märkten vollkommen zu verändern. Gerade in

1 siehe hierzu beispielsweise: Tom deMarco: Peopleware - Productive Projects and Teams, Dorset House Publishing Company, 1999

Branchen, welche mit Informationsgütern handeln, hat die IT ein noch nicht ausgeschöpftes Potential. Durch diese Digitalisierung der Unternehmen wird auch der CIO gefordert werden.

Zudem wird die neue Generation von Mitarbeitern und Kunden diesen Prozess beschleunigen. In der Fachliteratur wird von „Digital Natives" gesprochen – das sind Personen , die zu einer Zeit aufgewachsen sind, in der bereits digitale Technologien wie Computer, das Internet, oder mobile Telephonie verfügbar waren. Die Mehrheit der heutigen Arbeitnehmer sind „Digital Immigrants" (mitunter auch „Digital Ignorants"), also Personen, die erst im Erwachsenenalter diese Technologien kennengelernt haben. Die junge Generation verfügt über andere Denkmuster und verarbeitet Informationen fundamental anders. Sie sind gewohnt, Informationen sehr schnell zu empfangen, sie lieben es parallel in Multitasking zu arbeiten. Gemäß einer IBM-Trendstudie zeichnet sich die junge Generation auch durch Risikobereitschaft und schnelles Handeln aus, analog zu Computerspielen, wo man mit Risikoverhalten schnell zum Ziel kommt beziehungsweise nach einem „Game over" einfach neu beginnt. Darauf müssen sich auch Unternehmen einstellen, um ihre Kunden weiterhin mit den gewünschten Services und Innovationen versorgen zu können. Das volle Potential sozialer Netzwerke im Arbeitsalltag kann wohl noch niemand richtig erfassen. Es wird aber die Art und Weise, wie wir in Zukunft kooperieren, signifikant verändern.

Abschließend kann festgehalten werden, dass auch wenn wir keine Glaskugel besitzen, der Job eines CIO auch in der Zukunft herausfordernd bleiben wird. Der CIO wird einen noch wichtigeren Stellenwert in der Geschäftsleitung erlangen, denn die Technologie hat erst begonnen, die Art und Weise, wie wir arbeiten, produzieren, mit Kunden interagieren zu verändern. Der CIO hat es in der Hand, diese Veränderungen aktiv zu gestalten und die Kollegen aus der Geschäftsleitung mit auf diese Reise zu nehmen.

Literaturempfehlungen

Einige Literaturempfehlungen der Autoren, welche man als IT-Führungskraft lesen sollte.

Bücher:

Austin R., Nolan R.: Adventures of an IT Leader, Harvard Business Press, 2009

Brooks Jr., F.: The mythical man-month. Addison-Wesley, 1995.

Collins J.: Good to Great - Why Some Companies Make the Leap and Others Don't, HarperCollins Publishers, 2001

DeMarco T., Lister T.: Peopleware: Productive Projects and Teams, 2nd Edition, Dorset House Publishing Company, 1999

Hunter R., Westermann G.: The real business of IT - How CIOs Create and Communicate Value, Harvard Business School Press, 2009

Mintzberg H. et al.: The Strategy Process: Concepts, Context, Cases 4th Edition, Prentice Hall, 2002

Scholtissek, S.: New Outsourcing - Die Dritte Revolution der Wertschöpfung in der Praxis, Econ Verlag, 2004

Strassmann, P: The Squandered Computer: Evaluating the Business Alignment of Information Technologies, Infomation Economic Press, 1997

Ross, J., Weill P., Robertson, D. : Enterprise architecture as strategy: creating foundation for business execution. Harvard Business School Press 2006

Weill P., Ross J.: IT Governance: How Top Performers Manage IT Decision Rights for Superior Results, Harvard Business School Press, Boston, MA 2004

Yourdon, E.: Death March: managing "mission impossible" projects. Prentice-Hall Inc., 1997

Artikel

Akella J., Bucko H., Rey S.: IT architecture - Cutting costs and complexity, McKinsey Quarterly, Sommer 2009

Aguirre, D. et al: Global Talent Innovation. Strategies for Breakthrough Performance, Booz & Co., 2009

Carr N.: IT doesn't matter, Harvard Business Review, Mai 2003

Dittrich, K. et al: Smart Workforce Management. How to Successfully Address Changing Demographics, Booz & Co., 2009

Feld, C., Stoddard, D.: Getting IT right, Harvard Business Review, Februar 2004

Kaplan J., Roberts R., Sickes J.: et al.: Managing IT in a downturn - Beyond cust cutting, McKinsey Quarterly, Herbst 2008

Laartz J., Sonderegger E., Vinckier J.: The Paris guide to IT architecture, McKinsey Quarterly, Number 3, 2000

Mark D. ,Rau D.: Splitting demand from supply in IT, McKinsey Quarterly, Herbst 2006

Simonson, E.: Managing Multiple Outsourcing Relationships – Best Practices for keeping it simple Everest Research Institute, 2008

Autorenliste

	**Jörg Baumann** Derzeit Postfinance, Leiter Informatik Marketing und Verkauf Jörg Baumann (Master of IT Management) ist seit über 20 Jahre im betrieblichen Umfeld der Informatik in unterschiedlichen Branchen tätig. Seit 14 Jahren in leitender Position bei der Schweizerischen Post und dort 2001 Mitglied der erweiterten Geschäftsleitung von PostFinance.
	**Dr. Mario Crameri** Derzeit Bank Julius Bär, Head IT Bevor Mario Crameri 2006 zur Bank Julius Bär stiess, hatte er verschiedene IT-Management-Positionen bei der Credit Suisse inne. Seine Laufbahn hat er als Entwickler begonnen und war zwischendurch auch Gründer und Mitinhaber einer Internet-Consulting- und Software-Entwicklungsfirma. Mario Crameri hat ein Wirtschaftsinformatikstudium an der Universität Zürich absolviert und anschliessend in Informatik promoviert.
	**Romeo Crameri** ex Partner Heidrick & Struggles Romeo Crameri studierte an der Universität St. Gallen Wirtschaftswissenschaften. Zu Beginn seiner beruflichen Tätigkeit arbeitete er als Berater bei A.C. Nielsen S.A. und als Product Manager bei R.J. Reynolds Corporation (Genf). Dann leitete er Bereiche bei Agfa-Gevaert AG und die Letraset (Switzerland) AG. Seit 1985 ist Romeo Crameri im Executive Search tätig. Bis zu seinem Rückzug aus der Linienverantwortung wirkte er als Vice Chairman der Heidrick & Struggles International, Inc., verantwortlich für die Niederlassungen in West – und Südeuropa.

	**Urs Gamma** Derzeit ABN AMRO, Country Technology Officer Urs Gamma ist Country Technology Officer der ABN AMRO. Er ist seit über 20 Jahren für ABN AMRO in diversen Funktionen tätig. Urs Gamma ist eidg. dipl. Wirschaftsinformatiker und eidg dipl. Organisator.
	**Dr. Uwe Heck** Derzeit FHSG St. Gallen, Dozent im Fachbereich Wirtschaft Uwe Heck war in den letzten 15 Jahren in verantwortungsvollen Positionen mit Aufgaben an der Schnittstelle zwischen Geschäft und IT beauftragt. Hier hat er in diversen Branchen wesentlich die Konzeption und Umsetzung einiger IT-Vorhaben mit gestaltet und mit verantwortet. Seit 2008 ist er Dozent an der FHSG St. Gallen und beratend in der Praxis tätig. Er hat Informatik und Wirtschaft an den Universitäten Konstanz und Wien studiert.
	**Alexandra Hoffmann** Derzeit IBM, Senior Managing Consultant Alexandra Hoffmann ist Senior Managing Consultant im Bereich Financial Services bei der IBM Schweiz AG mit dem Schwerpunkt auf Banking Transformation und Projektmanagement. Nach verschiedenen Stationen bei Banken und Unternehmensberatungen ist sie 2002 zu IBM gewechselt. Alexandra Hoffmann hat Betriebswirtschaftslehre an der Technischen Universität Berlin studiert.

Sven Hornung
Derzeit Accenture, Financial Services

Sven Hornung hat ein Wirtschaftsingenieur-Studium an der Universität Karlsruhe (TH) absolviert und arbeitet seit 1996 bei Accenture. Er verfügt über mehr als 13 Jahre Industrieexpertise im Bereich Financial Services, davon mehr als 6 Jahre mit dem Schwerpunkt Outsourcing. Er hat zahlreiche Sourcing Assessments für Kunden in Deutschland, der Schweiz und den USA durchgeführt. Darüber hinaus hat er sich praktische Umsetzungserfahrung von Outsourcing-Vorhaben durch Projekte in Zusammenarbeit mit dem globalen Delivery Center Netzwerk von Accenture (Indien und Philippinen) erworben.

Jan Kees-Kok
Derzeit ABB, Head ICT-Consulting & Projectmanagement

Aufbauend auf einer internationalen Laufbahn mit verschiedenen Fach- und Führungspositionen im Informatikumfeld bei diversen Industriefirmen führt Jan-Kees Kok (M.Sc. Information Management) bei der ABB Schweiz ein internationales Team von Beratern und Projektmanager welche IT/IS Projekte auf lokale, regionale und globale Ebene führen u/o unterstützen.

	**Peter Kummer** Derzeit SBB, CIO Peter Kummer, lic.rer.pol., studierte BWL und Informatik an der Universität Bern. Anschliessend war er als verantwortlicher Datenarchitekt, Projektleiter, Consultant und Busines Process Engineer bei verschiedenen Firmen tätig. Von 2000 bis Ende 2006 führte er als Direktionsmitglied bei der "Mobiliar, Versicherungen & Vorsorge" den Bereich Unternehmensarchitketur und war für die Erarbeitung der IT Strategie verantwortlich. Bei den den Schweizerischen Bundesbahnen SBB führte er zunächst als Chief Architect den Bereich „Architecture & Quality" und führt seit November 2009 als CIO die gesamte IT.
	**Dr. Stephan Murer** Derzeit Credit Suisse, Chief Technology Officer Stephan Murer hat an der ETH Zürich Informatik studiert und dort promoviert. Er arbeitet seit 1994 für die Credit Suisse in verschiedenen Projekt- und Management-Positionen. Im IT-Architektur Umfeld der CS ist er seit 1998, zuerst als Projektmanager für IT Strategy, seit 2000 führt er als Chief Architect den gesamten Bereich.
	**Dr. Martin Petry** Derzeit Hilti, CIO Martin Petry hat in Göttingen Mathematik, Informatik und Betriebswirtschaftslehre studiert und dort in Numerischer und Angewandter Mathematik promoviert. Er arbeitet seit 1993 bei Hilti. Nach Projektleitungsverantwortung bei den ERP Einführungen in den Hilti Vertriebsgesellschaften Grossbritannien und Japan und Leitung der IT-Strategie Entwicklung startete und leitete er ab 2000 die Einführung konzernweit standardisierter Prozesse und Datenstrukturen sowie einer globalen Business Applikation Suite. Seit 2005 ist er CIO der Hilti Gruppe.

	**Bernhard Rytz** Derzeit SBB, Leiter Unternehmensarchitektur Bernhard Rytz, Dipl. Inf. Ing. ETH und EMBA HSG hat als Entwickler, Projektleiter und Architekt über 12 Jahre Informatikdienstleistungen in den Bereichen Finance, Aerospace, Telecom erbracht. 2005 hat er begonnen, die Unternehmensarchitektur bei den Schweizerischen Bundesbahnen SBB aufzubauen und leitet seit 2006 die Gruppe Unternehmensarchitektur der Konzerninformatik.
	**Jan Seffinga** Derzeit IBM Schweiz AG, Partner Jan Seffinga ist Partner für Financial Services bei der IBM Schweiz AG. Seine Schwerpunkte sind das Banking-Front-Office, Banken-Architekturen sowie Outsourcing für Banken. Er ist seit 2002 bei IBM, vorher war er Director bei PricewaterhouseCoopers. Jan Seffinga hat Wirtschaftsinformatik und BWL an der Universität Zürich studiert.
	**Ernst Sonderegger** Derzeit Credit Suisse, Managing Director Ernst Sonderegger ist Managing Director in der IT Division der Credit Suisse. Gegenwärtig ist er für Spezialprojekte direkt dem CIO unterstellt. Seit seinem Eintritt in die Credit Suisse in 2003 war er in diversen IT Führungsfunktionen tätig mit Schwerpunkt Strategie, Governance, Controlling und Qualitätsmanagement. Zuvor arbeitete er zehn Jahre bei der Unternehmensberatung McKinsey & Co., Inc., zuletzt als Partner im Business Technology Office Zürich, wo er auch die Europäische IT Retail Banking Practice leitete. Seine Berufslaufbahn startete er als Marketing Representative bei IBM Schweiz. Ernst Sonderegger besitzt einen Abschluss als Dipl. El. Ing. der ETH Zürich.

Stefan Vogt
Derzeit Zurich Financial Services Group, Head Group IT Operations

Stefan Vogt ist Direktionsmitglied der Zurich Financial Services Group („Zurich") und verantwortlich für den reibungslosen Betrieb der globalen IT Infrastruktur. Er ist Schweizer Bürger und hat sein Studium an der Ingenieurschule Zurich mit Dipl. Ing. HTL abgeschlossen. Am IMD in Lausanne absolvierte er erfolgreich den Mastering Technology Enterprise (MTE) Lehrgang. Er begann seine Karriere bei einer Schweizer Grossbank wo er für die Einhaltung der IT Sicherheitsrichtlinien verantwortlich zeichnete. Nach Stationen im Ausland kehrte er an den Konzernhauptsitz zurück und übernahm die Verantwortung für die gesamten IT Sicherheitsrisiken (Group Chief Information Security Officer) als Vizedirektor mit einer Berichtslinie an die Konzernleitung. 2004 wechselte er zur Zurich Financial Services Group als Leiter Group IT Risk. 2006 übernahm er die weltweite Verantwortung für die IT Infrastruktur der Zurich die er zusammen mit 1400 Mitarbeitern betreut. Er ist in dieser Funktion ein Mitglied der IT Geschäftsleitung.